国家社科基金重大招标项目《中国与周边国家电力互联互通战略研究——以俄罗斯和东南亚国家为例》最终成果

中国社会科学院登峰战略优势学科（产业经济学）成果之一

中国社会科学院创新工程学术出版资助项目

国家间电力互联互通理论与现状分析

史丹◎等著

中国社会科学出版社

图书在版编目（CIP）数据

国家间电力互联互通理论与现状分析 / 史丹等著 . —北京：中国社会科学出版社，2018.10
ISBN 978-7-5203-2562-2

Ⅰ.①国… Ⅱ.①史… Ⅲ.①电力工业—国际合作—研究—中国 Ⅳ.①F426.61

中国版本图书馆 CIP 数据核字（2018）第 108983 号

出 版 人	赵剑英
责任编辑	张　潜
责任校对	郝玉明
责任印制	王　超

出　　版	中国社会科学出版社
社　　址	北京鼓楼西大街甲 158 号
邮　　编	100720
网　　址	http://www.csspw.cn
发 行 部	010-84083685
门 市 部	010-84029450
经　　销	新华书店及其他书店
印　　刷	北京明恒达印务有限公司
装　　订	廊坊市广阳区广增装订厂
版　　次	2018 年 10 月第 1 版
印　　次	2018 年 10 月第 1 次印刷

开　　本	710×1000　1/16
印　　张	27
插　　页	2
字　　数	384 千字
定　　价	99.00 元

凡购买中国社会科学出版社图书，如有质量问题请与本社营销中心联系调换
电话：010-84083683
版权所有　侵权必究

课题组负责人：

史　丹　中国社会科学院工业经济研究所研究员、党委书记、副所长

本书编写成员（按章节顺序）：

聂新伟　国家信息中心中经网产业研究中心助理研究员
汪崇金　中国社会科学院博士后，山东财经大学副教授
白骏骄　中国社会科学院博士后，今日头条资深政策分析师
李　芮　清华大学公共管理学院博士
朱　彤　中国社会科学院工经所副研究员
侯建朝　中国社会科学院博士后，上海电力学院副教授
王永利　中国社会科学院博士后，华北电力大学副教授
蒋莉萍　国网能源研究院企业战略研究所研究员
马　莉　国网能源研究院研究员
高国伟　国网能源研究院企业战略研究所高级经济师
范孟华　国网能源研究院企业战略研究所高级工程师
张　栋　国网能源研究院全球能源互联网研究中心高级工程师
夏晓华　中国人民大学经济学院副教授
冯永晟　中国社会科学院财经战略研究院副研究员
马翠萍　中国社会科学院农村发展研究所副研究员

目　录

图目录 ……………………………………………………………（1）

表目录 ……………………………………………………………（1）

第一章　本书的研究内容与架框 ………………………………（1）
　一　与本研究相关的政策背景 ……………………………（1）
　　（一）互联互通与"一带一路"建设 ………………………（1）
　　（二）周边国家外交与亚洲新安全观 ……………………（3）
　二　文献观点综述 …………………………………………（6）
　　（一）地缘政治、地缘经济和中国地缘环境
　　　　　问题研究 ………………………………………（6）
　　（二）国际贸易理论演化对当今能源合作的影响 ………（11）
　　（三）能源贸易与能源安全问题研究 ……………………（14）
　　（四）中国能源贸易问题研究 ……………………………（19）
　　（五）国内外电力贸易相关问题的研究 …………………（21）
　　（六）中国与周边地区电力贸易问题的研究 ……………（30）
　三　本书的研究重点与突破 ………………………………（32）
　　（一）现有研究的评价 ……………………………………（32）
　　（二）本书的研究框架与内容 ……………………………（33）
　　（三）本研究的意义 ………………………………………（36）
　　（四）本书取得的成果与突破 ……………………………（37）

第二章 社会合作的行为经济学解释 ……………………………… (45)
　一　引言 …………………………………………………………… (45)
　二　强互惠行为的实验证据 ……………………………………… (47)
　　（一）"条件性合作"的实验室证据 ………………………… (47)
　　（二）利他惩罚的实验室证据 ………………………………… (49)
　三　对强互惠理论的质疑 ………………………………………… (50)
　　（一）"非零贡献"是"合作"还是"迷糊"？ ……………… (50)
　　（二）利他惩罚实验果真客观描述了现实生活？ …………… (53)
　四　强互惠理论的脑科学证据 …………………………………… (54)
　　（一）"条件性合作"的脑科学解释 ………………………… (55)
　　（二）对利他惩罚的脑科学解释 ……………………………… (56)
　五　讨论与启示 …………………………………………………… (58)

第三章 能源互联网 …………………………………………………… (62)
　一　能源互联网的定义 …………………………………………… (62)
　二　能源互联网的逻辑架构 ……………………………………… (66)
　三　能源互联网在生产、分配、交换、消费方面的
　　　创新提升 ……………………………………………………… (70)
　　（一）生产过程的智能化、生态化、多元化 ………………… (71)
　　（二）分配过程的高效化、智能化、开放化 ………………… (72)
　　（三）交换过程的线上线下一体化 …………………………… (74)
　　（四）从需求端出发，消费的协同化 ………………………… (76)

第四章 基于网络理论的电力互联互通治理模式 ………………… (78)
　一　技术网络、社会网络与组织网络 …………………………… (79)
　二　以合作为中心的网络研究范式 ……………………………… (80)
　　（一）网络研究的发展脉络 …………………………………… (80)
　　（二）网络研究范式的演变 …………………………………… (82)
　三　网络治理的理论内涵 ………………………………………… (87)
　　（一）网络治理的研究内容 …………………………………… (88)

（二）网络治理的前沿进展 …………………………（93）
四　跨国网络治理的理论与实践 ………………………（95）
　　（一）跨国网络治理的挑战 ………………………（96）
　　（二）跨国网络治理的理论思考与创新 …………（99）
　　（三）跨国网络治理的实践启示 …………………（105）
五　电力互联互通的网络治理模式分析 ………………（112）
　　（一）中国与周边国家电力合作网络的基本现状和
　　　　挑战 ………………………………………（113）
　　（二）中国与周边国家电力合作网络的治理模式
　　　　构建 ………………………………………（117）

第五章　电网跨国互联建设与运营的制度分析 ……………（123）
一　欧洲电网跨国互联：物理互联与制度一体化的
　　关系 ………………………………………………（124）
　　（一）欧洲电网从跨国互联到超级电网 …………（124）
　　（二）未来欧洲统一电力市场与监管制度的关键
　　　　内容 ………………………………………（127）
二　电网跨国互联的制度分析框架 ……………………（129）
　　（一）从"功能"实现角度看电网跨国互联的制度
　　　　要求 ………………………………………（129）
　　（二）跨国法律协议 ………………………………（131）
　　（三）电力市场一体化 ……………………………（133）
　　（四）法律与监管的协调或一体化 ………………（135）
三　从制度角度看中国电网跨国互联面临的问题 ……（137）
　　（一）当前跨境线路建设与电力贸易停留在依靠国家
　　　　之间协议推动的层面 ……………………（137）
　　（二）电力市场化改革滞后严重影响跨国联网线路建设和
　　　　运行效率 …………………………………（139）
　　（三）对电网互联对象国的法制与宗教文化风险没有
　　　　足够认识 …………………………………（141）

四　结论与建议 …………………………………………（143）

第六章　跨境电力合作的案例研究：以北美电力合作为例……（146）
　　一　北美区域电力市场发展状况 ………………………（146）
　　　　（一）电网可靠性要求与电网互联 …………………（146）
　　　　（二）北美地区电力互联（The North American Regional
　　　　　　　Electricity Interconnections） ……………（148）
　　　　（三）电源结构与电力贸易情况 ……………………（150）
　　二　北美电力合作的制度性安排 ………………………（154）
　　　　（一）北美电力可靠性委员会 ………………………（154）
　　　　（二）北美自贸协定与北美能源工作组 ……………（159）
　　　　（三）北美三国关于电力贸易的政策规制 …………（162）
　　三　北美电力合作中存在的问题 ………………………（165）
　　　　（一）电网互联仍面临电网分散化和区域化共存的
　　　　　　　局面 ……………………………………………（165）
　　　　（二）跨境输电电网的投资面临体制机制约束问题 …（166）
　　　　（三）电力贸易的制度性障碍仍然层出不穷 ………（168）
　　　　（四）北美电力市场一体化进程仍处于初级阶段 …（171）
　　四　北美跨境电力合作的经验启示 ……………………（173）

**第七章　电力贸易的制度成本与 GMS 电力合作中的
　　　　中国选择** ……………………………………………（176）
　　一　问题的提出 …………………………………………（176）
　　二　电力贸易的"边境效应"及其制度成本 …………（177）
　　　　（一）电力贸易的"边境效应"与合作决策的
　　　　　　　影响因素 ………………………………………（177）
　　　　（二）制度成本与合作类型 …………………………（180）
　　　　（三）促进电力合作、降低成本的制度选择 ………（184）
　　三　GMS 国家电力合作的问题与中国现状 ……………（186）

（一）偏向因素的差异性成为GMS国家间电力
　　　　合作的难点 …………………………………………（186）
　　（二）不对等的合作成本成为中国开展次区域合作的
　　　　最大障碍 ………………………………………………（190）
　四　推进GMS区域电力合作的建议与中国选择 …………（192）

第八章　电力互联互通现状与战略措施 ………………………（197）
　一　中国与周边国家电力互联互通的现状与问题 …………（197）
　　（一）电力"互通有无"的跨境线路建设阶段 …………（197）
　　（二）以电力系统低碳化为导向的"超级电网"阶段 …（201）
　　（三）对外电力投资 ……………………………………（203）
　　（四）中国推进电力互联互通及对外投资面临的
　　　　挑战 ………………………………………………（204）
　二　推进电力互联互通的思路 ………………………………（205）
　　（一）总体思路与基本原则 ……………………………（205）
　　（二）具体措施 …………………………………………（206）
　三　推进电力互联互通需要解决的技术问题 ………………（208）
　　（一）系统调控方式 ……………………………………（208）
　　（二）建立现代复杂大电网安全体系 …………………（209）
　　（三）形成市场交易机制 ………………………………（210）
　　（四）商业运作模式 ……………………………………（211）
　四　推进电力互联互通的实施路径 …………………………（214）
　　（一）确立电力互联互通支点国家 ……………………（214）
　　（二）推动重点跨国联网工程建设 ……………………（215）
　　（三）加大海外电力投资力度 …………………………（216）
　　（四）创新电力工程承包业务模式 ……………………（217）
　五　推进电力互联互通保障措施 ……………………………（221）

第九章　中国和东盟能源行业的互补性格局研究 ……………（223）
　一　中国和东盟经济发展水平与能源消费的基本情况 ……（224）

　　　　　　（一）中国和东盟能源资源概况 ……………………（225）
　　　　　　（二）东盟成员国能源政策和发展目标 ……………（231）
　　　　　　（三）中国和东盟能源行业的互补性格局 …………（234）
　　　　二　中国与东盟能源行业合作的进展与存在的问题 ………（237）
　　　　　　（一）中国与东盟能源行业合作的进展 ……………（237）
　　　　　　（二）中国与东盟能源行业合作存在的问题 ………（240）
　　　　三　结论和政策建议 …………………………………………（241）

第十章　中国与大湄公河次区域的电力合作 …………………（245）
　　　　一　大湄公河次区域的电力合作情况 ………………………（245）
　　　　　　（一）次区域五国之间的电力合作 …………………（245）
　　　　　　（二）中国与次区域五国的电力合作情况 …………（247）
　　　　　　（三）中国与次区域电力合作的基本特点与问题 …（252）
　　　　二　中国参与大湄公河次区域电力合作面临的形势
　　　　　　与挑战 ……………………………………………………（253）
　　　　　　（一）次区域中南部呈现较大互联电网的雏形 ……（253）
　　　　　　（二）中国面临的形势及挑战不容乐观 ……………（254）
　　　　三　中国参与大湄公河次区域电力合作战略 ………………（255）
　　　　　　（一）明确中国在次区域电力合作中的战略定位
　　　　　　　　　与阶段 ………………………………………（255）
　　　　　　（二）中国参与次区域电力合作的战略目标 ………（259）
　　　　　　（三）制定差异化的电力合作策略 …………………（260）
　　　　　　（四）推动战略目标实现的工作思路 ………………（265）
　　　　　　（五）现阶段需要突破的重点工作 …………………（267）
　　　　四　小结 …………………………………………………………（268）

第十一章　中国对东南亚的电力投资 …………………………（270）
　　　　一　东南亚投资环境分析 ……………………………………（270）
　　　　　　（一）整体政治环境相对稳定,个别国家仍有动荡 …（270）
　　　　　　（二）多国出台法律和优惠政策保障和吸引外资 …（270）

（三）东南亚各国经济呈稳定增长趋势 ……………… （271）
　　　（四）资本相对稀缺为中资企业获得先发优势
　　　　　提供可能 …………………………………………… （271）
　二　东南亚电力投资需求分析 …………………………………… （273）
　　　（一）东南亚正处于电力需求上升的发展阶段 ………… （273）
　　　（二）老挝电力市场背景及需求分析 …………………… （275）
　　　（三）越南电力市场背景及需求分析 …………………… （277）
　　　（四）柬埔寨电力市场背景及需求分析 ………………… （279）
　　　（五）缅甸电力市场背景及需求分析 …………………… （282）
　三　中国企业在东南亚的投资 …………………………………… （285）
　　　（一）海外电力投资基本情况 …………………………… （285）
　　　（二）中国在老挝电力投资现状 ………………………… （288）
　　　（三）中国在柬埔寨电力投资现状 ……………………… （288）
　　　（四）中国在缅甸电力投资现状 ………………………… （292）
　　　（五）中国在越南电力投资现状 ………………………… （293）
　四　中国在东南亚电力投资的风险评估 ………………………… （294）
　　　（一）中国在东南亚电力投资的风险分析 ……………… （294）
　　　（二）东南亚电力投资项目风险防控措施 ……………… （298）

第十二章　中国与俄罗斯电力贸易合作模式 ……………………… （301）
　一　俄罗斯远东与西伯利亚地区能源资源 ……………………… （301）
　　　（一）能源资源情况 ……………………………………… （301）
　　　（二）主要煤电基地情况 ………………………………… （303）
　　　（三）主要水电基地情况 ………………………………… （311）
　二　中俄电力贸易与合作 ………………………………………… （315）
　　　（一）中俄电力贸易历程 ………………………………… （315）
　　　（二）中俄未来电力合作需求 …………………………… （316）
　　　（三）中国电力市场空间 ………………………………… （317）
　三　中俄电力合作重点工程技术经济分析 ……………………… （318）
　　　（一）叶尔科夫齐煤电基地送电中国华北 ……………… （318）

（二）库兹巴斯煤电基地送电中国华中 …………………… （319）
　四　中俄电力合作原则与模式 ………………………………… （320）
　　　（一）中俄电力合作原则 ……………………………………… （320）
　　　（二）电源开发合作模式 ……………………………………… （321）
　五　小结 ………………………………………………………… （325）

第十三章　中俄电价机制及电价水平比较 ………………… （326）
　一　中俄两国电力市场化程度对比分析 ……………………… （326）
　　　（一）中国电力市场改革进程 ………………………………… （326）
　　　（二）俄罗斯的电力市场化改革 ……………………………… （328）
　二　中俄电价机制比较 ………………………………………… （328）
　　　（一）中国的电价机制 ………………………………………… （328）
　　　（二）俄罗斯的电价机制 ……………………………………… （334）
　　　（三）中俄电价机制比较 ……………………………………… （336）
　三　中俄电价水平比较 ………………………………………… （338）
　　　（一）中国的电价水平 ………………………………………… （338）
　　　（二）俄罗斯的电价水平 ……………………………………… （339）
　　　（三）中俄电价水平比较 ……………………………………… （340）
　四　结论及启示 ………………………………………………… （340）

第十四章　中国对俄罗斯的电力投资 ………………………… （343）
　一　俄罗斯电力投资环境分析 ………………………………… （343）
　　　（一）经济全球化与金融市场化不断加深 …………………… （343）
　　　（二）政治、法律环境不稳定 ………………………………… （343）
　　　（三）基础设施陈旧，服务环境不尽如人意 ………………… （344）
　二　中国对俄罗斯电力投资的需求与条件 …………………… （345）
　　　（一）中俄两国地理相近、能源供需互补 …………………… （345）
　　　（二）俄罗斯电力市场广阔，中国企业投资具有技术、
　　　　　　资金保障 …………………………………………………… （345）
　　　（三）实现"一带一路"倡议的重要依托 …………………… （346）

三　中国在俄罗斯电力投资的风险分析 …………………………（347）
　　四　中国对俄罗斯电力投资的风险防控措施 ………………………（349）

第十五章　中国电力市场改革与电网对外开放的协同研究 ……（353）
　　一　以"5号文"为指导的中国电力市场化改革 …………………（353）
　　　　（一）主要成效与进展 …………………………………………（353）
　　　　（二）"5号文"改革仍没有解决的矛盾和问题 ………………（355）
　　二　进一步深化电力市场化改革的必要性 …………………………（357）
　　　　（一）进一步改革的必要性和背景 ……………………………（357）
　　　　（二）中国电力发展面临的新形势与对体制改革的
　　　　　　　需求 ………………………………………………………（362）
　　　　（三）深化电力体制改革的基本原则与路线图 ………………（364）
　　三　建立适应电网对外互联互通需要的电网管理体制 ……………（368）
　　四　国外电力市场化改革趋势分析 …………………………………（372）
　　　　（一）国际电力体制改革总体历程和模式总结 ………………（372）
　　　　（二）国际电力体制改革的走向和趋势判断 …………………（377）

中文参考文献 ……………………………………………………………（384）

英文参考文献 ……………………………………………………………（397）

后记 ………………………………………………………………………（408）

图目录

图 1-1 国际贸易理论的演化路径 ……………………… (14)
图 1-2 本书研究框架与内容 …………………………… (35)
图 3-1 "互联网+"和能源互联网 ……………………… (64)
图 3-2 信息互联网 ……………………………………… (67)
图 3-3 能源互联网 ……………………………………… (68)
图 3-4 能源生态系统 …………………………………… (71)
图 4-1 "自我中心型"和"整体型"网络研究进路 ……… (84)
图 4-2 网络治理的前沿进展和议题变化 ……………… (95)
图 4-3 "网络小集团"理论说明 ………………………… (102)
图 4-4 电力互联互通网络治理模式的分析框架 ……… (118)
图 5-1 电网跨国互联的制度分析框架 ………………… (130)
图 5-2 欧洲各国电力市场架构 ………………………… (139)
图 6-1 美国东北部三大跨境区域市场地理分布情况 … (148)
图 6-2 北美输电网络布局情况 ………………………… (149)
图 6-3 美国与加拿大主要跨境互联电网分布情况 …… (149)
图 6-4 2014 年美国和加拿大不同燃料发电结构情况 … (151)
图 6-5 2014 年美国与加拿大电力贸易(平衡与流向)
情况 ……………………………………………… (152)
图 6-6 1990—2015 年加拿大对美国电力贸易情况 …… (153)
图 6-7 1990—2014 年加拿大的电力进出口贸易
收益情况 ………………………………………… (153)
图 6-8 美国输电网地理分布和电压等级 ……………… (156)

图 6-9　2004 年之前 NERC 地区范围和区域性实体情况 ……（157）
图 6-10　2005 年之后 NERC 地区范围和区域性实体
　　　　 情况 …………………………………………………（158）
图 6-11　2011 年美国输电线路的所有权结构情况…………（165）
图 6-12　北美输电网络投资情况 ……………………………（167）
图 6-13　NERC、FERC 和区域输电组织或独立系统运营商的
　　　　 职能分布情况 ………………………………………（169）
图 6-14　美国电力产业联邦监管与州监管的功能区别 ………（170）
图 7-1　制度环境、组织安排与区域国家间电力合作的
　　　　 演进路径 ……………………………………………（181）
图 7-2　现行 GMS 电力贸易协调体系与一体化进程
　　　　 路线图 ………………………………………………（189）
图 8-1　跨国电网互联项目落地实施节点图 ………………（212）
图 8-2　公司国际电力工程承包业务链延伸 ………………（218）
图 9-1　2005—2015 年年末中国对东盟直接投资总流量 …（236）
图 9-2　2014 年年末中国对东盟十国直接投资存量情况 …（237）
图 11-1　中国周边东南亚国家 GDP 增长率情况……………（271）
图 11-2　1994—2014 年发展中经济体 FDI 流入量 …………（272）
图 11-3　1994—2014 年按区域及若干国家列出的 FDI
　　　　 流入量 ………………………………………………（273）
图 11-4　2015 年东盟国家人均 GDP …………………………（274）
图 11-5　2014 年老挝 GDP 构成 ………………………………（275）
图 11-6　柬埔寨 2009—2013 年 GDP 增长率和人均 GDP ……（279）
图 11-7　2014 年柬埔寨三大产业占总产值比重 ……………（280）
图 11-8　2011—2015 年缅甸 GDP 增长率 ……………………（283）
图 11-9　缅甸发电类型比重（截至 2012 年）………………（284）
图 11-10　中国 2005—2014 年电力、热力、燃气及水的生产和
　　　　　 供应业 FDI 流量 ……………………………………（285）
图 12-1　2012 年俄罗斯煤炭探明储量经济区分布…………（301）
图 12-2　滨海边疆区重点煤矿 ………………………………（304）

图 12-3 哈巴罗夫斯克边疆区矿产资源图 …………………（306）
图 12-4 布里亚特共和国矿产资源图 ………………………（308）
图 12-5 赤塔州矿产资源图 …………………………………（309）
图 12-6 2030年前西伯利亚地区主要规划水电站 …………（314）
图 13-1 中国新电改核心思路 ………………………………（327）
图 13-2 2012年中俄上网电价和销售电价比较 ……………（340）

表目录

表1-1 国际贸易理论及其对应的贸易动因与贸易结构 ……（12）
表4-1 不同网络研究范式的比较 ……………………………（87）
表4-2 跨国网络治理的挑战及其理论创新 …………………（105）
表4-3 基于"问题—主体—机制"框架的全球互联网
治理分析 ……………………………………………（110）
表5-1 联网容量的分配与欧洲电力市场序列 ………………（135）
表5-2 俄罗斯和中亚五国电力监管与电力市场化现状 ……（140）
表6-1 未来美国—加拿大拟建设跨境互联电网项目
情况 …………………………………………………（150）
表6-2 北美地区能源合作大事件年表 ………………………（160）
表6-3 北美三国关于电力贸易的规制情况 …………………（162）
表6-4 2004—2014年美国与加拿大、墨西哥电力贸易
情况 …………………………………………………（164）
表6-5 不同地区电力市场一体化发展情况 …………………（172）
表7-1 三个维度下不同地区区域电力市场一体化的
发展状况 ……………………………………………（183）
表7-2 GMS域内五国主要经济社会指标、电力工业发展和
政治情况 ……………………………………………（188）
表8-1 中俄断面联络线输电能力 ……………………………（199）
表8-2 中国电力企业重要境外投资并购 ……………………（203）
表8-3 各类股东的优势和作用 ………………………………（213）
表8-4 俄欧天然气管道项目股比 ……………………………（213）

表 8 - 5	项目融资与公司融资对比	(214)
表 9 - 1	中国和东盟国家经济发展水平与能源消费的基本情况	(224)
表 9 - 2	2014 年中国和东盟主要国家化石能源资源的探明储量	(225)
表 9 - 3	东盟化石能源净贸易	(226)
表 9 - 4	中国和东盟主要国家水能资源和开发利用情况	(227)
表 9 - 5	部分东盟成员国可再生能源资源潜力	(229)
表 9 - 6	东盟各国能源政策和发展目标	(231)
表 9 - 7	东盟未来发电装机	(232)
表 9 - 8	新政策场景下东盟年均能源投资	(233)
表 10 - 1	跨境电量交易情况	(247)
表 11 - 1	2010 年世界部分国家电力发展情况表	(275)
表 11 - 2	2010—2015 年老挝经济增长情况	(276)
表 11 - 3	柬埔寨电力供应情况	(281)
表 11 - 4	2014 年中国对东盟直接投资的主要行业	(286)
表 11 - 5	2014 年中国对外承包工程业务完成营业额前 100 家企业	(287)
表 11 - 6	中国主要电力企业在老挝的电力投资情况	(289)
表 11 - 7	中国主要电力企业在柬埔寨的电力投资情况	(291)
表 12 - 1	结雅—布列亚煤矿集中区最大开采能力	(303)
表 12 - 2	滨海边疆区推荐煤炭基地最大开采能力	(305)
表 12 - 3	远东联邦区主要水电基地基本参数	(311)
表 12 - 4	2030 年前远东地区规划水电站安装功率	(312)
表 12 - 5	西伯利亚联邦区主要水电基地基本参数	(312)
表 12 - 6	2030 年前西伯利亚联邦区主要水电基地发展计划	(313)
表 12 - 7	国家电网与周边国家电网互联互通现状	(316)
表 12 - 8	京津冀鲁地区电力市场空间分析结果	(317)
表 12 - 9	华中东四省电力市场空间	(318)

表 12-10	中俄有关税费表	(319)
表 12-11	煤炭开发模式对比	(321)
表 12-12	电源开发模式对比	(322)
表 12-13	煤电一体开发模式对比	(323)
表 12-14	俄境内电网项目合作模式对比	(324)
表 13-1	2006 年各省(自治区、直辖市)电网输配电价和销售电价标准表	(330)
表 13-2	2007 年各省(自治区、直辖市)电网输配电价和销售电价标准表	(332)
表 13-3	俄罗斯联邦价格监督局确定的 2010—2014 监管期联邦电网的投资回报率	(335)
表 13-4	中俄电价机制比较	(336)
表 13-5	中国销售电价和上网电价	(338)
表 13-6	俄罗斯平均销售电价和平均上网电价	(339)
表 15-1	新一轮电力体制改革举措、对象和目的	(365)

第一章 本书的研究内容与架框

跨国电力互联互通涉及技术标准、体制机制、政治外交等多个方面，各种问题相互交织，比较复杂。互联互通本身包括两个层次，首先是互联，指各国的基础性设施能够相互衔接，在技术层面上能够相互对接；其次是互通，各国的商品与服务依托相互衔接的基础设施进行交流和交换，互通的本质是贸易问题。电力互通严重依赖电网的互联。电力互联互通可以是双边的，也可以是多边的。电网的不可移动性决定了电力贸易具有严重的路径依赖。像电力这样只能通过电网进行贸易的商品，网络的互联、技术标准、网络治理结构对电力贸易有着重要影响，是电力互联互通中特别需要解决的问题。此外，由于电力及电网设施属于国计民生的战略性产品和基础设施，关乎国家和区域能源安全，相关国家之间的政治外交关系、对外政策和国际发展战略是实现跨国电力互联互通的重要前提。本书主要是从经济的角度研究电力互联互通问题，本章首先介绍相关研究文献观点，然后阐述本书的研究背景、框架与研究重点。

一　与本研究相关的政策背景

（一）互联互通与"一带一路"建设

互联互通这一术语最早出现在通信业。在通信业中，互联互通（interconnection）是指运营商的网络与不在该网络中的设备或设施之间的物理链路。具体可分为设备间互联，指在某个运营商的设施和属于它的客户的设备之间的一个连接；网间互联，是指两个（或更多运营商之间的连接。在美国的法律中，互联互通被专门定义为"两个或多个网络的链路，用于通信流量的双边交换"。互联互通也是电信市场中引入竞争所使用的重要工具之一，是强制要求处于支配地位的运营商实现互联互通的需求。

后来，互联互通这一概念被引申到国家之间的关系领域。2014年11月8日，习近平主席在加强互联互通伙伴关系对话会上发表题为《联通引领发展伙伴聚焦合作》的重要讲话（习近平，2014），习近平指出，自古以来，互联互通就是人类社会的追求。丝绸之路就是一个典范，亚洲各国人民堪称互联互通的开拓者。面对结构调整和改革创新的世界潮流，亚洲国家必须积极作为，在亚洲资源、亚洲制造、亚洲储蓄、亚洲工厂的基础上，致力于发展亚洲价值、亚洲创造、亚洲投资、亚洲市场，联手培育新的经济增长点和竞争优势。实现这些目标，互联互通是其中一个关键环节。习近平主席指出，我们要建设的互联互通，应该是基础设施、制度规章、人员交流三位一体，应该是政策沟通、设施联通、贸易畅通、资金融通、民心相通五大领域齐头并进。这是全方位、立体化、网络状的大联通，是生机勃勃、群策群力的开放系统。

习近平主席指出，要以亚洲国家为重点方向，以经济走廊为依托，以交通基础设施为突破，以建设融资平台为抓手，以人文交流为纽带，加强"一带一路"务实合作，深化亚洲国家互联互通伙伴关系，共建发展命运共同体。习近平指出，我们要实现亚洲国家联动发展。亚洲各国就像一盏盏明灯，只有串联、并联起来，才能让亚洲的夜空灯火辉煌。我们要塑造更加开放的亚洲经济格局，尊重各国主权和领土完整，照顾各方舒适度，不强人所难，不干涉他国内政。开放还要循序渐进、先易后难、以点带面、积少成多、行稳致远。我们要实现亚洲人民幸福梦想，坚持以人为本，文明互鉴，保护生态环境，让美丽和发展同行，让各国人民共同编织和平、富强、进步的亚洲梦。我们要打造亚洲特色的合作平台（习近平，2014）。亚洲基础设施投资银行对现有金融机构是有益补充，将在亚洲互联互通建设中扮演重要角色。习近平强调，共同建设丝绸之路经济带和21世纪海上丝绸之路与互联互通相融相近、相辅相成。如果将"一带一路"比喻为亚洲腾飞的两只翅膀，那么互联互通就是两只翅膀的血脉经络。

习近平主席就此提出5点建议。第一，以亚洲国家为重点方向，率先实现亚洲互联互通。"一带一路"源于亚洲、依托亚洲、造福亚洲。中国愿通过互联互通为亚洲邻国提供更多公共产品，欢迎大家搭乘中国发展的列车。第二，以经济走廊为依托，建立亚洲互联互通的基本框架。"一带一路"兼顾各国需求，统筹陆海两大方向，涵盖面宽、包容性强、辐射作用大。第三，以交通基础设施为突破，实现亚洲互联互通的早期收获，优先部署中国同邻国的铁路、公路项目。第四，以建设融资平台为抓手，打破亚洲互联互通的瓶颈。第五，以人文交流为纽带，夯实亚洲互联互通的社会根基。未来5年，中国将为周边国家提供2万个互联互通领域培训名额。

在国际关系意义上的互联互通，可分为硬件的互联互通和软件的互联互通，即"硬联通"和"软联通"，公路、铁路、电力等互联互通属于硬件互联互通。基础设施建设的融资、跨境教育、人员往来、规制建设等，则属于"软联通"问题。

（二）周边国家外交与亚洲新安全观

周边国家是中国从外交角度对相邻国家的统称。对世界各国按其政治倾向、发达程度等进行划分，是制订国家对外政策的重要依据。新中国成立之初，为了破解美国和前苏联两个超级大国对中国形成的包围和封锁，毛泽东提出"三个世界划分"理论，即以亚非拉贫穷落后国家为基础的新的战略支点，打开中国外交的局面。改革开放后，中国经济迅速发展，经济总量、进出口总量、对外投资均为世界前列，世界经济格局由于中国的崛起而发生重大的改变，也使我国的外交出现了前所未有的新局面。冷战结束后，亚洲经济迅速发展，亚洲地区呈现碎片化局面，迄今没有任何一个政治体可以整合亚洲，出现所谓的"亚洲悖论"，即亚洲国家之间的经济相互依存度在不断增大，但政治和安全领域的合作反而停滞不前的现象。近年来，国际形势中动荡因素上升，一方面大国地缘战略矛盾回潮，全球各种传统与非传统的安全挑战令现存的国际秩序应对阙如；另一方面在国际金融危机冲击下世界经济进入结构性低迷，国与国之间增长不平衡和国家内部贫富差距拉大的问题日益突出，尤其是发达国家中产阶级地位下降，反全球化、逆全球化兴起。国际秩序和经济全球化暴露出来的诸多问题表明，全球治理体制已站在一个历史拐点上，需要有新的思维和方式去应对和治理。改革和完善国际秩序和全球治理必然是个复杂、曲折且漫长的过程。在国际事务中，中国要秉承多边主义，积极有为地参与国际机构运作，顺应发展中国家的需要，在民用工业优势和符合自身发展需要的领域，主动设计、提供新型公共产品。

中国共产党十四大报告中，首次将"周边国家"概念从"第三世界"概念中划分出来，周边外交在中国外交总布局中的地位逐步得到提升和重视（石源华，2016）。2013年10月，习近平总书记在《为我国发展争取良好周边环境》的讲话中，将做好周边外交工作提升至"实现两个一百年奋斗目标、实现中华民族复兴的中国梦的需要"的高度。习总书记指出，无论从地理方位、自然环境，还是相互关系看，周边外交对中国都具有极为重要的战略意义。习近平在出访中亚和东南亚国家期间，先后提出共建"丝绸之路经济带"和"21世纪海上丝绸之路"（简称"一带一路"）的重大倡议。"一带一路"的构想，以中国加强与周边国家的合作为基础，逐步形成连接东欧、西亚、东南亚的交通运输网络，巩固了中国和中亚、东南亚国家的经济合作，更能改善中国与这些国家的关系，加强互联互通，优势互补，共同发展和受益。"一带一路"是中国周边外交的重要布署，习近平总书记指出："一带一路"，"不是要替代现有地区合作机制和倡议，而要在已有基础上，推动沿线国家实现发展战略相互对接、优势互补"。

有学者把新中国成立以来中国的外交，分为3大阶段。第一阶段是第一个三十年（1949—1979年），外交的任务主要是维护政权的稳定和国家的安全。第二阶段是改革开放三十年（1979—2010年），外交主要服务于经济建设。第三阶段是2010年至今，大国外交阶段

（吴心伯，2013）。2014年11月在中央外事工作会上，习近平主席提出中国必须有自己特色的大国外交，"使对外工作具备鲜明的中国特色、中国风格、中国气派"。中国特色大国外交的基本内容包括：在党的领导下坚持走社会主义道路；坚持不称霸的合作共赢理念；坚持全世界各个国家共同发展、共同进步；坚持不干涉他国内政；坚持对发展中国家的支援与帮助等。当前是立足于周边，脚踏实地推进"一带一路"建设，打造亚洲命运共同体，积极开展大国外交。

与周边国家外交战略相对应，习近平主席在和平共处五项原则的基础上，针对亚洲安全的历史沉积、现状形势以及未来的潜在风险挑战，以建设和平稳定的新亚洲为目标，习近平主席提出"亚洲新安全观"，对亚洲新安全观作了精辟而细致的理论阐述和政策概括：共同安全、综合安全、合作安全和可持续安全。习近平主席在亚洲相互协作与信任措施会议第四次峰会上讲话强调"亚洲和平发展同人类前途命运息息相关。亚洲稳定是世界和平之幸，亚洲振兴是世界发展之福"。

共同安全就是尊重和保障每一个国家的安全。大家共同生活在亚洲这个大家园里，利益交融、安危与共，日益成为一荣俱荣、一损俱损的命运共同体。安全应该是普遍的、平等的、包容的。要恪守尊重主权独立、领土完整、互不干涉内政等国际关系准则，尊重自主选择的社会制度和发展道路，尊重并照顾各方合理的安全关切。

综合安全就是要统筹维护传统领域和非传统领域安全。亚洲安全问题极为复杂，既有热点敏感问题又有民族宗教矛盾，恐怖主义、跨国犯罪、环境安全、网络安全、能源资源安全、重大自然灾害等带来的挑战明显上升，传统安全威胁和非传统安全威胁相互交织。

合作安全要通过对话合作促进各国和本地区安全。要通过坦诚深入的对话沟通，增进战略互信，减少相互猜疑，求同化异、和睦相处。要着眼各国共同安全利益，从低敏感领域入手，积极培育合作应对安全挑战的意识，不断扩大合作领域、创新合作方式，以合作谋和平、以合作促安全。

可持续安全是要发展和安全并重以实现持久安全。发展就是最大的安全，也是解决地区安全问题的"总钥匙"。通过经济和社会发展,积极改善民生,增加各国间经济联系,推动共同发展和区域一体化进程,努力形成区域经济合作和安全合作良性互动、齐头并进的大好局面,以可持续发展促进可持续安全。

二 文献观点综述

(一)地缘政治、地缘经济和中国地缘环境问题研究

1. 地缘政治与能源地缘政治问题的研究

地理因素是影响国家安全和对外政策的最基本和最持久的因素,曾经引起许多国际政治学家的关注,并形成了"地缘政治学",国际政治学家在研究地缘政治时,既探索全球性的地缘战略格局,又分析区域之间多方位的地缘政治关系,甚至国与国之间的关系,由此提出了许多地缘政治理论(马建勋,2007)。地缘政治学者认为,在世界版图上,有一部分地区在地理上占据重要位置,即所谓的"热点地区"。例如,埃瓦恩·安德森(Ewan Anderson)认为波斯湾入口处的霍尔木兹海峡、南中国海的南沙群岛、连接印度洋和南中国海的马六甲海峡以及冷战时期分裂的柏林,就是这样的区域,被其称为"地缘政治巨变中心"。A. T. 马汉的"海权论"和 H. J. 麦金德(H. J. Mackinder)提出的"陆权论"是现代地缘政治理论的重要发展。A. T. 马汉认为,海权对国际政治具有重要影响,而掌握海权的关键在于对世界重要海道和海峡的控制,而决定欧洲和美国命运的海上交通线,最重要的是两条,一是从欧洲经苏伊士的航线,另一个是从美国穿越太平洋的航线。1904 年,英国地理学家 H. J. 麦金德创立了"陆权理论",其认为世界力量重心所在的欧、亚、非三大洲由于发达的交通已变成一个"世界岛","世界岛"可分为 6 个地区,其中最重要的地区是欧亚大陆板块地区。欧亚大陆的结合部的中亚中东地区,被麦金德称之为"轴心地区"或"心脏地区"。第二次世界大战后,美国地缘政治学家 N. J. 斯皮克曼(N. J. Spykman)修正了 A. T. 马汉和 H. J. 麦金德的理论,提出了"边缘地带学说",其认为,控制边缘地带是控制欧亚大陆的关键,而控制欧亚大陆则是控制世界的

关键；此后，基辛格、布热津斯基、亨廷顿等分别提出了新的地缘政治思想，诸如"世界新秩序""失控世界""文明冲突"等理论（周骁男，2007）。

地缘政治体系的学说，应是一个随资源中心变化而变化的动态学说，而不再仅仅是"地理决定外交"的静态学说（张文木，2000）。从能源与国际关系的历史发展来看，能源安全一直处于地缘政治利益的中心，对能源的控制权成为国际政治的一种重要的权力，控制世界不再是以控制某一地区为前提和目标，而是以控制世界资源贮藏丰富和开发条件最好的地区为前提和目标，能源地缘政治的逻辑就是资源决定战略。任娜等（2007）认为，地缘政治因素会影响国家对能源的获得，这使得从地缘政治的角度来研究能源安全尤为重要，现代能源地缘政治是将能源与地缘政治争夺紧密联系在一起进行研究的学说，称为"石油地缘政治学""能源地缘政治学"。由于世界能源的分布极不平衡，能源生产国和消费国在地理上分离，能源与地理因素相结合，特别是与交通枢纽的结合，形成了能源地缘政治（潘旭明，2013）。资源价值与地缘价值在时间和空间上合二为一——并以前者为主要矛盾的主要方面，是现代地缘政治理论的鲜明特色（张文木，2000）。

2. 地缘经济理论与区域经济合作研究

苏联的解体和经济全球化的趋势，使得全球国际关系理论的研究视角发生了重要变化。20世纪90年代初，西方学者提出了"地缘经济"的概念，该理论主张冷战结束后，世界经济已由地缘政治时代的两极化转向区域化、多极化、一体化混合成长，相互影响的地缘经济时代。换言之，地缘经济探讨的是在经济全球化、区域经济一体化浪潮下，国家或国家集团为了实现自身利益，通过对国际国内资源的控制来达到对一定区域的控制，从根本上讲，国家将按地缘经济的方式行事。比较来看，地缘政治和地缘经济的终极目标都是国家利益，但是两者在探讨实现国家利益的路径上有着很大的区别。在地缘政治研究领域内，实现国家利益的路径可以概括为：国家利益——控制区域（武力军事手段）——增大的国家利益；在地缘经济研究领域，实现国家利益的路径可以概括为：国家利益——经济、文化、科技合作——控制区域——保有和增大国家利益（周骁男，2007）。周骁男（2007）认为，这种观点的理论基础就是新自由主义的"相互依存论"。自由主义国际关系理论认为，经贸关系的加强会促进政治关系的发展，经贸关系的相互依存将缓解政治安全关系的紧张和摩擦。相关的理论研究也表明了地缘经济在促进区域合作中的积极作用。Robert-A. Scalapino（1992）提出了"自然的经济领土"概念，其认为"自然的经济领土"就是指跨越政治疆界的自然的经济互补性；这里的自然并不意味着政府不介入，而是可以涵盖清除障碍以实现经济互补性的政府行动。Richard. Baldwin（1993）提出"地区主义的多米诺理论"，其认为20世纪80年代中期的"单一欧洲法"确立了建立欧洲统一市场的目标，其产生的示范效应和压迫效应引发了其他地区的一体化进展，有如多米诺骨牌一发不可收拾。基本观点是：具有特异性质的地区主义事件引发多重影响。从而推倒一系列国家的双边进口壁垒，当某一地区组成一体化集团或加深原有组织的一体化程度时，必然产生贸易的投资转向，而这种转向对非成员国产生经济压力，压力的大小与该地区一体化组织的规模密切相关，非成员国为避免自身经济利益受到损失，或者谋求加入该组织，或者组成新的一体化组织，从而形成一系列的一体化组织的趋势。李继东（2002）认为，世界经济发展的趋势表明，各国在地缘经济时代获得生产资源的途径随着跨国公司的海外直接投资，可以通过和平的方法获得，而不必通过战争来扩张领土、获取资源；同时，相比之下，通过经济竞争，利用全球化趋势，获取资源和利益的成本则更低。

3. 中国周边地缘环境与能源合作问题研究

林利民（2010）认为，21世纪初，亚太地缘战略环境虽然有多种变化趋势，但其中最令进行战略分析、评估的人们不能不予以特别关注的基本趋势是亚太正在迅速崛起为全球地缘政治中心，基于此，中国要制定明智、合理的亚太地缘战略，首先不能不尽可能正确地把握亚太地缘战略环境的方方面面，尤其要正确把握其变化趋势及其对中国崛起的各种影响。在地缘环境上，中国面临的境况不容乐观，一些域外大国,更是要用权力政治、海权、空权、霸权、"势力范围"等西方地缘政治理念及战略来应对中国崛起,甚至谋求建立针对中国的地缘战略包围线。2012 年年初,美国国防部发布了题为《维护美国全球领导地位:21 世纪国防的优先顺序》的新战略指南,指出鉴于美国的经济和安全利益已经与从西太平洋和东亚到印度洋及南亚的广大地区紧密相连,美国的军事力量必须向亚太地区再平衡。杨毅(2013)认为,在奥巴马、希拉里时代,美国之所以在安全上高调宣布重返亚太的同时,在经济上也高调参与亚太地区贸易结构的发展,积极推动建立《跨太平洋伙伴关系协议》(Trans-Pacific Partnership Agreement,TPP),是因为其要力图谋取亚太地区经济合作机制的主导权。然而,继任总统特朗普·奥朗德上台后,首先撤出 TPP。但是笔者认为,这并不意味着美国不寻求在亚太地区的主导权,而是采取另外一种策略,在政治与外交上仍然是"美国第一"。俄罗斯的"地缘政治"开始转移到亚洲,俄罗斯的战略非常关注中国(Natalya Ivanova,2013)。然而,中国面临的地缘战略环境也有积极的方面,表现在和平理念日益强大,共同安全、合作安全等新安全观日益盛行,全球化造成了世界各国俱损俱荣的依存关系。祁怀高(2013)认为,近年来,东北亚地区经济继续保持恢复增长势头,东北亚国家之间的经济相互依存日益加深,东北亚地区经济合作取得了一些重要进展,总体而言,东北亚经济安全环境趋于积极。与此同时,为了营造有利于中国经济社会发展的有利周边环境,党的十七大报告强调"继续贯彻与邻为善、以邻为伴的周边外交方针,加强同周边国家的睦邻友好和务实合作,积极开展区域合作,共同营造和平稳定、平等互信、合作共赢的地区环境"。总而言之,无论是从与周边国家关系的长期稳定本身考虑,还是从防止域外力量离间中国与周边国家关系的视角出发,中国对周边国家都要奉行长期和平友好与睦邻政策。在当前,尤其要进一步借中国经济继续发展,而美欧经济表现平平之机,进一步加强中国与周边国家的经济互利合作,实现经济贸易投资关系的深度捆绑,造成经济贸易上同进退的依存关系(林利民,2010)。

近年来,中国政治外交已表现出明晰的战略。新中国成立以来,中国的外交方针很快由实行以苏联为首的社会主义阵营一边倒的外交战略转向和平共处五项基本原则，中国与周边国家例如印度、缅甸等国发表了联合声明，并成功地参加了在印尼召开的万隆会议，增加了亚非国家对中国的理解和认识，开创了中国外交工作的新局面。但在"文化大革命"期间，五项基本原则没有得到很好的贯彻，直到1970年之后，随着中国成功恢复在联合国的合法地位和中美建交，独立自主的外交政策才得到国际社会广泛认可并取得巨大成功，中国与周边国家的关系逐渐恢复和改善，与中国建立大使级外交关系的西方发达国家大幅度增加。实行和平共处的外交战略，不仅完全打破了西方对中国的外交孤立和封锁，同时也给中国带来了实实在在的经济利益和发展机遇。改革开放后，中国实行和平共处的外交战略更加自觉、主动、积极和全面。摒弃意识形态因素干扰，超越社会制度差异，一切以国家安全利益和发展需要为出发点，逐渐成为中国外交的主旋律和主基调。进入21世纪以来，世界权力重心向亚太地区转移呈现不可阻遏之势，地区和国际形势复杂多变的特点更加突出，中国政府坚持积极有所作为，实行独立自主的外交方针不动摇。十八大明确宣布，中国在国际事务中要继续高举和平、发展、合作、共赢的旗帜，近十年来，在外交上采取了一系列重大举措，其中包括"一带一路"倡议，主动营造周边环境，精心打造双边多边相结合的周边外交平台，强调合作共赢。从20世纪50年代倡导和平共处，到如今倡导合作共赢，中国外交战略从理论到实践与时俱进，但始终坚定不渝地坚持和平发展和和平崛起。2013年以来，习总书记在有关国际关系和中国对外政策的讲话和文章中，全面阐述了中华民族在全面复兴的伟大进程中坚持实行和平共处、合作共赢战略的重要性和必然性。唯有和平共处与合作共赢，才是中国特色社会主义大国走向未来的必由之路（于洪君，2016）。

王礼茂等（2009）指出，鉴于中国周边国家蕴藏着丰富的自然资源，因此与周边国家在能源领域的合作，是中国地缘政治战略的重要组成部分。Szyliowic 和 Neill（1975）提出了能源领域国家间合作的三种模式："横向合作"模式、"纵向合作"模式和"综合合作"模式。

"横向合作"是一种多边主义的思路,就是消费国组成一个与OPEC对话、抗衡的国家集团;"纵向合作"是一种双边主义的思路,就是消费国与生产国加强合作,通过加深双方的相互依赖,来保障能源的可靠供应;"综合合作"是指两者兼用。Lieber(1983)认为要处理好能源问题,必须既有国内政策措施,又有国际措施;既要重视市场的力量,又要正确看待和运用政治手段。概言之,其认为只有合作才能有效应对石油等能源问题。近年来,中国与周边国家在能源合作方面取得了显著的成效,能源合作成为中国推进互利共赢外交战略的重要内容,以中俄能源合作为例,由于中国和俄罗斯在地理上接近,开展能源合作无疑具有地缘上的优势,两国都把对方视为重要的能源合作伙伴(陈小沁,2007),能源领域的合作是中俄战略协作伙伴关系的重要组成部分,对中俄双方都很重要(郎一环等,2007),因此,以能源为突破口来提升两国间及在地区层面上的合作水平,有利于促进地区能源安全体系的建立(陈小沁,2007)。

(二)国际贸易理论演化对当今能源合作的影响

斯密提出"绝对优势理论"以来,国际贸易理论历经二百多年的发展,可概括为5个阶段:"古典贸易理论""新古典贸易理论""新贸易理论""新兴古典贸易理论"和"新新贸易理论"(彭徽,2012)。李锦等(2005)指出国际贸易理论的发展经历了"传统国际贸易理论"和"新国际贸易理论"两个主要阶段,并将新贸易理论分为"规模经济与不完全竞争贸易理论""技术差距理论""差异产品理论""需求贸易理论""竞争优势理论""公司内贸易理论"。然而,国际贸易理论的演化虽然呈现出动态性,但演化的理论试图要回答的问题却具有稳态性。国际贸易的基础理论涉及三个相互联系的基础性问题:一是贸易发生的原因问题,即解释国际间的贸易为什么能够发生;二是各国贸易商品的流向问题,即解释或预测国际贸易的格局;三是贸易发生的福利(利益)效果问题,即国际贸易理论必须能够为各国的贸易政策选择提供理论依据(陆家骝,2008)。换言之,国际贸易理论都需要回答3个基本问题:即贸易动因、贸易结构和贸易结果（佟家栋，2000）。基于此，彭徽（2012）根据国际贸易理论试图要回答的三个问题对不同发展阶段的国际贸易理论进行了贸易动因、贸易结构的解读和阐述（如表1－1所示）。

表1－1　　　国际贸易理论及其对应的贸易动因与贸易结构

贸易理论	古典贸易理论	新古典贸易理论	新贸易理论	新兴古典贸易理论	新新贸易理论
代表性理论	绝对优势理论；比较优势理论	生产要素禀赋理论；要素价格均等化理论；"里昂惕夫之谜"	基于外部规模经济的新马歇尔模型；基于内部规模经济的新张伯伦模型；古诺双头垄断模型	内生贸易理论	异质性企业贸易理论；企业内生边界理论
贸易动因	劳动生产率差异（外生比较优势）	生产要素禀赋差异（外生比较优势）	规模经济效应（内生比较优势）	专业化分工和交易效率改进（内生比较优势）	企业的异质性（外生与内生比较优势）
分工方式	行业间分工	行业间分工	行业内分工	行业间、行业内分工	企业间分工
贸易结构	行业间贸易	行业间贸易	行业内贸易	国内贸易演变成为国际贸易	企业间贸易

资料来源：彭徽（《国际贸易理论的演进逻辑：贸易动因、贸易结构和贸易结果》，《国际贸易问题》2012年第2期。）

从代表性的理论观点来看，贸易理论演化的趋势是显著的。Smith（1776）提出"绝对优势理论"，认为每个国家都应当生产自己占绝对优势的产品并与其他国家所生产的具有绝对优势的产品进行交换。Ricardo（1817）提出"比较优势理论"，认为在任何产品上均有优势的一国专门生产其相对优势最大的产品，而另一国生产相对劣势较小的产品。亦即"两利相权取其重，两害相权取其轻"。Ohlin（1933）提出"禀赋理论"（"H－O理论"），认为国际贸易是以要素丰裕度的不同为基础的，各国都应生产其要素相对充裕的产品并出口，进口其要素相对稀缺的产品。Dixit 和 Stiglitz（1977）共同创立了"DS 模型"，成为新贸易理论的基石，其认为即使两国的初始条件完全相同，没有所谓的比较优势，但如果存在规模经济，两国同样可以选择不同的行业进行分工、开展贸易。Krugman（1979）认为新古典的分工和贸易理论关于企业规模收益不变或规模收益递减的假定是同经济现实不相吻合的，指出可以把以规模报酬递增为基础的分工与贸易同以要素禀赋为基础的分工和贸易区别开来，使两者都成为国际贸易发生的原因的解释。可以说，克鲁格曼的观点突破了新古典经济学关于贸易只在完全竞争的市场结构下进行的假定，因为只要存在着规模收益递增，产业的市场结构就不可能是完全竞争的，产业的产品是由或多或少具有垄断能力的企业来控制的，只是在规模收益递减或规模收益不变的假定下，各国的产业才都是中小企业原子式竞争的，根据垄断竞争的市场结构，克鲁格曼推演出了以内部规模收益递增为基础的产业内贸易的理论模型（陆家骝，2008）。

从国际贸易的演进历程看，偶然、零星与不规范的跨国交易之所以发展成为经常性、大规模和日益规范的国际贸易。庄惠明（2008）认为，这与两方面的因素密切相关：一是国际贸易微观主体的逐利行为，二是国际贸易宏观主体——国家政府的政策协调与维护及其相关的谈判等行政层面的博弈行为，国际贸易理论相应地分别从微观主体在经济市场的自由竞争和宏观主体在政治市场的国家主义行为展开研究。可以说，国际贸易理论基本上沿着"自由、干预""合作、竞争"两个基本维度演化（如图 1 - 1 所示），不同维度构成不同的贸易理论类型，分别为"自由贸易"理论、"保护贸易"理论、"管理贸易"理论和"共赢贸易"理论。作为高级演化阶段的"共赢贸易"理论更是借助多边贸易体制的制度框架把人类、社会与贸易的和谐发展统一起来，使国际贸易行为再也不是毫无规则约束的无序竞争行为。

换言之，"管理贸易"理论和"共赢贸易"理论则是基于国家间合作的分析，以国家间相互依存、相互协调为共同特征。因为这两个理论共同认为，自由贸易中的帕累托有效性是就特定博弈的参与者而

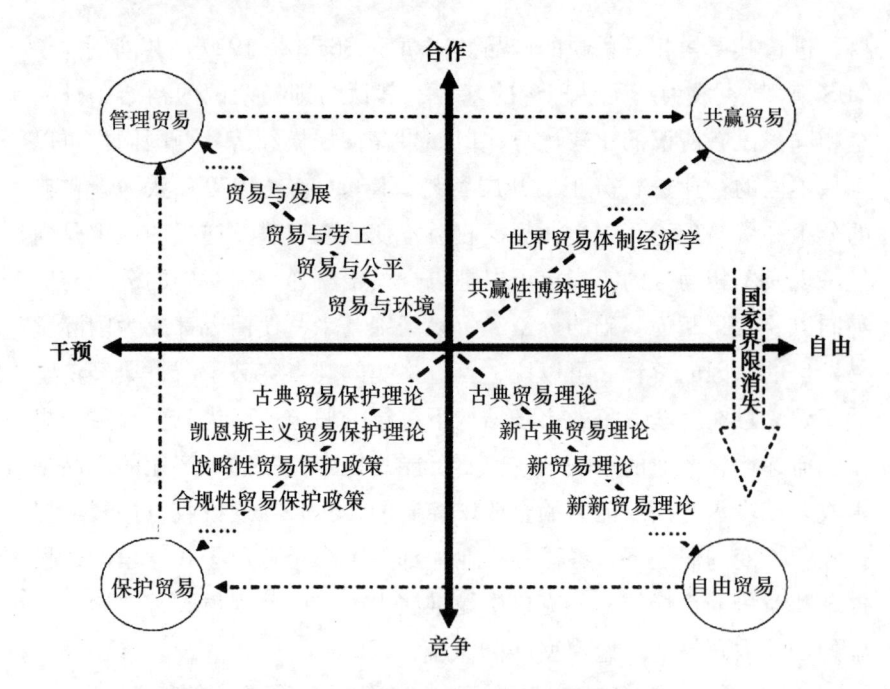

图 1-1　国际贸易理论的演化路径

定义的，并不代表任何更广泛意义上的有效性，存在着个体理性与集体理性在最优决策上的冲突。而贸易保护中"以邻为壑"政策更无助于实现帕累托最优，只有国家间的合作博弈均衡才能真正实现帕累托最优，因此，"共赢贸易"理论借助多边贸易体制，从制度和理性的更高层面有效治理了国际贸易博弈的囚徒困境。综上所述，从经济市场的一般均衡理论转到政治市场的博弈论，国际贸易理论也由国与国之间的竞争博弈分析转到合作博弈分析，国际贸易的结果也由"零和博弈"走向"非零和博弈"（庄惠明，2008）。

（三）能源贸易与能源安全问题研究

随着全球化的不断发展，在相互依存的世界体系日益发展的今天，能源安全问题的跨国性和综合性日益突出。能源安全问题实质上已经不是总量严重不足的问题，而是世界能源资源格局如何合理有效配置的问题。从这个意义上讲，能源安全问题是推动能源贸易的直接原因，能源贸易是实现能源安全的重要手段（或途径），换言之，能源安全与能源贸易密切相关。由于能源储存的地域性和结构性不平衡，这就决定了能源的跨国流动性和能源贸易的国际性。因此，在世界经济贸易环境风云突变的当前，保证本国的能源安全供给和世界能源资源的配置都得通过能源贸易途径解决，已经成为大多数国家的共识。Nico Bauer 等（2008）则认为，贸易理论很大程度上是致力于分析贸易的分配效应和与贸易相关的政策工具。因此，当前国内外对能源贸易的绝大多数研究依然是以上述三个问题为主导的，但鉴于能源问题的特殊性（能源商品属性的特殊性与复杂性）使得能源贸易原因的探讨较为广泛和热烈，相应的贸易结果则因能源贸易国角色（出口国、过境国和进口国）的差异而呈现出差异化，但相对于进口国而言，贸易结果却呈现出趋同性——国家能源供应安全。通过对已有文献的梳理发现，当前研究关注最多的就是能源安全问题，也就是说能源安全不仅在很大程度上是推动能源贸易（进口）的逻辑基点，而且也是保障国内经济社会发展所需能源的前提条件，为了能源安全（间接的能源贸易）而进行的一系列制度安排，比如能源外交、能源替代、成本效益、贸易方式合作安排等，都是为了保障这个基点和前提所必然引致的结果，这一点是比较明确的，几乎成为社会共识。

1. 能源贸易原因的研究

能源国际贸易与一般商品的国际贸易相比较要复杂得多（张生玲，2009）。能源虽有其自身的特殊性，但同样服从国际贸易理论的一般性分析，从现有文献来看，促进能源贸易的原因是多方面的，经济利益的考量只能作为其一，很大程度上政治乃至国家利益的宏观统筹更为直接，这是因为相比于经济属性，能源的战略属性和政治属性更加凸显（李晓西，2013）。综合现有文献研究，当前学术界对能源贸易原因的探究可以概述为政治的、经济的和环境的。可以明确言之，全球能源资源地理分布的不均衡和各国经济发展水平的不平衡所造成的能源资源地与能源消费地在空间布局上的分割，是国际能源市场形成的主要前提和基础。除了基于比较优势和资源配置理论的探究之外，相关的研究也表现在以下方面。谢文捷（2005）认为，目前许多发达国家大量进口能源，并非是因为本国没有能源资源，而是出于比较成本利益的考虑。曹利华（2012）认为，近年来，俄罗斯积极实施其能源外交政策，不断地扩大能源出口，具有十分强烈的内在经济动因。即，俄罗斯的能源产业已经成为其经济支柱产业之一，其能源产业的发展关系着俄罗斯整个国民经济的发展，因此，俄罗斯不断调整其能源外交战略以促进本国经济发展。郎一环等（2007）认为，能源出口已成为俄罗斯经济复兴和大国崛起的支柱，也是俄罗斯地缘政治的重要武器和工具，在俄罗斯对外战略中占有着重要的地位，因而巩固和扩大在国际能源市场的强大影响力是俄罗斯的既定国策。

2. 能源贸易流向（能源贸易格局）的影响因素与能源安全问题研究

（1）地理分布的不平衡性

从能源资源的地理分布来看，能源资源地理空间的分布不均衡，区域丰度差异较大：煤炭资源主要分布在美国、俄罗斯、中国、印度、澳大利亚等国家；石油资源主要集中在中东地区及其他少数国家，其中 OPEC 国家石油探明剩余可采储量占世界总量的 75.7%；中东地区国家占 60% 以上，按国别，可采储量前 10 位的国家占世界总量的 82.6%。天然气资源主要集中在中东、俄罗斯和中亚地区，其中俄罗斯、伊朗、卡塔尔 3 国天然气储量占世界总量的 55.7%（谢文捷，2005）。能源地理分布的不平衡性，亦即能源消费国和能源生产国在地理空间上存在间隔，使得贸易的流向自然表现出从富裕地区流向需求之处。近年来能源贸易的流向主要为中东、非洲和拉美流向西欧和亚洲（尤其是东亚国家或地区），随着中国能源消费需求的大幅提升，使得能源（石油、煤炭、铁矿石等）呈现出集中向中国出口的状况。

（2）能源外交、能源安全与能源合作问题研究

史丹（2013）认为，能源外交实质上是政治与经济的交换关系，能源有可能是外交的目的，也有可能是为求得其他方面的利益而进行交换的外交砝码。曹利华（2012）认为，从能源外交的客体看，它

涉及范围很广，既包括政府间的重要访问及各种合作协议，也包括贸易、投资、勘探与开发、技术合作、交通运输等内容。能源进口国与能源出口国在能源外交目标上存在显著的差异，能源出口国主要是通过外交手段来推动能源出口，尽可能实现能源出口多元化。对于能源进口国而言，能源外交的首要目标是在国际能源市场上运用能源外交手段保证自身的能源安全，确保国家能源的稳定供应。唐志超（2006）认为，合作与参与是当今世界各国所普遍接受的能源外交方式，最常见的几种合作形式包括与进出口国家建立良好的双边关系，签署双边或多边能源合作协议、贸易买卖、联合勘探与开发，建立生产或进口联盟以维护市场稳定（如欧佩克、国际能源机构），联合建立石油战略储备、交通运输安全（包括"管道外交"）。

由于现代社会对能源商品的依赖，能源天然与国家经济安全联系在一起，因此，与能源有关的问题从来就不是客观的价格问题，而是涉及大量与利益分配相关的权力斗争（谢文心，2012）。史丹（2013）也指出，当今的能源安全已不仅仅是供应安全，它还包括了运输安全、价格合理和高效清洁消费等多个方面。正因为能源是社会经济发展必不可少的要素，所以能源问题往往不仅是经济问题，而被看作重要的政治问题和安全问题。国际能源市场的政治性决定了非经济因素对国际能源市场尤其是石油市场的强烈影响，进而导致国际能源市场时常剧烈波动（谢文捷，2005）。

贸易全球化、生产全球化、金融全球化、区域经济一体化等早已渗透到能源领域，能源市场已成为全球化的市场（李晓西，2013）。在经济全球化的大背景下，史丹（2013）认为，世界各国的能源安全不可分割，更不能相互对立，以损害他国能源安全谋求本国"绝对能源安全"，或者以武力威胁保障自身能源安全的做法，在经济全球化的大潮中难以做到独善其身。但这并不意味着放弃追求自身的能源安全利益，而是要在"你中有我，我中有你"的国际关系中，寻求形成有利于中国能源安全的经贸关系和外交关系。

（3）新形势下的能源贸易问题研究

耿志成（1995）认为，能源贸易是能源生产和流通的重要组成部分,是一个国家能源市场在国际范围内的延展,它既反映一个国家能源贸易的国际环境,也体现该国与国际能源市场的关联程度。曾省存等(2013)认为,日本福岛核事故重创全球核电发展,核电供应减少,国际电力的供应产生缺口,必然要求其他能源填补,对能源格局也会产生深远影响。与此同时,鉴于能源供应和消费集中区分离,能源市场势必受地缘政治影响,为摆脱能源约束,美国积极实施能源独立战略,降低能源进口需求,大力寻找新的替代能源。随着俄罗斯战略重心转向东亚,在能源合作上也主要面向亚太市场,在扩张传统能源产业优势的基础上,开始不断借用能源优势来提升其国际地位和影响力。近年来,环境因素对能源贸易格局的演变将会日益发挥显著效应,表现在新能源的开发和对化石能源依赖性的下降。气候变化问题已成为世界能源发展新的制约因素,也是世界石油危机后推动节能和替代能源发展的主要驱动因素,各国把核能、水能、风能、太阳能、生物质能等低碳和无碳能源作为今后发展的重点(江泽民,2008)。随着中国不断深入参与国际分工,中国对国际能源的需求和国际能源市场对中国能源的需求都将发生深刻的变化(耿志成,1995)。何帆等(2006)研究了中国能源进口与再出口情况,认为作为能源市场的主要进口国之一,中国能源进口增加会对世界能源市场产生一定的影响。

(4)关于能源贸易的影响研究

Edenhofer 等(2008)指出,考虑到理论基础,在使用"新古典贸易理论"时,4个与政策相关的问题需要分析:一是贸易是否促进了不同层面地区的效益改进;二是商品贸易对两地区宏观经济活动的影响;三是对两地区相关产业部门的影响;四是对没有参与相关商品贸易的第三国贸易关系的影响。谢文捷(2005)认为,国际能源贸易一方面推动了出口国能源工业及其相关联产业的迅速发展,另一方面也极大地促进了进口国的经济发展,世界经济发展的每一次重大进步,都直接或间接地与能源国际贸易有关。张生玲(2009)指出,能源进口对经济增长的影响绝不能简单地定义为"漏出",对于国民收入仅仅是一种减少的作用,而应该更加深入地分析能源进口影响经济增长的机理。第一，在一定的国家能源战略和能源进口战略下，能源进口能够促进经济增长，或者，能源进口可以支撑经济增长。第二，从价值形态上看，国际能源市场价格的变化对于国内经济增长却起着完全不同的作用：能源进口价格的升高，会损害能源进口国的经济增长；反之，则促进之。

（四）中国能源贸易问题研究

1. 中国能源安全问题的研究

超过国际警戒线的能源对外依存度使中国的能源消费严重依赖于国际市场，而能源国际市场却经常处于不稳定之中，各种非经济因素甚至直接左右着国际能源市场。从中国的情况看，能源供应安全已经成为今后一个时期无法回避的重大战略问题，尤其是近年来，国际能源价格上涨对中国经济的挑战不仅仅是能源能否得到充足供应的问题，而且是全方位的、政治性的、关系全局战略的问题（张生玲，2009）。张宇燕等（2007）认为，对中国来说，能源安全问题可以被简单归结为"价格波动风险"和"可获得性风险"，"价格波动风险"又可以区分为进口成本提高和支付能力的不可持续，"可获得性风险"又可以区分为供应来源的稳定性和运输安全。史丹（2002）指出，由于世界石油资源的有限性，美国对中东地区石油增加控制，不仅有利于保持其世界经济超级大国的地位，而且有利于抑制中国经济现代化的进程。然而，国内能源供应不足将极大制约中国经济的发展，中国必须依赖国际能源市场来满足日益增长的能源需求（白中红，2011）。能源的出口和进口已经成为国家的重要经济活动，尤其是能源进口直接制约着经济的发展，因而能源贸易成为中国国民经济发展中的重要问题（张生玲，2009）。

2. 中国能源合作与贸易（"走出去"）问题研究

从历史上看，发达国家在实现工业化的过程中，除了开发利用本国能源资源外，还利用了大量国际资源，至今，许多发达国家依然高度依赖国际油气资源，在经济全球化不断发展的今天，能源资源的全球化配置是大势所趋。由于国内资源制约等因素，中国保障能源供应特别是油气资源供应需要利用国际国内两个市场、两种资源（江泽民，2008）。白中红（2011）认为，保障能源安全最有效的方式就是加强国际能源合作，加快"走出去"的步伐，加大在能源领域对外投资的力度，使能源供应渠道多元化。张生玲（2006）认为，尽管中国早在20世纪80年代就提出要积极开拓国内、国际两个市场，利用国内、国际两种资源，但对于国际资源的真正利用却始自资源短缺时代的到来，尤其是近年来的"油荒"驱使中国几大石油公司为寻找能源而奔走于世界各地，在国际上产生了极大影响。周凤起等（1999）提出要打破局限于国内资源考虑能源供应战略的思想束缚，把建立国际多元化能源供应体系作为能源供应的战略目标。陈清泰等（2003）认为，中国的能源发展要从依赖国内资源的"自我平衡"转变到充分利用国内外两种资源、两个市场，实行"节约优先、结构多元、环境友好、市场推动"的可持续发展。查道炯（2005）从国际政治经济学的角度分析了中国石油安全和石油外交，提出了开展能源合作的途径。赵春明（2006）认为，中国的能源国际化要从传统的能源单纯进口方式为主转变到以境外开采能源的方式为主，要通过并购、跨国联盟等途径推进企业的国际化进程。

3. 中俄能源合作问题研究

Natalya Ivanova（2013）认为，俄罗斯的地缘政治开始转移到亚洲，俄罗斯的战略非常关注中国。郎一环等（2007）认为，能源出口已成为俄罗斯经济复兴和大国崛起的支柱，能源领域的合作是中俄战略协作伙伴关系的重要组成部分，对中俄双方都很重要。由于中国和俄罗斯在地理上相互接近，开展能源合作无疑具有地缘上的优势，两国都把对方视为重要的能源合作伙伴，同时，以能源为突破口提升两国间及在地区层面上的合作水平还可促进地区能源安全体系的建立，从而提高在国际舞台上的地缘政治影响力（陈小沁，2007）。史丹（2002）认为，安全稳定的能源供应对中国经济发展具有重要影响，为此要采取的对策是在加强与中东地区国家外交关系的同时，加强与中亚国家以及俄罗斯的经济贸易关系。然而，与中国其他的贸易伙伴相比较，中俄的经贸从数量到质量仍有待大幅度提升，经贸合作程度比其在政治上的合作程度要"冷静"得多。目前能源合作的主要成果是石油领域的合作，在天然气、核能、电力和煤炭等领域也都进行了探索，但取得的实质性成果并不多（谢文心，2012）。巴拉莎（Balassa，1965）提出的"显示性比较优势（revealed comparative advantage，RCA）是评价一国产品是否具有国际竞争力的指标之一，谢文心（2012）认为，比较优势在很大程度上将决定中俄贸易联系的紧密程度和中俄贸易的前景规模。

（五）国内外电力贸易相关问题的研究

电力市场的互联互通是市场化改革向更广范围拓展、更深层次延伸的核心问题之一，受到了世界各国的广泛关注。在可贸易的能源商品上，国际电力贸易是具有发展前途的能源国际贸易形式（谢文捷，2005）。电能国际贸易开展最早的是欧洲，由于欧洲各国地理相邻，为开展电力贸易提供了良好的条件，同时，欧共体努力建立欧洲统一市场，也促进了电能跨国交易的发展（赵俏姿等，2008）。王玮等（2005）认为，基于电力系统理论上具有同时性、统一性和广域性的特点，包括跨国输电和跨国联网在内的电网互联将在21世纪得到更快的发展，从而形成跨国或跨地区的电力市场。根据已有文献，国内外关于电力贸易问题的研究视角虽然存在显著的差异，但问题的分析和研究的结论呈现出趋同性。本书按照国际贸易3个基本性问题进行相关文献的梳理，具体如下。

1. 国外电力贸易相关问题的研究

（1）电力贸易的原因

Nico Bauer，et al.（2008）指出，考虑到理论基础，在使用"新古典贸易理论"时，4个与政策相关的问题需要分析：一是贸易是否促进了不同层面地区效益改进，当然对于电力进口地区而言很明显是正向的，但对于电力出口地区，这就取决于因电力出口而致使其他资源出口租金收入的减少程度；二是电力贸易对两地区宏观经济活动的影响，模型分析显示，电力出口地区的生产部门减少，而进口地区的生产部门增加；三是对两地区电力部门的影响，分析显示欧洲电力部门将会受损失，这是因为电力贸易国际价格的下降；四是电力贸易对没有参与电力贸易的第三国贸易关系的影响。

Roger J. Goodman（2010）认为，日益增长的电力贸易给加拿大带来了丰厚的经济效益，包括经济增长、日益改善的国际贸易收支，就业创造，推动地区发展，以及促进更灵活的可靠性电力系统的发展。由于水电和风电项目多集中在落后地区，因此，电力贸易对地区发展的意义是重大的。能源宪章秘书处（Energy Charter Secretariat，2003）认为，更加自由的电力贸易体系将会带来更多的好处，总体来看，这些益处包括更加多元化的供应组合（地理和能源类别）将会提升能源供应安全；同时规模经济也会提升经济效率。对于电力部门来说，技术益处体现在降低边际备用要求和削减整个系统的波峰负荷，以及实现财务效益和环境效益的和谐发展。Heymi Bahar, et al. (2013) 认为，电力产出变化的短期平衡仍然是一个重大的挑战，不仅成本高而且还存在内在实际风险。区域内和跨境电力贸易允许一国获得更加多元、多区域的电力来源，能够帮助一国降低平衡成本，为解决稳定性问题提供了方法，继而为可再生能源发电入网的推广铺平了道路，因此，贸易能支持政府以更低的成本以达到其可再生能源目标。Heymi Bahar, et al. (2013) 认为，跨境电力贸易是解决可再生能源间歇性问题的主要手段之一，因为它使各国能够获得更多元的电源组合，跨越更广泛的地理区域进行生产。欧洲电力市场的初步结果确认了在间歇式可再生能源份额越来越大的环境下，跨境电力贸易对于增加间歇式电源容量因数效率的重要性。南亚地区拥有丰富的能源资源，以及能够用来发电的并分布在不同地区的能源资源，同时，本地区的每一个国家拥有不同的峰值负荷时点，通过联合电力系统资产和较好的需求/供给侧管理能够较好地满足峰值负荷要求（Sumit Saroha, et al., 2012）。通过区域电力贸易能够聚集资源从而降低电力成本，如果贸易充分运行到理想的程度，非洲每年可望节省2亿美元的能源成本（Kenji Yamada, et al., 2011）。Vladislav Vucetic, et al. (2006) 认为，首个跨区域中亚—南亚电力贸易项目的"有形"好处是显著的，但"无形"的即非能源部门的乘数效应可能会大得多。

促进区域能源贸易的总体战略,有两个主要的、相互支持的方向:一是促进双边贸易,特别是阿富汗,帮助阿富汗发展其能源部门;二是继续连接更强大的中亚/南亚地区的能源系统的区域项目。因此,促进电力贸易方面的举措可能有助于更广泛的区域经济合作和政治稳定的目标。Torstein Bye, et al.(1995)认为,北欧放松电力市场管制,加强电力交易的原因之一在于各国电力生产体系的成本结构不同。另外,各国电力价格差异较大也使得电力贸易有利可图。东南欧建立区域电力市场的好处有以下几点。首先,容易获得可靠、成本低、环境友好型的能源来源,将支持区域经济的可持续发展。电力供应方面,区域的方式将有利于更好地利用现有的能力,也将吸引外国直接投资。跨境贸易顺畅,会反过来影响降低交易成本(Rozeta Karova,2011)。

然而,针对上述电力贸易原因,相关研究也提出了相反的观点。价格差能促进电力贸易,但从历史来看,这并没有成为促进电力输送的主要因素。虽然低价格的电力公司有动力进入电价较高的市场,但这些进入却要求自由的和公开的电力市场(Energy Charter Secretariat,2003)。鉴于公众对电力生产相关的环境和安全问题的强烈担忧,研究发现与环境相关的进口限制通常在处理国家环境问题上是无效的,此外,它们并没有为出口国家提供用来改善其环境政策的激励。作者指出相比于通过贸易举措来实现环境保护的目的,通过提升在区域层面或全球层面的环境合作,对于处理因发电对环境造成的负面影响更具有建设性(Energy Charter Secretariat,2003)。

(2)电力贸易形式和条件

近年来,随着电力市场的开放,横跨多个国家的电力贸易的需求呈现出逐年提升的态势(Glavitsh H., et al., 2004)。南亚地区合作协会(SAARC)已就区域自由贸易协议达成共识。与此同时,世界其他国家如中国、泰国、南非、美国、加拿大、西非国家和欧洲的国家等也正致力于跨境电力贸易(Saroha S., et al., 2012)。Energy Charter Secretariat(2003)指出跨区互联电力系统有两种用来促进电力贸易的基本形式。一是邻近国家间的双边贸易,这种方式长期以来被邻国使用是基于技术目的和试图从生产条件互补中获取更多益处；二是多边或地区间贸易。这里涉及过境国问题。随着涉及区域范围的扩大，多边电力进出口交易范围的倍增，会为一个更加竞争的电力市场创造更适宜的条件。针对不同地区的跨境交易模式，已有学者对下列地区进行了针对性的研究：Glavitsch, et al. （2004）认为在欧洲使用跨境输电系统运营商模式是可行的；Vukasovic（2008）为东欧和南欧的电力合作提出了相关模式；Lee, et al. （2009）基于西非电力池的发展状况提出了跨境电力交易系统；Chai, et al. （2007）为泰国电力市场制定了一个放松规制的跨境电力交易模式。Sumit Saroha, et al. （2012）通过运用跨境电力市场的复杂模型，集中关注了南亚电力市场的联合问题，并检验了联网的机遇、收益和挑战。

（3）电力贸易规制问题

加拿大与美国之间的电力贸易在过去十年间波动很大，一个关键的因素是因为电力公用事业机构仍被管制，使得进入彼此国内电力市场较为有限（Takis Plagiannakos，2000）。同时，Takis Plagiannakos （2000）认为，随着美国、加拿大电力市场的开放，环境规制政策将会影响跨境电力的流向。美洲国家联盟可持续发展部（Department of sustainable development, 2007）认为，区域电力合作和融合是一个长期的过程，它涉及电力系统的联合运营，互联和统一管理基础设施服务，包括设计和操作标准；此外，还包括围绕一个共同的战略政策协调，以及恰当的融资方法，而在美洲，国家的职能和监管政策的差异却是两个系统一体化的主要障碍。电力贸易对于电力体系稳定性的作用取决于地理和电网的互联互通，除了物理上的限制，监管和行政问题也妨碍国际和区域间的电力交易。经济合作与发展组织中许多国家电力行业的自由化形成了常常具有本国特色的具体规章的国内电力市场，而高效的跨境电力交易需要通过互连的电力市场规则的协调，因为只有这样才可收获跨境电力交易的全部好处（Heymi Bahar, Jehan Sauvage, 2013）。电力自由贸易的前提条件是——纵向一体化垄断的松绑，对投资准入开发的背景下实现电力运营商所有权的分离，以及消费者的市场参与（Energy Charter Secretariat, 2003）。能源共同体条约要求东南欧国家在电力方面的其他义务可概括如下：确立共同的全国电力市场的运作规则，并建立危机情况下的保障措施机制；建立区域电力市场，禁止电力的进口和出口税收和数量限制，与其他国建立贸易共同规则；以及开放市场（Rozeta Karova，2011）。为了应对增加的跨境交流，欧盟实施了"1228/2003/EC1"法规，其目的是设置跨境电力交换的规则，还建立了一个输电系统运营商间的补偿机制框架（Frode Ardal，2009）。

（4）电力贸易限制因素的探析

F. J. Calzonetti（1990）认为，引进加拿大电力的邻边州一方面担心装机容量严重下降；另一方面担心火力发电站使用率下降。因此，国内政策制定者担心自由贸易协定不仅会将加拿大电力企业引入美国市场，而且会助其扫清与国内电力企业竞争的障碍。反对者仍基于以下理由反对加拿大电力进口：一是美国应该尽量保持能源自足，依赖加拿大电力是不明智的；二是加拿大电力价格存在大量经济租；三是进口加拿大电力将会限制国内跨区间的电力贸易；四是担心加拿大以酸雨问题来攻击煤炭，以便可以获取电力出口的更多支持。由于缺乏市场主体、人力资源和电力基础设施配套，非洲大陆的巨大电力贸易潜力尚待开发（Ram，B.，2007）。一些地区的最经济的能源资源离主要需求中心太遥远，国家又过于贫困而无法筹集到开发所需的数十亿美元资金；同时，区域贸易的扩大仅依赖少数几个主要出口国家筹集大量资金用于开发新增出口能力，以及大量的进口国的政治意愿（Kenji Yamada，et al.，2011）。

2. 国内电力贸易相关问题的研究

（1）电力合作与贸易的方式途径

赵俏姿等（2008）认为，电力产业国际经济开发与合作主要包括三方面内容：一是与电力设备进出口相关的国际货物贸易；二是与电力设计、资讯相关的国际服务贸易；三是与一些特殊关系的国家开展的电能贸易。电力合作的方式可以分为"对外贸易方式""契约方式""直接投资方式"；其中，"对外贸易方式"包括"间接贸易"和"直接贸易"；"契约方式"是指本国电力企业通过与国外电力企业之间签订长期的非投资性的无形资产转让合同，国外电力企业按照协议规定对本国输送电力作出补偿，主要有"技术授权""交钥匙工程""管理合同"3种形式；"直接投资方式"是本国电力企业在国外投资兴建或收购电力企业，主要运作模式有"BOT模式"与"TOT模式"（韦倩青等，2009）。

（2）电力贸易的原因

已有文献对电力贸易原因的探究可以概述为以下几个方面。一是资源配置优化论（帕累托效率或帕累托改进）。王玮等（2005）认为，跨国联网的跨越式发展，是在国内电力市场和国际市场联系日益紧密的情况下，加速外贸发展的一种有效方式。李瑞庆等（2009）认为，电力市场的互联互通是指通过合理的制度设计建立市场间的电力交易接口，使不同地区的电力资源能够在价格信号的引导下自由地在不同的电力市场间流动，从而实现电力资源的优化配置。东盟各国经济迅猛发展与电力紧缺的矛盾日益严重，相对落后的制造业及建筑，技术水平已无法满足东盟巨大的电力需求，严重制约了生产力的发展（吴添荣，2013）。基于此，肖鹏（2005）认为，生产要素的自由流动是区域经济合作的关键，次区域电力贸易与合作的实质就是电力生产要素在GMS这个地域范围内的趋向自由化的流动，从而带来电力乃至能源资源的优化配置和生产效率的提高，即整体福利水平的帕累托改进。二是基于电力供应稳定性的要求。韩宝庆（2006）认为，从历史上看，就是为了寻求更大的可靠性才使得小规模的独立系统联合起来，后来这种联合延伸到了区域、区域间以及国际系统。三是环境问题。刁广才（2006）认为，因环境问题影响，扩大国际电力贸易是实现能源替代的一个重要举措，对我国能源发展战略的制定具有重要意义。四是经济效益（减少成本）。由于电力工业的特点，电力交换必须通过电网来实现，电力贸易的规模一般都是先经过技术经济论证来确定，并只有对双方都有效益时才能实行，在一定的电网条件下，电力交换的数量和交换方式受电力系统运行技术的制约（赵俏姿等，2008）。以输电成本为例，从长期来看，需要保证互联互通后增加的社会总福利大于输电线路的投资建设成本，互联互通才是经济的（李瑞庆等，2009）。据亚洲开发银行报告 *Indicative Master Power Interconnection in GMS Countries* 提出的一套电站成本假设分析结果，GMS 电力联网和贸易将比该地区各自发展电力供应系统节省9.14亿美元（2001年值），GMS 联网也能使电力高峰期的负荷减少2.5%。韩宝庆（2006）认为跨国联网（电力对外贸易）的建立基于以下三个方面：一是应急支持，解决电力的非平衡性问题——"削峰填谷"；二是节约由于负载形态的结构性差异产生的运营成本；三是节约补充生产手段的投资（与运营）成本；四是电力产业市场化改革的推进。近年来电力行业的改革已经给整个电力行业注入了更多的灵活性，比如，随着配电的日益竞争，电力行业的分拆必然导致私营配电公司寻求最廉价的供应——不管来自哪国（可以叫国际间的市场化配电竞争），这可能是区域与国际电力贸易的真正刺激因素（韩宝庆，2006）。

（3）电力贸易的意义或必要性

肖鹏（2005）认为，从长远看，随着将来次区域大电网的建立，可以充分发挥联网效益，互为备用，水火调剂，减少各国电源建设投入，更加经济和合理地配置、调度电力资源，为次区域各国带来重大的经济效益和环境效应。李春杰等（2008）认为，电力互联能够对输入输出地产生正向的经济效益，表现在对电力输入地带来的经济效应主要有：一是满足电力消费，缓解电力短缺；二是置换电力资本，拉动就业；三是改变能源消费结构，降低经济运行风险；四是推动产业结构变化。电力输出地经济效应主要有：一是拉动投资；二是提高输出地的地区生产总值；三是提高居民收入；四是促进整个工业的快速发展。在电力紧缺的总体形势下，通过跨国联网开展电力进出口贸易与合作，可以实现资源的优化配置，达到互利共赢的目标（韩宝庆，2007）。电力作为经贸交流的基础合作，特别是在世界能源安全形势日益复杂多变、能源合作已成为各国共识的今天，积极推进中国与东盟电力合作项目建设，加快电力乃至整个能源体系的合作，对保障双方的能源安全和改善双边关系具有深远意义（吴添荣，2013）。跨国联网不仅连起了不同国度经济发展的动脉，也增进了政治互信与全面合作（王玮等，2005）。中俄跨国输电项目的"破冰之旅"不仅推动了输电能力"大提速"，对中国能源外交战略的实施也具有积极的推动作用（彭源长等，2005）。通过引导电力贸易中心建设有助于中国通过电力回送或矿电结合的方式，加大对次区域资源的控制能力，保障国内的能源供应（程俊等，2013）。余嘉明（2010）认为，进口电能应成为中国多元化能源战略的重要组成部分；其次，加大电力进口将有助于推动消费电气化，促进"低碳型社会"的发展。

（4）电力贸易的困难因素

考虑到电力输送过程中的损失，在输送技术发生重大突破之前，远距离的国际电力贸易还很难实现，目前，电力的国际贸易仅在相邻国家间进行。赵建平（2006）认为，国家间的电力贸易越来越普遍，中国的电力供应的国际化趋势也渐行渐近，但是输电距离的远近将决定其经济合理性，若线损分摊太大，将不利于跨国电力贸易的合作。中国应该积极拓展资源性产品的国际供应通道，但由于中国国际交互电网建设的滞后，一直影响着中国电力贸易国际化的推进（史丹，2006）。韩宝庆（2006）认为，电力一直以来都被视为国家的一种特殊的战略资源，一个原因就是它不能被储存，必须置于国家管控之下。因此，政府都赞成电力自给自足，经常通过垂直统一国家控股公司的形式，这就是国际电力交易量相当有限的重要原因。同时，生产要素在次区域国家间的自由流动将不可避免地受到市场制度供给的制约，要素的流动程度需要跨国性的调整，从而增加了要素流动的成本（肖鹏，2005）。澜沧江——湄公河水能资源开发中上下游利益的协调问题十分敏感，次区域国家对于各自在资源开发及贸易分工中的定位的不同理解，也可能成为影响GMS电力贸易与合作的不确定因素（韩宝庆，2007）。非帕累托改进使得电力贸易进展缓慢，李瑞庆等（2009）认为，帕累托最优是资源配置的终极目标，是公平与效率的"理想王国"。帕累托改进是达到帕累托最优的有效途径和方法，一种制度的变革，如果通过帕累托改进的方式进行，则可以保证在不损害任何一方利益的前提下增进某些成员的福利，易于为各方所接受，也易于改革的成功。此外,电力贸易也受电力生产的客观条件影响,程俊等(2013)认为,以水电为主的电源结构,使得丰水期会出现电力盈余,可向国外出口电力;而枯水期则会出现电力供应不足,需从国外进口电力。

(5)电力贸易条件与区域电力市场建设

相对石油、天然气、煤炭和核电合作,直接从国外引进电力的安全性要低很多,只有在政治关系长期友好、经济关系紧密合作的基础上才可能全面展开(陈柯旭,2009)。刁广才(2006)认为,开展电力对外贸易的前提条件,一是地理位置相邻;二是需求与愿望;三是技术手段;四是国家机构与区域运营。李瑞庆等(2009)认为,互联互通电力市场建设的基本条件:一是不同市场的电力系统在物理上互相连通(输电容量限额亦会影响电力市场互联互通的效率);二是法律和制度保障;三是电能交易满足网络的安全约束;四是市场信息披露充分;五是统一的交易规则("两部制电价"和"一部制电价"问题);六是互联互通应是一种帕累托改进(地区间电力市场的互联互通,是对原有地区独立电力市场的一种制度变革,可以通过互联互通的市场机制设计,保证互联互通是一种帕累托改进,推动互联互通工作开展);七是市场的边际价差大于地区间输电费用。关于如何促进电力市场帕累托改进,李瑞庆等(2009)认为可以通过以下模式实现:一是建立电力双边合约市场;二是建立发电权(电厂在合约市场、日前市场等市场中竞争获得的发电许可份额)交易市场;三是建立互联互通日前集中竞价交易市场。建立电力贸易协调机制,增加电力贸易额;实现电网互联,建立自由贸易市场等(吴添荣,2013)。在欧洲,欧盟委员会一直致力于建立一个统一的欧洲电力市场,在欧盟委员会的规划中,首先通过加强建设欧洲各国间的输电通道,使相邻几个国家能够建立一个统一的区域电力市场,并随着市场的逐步开放成熟,最终建立一个全欧洲的统一电力市场(李瑞庆等,2009)。有鉴于此,相关学者在区域电力市场建设的具体程序或步骤上提出了相关建议,如李瑞庆等(2009)认为,在区域电力市场的建设过程中,首先通过建立一个结构相对松散的互联互通电力市场,然后逐步培育市场成员的市场意识，进而随着市场的不断开放，在市场成员的推动下，自发地过渡为区域统一市场。此外，电力的技术经济特点使得统一的协调机制或平台建设愈发重要。电力系统的实时平衡性要求调度统一化，因此，电力贸易亟需旨在促进电力系统平衡（或稳定可靠）的电力贸易平台的构建（朱立等，2009）。随着云南、缅甸和老挝水电资源的持续开发，泰国、越南等国的进口电力需求持续旺盛，打造一体化的电力贸易中心有利于实现更大范围内资源的优化配置，构建统一的合作平台对降低 GMS 国家间电力交易成本，有效规避电力贸易风险显得尤为必要（程俊等，2013）。

（六）中国与周边地区电力贸易问题的研究

1. 中国与湄公河地区电力贸易问题研究

2002 年 11 月，在金边召开的首届 GMS 国家领导人会议上，六国签署了《区域电力贸易政府间协议》（IGA），在协议中，各国均表示积极促进电力贸易，并以互相联通为前提，和谐发展电力系统。协议下的最终长期目标是建立一个具有竞争力的区域电力市场。2005 年 7 月，GMS 第二次领导人会议，六国又签署了《区域电力贸易运营协议（RPTOA）——第一阶段》的执行规则谅解备忘录，旨在为次区域电力联网提供关于技术协调的统一规则以及关于跨境输电价格的统一方案，为区域内电网的互联互通迈出了重要一步。同时，电力是国民经济的命脉，对一个国家或地区的政治、经济和社会发展都有着十分重要的影响，对实现次区域的联通性和社区一体化，提高各国电力行业的竞争力，更快地实现次区域繁荣和可持续发展等都具有十分积极的作用（龙晴等，2006）。次区域大电网的建立，一方面有效地扩大了电力贸易的市场容量，促进了区域内以水能为主的电力资源的开发利用；一方面可充分发挥大电网的联网效益，减少各国电网备用容量，提高电力供应的可靠性、降低投资和运营成本并可通过水电取代火电，减少温室效应气体和其他污染物排放，为电力用户提供更清洁、更廉价的电力资源（程俊等，2013）。然而，迄今为止，大湄公河次区域的电力贸易一直在双边基础上开展，主要方式是签署政府间备忘录和长期购售电协议，仍处在技术准备阶段。尚缺乏一个多边、权威、高效、能及时解决实际问题的合作协调机制，从而影响了推进次区域合作的步伐和领域（韩宝庆，2007）。目前次区域电力合作与贸易的实际实施规模还处于较低水平，具有较小规模，而所达成或初步达成的长期合作意向所涉及的电力电量送售规模还是比较大的（龙晴等，2006）。澜沧江——湄公河水能资源开发上中下游利益的协调问题十分敏感，次区域国家对于各自在资源开发及贸易分工中的定位的不同理解，也可能成为影响 GMS 电力贸易与合作的不确定因素（韩宝庆，2007）。

2. 中俄电力贸易问题研究

2005 年 3 月，中俄能源合作在跨国输电项目上开始"破冰之旅"。俄罗斯经济发展不平衡，远东地区的经济相对落后，电力需求停滞不前，电力呈现过剩状态；并且以水电为主，无法保证经济运行；同时电能的生产成本比中国有较大优势，形成了俄方大量电能进入中国的基本条件（刁广才，2006）。张振山等（2013）从黑龙江省的视角探讨了中俄电力贸易问题，认为黑龙江省与俄罗斯能源合作是实现双方全面战略协作伙伴关系的坚实基础。陈柯旭（2009）认为，俄罗斯与中国在减排任务上的差异也驱使中国与俄罗斯进行电力合作。进口电力可以保护国内环境，燃煤电厂带来的大气污染问题是中国可持续发展亟需解决的一个主要问题，而进口电力不但节省中国煤炭等能源的消耗，还可以大大减少对环境的污染（张振山等，2013）。然而，中俄两国在电力甚至总的能源合作方面缺少相关机制，两国在电力领域的合作就缺少一套从宏观到微观的专门机制，通常都是在国家领导人达成意愿后，临时组建小组进行具体安排，这种不稳定性往往会延长谈判时间，缺乏远见，影响合作效率（陈柯旭，2009）。此外，俄方的电能在技术上还不能与中国的主电网并网运行，这在移动程度上限制了俄方电力的销售范围（赵俏姿等，2008）。

能源贸易不同于一般性的商品贸易，其因能源的多重属性而成为一个复杂的系统，由于涉及不同层面的利益相关方和不同的学科研究体系，使得相关的研究视角和研究内容呈现多元化；但基于贸易理论的演化和地缘经济理论的发展，当前学术界得出了一些共识：国际合作是解决能源问题的关键，能源贸易是推动国际合作的重要途径或方式，在可贸易的能源商品上，国际电力贸易是具有发展前途的能源国际贸易形式。

三 本书的研究重点与突破

（一）现有研究的评价

如前所述，能源问题涉及诸多学科体系，学科之间在方法论和研究视角方面是多元的，上述文献为本课题的研究提供了有益的启示，但这些研究文献中的结论对于本课题研究有一些局限性，主要包括以下几点。

1. 现有文献中对能源安全与能源贸易之间关系有所论述，但侧重从安全的角度讨论能源贸易问题，从国家经济发展战略这一层次的讨论不足。尤其是对于互联互通这一问题的实质探讨得不多。当今的能源安全不是"零和博弈"，而是合作共赢，能源贸易与电力互联互通也是如此，尽管一些文献中对此观点有所阐述，但是理论上却少有探讨。

2. 对于开展电力合作和电力贸易的原因及其必要性分析得较多，而对于促进电力互联互通及电力贸易的方式或手段这一类问题的研究极为薄弱。电力问题的复杂性并没有在现有研究中得到充分的讨论和体现，缺乏结合电力互联互通的技术性、政治性和经济性的高度统一的特点，从技术角度、经济角度与政治角度寻求理想的结合点，形成既符合互联互通各参与国的利益又符合电网运营特点的可操作性的政策方案。

3. 由于电力贸易不同于传统贸易，电力贸易的实现必须要依靠于电力网络，网络的复杂性增加了实现电力合作的难度，现有文献一般只是阐述国家间的协议，而对于合作微观主体如何运营跨国电力网络运营鲜有研究。全球能源互联网和电力互联网只是概念性的研究，对于全球性、区域性跨国电力网络治理的设计、机制研究，国内基本上处于空白阶段。

4. 能够为中国同周边国家发展电力贸易提供案例和实证研究较少，尤其是对已有电力贸易发展进程相对成熟的地区经验研究存在明显不足；以新闻时事报道为主，高价值的学术性文献较少，对电力互联互通及电力贸易问题的探讨成为舆论热点而非学术热点，这就造成了从电力互联互通的角度支撑我国"一带一路"倡议的指导理论和借鉴经验的缺失。

5. 与周边国家电力互联互通的研究，主要是停留在具体项目的现状、问题、对策的模式上，缺乏对周边国家系统性的研究，尤其是对电力资源、供需状态、投资环境、价税制度研究得不够，缺乏电力互联互通战略构想与规划。此外，缺乏把电力对外开放与电力体制改革联通起来的研究思路。

（二）本书的研究框架与内容

本书共分十五章。第一章为引言，主要介绍本书的相关学术观点、研究背景、研究内容与主要突破等。主要从地缘政治、地缘经济和中国地缘环境问题、国际贸易理论演化对当今能源合作的影响，中国能源贸易问题的研究情况，国内外电力贸易相关问题的研究情况，中国与周边地区电力贸易问题的研究情况等方面展开学术综述。阐述了中国电力互联互通的政策背景：互联互通与"一带一路"建设、中国与周边国家的外交政策与新亚洲安全观等。

第二章至第七章主要从经济学的角度对电力互联互通的理论基础、电力互联互通的发展方向、电力互联互通的网络治理、电力互联互通的制度与电力互联互通的国际经验等进行了介绍与总结。第二章主要对合作理论的研究进展进行了阐述，介绍了强互惠理论及其研究进展，强互惠理论脑科学实验数据，强互惠理论对推进人的合作的意义，等等。第三章探讨了能源互联网的定义、特性、逻辑架构，能源互联网对能源生产、消费等方面的创新提升。其中包括生产过程的智能化、生态化、多元化，分配过程的高效化、智能化、开放化，交换过程的线上线下一体化等。第四章重点探讨电力互联互通的治理模式，较为系统地分析了网络型组织的特征，包括技术网络、社会网络与组织网络的区别。以合作为中心的网络研究范式，网络治理的理论内涵、研究内容，网络治理的前沿进展，跨国网络治理的理论、实践及其启示。最后，探讨了电力互联互通的网络治理模式。第五章在第四章的基础上，探讨了跨国电网互联与运营的制度安排。研究了电网跨国互联的制度分析框架，包括跨国法律协议、电力市场一体化、法律与监管的协调或一体化等。最后，从制度角度提出了中国推进与周边国家电网互联互通需要解决的问题。第六章较为深入地研究了跨境电力合作的案例。以北美电力合作为例，分析了电网互联与电网可靠性要求，北美地区电力互联、电源结构与电力贸易情况。探讨了北美电力合作的制度性安排，如，北美电力可靠性委员会、北美自贸协定与北美能源工作组、北美三国关于电力贸易的政策规制，最后，分析了北美电力合作中存在的问题、北美跨境电力合作的经验启示。第七章重点探索电力贸易的制度成本。分析了电力贸易的"边境效应"及其制度成本，电力贸易的"边境效应"与合作决策的影响因素，制度成本与合作类型。该章还用"边境效应"理论分析中国与大湄公河次区域电力合作的难点、障碍，推进 GMS 区域电力合作的建议与中国选择。

第八章至第十五章，主要研究中国电力在周边国家电力的投资，互联互通的进展、存在的问题，中国推进电力互联互通应采取的战略与体制改革的措施等。第八章，重点探讨电力互联互通现状与战略措施。系统阐述了中国与周边国家电力互联互通的现状，电力"互通有无"的跨境线路建设进展，中国推进电力互联互通及对外投资面临的挑战，推进电力互联互通的总体思路、基本原则、具体措施；推进电力互联互通需要解决的技术问题，包括系统调控方式，建立现代复杂大电网安全体系，形成市场交易机制、商业运作模式；推进电力互联互通的实施路径，如确立电力互联互通支点国家；推动重点跨国联网工程建设、加大海外电力投资力度，创新电力工程承包业务模式。第九章，专门探讨中国和东盟能源行业的互补关系，包括东盟国家能

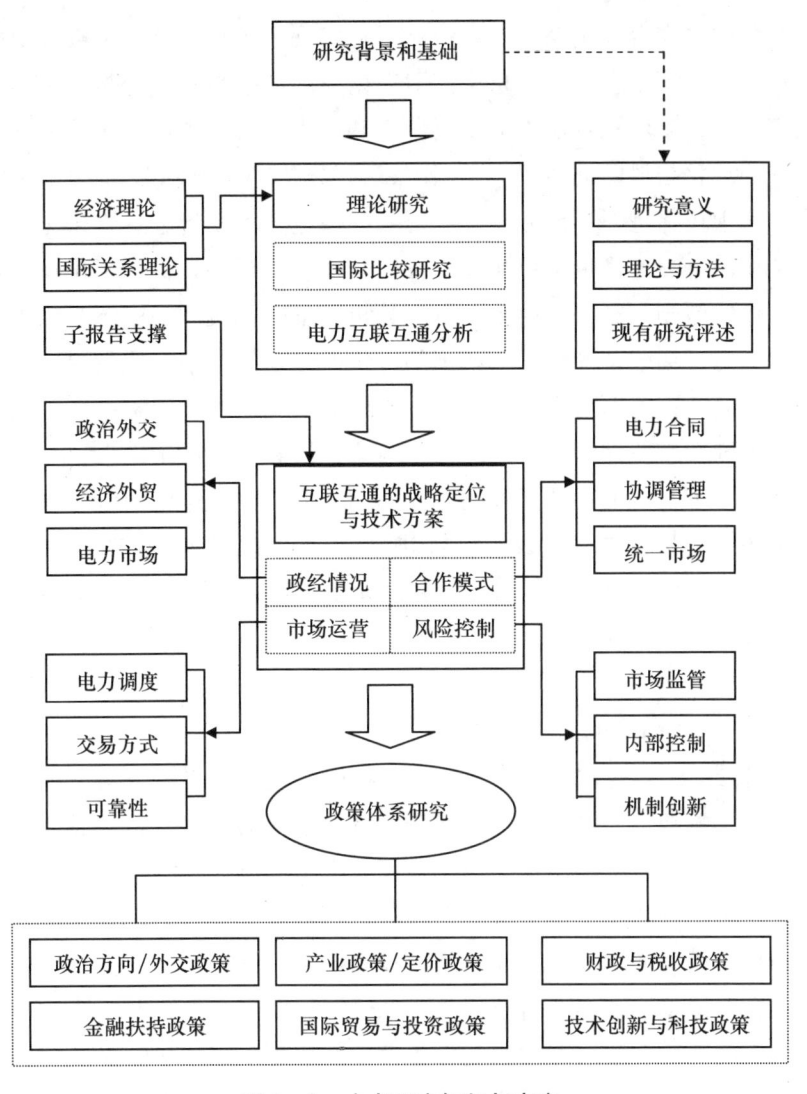

图 1-2　本书研究框架与内容

源资源状况、能源政策和发展目标，中国与东盟国家能源合作的进展与存在的问题。第十章，具体分析中国与大湄公河次区域的电力合作状况，中国参与大湄公河次区域电力合作面临的形势与挑战，提出中国参与大湄公河次区域电力合作战略，包括明确中国在次区域电力合作中的战略定位与阶段，中国参与次区域电力合作的战略目标，制定差异化的电力合作策略，推动战略目标实现的工作思路、需要突破的重点工作。第十一章，分析中国对东南亚的电力投资。分析东南亚的投资环境，东南亚各国电力市场背景和电力需求，中国在东南亚各国投资的现状与风险防控等。第十二章，分析中国与俄罗斯的电力合作，其中包括俄罗斯能源资源状况、中俄电力贸易历程、中俄未来电力合作需求、中俄电力合作重点工程技术经济分析，最后提出中俄电力合作的原则与模式。第十三章，分析中俄电价机制，中国与俄罗斯两国电力市场改革的进程，两国的电价变化及电价水平比较等。第十四章，分析俄罗斯电力投资环境，中国对俄罗斯电力投资的需求与条件，中国在俄罗斯电力投资的风险与防控措施等。第十五章，分析电力市场改革与电网对外开放的协同问题。分析上一轮中国电力市场化改革的成效与存在的问题，当前进一步深化电力市场化改革的必要性、基本原则与路线图，以及推进与电力互联互通相适应的电力管理制度改革等。

（三）本研究的意义

目前理论界对电力商品的复杂性、电力技术经济特点对电力互联互通的影响缺乏系统性研究。本研究以跨学科的视角，系统研究电力互联互通所需要关注的理论与实践问题。本研究的现实意义如下。

首先，有利于缓解中国的能源供给和能源安全压力。国内能源供给和环境压力的增大，需要中国寻找到切实可靠且有效的方法保障中国社会经济发展的能源需求，并实现可持续发展。中国的电源结构本身以火电为主，成为国内二氧化碳排放的重要来源，如何降低电力产业的碳排放，是当前一个严峻问题。通过与周边国家实施电力互联互通，可以在更大范围内配置电力资源、互通有无、调剂余缺，既能保障电力供应，又可以节约化石燃料资源，实现环保收益。从总体上看，中国对石油和天然气的进口依存度越来越高，把国民经济对化石燃料的需求转向清洁的二次能源电力，一是可以减轻对环境的压力，二是可以分散能源进口的集中度，开展与周边国家电力互联互通，加强电力贸易，将是保障中国整体能源安全的重要战略路径。

其次,电力产业的合作,会带动相关领域的经贸合作的开展,加强与周边国家的电力互联互通有助于双边的经贸合作。电力互联互通需要大量进行工程建设,包括设计、施工、建造、维护等,这些工程建设带动相关投资,直接拉动中国与周边国家的经济发展,同时,双边电力贸易的开展将会为双边经贸创造良好的外部环境和氛围。

再次,电力贸易是加强中国与周边国家政治互信的有力工具。电力贸易不同于其他产品或服务贸易,因为电力贸易必须依靠输电网才能实现,电力交易的实现必须依赖高度的协调管理,这就要求两国必须在电力交易模式和管理体制上保持有效的沟通和充分的合作。高效的电力合作必须以充分的政治互信为前提,同时政治互信有利于电力贸易顺利开展。特别是存在双向电力贸易的情况下,电力贸易将把两国的社会经济运行紧密地联系在一起,有利于加强区域经济的紧密度和一体化,改善中国同周边国家的政治、外交与经济环境。

本研究的理论意义,一是从经济学上为中国合作共赢的外交方针找到理论依据。与周边国家实现电力互联互通,实质是合作问题,如果中国从政治上讲合作,但是经济上讲竞争,就有可能因经济利益不一致而影响政治合作,干扰中国实现和平崛起、实现两个一百年的伟大梦想的进程。近年来,学术界出现了一种呼声,即经济学有从传统的资源配置理论走向合作理论的必要,以合作理论为核心的经济学在一定意义上更符合人类发展的事实。二是对于电力商品贸易的特殊性进行深入的分析,从治理结构、制度安排、边境效益等方面为电力互联互通所面临的问题提供解决思路。三是从技术经济角度为中国与周边国家电力互联互通提供总体规划原则和实施路径。

(四) 本书取得的成果与突破

1. 对合作理论研究进展进行了评述,并把合作理论作为本书的重要理论基础。主流经济学长期以来以"经济人假设"为起点,以"竞争"为主线,专于研究稀缺资源的有效配置,忽视了对人类合作行为的研究。实际上,人类所以能够取得今天的成就,并不是由于他与其他动物一样具有竞争的本性,而是与之相反,在于人类与其他动物不同的特点——高度的合作能力。认识到这一点，对于推进国际合作和公共服务大有裨益。令人欣喜的是，近几十年来，行为经济学借助实验、仿真和脑成像等技术，迅速积累了大量的证据，系统地证实了人们并不是具有同质的自利偏好，而是深刻地受到生活环境、社会规范和文化传统的复杂影响，具有异质的社会偏好。通俗地讲，社会偏好是指一些感觉。它包括人们愿意与志趣相投的人合作，可以从中获得快乐，或者感到对这种行为抱有义务；这些行为又被定义为"积极的强互惠"（positive strong reciprocity）和"消极的强互惠"（negative strong reciprocity）。基于异质性社会偏好的强互惠理论为我们描述了这样一幅图景：在一个群体中，强互惠者会积极尝试着与他人合作，但仅此并不足以维系合作，因为难免存在一些"搭便车者"，如果不对他们加以约束，"搭便车"行为会进一步蔓延。好消息是，倘若允许个体间相互监督与惩罚，即使没有预期利益作为补偿，强互惠者也会不惜花费个人成本惩罚那些"搭便车者"，合作则得以维系。在社会学、人类学等领域的学者看来，强互惠者的合作倾向与对违规、卸责、"搭便车"等机会主义行为的利他惩罚，是维系伦理、道德、习俗、禁忌、礼仪、规矩等非正式制度的根本力量，也是强化法律、法规、合同等正式制度的重要支撑，现已成为理论界破解"社会合作何以可能"这一难题的重要突破口。强互惠理论强调了人类行为动机的多样性和社会性，对"人"的抽象更符合实际。通过对相关文献的梳理，我们可以从中获得一些启示。强调"人"的强互惠特质对于促进社会合作尤为重要。过分强调"个人贪婪"和"零和假设"是不符合事实的，这不利于实现包括公共品自主供给在内的社会合作。激发"人"的强互惠特质已是当前社会治理的一个主题，同样也适用于经济合作领域。

2. 探讨了能源互联网的特性以及电力互联互通与能源互联网的关系，深化对电力互联互通技术特性的理解。在能源互联网里，能源网络由原来的单向传输变为平行的多向传输，人和企业可以将多余的能源传输给别的消费者。而通过互联网信息平台，能源供应者之间、消费者之间、能源供应者与消费者之间，都可以通过信息互通来相互协作，最大化能源使用效率。与能源网络相比，互联网其实是架设在电信网络上的虚拟网络。互联网虽然有带宽和流量限制，但是这种带宽流量对网络管道本身的要求并不高，增加带宽的边际成本并不算大。因此宽带运营商可以在不断地提高网速，提升带宽的同时，下调宽带资费。从成本的角度分析，电信网络和在其之上的互联网具有非常明显的网络经济特性，即从边际量来看，多增加一个接入单位的成本是非常小的，技术的提升可以轻易解决带宽的要求。另一方面，对于电信网络和互联网来说，"距离不是问题"，网路上传输的数据和信息基本不会因为距离的长短而有所损耗，因此增加传输距离，理论上只是需要增加网络管道的长度和加设基站等设备就可以，并不需要增加技术和能源投入。

而能源网则不同，用户量和距离都会对网络产生不同的要求，更大的用户量和更远的传输距离会导致传输成本急剧增加，需要特高压电网等技术的创新和成本投入。要实现能源互联网的全面应用，需要在能源生产、能源传输、能源储备三大能源领域做出创新突破和资金投入。能源生产领域，电源技术的核心是提高清洁能源的开发效率，包括风力发电、太阳能发电、海洋能发电和分布式电源灯；能源传输领域，需要在智能电网环节，实现特高压输电、海底电缆、超导输电、直流电网、微电网等技术；能源存储领域，为了提升清洁能源的普及性和跨区域传输，需要提高储能的密度，延长寿命并降低成本。这三大能源领域的技术要求，再加上互联网本身在信息技术领域云计算、大数据、物联网等技术重点，都相对提高了能源领域加入互联网创新的技术门槛。

3. 深入分析网络治理的特征，提出了互联互通条件下电力网络治理的思路。网络已经成为社会科学研究的重要概念。在社会学、经济学、管理学不同学科研究者的共同推动下，网络理论在过去几十年中取得了长足的进展。其中，最为显著的变化是从以往关注网络中个体行动者、以竞争战略为导向、强调企业内部管理职能向外部网络延伸的研究范式，转变为当前关注网络整体、以合作战略为导向，强调创造网络治理新模式的研究范式。合作战略是相对于竞争战略的另一种理念，它强调战略中合作优势的重要性。与竞争战略不同，合作战略认为商业环境中存在"正和博弈"，环境中的相互依赖性使得价值创造是一个发生在两个或者多个合作伙伴之间的联合过程，其中一个合作伙伴越成功，则其他合作伙伴的收益就越大。因此，组织之间的"关系"在价值创造中具有更为核心的作用。网络治理的概念产生自"整体型"网络研究范式当中。网络治理是参与者为实现共同目标而建立网络层面制度安排并保证其合理运行的过程。由此来看，制度安排或制度设计是网络治理的核心问题；同时，与其他类型的管理活动不同，网络治理中的制度安排需要满足两点要求：其一，制度安排是集体化的，由网络成员共同参与制定和维护；其二，制度安排以实现网络层面的绩效最大化为最终目标和评判标准。

跨国电力合作网络应该遵循3个基本原则。第一，由"主导组织治理"向"外部独立组织治理"的过渡。在网络合作涉及主体众多，合作内容复杂多变的情况下，"参与者平等治理"模式很难应对不断攀升的协调成本。然而，"一带一路"的基本精神和国家的主权性要求，又不允许某个主导国家对网络施加统一控制。在这种情况下，基础第三方的"外部独立组织治理"成为网络治理的理想模式。第二，优先选择政治或经济安全度较高的国家开展合作，形成网络中的"小群体"，再通过"小群体"向外产生辐射效应和示范带动效应，逐渐吸收处于原有网络边缘地带的国家加入网络合作体系，构建涵盖范围更广的"大网群"。这种渐进式扩张的模式要比一开始就建立包罗完整的网络遇到的政治阻碍和经济成本更低。第三，在深度参与国际间合作的同时要继续推动国内市场的改革。中国在计划经济年代电力价格偏低，电力工业长期处在缺电或严重缺电的环境之下；而在改革开放后由于实行新的电价制度，导致电价偏高，与国外电力价格出现较为明显的价差。稳定合理的价格是确保电力合作的前提，为此需要进一步改革国内电力市场，推动市场化定价机制的形成。同时，鼓励建立电力多变合约市场、发电权交易市场、集中竞价交易市场，来增加国家间电力贸易额与交易效率。

本研究将传统以个人和组织为对象的网络治理理论扩展到国际合

作领域，并通过具体案例研究提出国家层面网络治理的基本要素。结合电力合作的技术特征和独有要求，提出电力合作中最主要的公共物品是电力互联互通需要的基础设施，如何在合作各方之间合理地分配基础设施建设所需的成本将直接决定该项公共物品是否能够被有效提供。此外，电力合作需要统一的法律规则以及相应的执行机制，相关的制度供给和实施都属于纯粹的公共物品。跨国电力合作中的参与主体必定为国家政府机构，治理模式涉及的参照标准也不能生搬硬套市场条件下网络合作的基本原则。重视国家的主体地位和建立国家层面的正式制度规则是跨国网络治理的先决条件。"治理"的经典定义强调在不依赖政府权威和制裁能力的前提下建立有效的决策执行机制，由此不少学者认为跨国网络合作治理意味着超越传统以国家为中心的权力形式。然而，从全球信息互联网治理的实践来看，国家依然是不可"缺位"的重要治理主体。国家是国际公约和国际法的缔结主体，国际公约则确定了跨国合作的原则或者说"底线"，只有在国家认可的范围内行动，跨国合作才能满足共赢的基本要求。

4. 对电力互联互通及电力贸易的实践进行了总结。从欧盟电网联接及运行来看，无论是联网线路的建设，还是运行，都面临着国境线存在所导致的网络技术界面和制度界面的衔接问题。电网跨国互联所需要的制度条件可以区分为跨国法律协议，相关市场制度建设、完善和协调，以及法律与监管框架的协调三个方面。从北美电力互联运营的实践来看，尽管已联通多年，但仍面临着许多问题，例如，由于电力产业改革和电力市场建设存在显著差异和发展的不同步性，造成了交易规则短期内在国家间难以协调、互联电网建设及已有跨境电网扩容更新进程推进缓慢；旨在协调和推进国家间电力合作的跨政府组织或管理机构（或制度组织安排，例如区域电力贸易协调委员会）目前仍处于空白阶段。由于跨境电力市场建设滞后，市场主体的跨境交易无法实现，这就使得跨境电力的竞争受到了约束，不利于推进跨境电力在更大范围内的优化配置和贸易规模的增长。欧洲和北美的经验是：在电力合作的推进思路上或具体路径选择上，首先要坚持邻近地区的双边启动，以地理毗邻性为特点考虑电网互联，并在此基础上基于互信和跨政府间非正式部门的协调实现合作的纵深推进，包括新建电网的投资和建设。在利益主体多元化、利益诉求差异性明显的约束条件下，单纯依靠市场机制无法有效推进区域电力一体化进程。要采取措施协调不同行政管辖下的市场规则、输电计划安排和价格系统，并以此来提升市场流动性和促进跨境电力贸易。当前来看，市场制度影响跨区交易效率的具体因素包括系统运行规则、输电网准入安排、相关定价模式等。从长远发展来看，设立建立在国家间的"国际性"或"区域性"的电力可靠性组织（Electric Reliability Organization，ERO）是极为重要的一步。

  电力贸易不仅可以增加生产者和消费者剩余，而且可以提升电力供应的安全性和电力系统的可靠性，这是电力贸易区别于一般商品贸易的独有外部收益。同时，国内市场将会因电力进口而使竞争程度和效率水平显著提高。然而，由于国家间的边境线界定了政治和法律管辖范围，而这种界线对市场的分割与运输成本或边境税所起的作用几乎一样，对商业有很大的抑制性影响，这就是所谓的"边境效应"。"边境效应"的存在，使得跨境电力贸易的复杂性远远大于同一国家不同地区之间的交易，电力贸易需要精心的组织架构和相互协调，在电网实现了互联的基础上，还需要在政治经济上实现互信、互利，才能保证电力的互通。政治互信、互利是电力贸易的前提，为此而进行的政治外交与经济上的谈判，是电力贸易区别于国内市场交易而产生的额外交易成本或者说是制度成本。从推进贸易或合作的目的上来看，国家作为理性主体，其选择参与区域电力合作这一决策的影响因素可以概括为三个，即合作成本（体现主体的意识性、合作性与竞争性）、交易费用、贸易（合作）收益。合作成本和交易费用就是本书前面提到的制度成本。本书认为，国家间合作的实现或者国家是否服从区域性"超主权"组织安排是合作成本、交易费用与贸易收益的均衡结果。国家安全和政治心态是能源合作最主要的障碍。随着全球化的不断发展，在相互依存的世界体系日益发展的今天，能源安全问题的跨国性和综合性日益突出。能源安全问题实质上已经不是总量不足的问题，而是世界能源资源格局如何合理有效配置的问题。从这个意义讲，能源安全问题是推动能源贸易的直接原因，能源贸易是实现能源安全的重要手段（或途径），换言之，能源安全与能源贸易密切相关。由于能源储存的地域性和结构性不平衡，决定了能源的跨国流动性和能源贸易的国际性。当前，世界经济贸易环境风云突变，保证本国的能源安全供给和世界能源资源的配置都得通过能源贸易途径解决，电力更是如此。当有交易成本时，要想实现"科斯定理"所阐明的资源优化配置，做什么样的制度安排，就显得至关重要。就此而言，在跨边界次区域经济合作中，必须靠一定的制度安排来降低由边界带来的不确定性和高昂的交易成本。

5. 从战略规划的高度研究了中国与周边国家互联互通的原则、总体思路。总体思路是：以"一带一路"倡议为统领，统筹国际国内"两个大局、两种资源"，贯彻落实国际能源合作战略方针，坚持全球能源观，以重大项目、重点市场、核心技术为依托，巩固并扩大与周边国家电网互联互通，寻求电网投资运营与电力工程承包项目的机遇，推动中国电力行业优势产能、技术标准、品牌全方位"走出去"，提升与周边国家经贸和电力合作的深度与广度，推动中国电力产业转型升级，提高中国电力行业的国际影响力和话语权。基本原则是：（1）规划先行，立足长远；（2）企业主导，政府推动；（3）优势互补，互惠互利；（4）统筹优化，风险可控。在此基础上，对本书选择的典型国家和地区的能源资源状况、长期的电力供需、电力市场、价税体制以及投资环境等进行了较为系统的分析。

6. 分析了电力互联互通的必要性及对电力体制改革的要求。指出立足国情推进改革，是中国电力体制改革的基本原则，也是世界各国实施电力体制改革普遍遵循的原则。中国经济社会所处的发展阶段，能源禀赋、基本经济制度和体制转轨等具有的特点，与先期实施电力改革的西方国家存在较大不同，需要深入研究这些特殊国情对电力市场化改革的要求和影响，探索出一条具有中国特色的改革发展道路。

中国能源资源分布不均衡，与周边国家互补性强，电力市场建设要有利于促进资源大范围配置，促进与周边国家电网互联互通，实现能源供应多元化。习近平主席提出的"一带一路"倡议，使得中国与周边国家实现电力基础设施互联互通上升到国家战略层面。目前中国与周边国家已建成 18 条跨国输电通道，跨国电力输送不仅调节了国内外电力需求，还有力带动了相关国家的经济发展，提升了中国的国际影响力。未来的电力市场建设应有利于促进我国与周边地区的电力合作与联网，促进我国和周边地区的经济、能源、环境协调发展。为更好地落实国家"一带一路"倡议，加快电网互联互通，需要对中国电网管理体制机制进行新的思考。第一，建立适应电网对外开放的电网管理体制。第二，建立促进跨区跨国互联互通电网建设的投资机制。第三，需要建立促进电力互联互通的灵活交易机制。第四，建立跨国跨区电网的运行调控协调机制。第五，建立促进跨国跨区电网运行效率提升的容量分配机制。第六，简政放权，赋予企业一定的投资决策自主权。

第二章 社会合作的行为经济学解释

一 引言

研究人类合作行为，如何认识"人"是绕不过的槛。因为要理解经济如何运行，懂得如何管理经济并促进经济繁荣，就必须关注人们的某些思维模式（阿克洛夫、席勒，2009）。不过，正如卢梭在《论人类不平等的起源和基础》序言中所说的，"人类的各种知识中最不完备的，就是关于'人'的知识"。其中，关于人性的讨论由来已久。古今中外，概不例外。在中国传统文化中，管仲有"夫凡人之情，见利莫能勿就，见害莫能勿避"的感叹，而孟子则有"人无有不善"的乐观。在西方文化中，对人性的探索可追溯到马基雅弗利和孟德维尔，但影响最为深远的当属经济学之父亚当·斯密。他在《国富论》中的一段论述被尊为"经济人假设"的始源。不过，斯密在强调人的"自爱"的同时，还强调了"克己"和"谨慎"，自爱的经济人本身包含了以"同情"为内容的伦理范畴（朱富强，2009）。毫无疑问，如果只有"自利"或"自爱"，人类怎能破解"囚徒困境"、走出"霍布斯丛林"？令人欣喜的是，近几十年来，行为经济学借助实验、仿真和脑成像等技术，迅速积累了大量的证据，系统地证实了人们并不是具有同质的自利偏好，而是深刻地受到生活环境、社会规范和文化传统的复杂影响，具有异质的社会偏好（World Bank，2015）。

通俗地讲，"社会偏好"是指一些感觉。它包括，人们愿意与志趣相投的人合作，可以从中获得快乐，或者感到对这种行为抱有义务；人们也喜欢惩罚那些盗用他人合作成果的人，或者感到有义务这么做（鲍尔斯、金迪斯，2015）。人们这种喜欢合作、讨厌不合作者的社会偏好，在行为上则体现为"条件性合作"（conditional cooperation）①和"利他性惩罚"（altruistic punishment）。在桑塔费学派（Santa Fe Institute）的语境中，这些行为又被定义为"积极的强互惠"（positive strong reciprocity）和"消极的强互惠"（negative strong reciprocity）。②基于"异质性社会偏好"的强互惠理论为我们描述了这样一幅图景：在一个群体中，强互惠者会积极尝试着与他人合作，但仅此并不足以维系合作，因为难免存在一些"搭便车者"，如果不对他们加以约束，"搭便车"行为会进一步蔓延。好消息是，倘若允许个体间相互监督与惩罚，即使没有预期利益作为补偿，强互惠者也会不惜花费个人成本惩罚那些"搭便车者"，合作则得以维系。在社会学、人类学等领域的学者看来，强互惠者的合作倾向与对违规、卸责、"搭便车"等机会主义行为的利他惩罚，是维系伦理、道德、习俗、禁忌、礼仪、规矩等非正式制度的根本力量，也是强化法律、法规、合同等正式制度的重要支撑，现已成为理论界破解"社会合作何以可能"这一难题的重要突破口。

强互惠理论强调了人类行为动机的多样性和社会性，对"人"的抽象更符合实际。不过，强互惠理论毕竟是在新近才发展起来的，尚有诸多质疑，对社会实践的指导潜力也尚待挖掘。鉴于此，本研究着力从静态视角，系统梳理强互惠特质的经济学实验证据与脑科学研究并发现，并尝试从动态视角勾画这一特质可能的演进路径。藉此述评，以期进一步宣传强互惠理论、彰显强互惠力量，强化人们对他人的合作与利他惩罚的预期，引导人们在借助他律的同时，践行慎独，自觉地参与到规范维系、社区治理、环境保护、食品安全等方面的公共利益维护和公共事务管理中来，从而更好地促进不同领域的社会合作。

---

① 有些文献也称之为"利他性合作"（altruistic cooperation）。
② 这里的"利他性"并非强调行为主体的利他动机，而是强调行为本身会降低行为主体自己的适度、增加群体的适存度。生物学家用后代与母代之比来测度适存度（fitness），如果一个人的生存策略有利于增加自己的适存度，那么他的后代的数目必须超过母代的数目（汪丁丁，2011）。

二 强互惠行为的实验证据

经济学实验凭借其较好的可控制性和可复制性，能有效地测度变量之间的因果关系，为强互惠理论提供了一系列极具说服力的行为方面的证据。其中，"公共品实验"被认为最适合模拟人们在现实状态下的互动（Chaudhuri，2011），为此本书着重讨论"公共品实验"的证据。具体而言，这些实验证据可分为下面两大类。[①]

（一）"条件性合作"的实验室证据

实验经济学家对强互惠行为的兴趣首先源于对"最后通牒博弈"的分析。在"最后通牒博弈"中有两个参与者，分别称为提议者和回应者，他们进行一定数量的现金分配。提议者首先提出一个分配方案，然后回应者决定接受或拒绝该方案，如果回应者接受，则双方按照分配方案分得现金；如果回应者拒绝，双方收益均为零。按照自利偏好假设，在一次性匿名博弈中，提议人给对方任意一个非常小的正的单位收益，响应者将接受提议并达成均衡。但是，大量的"最后通牒博弈"实验显示，大多数提议者会分给回应者40%—50%的现金（Güth, et al., 1982；Bolton & Zwick, 1995；List & Cherry, 2000）。这是自利偏好假设无法解释的现象，Güth, et al.（1982）称之为"最后通牒博弈悖论"。

类似地，按照主流经济学的博弈分析，在一次性公共品博弈中，参与者不会向公共账户中贡献自己的禀赋。但是，在实验经济学不算长的历史中，已开展的200多个"公共品实验"均显示：被试的公共品投资显著不为零（Isaac & Walker, 1988；Andreoni, 1988）。除此之外，在独裁者博弈实验、信任博弈实验、礼物交换博弈实验中，被试者也都呈现出传统的自利偏好假设无法解释的合作倾向。

---

① 尽管"积极的强互惠"与"消极的强互惠"都是受社会偏好驱使，但为了便于聚焦问题，文献梳理时分两类并头推进。

这些现实观察与理论预测的"不一致"吸引了人们对超越自利偏好假设的研究，顺势而生的社会偏好（social preference）理论引起了学界的重视（陈叶烽，2010）。尽管社会偏好概念的雏形可以追溯到 Veblen（1934）、Duesenberry（1949）等，但要严格地给社会偏好下一个定义并非易事。文献中一般有4种具体形式的社会性偏好："纯粹利他"（pure altruism）、"光热效应"（warm glow）、"互惠"（reciprocity）和"不平等厌恶"（inequality averse）。Ashley, et al.（2010）、周业安 & 宋紫峰（2008）、陈叶烽（2009）等还曾运用计量分析方法尝试给予进一步界定。从本研究掌握的资料来看，社会偏好的进一步具体化并未引起学界的更多关注，而是广泛用于表示人类的"亲社会情感"。相似的表达还有"亲社会偏好""涉他偏好"等。

"条件性合作"是指人们在预计他人合作时也会还以合作的行为特征，是社会偏好这一心理动机的行为表现。Fischbacher, et al.（2001）在开篇即提出，"一些人可能是出于某种形式的社会性偏好而表现为'条件性合作'（conditional cooperation）"，从而免于对社会偏好具体形式的纠缠。① 在此之后，"条件性合作"成为一个更为中性的概念，用于描述人们愿与志同道合者合作的特质。而且，Fischbacher, et al.（2001）的两阶段"公共品实验设计"现已发展成为定量分析异质性社会偏好的基本范式。他们基于 Selten（1967）的策略性方法，通过激励相容约束，要求被试者回答其在他人的公共品贡献量分别为0、1、2……20等情况下的公共品贡献量。然后依据这两个序列之间的相关性，将被试者划分为"条件性合作者""搭便车者""倒U型合作者"等类型。在此之后，Herrmann & Thöni（2009）；Rustagi, et al.（2010）；Fischbacher & Gächter（2010）；Volk, et al.（2011）；汪崇金等（2012）；周业安等（2013）；周晔馨等（2014）先后基于这一范式，以不同经济发展水平和文化背景的个体为实验对

---

① 还有一种观点认为，"条件性合作"是个更为广泛的概念，不仅包括"积极的强互惠"，即 Fischbacher, et al.（2001）语境下的"条件性合作"，还包括出于直接互惠、间接互惠动机所表现出的合作行为（Suzuki, et al., 2011）。

象，得到了较为一致的实验结论，为"条件性合作"提供了更有力的实验证据。①

以"条件性合作"为主要内容的异质性社会偏好假设能够有效地解释重复多期的标准"公共品实验"中的"非零贡献"与"合作退化"（周业安、宋紫峰，2008）。实验中，一部分人是强互惠者，表现出"条件性合作"倾向，他们在实验伊始就尝试着与他人合作，因此我们观测到实验中的公共品贡献量不为零。不过，还有一部分人是"搭便车者"，他们不顾强互惠者的努力，而一直选择"搭便车"。强互惠者的回应便是减少或拒绝合作，再次表现出"条件性合作"特征，因此我们观测到实验中的公共品贡献量随着实验的重复进行而下降。这进一步佐证了"条件性合作"假说的合理性。

（二）利他惩罚的实验室证据

强互惠行为的另一方面为利他惩罚，利他惩罚的实验证据也应从"最后通牒博弈"谈起。前述分析已经提到，在大量的实验中，多数提议者表现得相当慷慨，这是自利偏好假设无法解释的。这里需要补充的是，这些实验还显示，对于提议者的吝啬（比如说低于禀赋的30%），响应者常常会拒绝接受，导致双方都一无所获。响应者的拒绝实质上是对提议者的惩罚，当然响应者自身也为这样的惩罚支付成本，因为他本可以获得一个正的收益，只不过在他看来有点少而已。这里有点"宁为玉碎，不为瓦全"的情绪宣泄，体现了利他惩罚的特征。

利他惩罚的首份"公共品实验"证据来自 Fehr & Gächter（2000）。他们是以现实中的一个悲剧事件开始的。在1979年"油荒"期间，卡特政府出台了一系列汽油配给与价格控制的措施，导致购油司机加油时需要排长队等候。排队的人群中常常因插队而殴斗、叫骂，一位乘汽车旅行的人甚至因为插队而被一位素不相识的卡车司机枪杀。这显然是一个极端案例，但现实中类似的"路见不平、拔刀

---

① 更为详细的总结详见连洪泉、周业安（2015）的表1。

相助"的行为时有发生,例如最近发生的"瓜子哥""项链姐"等事件。这些都反映了这样一种现象:人们厌恶破坏合作规范、"搭便车"等不合作行为,有时甚至不惜花费个人成本对其施以惩罚。为了验证这种利他惩罚,Fehr & Gächter(2000,2002)在标准"公共品实验"中新增了一个环节,允许被试之间相互监督,对"搭便车"的队友实施有成本的惩罚(下文称这一实验设计称为"F&G设计")。① 他们的实验结论显示,对于"搭便车"行为的利他惩罚普遍存在;"搭便车"程度越严重,遭受队友的利他惩罚就越大。这也进一步解释了标准公共实验中的"合作退化"现象。强互惠者遭遇"搭便车"后之所以减少或拒绝合作,是因为这是他们惩罚"搭便车者"的唯一手段(Fehr & Gächter,2000)。更为重要的是,Fehr & Gächter(2000)还发现,利他惩罚能够维系较高水平的合作。

在随后的十多年里,Bochet, et al.(2006)、Carpenter(2007)、Sefton, et al.(2007)、宋紫峰和周业安(2011)基于"F&G设计",以不同文化背景的个体为实验对象,证实了广泛存在的利他惩罚,一遍遍复述着与 Fehr & Gächter(2000)相同的乐观故事。

三 对强互惠理论的质疑

大量的"公共品实验"显示,一些人具有强互惠特质,已成为破解"人类合作何以可能"这一难题的突破口。当然,对于这一乐观判断,也有很多学者并不信服,提出了诸多质疑。② 在后续的拓展性研究中,有些质疑得以化解,而有些却被不断强化并更具颠覆性。

(一)"非零贡献"是"合作"还是"迷糊"?

尽管异质性社会偏好假说能够解释"公共品实验"中的"非零

---

① 与 Ostrom, et al.(1992)不同,他们在陌生人组(Stranger-treatment)的实验中选择了随机匹配方法,也就是说,各期实验的小组成员构成不同,从而排除了被试者在互动中因为直接互惠或声誉考虑而选择合作或惩罚的可能。

② 连洪泉等(2013)对相关观点提出3点质疑。

贡献"与"合作退化"两大经典现象，并得到了广泛的认可，但持怀疑态度的人也不在少数。例如，早期研究 Andreoni（1995）、Houser & Kurzban（2002）等均指出，一些被试者没有选择"搭便车"，是"混乱"（confusion）或"失误"（error）所致。这些"迷糊"的（confused）被试者贡献了总量的50%左右，这一比例远高于强互惠理论支持者测算的6%—10%（Fischbacher, et al., 2001；Fischbacher & Gächter, 2010）。不过，随着实验经济学的发展，实验程序更为规范、实验技术更为成熟，"迷糊"一说曾一度消失，但近年来再次风起。持怀疑态度的代表性人物有 Maxwell Burton-Chellew, StuartWest 等。他们的实验研究再次提出，"非零贡献"不是因为合作，而是出于利益最大化的动机，是不断试错的结果。

比如，Burton-Chellew（2016）得到了一些有别于以往的实验结论：第一，人机博弈时，同样表现出异质性的社会偏好，社会偏好类型分布与 Fischbacher, et al.（2001），Fischbacher & Gächter（2010）中以人作为博弈玩家的实验结论基本相同。第二，无论是与计算机博弈还是与人博弈，被试者在策略性实验中表现出的社会偏好都可以解释他们在一次性博弈中的公共品供给，这与 Fischbacher & Gächter（2010）以人为被试对象的实验结论也是一致的。① 第三，个体利益最大化策略应该是贡献零单位公共品，而与他人贡献量的多少无关，但在实验中，只有"搭便车者"是这样认为的，而"条件性合作者"一般会相信自己利益最大化策略与他人的贡献量有关。作者强调，尽管设置了标准的控制性问题，但还不能确保被试者能够正确理解博弈，实验方法的可靠性仍值得怀疑，行为经济学实验中的基本假设——"选择"显示"动机"，并不必然成立。

再比如，Burton-Chellew, et al.（2015）假设了三种学习规则："基于利益的学习"（payoff-based learning）、"亲社会的学习"（pro-

---

① 从不同偏好类型来看，被试者在与计算机玩家或人类玩家的实验中，公共品贡献量均值也基本相同，见 Burton-Chellew（2016）的图1。换言之，被试者之间的差异可以解释为他们如何理解最大化收益方面的差异。

social learning)、"条件性合作"（conditional cooperation）。"基于利益的学习"规则是指被试者仅关心自己的收益；"亲社会的学习规则"是指被试者不仅关心自己的收益还关心他人的收益；而"条件性合作"规则假设被试者不仅关心自己的收益还关心他人的贡献量。他们开展了三种设计的实验："黑盒子（black box）设计""标准设计""强化设计"。三者的区别仅在于信息的多寡不一。"黑盒子设计"实验中的信息量最少，仅告诉被试者将按照某一个数学公式计算个人所得，再无其他提示信息；在"标准设计"实验中，告诉被试者其收益以及其他三位队友的公共品贡献量，这与"F&G设计"一致；而"强化设计"实验中提供的信息比在"标准设计"中多了两条，即其他队友的公共品收益和总收益。① 理论上讲，"强化设计"实验提供了更多的信息，不确定性会有所下降，人们因未知而学习模仿他人的可能性也会有所下降。但实际上，在"标准设计"实验中，被试者更明显地表现为"条件性合作"，而在"强化设计"实验中，更多的信息没有改善合作，反而具有反社会效果（antisocial consequence），公共品供给水平下降趋势更为明显。这说明被试者表现出的"条件性合作"不是出于社会性偏好，而是社会学习的结果；更为重要的是，仅有基于利益的学习规则能够解释全部的3种设计实验的数据。他们据此判断，"条件性合作"主要是因为困惑或失误所致，而不是亲社会偏好的体现，"公共品实验"不能证实人类所拥有的利他性。

尽管 Maxwell Burton-Chellew 等人开展了卓有成效的研究，但他们引述的文献中，除了自己团队的研究成果，如 Kummerli, et al.（2010）、Burton-Chellew & West（2013）之外，剩下的只有上文提及的 Andreoni（1995）、Houser & Kurzban（2002）。可以说，Burton-Chellew 等人的质疑尚未在更大范围内引起共鸣。当然，"学习"是人类活动的基本特征，实验中被试可能存在学习活动，这也难怪"学习"假说（learning hypothesis）由来已久却难以被排除。演化心理

---

① 但仔细推敲，如果被试者真正理解实验，强化的设计实验额外提供的两条信息实际上是多余的，因为被试者可通过简单计算获得。

学、演化博弈论、生物学和有限理性论一致认为，人类能够快速地习得和有效地运用互惠规范和社会规则，正是这个强大的学习能力，使得个体能够在大量的社会困境中通过其积极行动获得收益（埃利诺·奥斯特罗姆，2010）。也许正如 Muller, et al.（2008）所言，被试者在实验中的自愿供给行为的变化反映了他们尝试探索对他们最为有效的策略，但这种变化并非一直朝着个体利益最大化的方向变动。换言之，被试者并非简单地学习如何最大化个人利益。这说明 Burton-Chellew 等人的质疑尚不能否定社会偏好假说，反而为深入研究社会偏好提出了新的视角。

（二）利他惩罚实验果真客观描述了现实生活？

强互惠理论的支持者们声称，利他惩罚实验解释了狩猎聚居部落、游牧民族等小型社会的自发合作（Bowles & Gintis, 2002；Richerson & Boyed, 2005）。但在 Guala（2012）看来，这样的声称过于随意，并提出利他惩罚实验缺乏现实证据的质疑。Guala（2012）的质疑引发了学术界就利他惩罚的大讨论，诸多著名学者，如 Elinor Ostrom、Nikos Nikiforakis 等都参与进来，桑塔菲学派"四君子"Samuel Bowles、Robert Boyd、Herbert Gintis、Ernst Fehr 也加入了论战。2012年2月发表的《行为与脑科学》（*Behavior and Brain Science*）还以专题的形式集中收录了这些讨论。总体来看，争议主要集中在以下几个方面。

首先，利他惩罚实验设计究竟在多大程度上刻画了真实世界？比如，Güney & Newell（2012）指出，实验中无需真正地付出努力，实验所得类似于意外之财，这在现实中相当少见，因此实验不能用于模拟现实生活、解释现实问题。更具颠覆性的是，上述乐观结论都基于"F&G 设计"，而这种设计事先排除了包括报复在内的反社会惩罚（Anti-social punishment）。无论是在经济学实验中（Denant-Boemont et al., 2007；Nikiforakis, 2008），还是在演化博弈模型中（Hauert et al., 2007；Janssen & Bushman, 2008；Rand et al., 2010），一旦加入反社会惩罚，上述乐观故事都将被改写。由此可见，无视反社会惩罚显然有损利他惩罚实验的效度。

其次，现实生活中存在利他惩罚吗？这也是回应实验效度质疑的关键问题。Guala（2012）重新审视了强互惠理论支持者所声称的人种学证据，并指出现实中一些惩罚是无须惩罚者支付成本的，而另一些所谓的高成本惩罚（costly punishment）往往是由集体完成的，惩罚成本为所有成员公摊。他强调，这些惩罚都与实验中的利他惩罚不一致，不可被认定为利他惩罚的现实证据。Guala（2012）对利他惩罚缺乏现实证据的质疑也得到 Binmore（2005）、Ross（2006）、Johnson（2012）等的广泛支持和认同。

毫无疑问，Guala 等人的质疑极具挑战，但还没有严重到让我们否认社会偏好是行为动机的重要判断。虽然允许反社会惩罚的"公共品实验"和演化博弈分析再次得出悲观结论，似乎又应验了霍布斯、洛克等先哲的预言，但在新近开展的"允许交流"（Ostrom, 2012）、"增加信息供给"（Kamei & Putterman, 2013）的"公共品实验"中，还是得到了支持利他惩罚能够维系社会合作的结论。就利他惩罚缺乏现实证据这一质疑而言，一些学者指出，由于现实生活多处于均衡状态（Johnson, 2012；Gächter, 2012），再加上存在不确定性（Dereby-Meyer, 2012；Gehrig et al., 2007），因此很难观测到利他惩罚，但这不能否定利他惩罚在一次性交往中的作用。Fudenberg & Pathak（2010）的发现就是一个佐证，他们以美国大学生为被试对象的实验显示，仅仅是利他惩罚的威胁就足以维系较高水平的社会合作。换言之，日常生活中往往无需真正地发生利他惩罚。另外，Balafoutas & Nikiforakis（2012）新近在希腊雅典的一个地铁站组织了有关利他惩罚的自然现场实验（natural field experiment），实验者故意违反车站的公共秩序，他们发现许多人会出面指责制止，这为利他惩罚实验提供了新的有利证据。

四 强互惠理论的脑科学证据

从上述研究来看，无论是实验经济学研究还是演化经济学研究，均尚存分歧，未能为强互惠理论提供令人信服的证据，近年来，脑科学有了长足发展，从另一个角度为强互惠理论提供了新的证据。现有研究表明，人类的大脑由一系列专门的模块组成，这些模块是按照早期人类所处环境的特殊需求而逐渐被塑造出来的（福山，2015）。脑科学家基于这样的认识，运用脑功能成像（functional neuroimaging）、功能性磁共振成像（fMRI）等工具，迅速积累了大量的脑科学数据，就人类的信任、互惠交换等社会行为背后的神经系统展开了深入的研究，其中不乏对强互惠行为的探索。

（一）"条件性合作"的脑科学解释

由著名的行为神经科学教授 James Rilling 领衔的研究团队对合作行为背后的神经系统做了大量研究（Rilling, et al., 2002, 2007, 2008）。其中，Rilling et al.（2002）发现，被试者与他人合作而非背叛时，包括伏隔核（nucleus accumbens）、尾核（caudate nucleus）等在内的纹状体（striata）被激活。[①] 纹状体大约形成于 7000 万年前，是与决策行为有关的重要脑区，尤其是与奖赏系统有关，包括金钱回报和愉悦情绪（Schultz & Romo, 1988; Kawagoe, et al., 1998; Doherty, et al., 2004）。纹状体被激活说明被试者从合作行为中获得了额外收益。当然，James Rilling 等人的系列研究基本上都基于固定匹配的重复"囚徒困境实验"（fixed matching repeated PD）。这种实验设计可能存在这样一个问题，由于博弈对象是固定不变的，被试者在看到自己当期实验收益时可能也在谋划下期是合作还是背叛。因此将难以区分所观测到的脑区变化，究竟是对实验收益的反应还是对行为决策过程的映射（Suzuki, et al., 2011）。

为此，Suzuki 等（2011）开展了随机匹配的重复"囚徒困境实验"（random matching repeated PD）。实验中，被试者是随机匹配的，实验者会告知被试者与其随机相遇的队友究竟是"合作的""非合作的"，还是"未能确定类型的"。实验者的这一判断是根据被试者往

[①] 作者还提及 ventromedial frontal/orbitofrontal cortex，rostral anterior cingulate cortex。

期的贡献情况总结而成的。然后,实验者分别扫描被试者在决策时和观测到实验收益时的功能性磁共振成像。他们发现,相对于非合作的队友而言,被试者更愿意与合作的队友或未能确定类型的队友合作,表现出"条件性合作"特征。而且,当遇到不合作的队友时,被试者右部的前额叶侧背部(dorsolateral prefrontal cortex,简称DLPFC)[①]、双侧的后颞上沟(posterior superior temporal sulcus,简称pSTS)和颞顶交界区(temporo-parietal junction,简称TPJ)更为活跃。他们进一步指出,合作是被试者的优势反应(pre-potent response),但遇到非合作队友时,会抑制优势反应而选择背叛,DLPFC、pSTS/TPJ等脑区被激活反映的正是这一认知抑制过程。已有研究显示,其中的DLPFC关乎对犯罪行为是否实施惩罚的研判(Knoch, et al., 2006;Buckholtz, et al., 2008)。不难看出,Suzuki, et al. (2011) 的脑科学证据与Fehr & Gächter(2002)的调查结论是一致的,即拒绝或减少合作是强互惠者对不合作者的一种惩罚。

(二)对利他惩罚的脑科学解释

在得不到物质补偿的情况下,人们为什么肯不惜花费个人成本去惩罚那些违反合作规范的人呢?这是强互惠理论的核心问题。Erst Fehr、Tania Singer等人的两份有关囚徒困境博弈与信任博弈的脑功能神经成像研究对此作了解释。De Quervain, et al. (2004) 的研究显示,如果被试者在遭遇不公平对待时还以利他惩罚,那么他们大脑中纹状体背侧(dorsal striatum)的尾核会被激活;而且,尾核的活跃程度与其用于惩罚他人的成本呈正相关性。上文已指出,纹状体是哺乳动物权衡损益的主要脑结构。换言之,人们可以从利他惩罚这种行为本身获得满足(叶航等,2005)。De Quervain, et al. (2004) 这一文献在国内学界流传已久,叶航等(2005)、韦倩(2010)、韦倩和姜树广(2013)、汪崇金(2013)等均有所译介,在此不再赘述。

[①] 参照汪丁丁(2011, p.193)的作法,将dorsolateral prefrontal cortex(简称DLPFC)译为"前额叶侧背部"。

Tania Singer 曾是 Erst Fehr 的学生，因发现"同情心"的脑神经网络而声名鹊起（汪丁丁，2011）。① 她和同事于 2006 年在《自然》上发表的文章再次佐证了 Erst Fehr 等人的上述结论。她们的研究显示，当看到行事公正的队友遭遇痛苦时，被试者大脑中与痛苦相关的脑区额岛皮层（fronto-insular cortex）和扣带前沟（anterior cingulate cortices）会被激活，这种反应就是亚当·斯密所说的"同情"。当看到行事不公正的队友遭遇痛苦时，至少是在男性被试者中，这种同情反应（empathy-related response）会明显下降，与此相应地，他们与奖赏系统有关的脑区，如纹状体腹侧（ventral striatum）、眶额叶皮层（orbito-frontal cortex）更为活跃，活跃程度与被试者自我报告的对该队友的憎恨程度密切相关。她们推测，人们对他人的同情是以其对他人社会行为的评价为基础的；特别是对于男性被试者，当看到行事不公的人遭遇痛苦时，他们不会给予相应的同情，这种免于同情是对他人不公正行为的惩罚。严重的情况就是人们通常所说的"幸灾乐祸"。男性被试者不同脑区活跃程度的"一降一升"，说明他们对他人的不幸本来会产生同情，但又因为他人行事不公对其实施惩罚而未同情，由惩罚产生的满足感正好弥补了未给予同情所造成的损失。她们的发现与 Erst Fehr 等人的结论遥相呼应。

除此之外，针对第三方的利他惩罚也得到了脑科学研究的支持。一般而言，相对于第二方利他惩罚而言，第三方利他惩罚刺激的脑区可能更为平静（dispassionate），但 Buckholtz, et al.（2008）功能性磁共振成像研究显示事实并非如此。实验中，被试者阅读一份描述某一场景的书面材料后，决定是否对其中的主人公实施惩罚及其程度。与以往研究一致，被试者脑内与决定是否实施惩罚以及惩罚力度的脑区，前额叶侧背部和杏仁核（amygdala）均有相应的反应。这些发现说明，第三方惩罚同样是针对失范者的负面情感使然（Rilling, et al., 2011）。

---

① 英文文献中为"empathy"。有些中文文献翻译成"共情"，而此处参照《道德情操论》（亚当·斯密著，2011）与汪丁丁（2011）的论述，将其翻译为"同情"。

上述研究显示，人类大脑对相互合作和惩罚背叛者的加工过程与其他享乐行为的过程几乎相同，人们在合作和惩罚"搭便车者"的过程中获得了满足感（鲍尔斯、金迪斯，2015）。脑科学研究的发现有助于人们消弭分歧，从而更为深入地理解强互惠行为。当然，人脑的各个部分既有分工又有合作，人们对于脑内的合作秩序仍然知之甚少（汪丁丁，2011）。我们注意到，尽管上述研究多以控制回报系统的纹状体为考察对象，但它们关注的具体部位又有所不同。人脑内部结构相当精细复杂，这种微小不同或许暗示着神经系统的巨大差异。因此，现有的研究结论不仅难以在同一个层面上比对，其可信度也大打折扣，甚至给人一种"盲人摸象"式的怀疑。这注定着脑科学方面的研究仍然是任重而道远。

五 讨论与启示

经济学实验与脑科学研究尽管存在分歧，但给我们呈现了一个事实：人具有与他人合作并维护伦理规范的倾向。诚然，仅仅是这些还不够，更为重要的是要解释清楚，人类的这些行为倾向是如何形成的？

从上述综述来看，强互惠行为的脑科学证据并不充分，这一微观层面上的研究尚缺，不过，在社会偏好这个宏观层面上的研究颇丰。相关的研究具体分为两大类。第一类是脑科学的研究。其中，有这样一个共识：人脑有3层，分别来自不同演化阶段，具有不同的功能。当中的第二层是"外缘系统"（limbic system），也称"情感脑"，是情感活动的策源地，被称为欲望、愿望、冲动等的心理活动都生发于此（汪丁丁，2011；福山，2015）。与此相应的是，上文提及的脑区都集中于此，由此可见，控制人类社会偏好情感的脑区是在长期演化中逐渐形成的。第二类研究是演化仿真研究，其中的"基因—文化共演化"（gene-culture coevolution）模型已被广为接受。该模型假设，一个新的生物体为了更好地适应所处环境，可借两种通道获得信息，一种是基因的信息通道，即通过父辈的基因编码获得在所处环境中持久不变或者在时间和空间中变动很慢的信息；另一种是非基因的信息通道，具体而言包括个体学习和社会学习，即凭借自身的学习能力从所处环境中习得。对于大多数动物来说，基因传递和个体学习就是事情的全部，而对于人类而言，社会学习或称文化传播，是获取信息的重要渠道。"基因—文化共演化"模型认为，人类的社会偏好是基因影响文化演化、文化影响基因演化的动力过程的结果（鲍尔斯、金迪斯，2015）。这一假设得到了模拟仿真的佐证（鲍尔斯、金迪斯，2015）。

总而言之，强互惠理论以大量的实验经济学、脑科学等方面的证据，并通过演化经济学的仿真分析，逻辑自洽地提醒我们：人们在长期生活中逐渐形成了社会偏好，自愿遵守并希望他人遵循合作规范，自己做不到时会内疚，别人做不到时则会气愤，甚至会不惜花费个人成本给予惩罚（福山，2015）。通过对相关文献的梳理，我们可以从中获得下列一些启示。

第一，重视"人"的异质性是强互惠理论的重大突破。对于行为经济学来说，理解人脑三结构的功能及冲突尤为重要，因为这是解释人类行为的关键环节。人脑的三层中，除了最早演化而成的、也是在最内层的脑干和前述的"情感脑"之外，还有"理性脑"。"理性脑"是最新演化而成的、也是在最外层的大脑皮质，负责高级认识，掌管着意识、语言等功能，理性选择（对可选方案进行排序和比较，并从中选优）也发生于此（汪丁丁，2011；福山，2015）。与电脑负责精确计算不同，人的"理性脑"的理性选择过程充斥着来自"情感脑"的情感因素（福山，2015）。换言之，个体的理性决策往往会包含部分情绪（非理性）和部分非自利的成分（周业安，2015），因此既不是完全理性的，也不是完全自利的。[①] 这是人类行为的复杂性之所在，是共性方面的。除此之外，还有个性方面的，因为人们的行为方式受

[①] 我们也注意到，一些学者尝试着结合"大五"人格模型，进一步探析了个体社会偏好稳定性的心理基础（Volk, et al., 2011）。学术界对于人类情感的研究由来已久，但由于人格模型的脆弱性和人类情感的微妙性，这方面的研究注定任重道远。

到其长期以来受到的教育、感受到的文化氛围、信守的道德准则等因素的影响，必然也会表现出异质性和复杂性。我们注意到，尽管社会偏好是否稳定可靠尚存争议（汪崇金、聂左玲，2015），但强互惠理论正视人类行为的复杂性，并积极地沿着这个方向来理解、刻画人的复杂行为，对"人"的抽象因此更真实，是对传统自利偏好假设的重大突破。

第二，强调"人"的强互惠特质对于促进社会合作尤为重要。首先，过分强调"个人贪婪"的假设是不符合事实的，而且使得悲观的预期在个体间蔓延，这不利于实现包括公共品自主供给在内的社会合作。一个有力的例证是，相比较其他专业的学生而言，经济学专业的学生在"公共品实验"中表现得更为自私，一种可能的解释是他们接受的教育改变了他们的行为（Frank, et al., 1998）。其次，在当前的中国社会，需要通过公共教育，强化社会个体的利他惩罚预期。Wu, et al.（2009）、汪崇金和史丹（2016）以中国在校大学生为被试对象，分别开展了设有利他惩罚的"囚徒困境实验"和"公共品实验"。这些实验一致地证实，利他惩罚乏力、利他惩罚威胁不足，难以有效抑制违规、卸责、"搭便车"等机会主义行为。一个重要的原因是，大多数被试者，特别是"搭便车者"，不相信或低估他人的利他惩罚。因此，需要引导人们正确认识"人"的强互惠特质，尊重他人的善意，敬畏他人的惩罚，从而增强人们在社会互动中与他人的合作。

第三，激发"人"的强互惠特质已是当前社会治理的一个主题。由于私人契约和政府命令无论单独起作用还是联合起作用，都无法为现代社会的治理提供坚实的基础，社会合作仍然是经济和社会生活的必然要求（鲍尔斯、金迪斯，2015）。我们乐见，在当前社会治理创新的背景下，个体的强互惠特质已得到重视和重用。一方面，中国积极培育和弘扬社会主义核心价值观，推进道德重建和再生，通过内化、认同和融合等心理过程，寻求道德支持的自我行为约束途径（王道勇，2014）；另一方面，"不带剑的契约不过是一纸空文，它毫无力量去保障一个人的安全"（霍布斯，1985）。中国在强化以公共权力为后盾的公共惩罚的同时，应在各个领域畅通投诉举报渠道、发挥媒体舆论监督、鼓励同行监督，在私人惩罚与公共惩罚的良性互动中，充分发挥人们对违规、卸责、"搭便车"等机会主义行为实施利他惩罚的亲社会特质（汪崇金、聂左玲，2015）。可以说在当前社会治理实践中，在强调"放权让利"、从正向激励入手"把激励搞对"的同时，还在不断强化包括本书探讨的利他惩罚在内的各种形式的惩罚，着力构建多层次的惩戒体系，从负向激励入手"把激励搞对"。这一逻辑是有别于以往家庭联产承包责任制改革、国有企业改革等的，也是当前社会治理的一个重要突破口和显著特征。

第三章　能源互联网

电力互联互通实际上是在更大范围内形成电力网，具有能源互联网的属性。了解能源互联网的属性和特性，对实现电力互联互通非常必要。

一　能源互联网的定义

能源互联网这一概念在中国最早由远景能源、国家电网等一些企业提出。比如，国家电网提出全球能源互联网的概念，即"以特高压电网为骨干网架，以输送清洁能源为主导，全球互联泛在的坚强智能电网"。这一定义过分强调"坚强智能电网"这一概念，即，将能源互联网的内涵过分偏重于电力和能源方面，而对于互联网和信息技术的创新作用重视不足。随着能源互联网越来越受到业界热捧，一些学者逐渐开始挖掘这一概念背后的各种可能性。例如，2015年来自清华大学能源互联网研究团的魏玲博士认为，"能源互联网指综合运用电力电子技术、信息技术和智能管理技术，将大量由分布式能量采集、储存装置和各种类型负载构成的新型电力网络节点互联起来，以实现能量双向流动的能量交换和共享，具有可再生、分布式、互联性、开放性、智能化五大特征"[①]。而信达证券分析师曹寅则将能源消费智能互联与国家电网提出的全球能源互联网的概念结合起来，对能源互联网加以诠释。

---

① 参见http://money.163.com/15/1B/03/B896LF/LOO253BOH.html。

国际上目前并没有与能源互联网对应的英文表述，因此一定程度上可以说，这是中国在概念上的一个创新。国际上，相似的表述包括虚拟电厂（Virtual Power Plant）和智能电网（Smart Grid）等，都在一定程度上提到了将信息技术与能源产业相结合的概念，但与真正意义上的能源互联网还有较大不同。能源互联网之所以是由中国最先提出的一个相对独特的概念，是由于中国的互联网创新在近 20 年发展最为迅速，而其创新类型主要以互联网商业模式创新为主，互联网式创新通过与三大产业中的不同细分行业结合，催生传统行业的创新潜力；而在中国，由于经济发展阶段等原因，技术的相对滞后和专业人才的相对缺失，导致中国的互联网创新偏重与服务业结合，形成许多的互联网商业模式创新，而互联网技术创新则相对不足。

能源互联网这种"中国独创"的创新特征，并不只限于能源领域。当前中国的"互联网＋"式创新，很多都有中国的独特性，就连"互联网＋"（Internet Plus）一词，也可以说是中国独创的，更多偏重互联网与各个传统领域结合带来的商业模式创新；而国际通常称作信息技术（Information Technology），偏重互联网领域的技术突破。相似地，互联网金融（Internet Finance）也是中国的定义，偏重利用互联网完成原来线下不方便的金融产品服务，这对于传统金融不发达的中国来说，是很大的商业模式突破；而国际上通常研究金融科技（FinTech），重视金融背后的信息技术，比如利用区块链技术，颠覆原来中介化金融中的集中式、不透明、高利润模式。另外，在制造业领域，中国的互联网与制造业结合，受限于传统制造业的落后，仍处于初级阶段，《中国制造 2025》仍是希望通过互联网这一新一轮创新，驱动传统制造业提升，与美国的"制造业再回归"、IoT，德国的工业 4.0 等相比，还存在技术创新方面的较大差异。

这种中国的"创新偏重"存在经济发展阶段的一种必然路径，具有科技创新不足等问题，但也具备巨大的创新潜力和经济拉动作用，非常适合当前中国发展阶段的物质、资金和人才要求，合理的开发和利用将有助于中国跨越现阶段的中等收入陷阱，应对"三期叠加"挑战。

本章参考目前国际国内企业和学术界对能源互联网相关概念的界定，认为能源互联网是联接能、物、人的全面网络。简单地看，能源互联网其实就是"能源+互联网"，是两者的结合，当然这种结合是多方面的、有机的，而不是简单地加总。

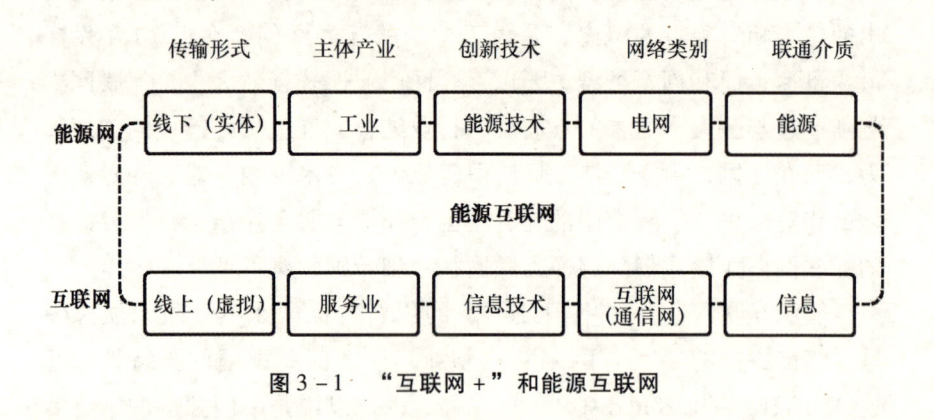

	传输形式	主体产业	创新技术	网络类别	联通介质
能源网	线下（实体）	工业	能源技术	电网	能源
	能源互联网				
互联网	线上（虚拟）	服务业	信息技术	互联网（通信网）	信息

图 3-1 "互联网+"和能源互联网

"互联网+"和能源互联网分别是从创新线上和传统线下两个角度分析互联网与能源结合的方式，两者本身都是一个全面而宏大的概念。互联网业务本身以服务业为主，尤其是中国的互联网创新从服务业开始起步，向工业领域逐渐延伸；而能源主要以工业为主，随着能源的生产、分配和交换过程逐渐向消费过程延伸。能源互联网也包括技术创新到模式创新的各个内容。能源的角度，清洁可再生能源和分布式能源，特高压电网，大容量储能以技术创新为主；互联网的角度以信息通信和物联网的技术创新，以及互联网的商业模式创新为主。互联网本身架设在通信网上，包括固定的宽带网络和移动网络；能源则包括原料的石油、天然气网络和电力的传输网络。从传输和联通的介质来看，互联网上传送的主要是无形的信息，而能源网上传输的是电力能源。

能源互联网将能源和通信两大工业革命的基石结合起来，将帮助全人类解决产业结构变迁、经济持续发展、人文社会沟通、环境资源变化等多方面的问题，将是实现联合国可持续发展目标的最有力推手，也提供了重塑全球竞争格局的重要契机。能源和互联网的结合，不仅是技术互补和优化，更是利用互联网创新思维产生的一种"技术外溢"，也就是经济学最常说的"外部性"。每一个个人和企业，在消耗和生产能源时，完成自身需要的同时，产生的数据，都可以经过储存转化、分析计算，得到共同的数据结构。互联网的分布式计算能力和高速传输能力，可以为能源传输提供可靠的保障，在常规使用和维护方面，以及突发情况导致的故障应急处理方面，都可以大大增强能源网络的保障能力。

中国和世界能源资源面临的客观问题，以及中国"走出去"、化解产能过剩、开展对外合作的主观意愿，都会成为能源互联网在近几年快速发展的催化剂。

首先，伴着当前国际化的东风，借助"一带一路"等倡议的带动，能源互联网正迎来前所未有的发展良机。能源互联网将是中国与周边国家电力互联互通的重要手段，是促进中国与周边国家在能源领域由横向合作、纵向合作，到综合合作的重要推手。能源网络的线下实体网络，作为国民经济的命脉，在联接上可能会涉及地缘政治等敏感问题。而互联网作为线上的虚拟网络，可以比较巧妙地绕过政治、经济等敏感性外交问题，在一定程度上达到全球无障碍联接和交流。通过发挥互联网式创新的推动作用，中国能源对外投资与国际产能合作，有利于中国贯彻实施"走出去"战略，防患产业结构早熟隐患，化解产能过剩顽疾，缓解环境污染难题。

其次，中国自身与全球的能源供给和需求分布不均，客观需要能源互联网解决供需匹配问题。能源互联网未来具有非常大的供需要求。随着产品创新和商业模式创新在近几十年的快速发展，全球电力需求的飞速增长，能源结构由以不可再生的化石能源为主，转向以可再生的风能、太阳能等清洁能源为主。然而清洁能源具有非常强的地域分布不均等和供需不匹配的特点，北极地区具备充足的风能，赤道地区具备充足的太阳能，然而主要的能源需求却在"一极一道"之外。世界电网互联已经是大势所趋，发达国家的区域之间都已经形成了电网互联。包括北美、欧洲、俄罗斯等地区，电网互联已经成为能源互联网的重要形式。同时，发展中国家和地区，例如非洲和南美洲也在加快电网互联的步伐。尤其是在"一带一路"沿线，几十个国家的能源供给和需求不匹配、分布不均衡。跨地区、甚至全球化的能源互联网通过能源和信息的互联互通，带动新能源、新材料、智能制造、绿色制造等战略性新兴产业发展，增强区域间各国的经贸互联，化解产能过剩并助力产业升级，最终促进区域的可持续和平发展。

近两年，国家高度重视"互联网+"智慧能源的发展，从政策层面出台顶层设计和制度保障。继2015年7月国务院下发《关于积极推进"互联网+"行动的指导意见》，将"互联网+"智慧能源列入11项重点行动后，国家能源局、工业和信息化部又牵头出台了《能源互联网行动计划大纲》。《意见》提出，由国家能源局牵头，国家发展改革委、工业和信息化部等负责，针对能源生产智能化、分布式能源网络、能源消费创新、基于电网的通讯设施和新型业务4项内容做了具体部署。

二 能源互联网的逻辑架构

上面已经提到，能源互联网是一种新的"三网融合"或"多网融合"，将石油、电力等能源网络，与固定宽带网络和移动宽带网络联起来，形成线下的资源网络、能源网络，与线上的信息网络相结合。这种两网互联，三网协作，形成能源电力网、电信数据网、互联运算网等。这种结合形成的能源互联网，其架构有些类似互联网和电信网络，形成驻地网和企业网、接入网、骨干网、国际互联网等。因此，未来从能源家庭网、能源企业网，到能源城域网、能源骨干网、能源国际网、能源洲际网，能源互联网的作用层层升级。

具体来看，互联网与能源网有相似也有区别。

首先，能源网与互联网的架构和逻辑有很多相似之处，天然具有很好的结合性。

信息互联网架设在通信网络之上，一端联接互联网内容提供商，另一端联接网民，起到信息交换平台的作用。网络新闻、搜索、音乐、游戏、视频、地图、生活服务等各类网站，成为互联网内容的生产者。在中国，随着固定互联网和移动互联网普及率的快速提升，互联网网民几乎覆盖所有主流消费者领域；同时，随着互联网应用的深层次、广范围的开发，广大网民的知识和智慧被不断发掘，利用网络设备和信息，成为信息的再造者，与产消一体的"产消者"。

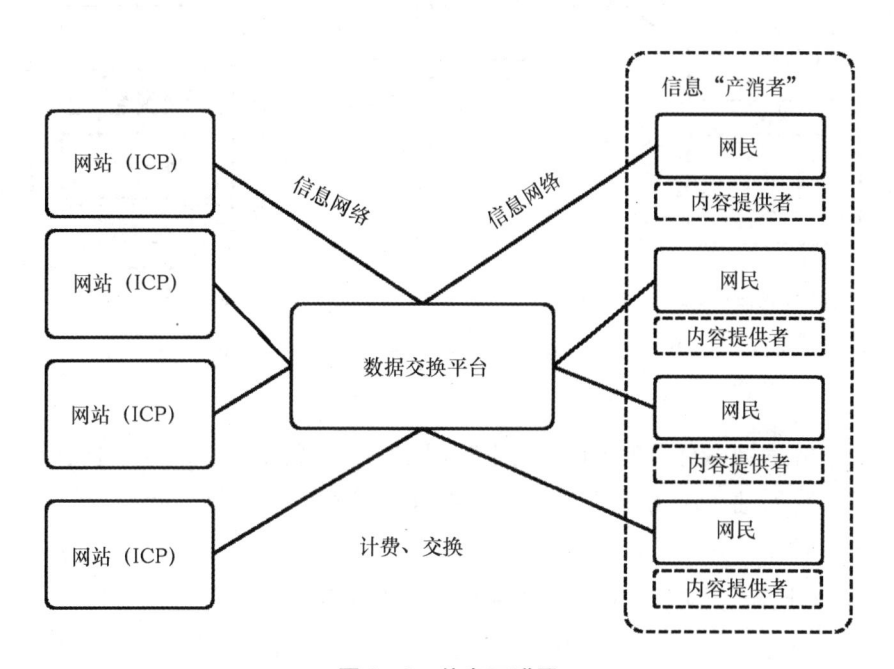

图 3-2 信息互联网

而能源互联网可以说是信息互联网在能源领域的另一种延伸。传统的能源网架设在电力等能源网络上，一端联接发电厂，另一端联接用电个人或企业，起到能源传输平台的作用。各种类型的发电厂作为能源的生产者，将能源供给到市场上。电能在经过电压变化处理后，通过电力网络的传输，再调压后，传输给消费终端。而个人和企业则利用传输来的电能，完成其他生产、生活的应用。

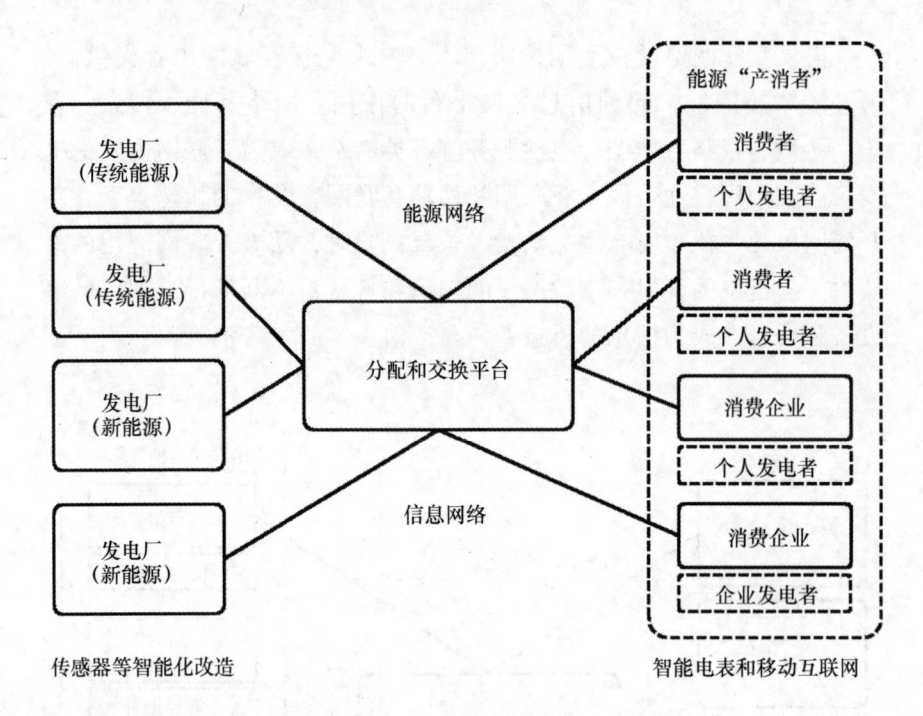

图 3-3　能源互联网

互联网本身产生于传统的电信网之上，是典型的网络型产业，因此对于石油、电力等能源产业，银行、证券、保险等金融行业，公路、铁路、航路等运输行业，这类网络型产业有天然的融合性优势，"互联网+"因而也最适合这些产业。能源互联网作为两种网络型产业的自然融合，依靠能源网络和信息网络作为分配和交换平台，连接传统和新能源发电企业，个人与企业等能源消耗者。在能源互联网里，能源网络由原来的单向传输变为平行的多向传输，个人和企业可以将多余的能源传输给别的消费者。而通过互联网信息平台，能源供应者之间、消费者之间、能源供应者与消费者之间，都可以通过信息互通来相互协作，最大化能源使用效率。

能源与互联网的结合将从生产、分配、交换和消费 4 个环节提升效率，具体的效果将在下一节进行讨论。另外，能源互联网还有一个优势，是"互联网+"其他产业所不具备的，就是更具包容性，相对来说互联网与能源两个产业不存在直接的竞争，可以更加良好地结合。在零售、通信、交通、媒体等互联网结合比较早的消费领域，互联网作为一条"鲶鱼"在为行业带来变革和创新的同时，也打破了行业原有的竞争秩序，破坏了传统企业的价值链，因此往往受到传统企业和监管机构的排斥。

其次，尽管从网络架构上，互联网与能源网有很多相似性，但两者在技术层面仍存在很多根本的不同。

互联网其实是架设在电信网络上的虚拟网络。一方面，互联网虽然有带宽和流量限制，但是这种带宽流量对网络管道本身的要求并不高，增加带宽的边际成本并不算大。因此宽带运营商可以不断地提高网速，尤其是近几年来，尽管固定和移动宽带的普及率快速上升，三大运营商仍在通过技术改进和优化资源配置，屡屡提升带宽和网速的同时，下调宽带资费。从成本的角度分析，电信网络和在其之上的互联网具有非常明显的网络经济特性，即从边际量来看，多增加一个接入单位的成本是非常小的，技术的提升可以轻易解决带宽的要求。另一方面，对于电信网络和互联网来说，"距离不是问题"，网路上传输的数据和信息基本不会因为距离的长短而有所损耗，因此增加传输距离，理论上只是需要增加网络管道的长度和加设基站等设备就可以，并不需要增加技术和能源投入。通俗地说，网络时代的沟通，并不因为离得远而更加费力，不像在"沟通基本靠吼"的古代，距离几米可以正常说话沟通，距离几十米可以通过吼来沟通，隔了几百米估计再大声也听不到了。

而能源网则不同，用户量和距离都会对网络产生不同的要求，更大的用户量和更远的传输距离会导致传输成本急剧增加，需要特高压电网等技术的创新和成本投入。要实现能源互联网的全面应用，需要在能源生产、能源传输、和能源储备三大能源领域做出创新突破和资金投入：能源生产领域，电源技术的核心是提高清洁能源，包括风力发电、太阳能发电、海洋能发电和分布式电源灯的开发效率；能源传输领域，需要在智能电网环节，实现特高压输电、海底电缆、超导输电、直流电网、微电网等技术的开发和利用；能源存储领域，为了提升清洁能源的普及性和跨区域传输，需要提高储能的密度，延长寿命并降低成本。这三大能源领域的技术要求，再加上互联网本身在信息技术领域的云计算、大数据、物联网等技术重点，都相对提高了能源领域加入互联网创新的技术门槛。

因此，相对于互联网企业来说，能源领域的科技门槛和资本成本相对较高。这样的好处是，互联网企业，尤其是中国的互联网企业，通常无法对能源企业形成直接竞争；而对于能源企业来说，互联网领域的商业模式创新门槛较高，传统的能源企业通常无法直接吸取互联网的先进模式。互联网和能源的结合，可以实现一种"你中有我、我中有你"的模式，只有两者各自利用自身优势，相互补充，才能真正形成双赢。

三 能源互联网在生产、分配、交换、消费方面的创新提升

"互联网+"对生产、分配、交换、消费都将产生催化作用：生产过程的需求导向，分配领域的公平优化，交换领域的效率提升，消费领域的直接改善。具体来看，生产领域主要包括制造、物流、研发等。互联网式创新与生产领域的融合在近5年才开始初露端倪，目前刚刚进入初创期。分配领域主要包括医疗、教育等。互联网式创新与分配领域的融合在近5—10年开始发展，目前也已经进入萌芽期。交换领域主要包括通信、交通、物流、金融等，互联网式创新与交换领域的融合也在近5—10年开始发展，目前已经进入快速成长期。消费领域主要包括零售、参与、娱乐、媒体等，互联网式创新与消费领域的融合起步较早，目前已经进入持续深化期。

这种线下转向线上，线上带动线下，线上线下在互联网平台上融合创新的过程，在生产、分配、交换、消费的各个传统产业中悄然发生，使得国民经济结构中，服务业的比重不断增加，而传统的工业和农业也在信息化的同时，实现了轻资产的面向终端用户的改造，生产的服务性质更强。

从能源领域来看,能源互联网同样从生产、分配、交换、消费4个过程进行改善创新。

能源互联网是新能源技术和互联网相融合的全新的能源生态系统。具体来看,利用互联网开放共享、零边际成本、需求导向的特性,智能化、扁平化、多元化的优势,能源互联网具有"五化"的特征:能源结构生态化、市场主体多元化、能源商品标准化、能源物流智能化及能源交易自由多边化。能源互联网的优势在于基于更低的成本,为消费者提供更优的服务,同时赋予消费者更自主的权利。

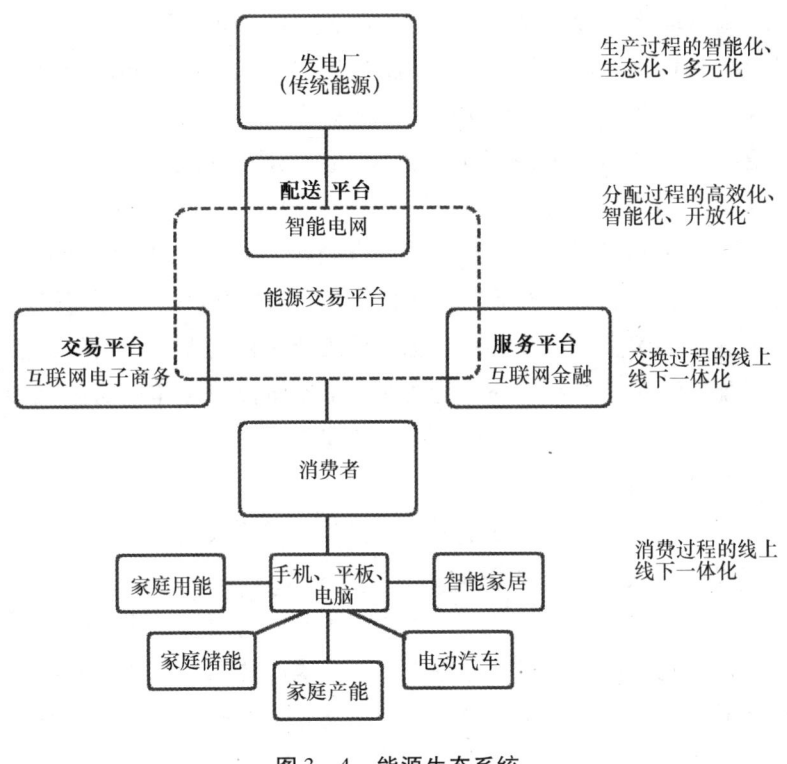

图 3-4 能源生态系统

(一) 生产过程的智能化、生态化、多元化

从供给端来看,能源的供给主体和供给类型都将更加智能化、生态化和多元化。传统能源和可再生新能源的供应将有机结合在一起。

能源生产过程将进行更加智能的检测和调配。通过传感器将各种设备进行"物联",并实时上传设备运转状态、电能消耗、负载量等数据,进行大数据分析和预测,提高能源使用效率和故障预防能力。在理想的情况下,将一个区域、一个国家甚至全球的能源生产数据上传到云端,像现在的互联网信息数据一样开放共享,达到最优化配置。在新能源的应用过程中,利用互联网信息技术的智能控制尤为重要。风能和太阳能的可再生能源与传统化石能源不同,受天气等自然环境影响较大,不确定性和不可控性也较强,需要智能化的检测和管理,以保证相对稳定的能源供应。目前已经有很多企业开始针对风能和太阳能建设智能化平台。例如,远景能源公司的 Wind OS 平台、阿波罗光伏云、格林威治云平台等,与智能风机和智能风场一起,充分利用互联网的大数据、云计算等技术,实现风能的最优布局。

德国的 E-Energy 能源互联网项目,包含新能源生产、智能电网分配、电力交易和服务平台、家庭智能电表等,由能源生产到能源分配、交换,再到能源消费的全过程进行创新。其中,通过整合城市中的能源主体,形成一个开放的能源市场,各种能源提供者可以通过网络平台实现能源生产互补,新能源与传统能源协同发电。当风电能源或太阳能充足时,城市中的传统能源发电站将停止工作;而当天气不好,风电或太阳能不足时,传统发电站将自动启动,弥补能源生产不足,保障城市用电。

市场主体方面,将会更加多元化。互联网开放、包容、平等的文化,将以"互联网+"能源的方式,重塑能源市场的竞争方式。其低门槛和长尾效应,可以打破传统能源领域的高门槛,让更多的市场主体,加入到能源互联网的竞争中。分布式能源和新能源企业,可以利用互联网平台,成为能源的生产者。同时,能源生产和能源使用将会更加一体化,更多不受传统大企业的垄断限制的"产消者"将使能源生态体系更加开放和包容。

(二)分配过程的高效化、智能化、开放化

分配领域是生产领域能源互联网的直接延伸,智能化、生态化和

多元化的能源生产出来后，需要相应的分配网络。互联网的分配作用，渗透在各个产业的资源分配过程中。在能源领域，传统分配过程存在很多的不透明和低效率问题，造成了资源配置的无效率和区域分配差距的拉大。而互联网平台正是使得分配过程变得透明化。利用特高压输电等技术和互联网创新，在全世界范围内，更加清洁和高效的能源将跨越地区与时区的限制，通过互联网平台，被分配到需要能源的创新主体中。互联网使得供给方式更加扁平化，能源的供需双方通过线上线下多种方式直接对接，解决了由于信息不对称造成的能源资源利用率不高的问题。打通过去能源行业封闭的生态链，激活整个社会的能源生态。

众所周知，电网承担的作用主要包括三个环节，即变电（通过变电站将低压电转为高压电准备传输，或将高压电转为低压电准备分配），输电（将高压电通过输电线路传输电能），配电（将电能分配各用电用户）。智能电网经过近几年的发展，在国际上形成了一些不同但相似的定义，包括美国能源部在"*Grid* 2030"中将其定义为"全自动的电力传输网，可以检测和控制所有用户和电网环节，保证电力配送过程中信息和能源的双向流通"，中国国家电网在此基础上，提出了"坚强智能电网"概念。这些定义主要强调利用互联网的新技术和新理念，确保能源供应的安全和可靠，并在此基础上促进能源分配环节的高效化、智能化和开放化。

具体来看，能满足全球能源互联网的智能电网需要包含两方面内容：现有电力网络的升级和互联网信息技术的引入。第一，更为复杂的环境和更远距离的传输，要求电网基础设施本身的技术提升，能够抵御外部干扰，并且保障长距离传输的电压要求。国家电网提出坚强电网的定义，这种智能电网需要特高压电网形成的骨干网络与各级电网协同。第二，引入互联网式创新，将电力网和互联网结合，将电力流和信息流融合，综合运用通信和互联网技术，降低能耗的同时，使电网运行更加高效，信息双向互动，最优化电力分配。此外，智能电网应当是能源网与互联网的深度融合，电网与通信网基础设施的共建共享，推动同缆传输和电力光纤到户。

分配领域，能源将像其他商品一样，依靠广泛连接的电力网和通讯网，提供更加高效化、智能化和开放化的能源物流。互联网平台提供自由开放、智能高效的能源物流网络，这是互联网能源交易价值实现的物理基础。需要管网的互联互通，借助智能手段，使其能够根据客户需求变化，优化输配路径，提高效率，降低能源物流成本。

发达国家都在通过智能电网等方式，积极探索能源分配过程的优化，例如日本的电力路由器、德国的 E-Energy 计划等。日本的电力路由器可以在一定区域内完成智能的电力能源分配。在中国，由于能源和通信领域存在国企垄断，要实现电力和通信两类垄断（而且是国家垄断）企业的相互融通，共建共享，难度巨大。

（三）交换过程的线上线下一体化

能源互联网的交易，首先要建立在更为标准化的能源产品上。利用更加高效的能源生产和转换设备和线上线下的交易平台，高质量、标准化的能源商品才可以相互无障碍交换。与生产环节相似，能源交换的主体也将更加多元化。互联网式创新代表了包容的文化理念，无国界的沟通使得"存在即合理"，多元化为创新提供了更多可能。兼容并包的合作模式，使互联网式创新形成一股多元化、高效率、高质量的发展合力。标准化的产品加上多元化的竞争者，能源互联网时代，多元化与一致性共存的创新特性，使得创新质量更优，创新效率更高，分散的互联网式创新可以形成一种对经济社会贡献的合力。在这样的交易平台上，各个主体是完全公平的。经济和社会的阶级架构在互联网上被最大限度地打破和重构，任何一个个体都可以在法律框架下平等地进行能源交易，通过平等的竞争和有序的协作，达到资源的最有效利用。

互联网搭建了一个最为高效和廉价的交换平台。互联网式创新从两个方面促进和提升交换过程：首先，分工是交换的基础。互联网正是细化了分工的过程，从细分市场中挖掘潜在需求。其次，互联网搭建了信息化的交换平台，使得物质资料的交换可以通过数字化重组，在信息平台上被快速分享，并依靠线下的新式交换渠道（电子商务的线下物流配送），使得传统的分配方式达到质的飞跃。与前面两个环节相比，交换领域可以更大程度地利用现有的互联网应用创新成果。能源互联网可以利用现在发展已经较为成熟的电子商务平台，进行电力能源交易；融合互联网金融等服务领域，提升交易效率和质量。

首先，经过三十多年发展的电子商务平台，为能源在线交易提供了成熟的技术和应用支持。自1979年英国的双向信息传送服务起，网络零售随着商业模式和网络技术的发展在不断完善。直到1995年，亚马逊首先开始了真正意义上的网络零售业务，而中国也在1999年由阿里巴巴开始了网络零售业务。这之后，随着网络基础设施的发展，互联网上的销售逐渐成为包含B2B（Business to Business）、B2C（Business to Customer）、C2C（Consumer to Consumer）的电子商务产业，全面打通零售和批发的各个环节。在移动互联网时代，成功的电商快速向移动端转移，传统企业也开始在试水线上销售，电子商务的各个领域逐渐成熟，近两年随着万物联网的进程，人类生活中的各个消费和生产领域都在进行和完成线上线下一体的互联网化。随着移动网络、地图定位、移动支付、二维码、移动社交等移动技术的深化，可穿戴式设备、智能传感器、柔性显示等智能装备的出现，使得线上"虚拟世界"和线下"实体世界"融合发展进入了一个新的高度，改变人们吃喝玩乐、衣食住行的各个方面的消费方式，同时也促使生产方式随之改变。利用成熟的电子商务平台，并结合通信网间结算的现有国际经验，发展点到点实时配送的相互结算，使能源在互联网上的交易将更为便捷。在不远的将来，任何人都可以随时随地利用智能终端和移动互联网，完成能源的实时交易。

其次，互联网金融活化了金融市场，为能源互联网产业发展提供投融资平台。一方面，中国过去的金融由于计划经济下的政府管制较为严格，风险承受能力较低，以银行为核心的间接金融体系为主。互联网金融的出现，大幅拓宽了现有的融资渠道，打通了消费者储蓄（资本注入）和企业融资（资本需求）的供需两端。传统金融企业和互联网企业从两个方向，开始了金融的互联网融合创新。银行、证券、保险等传统金融机构很早就开始利用互联网办理线上业务，建立了电子银行部等。随着互联网式创新的深化，这种融合改造趋势不断深化。"金融超市"的出现，让用户可以通过互联网"一站式"办理存款、证券、保险等多种传统金融业务，大大方便了居民的理财需求。另一方面，互联网企业正以外来者的角色打破原有的传统金融体系，互联网金融以其强大的"鲶鱼效应"为金融市场注入强大的新鲜活力。互联网金融发展为能源互联网提供了强大的资金支持和交易便利，使得资金的投融资双方更加透明和彼此信任，交易中的支付过程更加快捷可靠。

（四）从需求端出发，消费的协同化

消费过程是通常意义上一个循环的终点，同时也是下一个循环的起点。消费是最接近终端用户的环节，将能源所在的第二产业与第三产业最为紧密地结合。在消费领域，以智能家居、新能源汽车、移动即时通讯、文化娱乐等居民生活需求带动能源生产、能源分配和能源交易，倒逼制造业技术创新。以消费者为核心，打通电厂、电网、互联网企业，金融企业和制造业者。从需求端出发，是将能源互联网与"互联网+"国民经济的各个方面结合起来，将生产和消费结合起来，形成新的"产消者"（Prosumer，即生产者Producer和消费者Consumer的结合），从供给侧和需求侧协同创新。能源互联网与电子商务、互联网金融、物联网、智能汽车、智慧物流、智慧城市等结合起来，促进开放共享。

美国的Opower公司针对能源消费用户，搜集电能使用数据，并提供节能建议。值得一提的是，对用户的能源消费数据的整理，主要来自Opower公司与各大电力公司的对接，从供给端了解消费数据，再将消费数据反馈给能源提供商，进行生产和消费的优化。以德国的VOGEL公司为例，该公司由传统能源公司起家，专注分布式能源与可再生能源等新能源的发展，通过研制软硬件结合的能源路由器，围绕"产消者"的能源供给和需求提供增值服务。通过USB接口或网路接口与家庭终端连接后，用户可以通过手机或电脑上的应用，通过移动或固定网络，在能源消费方面，控制家庭的各类家电的开关和用

能情况，以及新能源汽车的使用，在能源生产方面，可以实时检测和控制家里的能源生产、储存和使用情况，智能化用能，并与工厂和周边用户互联互通，将自家生产的太阳能或用不完的能源出售给邻居或回馈给智能电网，打通能源的生产和消费。

在此基础上，更重要的是打通能源产业链的上下游，能源互联的同时做到信息互联。利用物联网技术联接一切物质终端和个人，将生产、分配、交换和消费过程打通，将发电厂、能源配送和交换平台与消费者联接起来，形成"产消者"，在扁平化的网络型组织中加入多元化的市场主体，在开放的生态环境中共享信息，通过线上线下一体化，将协作与竞争的结果最优化。

从生产到分配、交换，再到消费，能源互联网的主体包括电厂（传统能源和新能源）作为主要的能源生产主体；电网企业、互联网企业和金融服务企业作为主要的能源交换和分配主体；消费者作为能源消费主体，还一定程度作为能源生产参与者；同时，能源互联网还与工业互联网其他领域结合，智能制造、3D打印、智能家居、智能汽车、节能建筑等，都将作为能源互联网的参与主体，提升消费水平和生产效率。

第四章 基于网络理论的电力互联互通治理模式

网络已经成为社会科学研究的重要概念。在社会学、经济学、管理学不同学科研究者的共同推动下，网络理论研究在过去几十年中取得了长足的进展。其中，最为显著的变化是从以往关注网络中个体行动者、以竞争战略为导向、强调企业内部管理职能向外部网络延伸的研究范式，转变为当前关注网络整体、以合作战略为导向、强调创造网络治理新模式的研究范式。这种研究范式的转变推动了网络治理理论的整体发展，并催生出关于网络治理模式的众多讨论。

中国与周边国家的能源合作已经形成了以电力互联互通为核心内容的合作网络。在"一带一路"倡议理念的指导下，中国与周边国家的电力互联互通以平等协商为基础，强调区域整体的共同发展与合作共赢。然而，近年来中国与周边国家的电力互联网建设进展明显不如预期，表明物理临近和技术条件并非合作网络发展的充分条件。换而言之，电力合作网络的建设不仅是技术问题，更是社会和组织治理问题。因此，本章从社会与组织网络治理的视角出发，并考虑到电力合作自身独特的技术性质，研究分析电力互联互通合作网络的治理模式。

本章的第一部分以理论分析为主要内容，首先简要介绍网络的基本概念和相关理论，回顾梳理网络研究的发展脉络，从而理清网络治理概念形成的背景；随后将重点阐述网络治理理论的基本内容，包括网络治理的主要模式、构成要素、约束条件和设计原则，以及网络治理的前沿进展。本章的第二部分将传统以个人和组织为对象的网络治理理论扩展到国际合作领域，分析以国家为单位的网络与个人和组织网络之间的本质区别。基于这种区别，我们融入国际关系和全球治理理论的洞见来创新传统网络治理理论，并通过具体案例提出国家层面网络治理的基本要素。本章的最后一部分将聚焦中国与周边国家的电力合作网络，结合电力合作的技术特征和独有要求，探讨如何通过网络治理模式的合理构建来促进技术合作效率的提升，并总结提炼出相应的政策建议。

一 技术网络、社会网络与组织网络

网络已经成为社会中最流行和不可或缺的概念。然而，在不同学科的语境下，网络概念的内涵和外延却大不相同。在计算机领域，网络是信息传输、接收、共享的虚拟平台，通过这一平台能够将各个点、面、体的信息联系到一起，从而实现这些资源的共享。而我们日常使用的所谓"互联网"，就是许许多多计算机以一组通用的协议相连，形成的逻辑上单一且巨大的全球化网络。计算机科学关注的是网络的技术属性，即如何提高网络作为信息传输平台的效率及网络在现实各领域中的应用。我们将这种意义上的网络概念称为"技术网络"。

除了最为大众熟知的计算机网络概念外，其他学科对网络具有更加抽象的界定。社会学意义上的网络，一般指由两个以上的行动者（点）和它们之间关系（线）组成的社会结构（罗家德，2010）。社会学关注的是网络这种社会结构如何影响处于其中的个体的行动，以及个体如何利用自身所处的网络来实现目的。我们将这种意义上的网络概念称为"社会（关系）网络"。

经济学对网络的定义主要通过交易成本经济学的语言来进行描述，即网络是介于科层和市场之间的一种治理结构，其实质在于通过经济主体之间的信任关系——而非命令权威或价格机制——来达成集体行动和实现共同目标（奥利弗·威廉姆森，2001）。和经济学密切相连的管理学科对网络持有相似的界定,认为网络是一种组织间多边化的制度安排,用以解决单一组织无法解决的问题(Agranoff, R., & McGuire, 2001)。在此基础上,经济学和管理学试图探讨网络对所处其中的组织的影响,以及组织如何建立和适应自身所处的网络来创造更大价值。我们将这种意义上的网络概念称为"组织网络"。

由此来看,对于网络的界定存在"技术网络""社会(关系)网络""组织网络"三种类别。本书中提到的"网络"在定义上主要遵循经济学和管理学的路径,将网络视为一种调适行为主体互动模式的治理结构,也就是组织层面而非技术和个人意义层面的网络。作为治理结构的网络概念包含几个要素:第一,网络和绩效的概念相连,即网络这种治理结构以创造绩效为目标,并以创造绩效的大小为评判标准;第二,网络由若干概念要件组成,这些要件之间的组合方式决定网络的绩效产出;第三,网络是可以人为设计的,即个人和组织能够通过改变网络中的组成要件及其互动方式来改变网络的运行效果。

二 以合作为中心的网络研究范式

(一) 网络研究的发展脉络

网络研究最早发轫于社会学。社会学家通常用网络来描述和分析个人在社会中的位置和关系结构。德国社会学家齐美尔是网络研究的鼻祖,他在提出用形式社会学考察社会群体和社会结构问题时提出:社会不是个人的总和,而是由互动结合在一起的若干个人的总称,从而率先表达出对社会关系和社会互动的重视。更进一步地,齐美尔创立了三人以上的小群体网络分析,提出了"中间人套利"等后来在网络研究中被反复提及并引用的概念,这种小群体研究催生出社会学对社会结构的网络形式分析。齐美尔后网络研究陷入了长期的停滞,直到20世纪70年代,美国社会学者格兰诺维特才再次推进了网络研究的进展。格兰诺维特提出了网络关系的"嵌入性"

观点，认为个体的决策和行动都"嵌入"在所处的微观社会网络当中，主张从社会网络关系的视角分析个体行为（Granovetter，1985）。之后，社会学对网络的关注逐渐和"社会资本"概念相结合，将网络视为"社会资本"的重要来源，并分析网络与社会资本的具体关系和影响机制。①

当网络研究在社会学中如火如荼地进行之际，交易成本经济学的兴起却将网络概念同时纳入了经济学的范畴。20世纪70年代以来，以威廉姆森和鲍威尔为代表的学者将网络视为科层与市场之外的第三种治理结构，认为建立在非正式规范基础上的网络可以在特定情境下帮助经济主体以最小交易成本完成交易。② 后来，企业管理领域开始广泛开展关于社会网络性质和作用的研究，分析焦点集中在社会网络结构与企业绩效之间的关系上，并产生了结构洞、桥连接、网络战略等一系列新概念。企业管理领域关于网络地位、作用和适用性方面的探讨大大推进了网络研究的发展。

近十几年来，由于公共领域事务的愈发复杂和组织间相互依赖性的增长，网络概念在政治学和公共管理中越来越受重视。网络分析的对象逐渐从个人上升到组织、从私人部门转向公共部门。在一些学者看来，人类社会已经从家族社会，经过组织社会而发展到网络社会。网络被普遍视作解决公共事务、提供公共物品和创造公共价值的战略和制度形式（Rab J.，Kenis P.，2009）。公共管理领域中网络研究首先与传统府际关系理论结合，形成了大量关于政府间合作的理论成果，主要以政府内部各机构——如中央和地方或横向职能部门——之间如何在政策执行上相互协同为关注对象；此后，网络研究又同多元

---

① 关于网络和社会资本关系的研究表明，网络能够以默认的和不成文的规则替代正式的合同来维持社会主体的长期关系，同时还能通过产生互惠关系而增强社会行动主体与他人分享资源的愿望。具体的研究可以参见 Lin，"Social networks and status attainment"，*Annual Review of Sociology*，Vol. 25，No. 1，1999.

② 在威廉姆森看来，治理结构是一种具体的工具或制度安排，交易成本经济学的任务就是在给定制度环境的条件下，通过选择和调整治理结构来最小化由有限理性和机会主义所带来的交易成本。参见奥利弗·威廉姆森《治理机制》，王健、方世建等译，中国社会科学出版社2001年版，前言第4页。

治理理论相结合，发展出公共管理领域的跨界协同（cross-sectoral collaboration）思想，重点以政府与外部机构——如企业和社会组织——之间如何进行政策协调为分析对象。①

（二）网络研究范式的演变

伴随着网络研究的学科和主题变迁，网络的相关研究范式也发生了悄然的变化。过往，对网络的研究主要是以某个组织为中心探讨它与网络中其他组织的一系列双边关系，这种思路被称为"自我中心型"网络的研究范式（egocentric network research approach）。而与"自我中心型"网络研究相对，另一种网络研究的基本取向是将多个组织联结到一起的整体网络作为分析对象，探讨整体意义上的网络结构和治理机制同网络绩效之间的关系，这种思路被称为"整体型"网络的研究范式（whole network research approach）。

"自我中心型"与"整体型"网络研究范式在诸多方面存在差异，其中最重要的区别集中在分析层面、战略导向和价值取向三个方面，因此从"自我中心型"到"整体型"网络研究范式的转变也同时意味着网络研究重点内容在上述三个方面的逐渐过渡。

1. 从局部到整体

在分析层面方面，"自我中心型"网络的分析层面位于网络中的个体行动者上，它尝试证明为何该行动者能与他人形成双向的网络联结，以及这种联结的益处和其他后果是什么。"自我中心型"网络分析思路起始于网络概念的诞生之初，因为社会学家从一开始就试图用网络来解释处于其中的个体行为。此外，由于在经济学和管理学科中的网络研究源自于对私人和营利性组织绩效的关注，因而"自我中心型"网络目前依旧在组织理论和战略管理文献中占据不容忽视的地位。

---

① 需要指出的是，近年来盛行的"公私伙伴关系"（Public-Private Partnership）就属于跨界协同的一种典型形式，它的特点是政府与私人部门以项目制为主要形式在提供公共物品和服务方面进行制度化合作。

然而，随着网络理论在公共管理、公共政策、国际关系等学科领域的扩散，关于个体或私人组织之间的网络研究不再能覆盖现实中"网络"的全部图景。人们愈发意识到，政府部门之间乃至国家与国家之间的关系同样可以用"网络"的视角加以观察和分析。而对存在于公共部门和公共管理领域中的网络而言，即便网络中的行动者不可避免地也带有自利动机，但网络的集体行动和成员共同利益的重要性更为凸显，由此发展出"整体型"网络分析范式。"整体型"网络分析意味着将研究关注焦点从网络中某个行动者与他者的双边关系转移到一组行动主体间的相互关系，换言之，它不仅检验网络中双边的二元关系，而且还注重对整体网络的界定以及分析对实现集体产出而言至关重要的多边关系（Provan, K. G., 2007）。

图4-1（见84页）反映了"自我中心型"网络和"整体型"网络在分析对象上的显著差别。从中可以看出，"自我中心型"网络研究中必然存在某一"焦点组织"，对网络的分析实质上围绕该"焦点组织"与网络中"他者"的众多条双边关系展开，关心的问题是网络对于"焦点组织"有着怎样的影响，以及"焦点组织"如何利用网络实现自身目的；分析对象依旧是网络中的一个局部。反之，"整体型"网络并不预设存在某一"焦点组织"，而是围绕网络中诸多组织构成的多边关系集合展开分析，关心的问题是网络具有怎样的整体架构和运作方式，以及这种整体架构和运作如何影响网络整体的产出或绩效；分析对象是网络的全部整体。

2. 从竞争到合作

在战略导向方面，"自我中心型"的网络研究取向根植于传统战略研究中"竞争范式"的基础之上，以"零和博弈"假设下的个体利益优先为思考出发点。而和"自我中心型"网络研究不同，"整体型"的网络研究取向源自于新一代战略研究中"合作范式"的基础之上，以共赢博弈假设下的整体利益优先为起点。

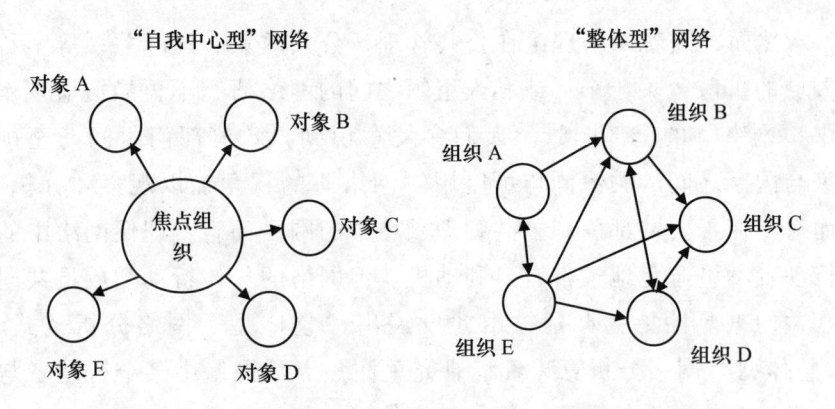

图 4-1 "自我中心型"和"整体型"网络研究进路①

理解"自我中心型"与"整体型"网络的战略导向差异,首先要了解战略理论当前发展的基本概况。关于战略的思想古已有之,最早主要在军事领域中使用。现代意义上的组织战略管理思想则源自于企业管理理论的发展:在二战后由于竞争环境的日趋复杂和全球化进程的不断推进,企业面临的竞争强度陡然上升,获取长期可持续的竞争优势成为企业管理者和研究者思考的重点,由此产生了关于企业长期发展方向和竞争优势获取方式——企业战略——的专业学科。经过长时间的发展完善,最早关于企业的战略理论又扩展到其他类型的组织当中,形成成熟完整的战略管理思想。

围绕组织获取长期竞争优势的来源,战略管理理论出现了明显的分野,并产生了两支极具影响的理论流派:一是以迈克尔·波特为代表的竞争战略流派,强调战略制定需要获取竞争优势展开;二是与其针锋相对的合作战略流派,强调战略制定中合作优势的重要性。竞争战略首先认为任何商业环境都具有"零和博弈"的性质,因此一个组织的成功和价值占用意味着竞争中其他组织的失败和价值损失(刘凤元、李晴、李波等,2013)。美国著名战略学者迈克尔·波特则围

---

① 资料来源:Provan, K. G., & Lemaire, R. H., "Core concepts and key ideas for understanding public sector organizational networks: Using research to inform scholarship and practice", *Public administration review*, Vol. 72, No. 5, 2012.

绕组织如何获得竞争优势做出了大量分析,明确提出组织所处的环境,特别是行业环境是决定其潜在利润水平的直接因素,如果企业或组织在某一产业或领域中处于有利位置,或者当其能够更好地调动和利用资源来创造比竞争对手更好的产品和服务时,就会获得超常收益。因此,组织制定战略时首先要对所处行业的竞争结构做出分析,之后再对组织在行业内的相对竞争地位进行分析,从而找到能够获得最大收益的战略。

合作战略是相对于竞争战略的另一种理念,它强调战略中合作优势的重要性。与竞争战略不同,合作战略认为商业环境中存在"正和博弈",环境中的相互依赖性使得价值创造是一个发生在两个或者多个合作伙伴之间的联合过程,在其中一个合作伙伴越成功,则另外合作伙伴的收益就越大。因此,组织之间的关系在价值创造中具有更为核心的作用。

回顾完企业战略理论中的竞争与合作范式后可以发现,"自我中心型"网络研究范式主要遵循竞争战略导向。在"自我中心型"网络研究中,"焦点组织"的效益最大化是最终目标,它与网络中其他组织的关系建立与维护都为自身效益最大化服务,这与竞争战略强调的运用外部环境特征获得竞争优势的思路不谋而合。"自我中心型"网络研究中盛极一时的"结构洞"[①]概念更是将竞争战略思维发挥到了极致。反之,"整体型"网络研究范式更偏向遵循合作战略导向。在"整体型"网络研究中,网络作为整体效益的最大化是终极关怀,整体网络结构的搭建和治理模式的构造都需要围绕如何使共同利益最大化服务,并且网络的共同利益与网络成员的个体利益是相容的,整体利益的创造最终将使网络中的每一个体受益,这与合作战略强调的通过联系获得合作优势的思路完全一致。

---

① "结构洞"概念由伯特提出,是指社会网络中的空隙,即社会网络中由于某些个体与其他个体不发生直接联系而产生的关系间断,从网络整体看就好像网络结构中出现了洞穴。"结构洞"理论则认为,占据结构洞位置的组织和个人,扮演了将相互没有联系的主体联系在一起的中介者角色,因此能够获得更多的信息和资源优势,或者说社会资本。详细分析参见 Burt, R. S., *Structural Holes*, Cambridge: Harvard University Press, 1995。

3. 从管理到治理

在价值取向方面，"自我中心型"网络的特点在于强调网络的"工具属性"，即将网络视为个体实现自我利益最大化的战略工具，重在分析个体如何利用网络的特殊属性提升自身的社会资本并获取特殊利益（Provan, K. G., & Lemaire, R. H., 2012）。遵循这一思路，"自我中心型"网络中的成员组织行动实质上不过是其个体行为的延伸，"自我中心型"范式下的网络设计和管理原则与传统的计划、组织、领导、控制等组织内部管理原则相比并没有明显的差异。

与之相对，"整体型"网络分析更加强调网络的"价值属性"，即将网络视为共同体创造公共价值和利益的重要战略工具，重在分析网络各成员如何通过特定的制度安排推动网络整体绩效的成长。由于"整体型"网络的研究范式脱离了传统单一组织管理的原则，强调多元主体的共同参与和相互调适，因而更为接近治理的概念。"整体型"范式下的网络设计和管理原则与传统组织内部管理原则相比发生根本性的变化。诸如"激活"（activating）、"架构"（framing）、"动员"（mobilizing）和"整合"（synthesizing）这样的概念正逐渐取代传统的计划、组织、领导、控制，成为网络语境中管理的新原则和职能（Agranoff, R., & McGuire, 2001）。

表4-1（见87页）总结了"自我中心型"和"整体型"两种网络研究范式的主要差别，可以看到二者在分析层面、所遵循的战略导向和价值取向上对照分明，使得在使用不同的分析范式时采取的关键概念工具和关注的核心内容都截然不同。从总体趋势上看，如今越来越多的研究者认为以整体网络为对象、以合作为导向、以治理为核心的"整体型"网络研究范式应该成为未来网络研究的主流（O'Toole, 2015）。这种变化起始于环境变迁带来的压力，也受益于多元民主价值的不断普及。因此，从"整体型"网络研究范式出发，以网络治理模式的建构和发展为对象，理应成为今后网络研究的一个核心议题。

表4-1 不同网络研究范式的比较

	研究范式	
	自我中心型	整体型
分析层面	网络中的个体行动者	网络整体
战略导向	强调竞争	强调合作
价值取向	管理	治理
关键概念	桥、联结、结构洞	协调、信任、学习、利益分配、激励
核心内容	网络结构	网络治理模式

三 网络治理的理论内涵

网络治理的概念产生于"整体型"网络研究范式当中。这是因为,在"自我中心型"网络研究中,由于没对网络整体绩效进行关注,因此也缺乏探讨为提高整体绩效而进行制度安排设计的动力。反之,在"整体型"网络研究中,一方面具有对网络整体效果最大化的关切,一方面网络中的个体又有着自我利益的诉求,因而需要在网络层面建立一套特定的制度安排来协调网络参与者彼此的行动,缓解矛盾与冲突,并合理分配责任与收益。

根据一些学者的定义,网络治理是运用制度和资源来协调和控制作为一个整体的网络以实现最大化的产出(Provan, K. G., & Kenis, P., 2008)。或者说,网络治理是参与者为实现共同目标而建立网络层面制度安排并保证其合理运行的过程(李维安、林润辉、范建红, 2014)。由此来看,制度安排或制度设计是网络治理的核心问题;同时,与其他类型的管理活动不同,网络治理中的制度安排需要满足两点要求:其一,制度安排是集体化的,由网络成员共同参与制定和维护;其二,制度安排以实现网络层面的绩效最大化为最终目标和评判标准。

(一) 网络治理的研究内容

关于网络治理的已有研究主要集中在网络治理的模式、网络治理的要素和网络治理的条件三个方面。首先,已有研究根据网络参与者之间的地位和相互协调方式,划分了几种基本的网络治理模式。其次,研究者深入探讨了治理模式包含的内部结构性要素,以及各个要素对于网络有效性的影响。最后,研究者围绕影响网络治理模式选择的外部和内部特征进行了归纳,分析了在进行网络制度设计时必须考虑的外生影响因素。

1. 网络治理的不同模式

尽管网络本身就被视为一种独特的治理机制,但用于管理网络整体行为的机制却有着显著的差异,由此衍生出不同的网络治理模式。按照网络成员的相互关系和互动方式,可以归纳出三种网络治理模式的"理想类型"。

一是"参与者平等治理"(Shared Participant Governance),即网络成员以平等的关系互动、相互协商来进行治理。"参与者平等治理"是网络中最简单和最为普遍的形式,大多社区层面的"自治"或者为解决问题自发成立的临时网络都属于典型代表。"参与者平等治理"的网络是高度分权的,没有哪个单一组织能够对网络的整体目标和绩效施加关键性的影响。这种治理模式与网络治理中"平等多元"的价值倡导最为契合,往往得到一些学者的大力推崇,但需要注意的是,"参与者平等治理"中对于"平等"的凸显通常以牺牲"效率"为代价,在多数情况下这种治理模式并非高效解决问题和创造价值的适宜途径。

二是"主导者治理"(Lead Organization-Governed Networks),即网络由一个核心成员集中权力来进行治理。"主导者治理"处于和"参与者平等治理"相对的另一个极端,这种治理模式下的网络是高度集权的,存在一个或几个组织集中控制网络的主要资源并决定网络集体行动的基本方向。现实中"主导者治理"的网络通常表现为各种"行业战略联盟",在其中一家或几家大组织作为网络的中心协调者把持着网络决策的权力。"主导者治理"的网络带有几分科层制的特点，区别在于主导组织对其他组织的影响不是通过直接的命令权威，而是由更加非正式化的影响途径——如社会压力、文化、声誉等机制实现。相比于"参与者平等治理"，"主导者治理"更能有效降低网络中的协调成本，并具有更高的决策和执行效率，但在另一方面也更容易破坏网络治理中的民主协商原则。

三是"外部独立组织治理"（Network Administrative Organization），即通过建立一个独立的外部行政实体来治理网络及其活动。与"主导者治理"不同，所谓的"外部独立组织"自身并不是网络中的正式成员，而是一个专门成立并从外部治理网络的组织。例如，当网络成员都是营利性的，"外部独立组织"往往是一个政府或非营利组织实体。从理论上看，"外部独立组织治理"被认为兼具"参与者平等治理"和"主导者治理"二者的长处：一方面它对专门的治理实体进行统一协调，从而能够提高网络运作的效率；另一方面由于"外部独立组织"是利益无涉的治理实体，能够避免权力集中带来的专制和不公平。但在实际中，成功有效的"外部独立组织治理"网络却较为罕见，因为外部治理实体自身的运行会带来高额的成本，如何分配这种成本是一个极为困难的问题。此外，"外部独立组织"的合法性也难以得到保障。

2. 治理模式的内部要素

任何治理模式都需要一定的内部机制要素来支撑其运行，已有研究总结了网络治理包含的不同机制，包括信任、学习、利益分配、协调、声誉、文化、激励机制等（Jones, C., Hesterly, W. S., Borgatti, S. P., 1997）。由于"参与者平等治理""主导者治理""外部独立组织治理"三种模式均属于理论意义上的"理想类型"，主要作用在于提供网络治理的思考框架。因此在现实层面上进行网络治理的制度安排，往往需要从治理模式的内部机制要素入手，分析探讨如何在决策、执行、沟通、分配各个环节上加强网络运行的效果。

治理模式中有几个机制要素是需要格外关注的，一是决策机制要素。联合决策是网络治理运作的核心。由于网络治理的必要条件是参与组织保持自主性,因此网络中的决策过程不是由单一主体做出的,而是建立在不同主体谈判协商的基础上。网络参与者最担忧的莫过于失去决策权,因此需要平等地配置决策权;但从另一方面来看,过于平等的决策权又可能造成决策效率的低下,这就要求制度设计者对决策的具体方式和流程进行详细周全的安排。

二是整合机制要素。网络中的组织具有自主性,但这种自主性也容易成为网络离心力的来源,导致凝聚力丧失甚至分崩离析。为了维护网络的正常运作,以及将不同主体拥有的异质性资源有机结合,需要一套特别的责权利分配方式促进参与者在网络运作各个环节的整合。整合机制的设计同样需要高超的技巧:整合不足会导致网络难以运转,但整合过度则会导致"过度嵌入",同样不利于网络的有效运作,因为成员花费太多时间和精力在关系的维护上。① 因此,一些研究者建议不要试图将网络中所有成员组织整合到一组密集的关系当中,而是要根据特定的子任务和地理区域将一些组织整合到密集关系中,使得出现分工不同和形态各异的网络小团体(Provan, K. G., & Sebastian, J. G., 1998)。

三是信任机制要素。网络这种治理结构对于经济效率的最重要贡献就是通过信任替代正式契约来节约交易成本,因此信任的建立和维护是网络保持效率优势的保障。过去关于网络中信任机制的研究通常关注业已存在的组织间信任对于网络有效运行的影响,却忽略了信任本身也是一个需要不断加强和维系的过程性变量,尤其是阶段性反馈的累积(Ansell, C., & Gash, A., 2008)。因此,制度设计者需要围绕信任的构建和维系构建适宜的治理机制来保障网络的有效运行。

3. 治理模式的情景变量

从经济学的角度看,网络治理的中间目标是降低网络合作的交易

---

① 关于"过度嵌入"的具体表现形式及危害,详见 Uzzi, "Social structure and competition in interfirm networks: The paradox of embeddedness", *Administrative science quarterly*, 1997.

成本。在不同合作网络中，交易成本会因外部环境因素和内部结构因素不同而呈现出不同特点，由此带来对最合意治理模式的不同要求。因此，要寻求针对特定合作网络的最佳治理模式，就必须先对影响交易成本的外生因素进行分析，主要包括：

（1）网络规模

网络规模，即网络中参与组织的数量是影响网络治理模式的最重要变量。网络规模的变化直接决定网络的复杂度，因为当网络中参与者数量增加时，网络中的关系链接将呈几何级数倍增。关系的增多不仅意味着每一家组织管理成本的上升，也表示网络整体运行的协调成本大大提高。一般而言，网络参与者数量越多，就越需要中心协调者的出现来进行统一协调，权力也越容易集中。否则，在网络中达成一致行动将变得十分困难。

网络参与者数量多少带来的另一直接后果是网络中集体行动实现的难易程度。根据集体行动的经典理论，由于实施监督的困难和社会惩戒力量的减弱，大群体要远比小群体更难以达成集体行动——或者从另一方面来说，更容易出现"搭便车"现象。[①] 当网络规模增大后，如何有效解决"搭便车"问题从而确保每一个成员都能够为共同目标做出贡献，往往是治理机制设计中需要考虑的重点问题。

（2）网络同质性

在许多情况下，比起网络规模，网络参与者之间的同质性更能反映网络中协调成本的高低和协调难度的大小。网络参与者的同质性主要体现在目标、权力、利益、文化之间的差别上，当网络成员之间在上述因素上较为相似时，合作中出现分歧的可能性就比较小，也更容易通过自发谈判协商的方式解决冲突。反之，如果参与者之间的目标迥异、权力悬殊、文化互斥，就极容易在合作中爆发冲突和不适，影响合作的顺利开展。特别是当网络中的一些组织拥有相

[①] 关于群体规模大小与集体行动问题的分析，参见［美］曼瑟尔·奥尔森《集体行动的逻辑》，陈郁等译，上海人民出版社 格致出版社2011年版。

对于其他组织而言明显的资源和权力优势时,将很可能寻求对其他组织的控制,这种行为将导致网络沦为科层制的变种。这也解释了为何"跨界"(cross-sectoral)网络中的治理问题要远比单一界别内部网络的治理问题来得复杂。总体而言,可以做出的一个基本判断是,网络中成员的异质性程度越高,网络协调成本就越高,因而对于网络治理模式的挑战越大。

(3)交易/合作性质

交易成本理论通常从交易的性质出发分析合约缔结问题。网络作为一种非正式的契约,其治理机制同样可以视作达成交易而选择的一种制度安排形式。因此,网络治理模式在相当程度上取决于交易或合作自身的性质。其中,交易或合作的标的物和交易的频率是最重要的两方面性质。如果交易的标的物是可测量或可分割的,那么在网络中进行分工以及衡量各个成员的贡献就较为容易,对于网络治理的要求也相对简单。而如果交易的标的物难以测量或不可分割,那么网络治理的挑战就随之而来。这也是为何多数公共服务网络的治理十分困难的主要原因。另一方面,交易频率的高低则直接影响网络中沟通机制的设计,以及为防范机会主义行为而进行的各项安排。

(4)任务复杂性和环境不确定性

最后一个影响网络治理模式的重要情景变量是任务复杂性和环境不确定性。当网络合作欲达成的任务十分复杂,会对网络中合作的质量和持续的时间提出更高的要求,从而加大网络治理的难度。另一方面,不确定性是网络中"机会主义"行为的重要预测因素。当面临高度不确定性时,成员组织对彼此的行为预期不稳定,更容易受到诱惑而从事损人利己的行为,这种情况下就要求具备有效的治理机制来预防机会主义行为的产生,确保合作不会因为参与者的行为失范而破裂。

上述关键情景变量形成了网络治理模式设计的约束条件。从理论上讲,情景变量和网络治理模式二者的匹配决定了网络的有效性:情景变量与网络治理模式越相容,网络的有效性就越高,反之亦然。因此，并不存在某种普遍适用的治理模式。当我们进行网络治理模式的设计和构建时，必须因地制宜地对网络治理的情景变量做出深入分析。

（二）网络治理的前沿进展

近些年来，网络治理研究在广度和深度上大为拓展，关注的视域在时间和空间维度上都有所延伸，尤为重要的是以下两个方面的进展：第一，分析层面从组织上升至国家层面，关注跨国间的网络合作，以及其对于全球治理的意义；第二，关注技术网络和组织治理网络的互动，力图结合组织治理网络的最新成果来帮助提高信息互联网与能源互联网等技术层面网络的效果。接下来将分别对这两方面的理论探索进行简要介绍。

1. 全球治理视域下的网络治理

随着全球化和世界政治多元化进程的加快，现实主义支配的国际关系模式已经越来越不适应人类发展的需要。更加多元和平等的国家间关系和全球事务处理模式呼之欲出。在此情景下，传统以国家为中心的全球治理方式已经显得不够灵活，以网络治理为主要形式的新型全球治理理念开始兴起。这种网络化的新型全球治理模式要求国家之间建立起平等的合作伙伴关系，从而构建起覆盖全球的治理网络，目标是创造性地解决人类面临的全球性问题：包括气候变化、国际安全、反恐怖主义、移民问题、经济合作等。网络治理中的单位从组织上升到国家，为网络治理理论带来了新的挑战，因为国家和一般组织不同，具有不可侵犯和让渡的主权，由此给网络协调和管理带来更为棘手的麻烦。全球治理层面的网络治理的另一特征在于利益攸关方的增多，其中非国家的行为体也能参与到国际公共政策的制定和实施中，从而增强了治理流程的包容性和代表性（萨什·贾亚瓦尔达恩、尤瑞思·拉里克、艾瑞·杰克森，2016）。但与此同时，利益攸关方的多元化也为网络治理带来了理论上的挑战。总而言之，分析层次的上升和分析对象的多元化让全球治理视域下的网络治理成为当前网络研究最富挑战性的领域。

2. 技术网络与组织网络的互动

技术网络和组织网络是不同类别意义上的网络概念，但二者并非是截然独立的。从历史的维度看，组织网络早已存在于人类社会当中，只不过在近代社会学中才被发觉认识，而技术网络则是随现代科技革命而产生的。在技术网络的不断进步下，组织逐渐技术化并受到技术网络的影响（李维安、林润辉、范建红，2014）。但在另一方面，由于技术网络带来的外溢化经济效应在获取可持续竞争优势上具有越来越重要的地位，且技术发展的迅捷与分化让技术网络的复杂性呈几何基数增长，技术网络自身开始日益从治理工具变为治理对象。这种情况下，组织网络作为一种治理结构又可以帮助以最小的交易成本实现技术网络的深化与扩展，提高技术网络的经济效率。如今，诸如信息互联网和能源互联网等技术网络已经进入全球互联互通时代，在该阶段网络进一步发展的主要瓶颈已经不再是技术条件自身的限制，而是由于环境、制度、文化等各个因素带来的结构性障碍。而要克服这些障碍，单单依靠技术层面的思考已不再足够，而是需要从组织网络的视角切入，通过构建有效的组织网络治理结构来降低技术网络发展的交易成本和扫除结构性障碍。从现实层面看，如何从网络治理的角度推动全球信息互联网、油气管网、航空网、能源互联网等技术网络的发展业已具有愈发重要和紧迫的意义。

图 4-2（见 95 页）总结了网络研究前沿进展的推进及其带来的研究议题变化。可以看出，经典网络治理理论主要关注组织间合作网络的治理问题；当网络研究的分析层面从组织上升到国家层面后，网络治理开始与全球治理思想相交融，催生出对跨国合作网络治理议题的关注；最后，通过组织网络治理理论探讨技术网络的发展，将跨国能源互联网置于最重要的议题之中。遵循这一发展路径，接下来的内容将依次对跨国合作网络和能源互联网治理进行探讨，分析传统网络治理理论如何实现自身的创新与进化来适应新问题的需要。

```
研究议题                    理论背景

组织间合作网络的治理          一般网络治理理论
      ↓                        +
跨国合作网络的治理            全球治理
      ↓                        +
跨国能源互联网的治理          技术网络治理
```

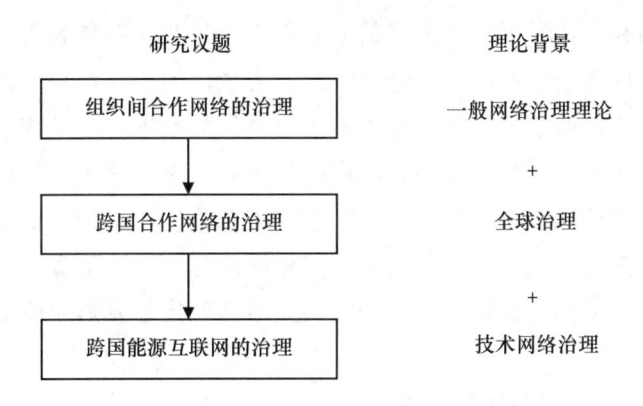

图 4-2 网络治理的前沿进展和议题变化

四 跨国网络治理的理论与实践

国际合作的现象古已有之，早在几千年前文献中就已有对政权、城邦和部落之间合作生产、贸易和军事行动的记载。现代民族国家出现后，国际合作的主体逐渐固定为主权国家，并且成为国际关系的重要表现形式和组成部分。作为一种普遍存在的国际关系形式，国际合作具有多种多样的类型或样式。从合作范围上看，包括经济、政治、文化、社会、军事等领域。从合作类型上看，既包含高度制度化的形式，如联盟、正式协议等，也包括松散或非正式的关系，如不定期的信息交换或互访等。然而，并非所有的国际合作都建立在平等共治的基本理念之上，因此国际合作与跨国网络治理的概念并非完全重合。简单地说，跨国网络治理是国际合作的一个子类别，是以自愿平等参与和共同参与治理为鲜明特征的一种国际合作形式。

与一般网络治理理论相比，跨国网络治理最突出的特点在于国家这一行动者的特殊性。与个人和组织相比，国家行为主体具有主权的不可让渡性、地理空间分布的确定性和政治复杂性等独有特征，对于网络治理模式和运作提出了新的要求。现实中，跨国网络治理已在经济合作、环境保护、交通运输、能源开发与信息安全等领域得到了广泛的应用和开展，产生了大量的实践创新。这些实践创新为我们在经典网络治理理论的基础上，进行以国家为主体的跨国网络治理理论创新提供了有益的借鉴，也反过来推动着理论的发展。本节内容将首先分析跨国网络治理与一般网络治理的主要差别，梳理出跨国网络治理面临的独特挑战。之后将以信息互联网为例分析应对跨国治理主要挑战的实践措施。最后我们将结合当前全球治理、动态治理、跨域治理等领域的最新理论成果，总结跨国网络治理的指导原则和理想模式。

(一) 跨国网络治理的挑战

网络治理要获得成功绝非易事，而是要克服相比单一主体管理而言多得多的问题。网络治理从本质上属于一种高程度和高质量的合作，而合作本身是有其内在矛盾的。如果不能从深层次上理解合作带来的问题，就无法找到促成网络治理的有效途径（李芮，2017）。在网络治理中普遍存在着几方面的重要矛盾，构成对成功网络治理的主要挑战：一是网络合作要求的目标一致性与参与者各自目标的差异性之间的矛盾（Vangen, S., & Huxham, 2012）；二是作为网络中平等协商基础的权力平衡与作为网络中协调统一基础的权力集中之间的矛盾（Huxham, C., & Vangen, S., 2013）；三是作为参与激励重要保障的个体利益与作为网络维系基础的共同利益之间的矛盾（Provan, K. G., & Milward, H. B., 2001）。

和传统网络合作相比，由于国家行为体交往的复杂性，跨国网络还面临许多特殊问题，包括国家主权性造成的挑战、地理空间不可转移性带来的硬性约束，以及国家作为多面行为体的复杂性问题，这些问题对于构建有效的跨国网络治理模式提出了更高的要求。

1. 国家主权特征的要求

国家最基本的特征是主权。它指一个国家对其管辖区域所拥有的至高无上的、排他性的政治权力。国家主权的丧失意味着国家的解体或灭亡。然而，由于国际地缘政治的复杂性和国家权力分布的不均等性，一些国家在对外交往时会被迫牺牲部分主权以换取相应利益。为了确保成员国的集体利益和照顾大国利益的优先性，多数国际政治或军事同盟通常会损害部分参与国家的主权。同理，传统意义上的区域经济合作也往往要求一定程度的主权让渡，具体表现为建立某些超国家机构对参与成员国进行控制。这种合作形式一方面有益于促进生产要素的更自由流动和成员国间的统一协调，但也容易造成成员国利益的彼此冲突和小国利益的受损。最典型的例子莫过于欧盟的区域合作，欧洲央行的建立使得参与国家失去货币政策上的自主权，当面临财政压力时无法通过货币供给降低财务水平，因而频频爆发债务危机，最终威胁到合作的维系。

对于大多数发展中国家和地区来说，通过让渡部分主权来建立区域合作网络的方式更不符合发展中国家主张不干涉内政的传统理念，所以诸如"东盟"那样大规模、高层次、机制化的区域合作尽管初衷良好，但近年来成效不大。针对这种情况，中国提出"一带一路"的对外开放倡议，提出共同打造开放包容、均衡普惠的国际区域合作网络，推动主权完整基础上的平等合作，因而得到了参与国家的普遍支持。"一带一路"倡议下的跨国合作网络主要为跨境次区域合作，相比较而言其对参与国家要求付出的主权成本低，容易被参与方接受，同时对参与方的制度硬性要求和超国家机构管理依赖也并不强烈（柳思思，2014）。这样无须在网络合作中实施统一的制度、法律和规范，降低了达成合作的主权成本负担。但从另一个角度看，缺少统一的强制性规范使得网络中成员国的自主性更强，达成协调一致行动的成本更高。因此，国家主权不可让渡的硬性约束与网络合作希望实现的高效协调具有难以调和的内在矛盾，也是跨国网络治理当中最棘手的挑战。

2. 自然社会环境的差异

从空间经济学的角度来看，空间上的邻近性是决定经济主体合作可能性的主要因素，空间距离越近，相互合作的可能性越高、强度也较大，而随着空间范围的延展，经济主体合作的难度增大而强度降低。为了降低合作的成本，经济主体会倾向于进行空间转移活动来拉近空间距离。现实中我们经常能观察到的一个个空间上高度集聚的产业"集群"，就是经济主体追求地理临近的结果。然而，与跨国公司或其他组织不同，国家无法进行地理区位的空间转移。我们知道，领土是构成国家的基本要素，决定了一国主权行使范围的空间边界，具有完全意义上的确定性和不可变更性。因此，跨国合作网络在地理上的空间位置是不变的，这就使得合作成员国无法通过空间转移来降低交易成本。对于气候、能源这种类型的合作网络而言，物理上的临近是合作的重要前提之一，国家地理分布的硬性约束在一定程度上阻碍了合作网络的深化和扩展。此外，地理上的约束带来了权力上的不均衡，由于网络的地缘形态是固定的，造成合作中的一些主体处于较为"中心"的有利位置，而另一部分主体处于较为"边缘"的不利位置。尤其是在以基础设施建设为内容的互联互通网络中，空间指向和地理范围更加明确具体，此时处于"中心"位置的国家必定能够从合作中获得更多的利益，并对合作网络施加更大的影响，而处于"边缘"位置的国家则容易形成对合作的不满。从能源资源的地理分布来看，能源资源在地理空间分布上也呈现出极端的不均衡样貌，区域丰裕度差异较大。这样一来，拥有较充足能源的国家必然要寻求合作中的主导权。对于网络治理而言，要避免这种因地理空间分布不均衡带来的权力和利益分配不公情况，就需要建立有效的沟通、调节与补偿机制。

相比地理上的约束，跨国合作中国别差异带来的更严重的一面体现在社会、制度和文化的不同上。一些跨国合作网络——如信息互联网——即便能够克服地理环境的束缚，也会受制于不同国家间社会制度文化的差别而无法顺利实现真正意义上的互联互通。社会文化和制度差别产生合作主体在心理因素上的区分，造成价值观层面的冲突和相互不信任，为技术性的网络合作蒙上一层阴影。虽然在国家内部的合作行为也时常不可避免地要遇到文化和制度方面的分割，但当合作跨越国家边界后，量变累积为质变，这种社会环境差异的影响力乃至破坏力会上升到新的高度，让实现网络成员国的整合变得更具难度。

3. 利益诉求多元的问题

国家行为首先是政治行为。国家间的合作不仅需要考虑经济因素，更要考虑政治因素。传统关于区域合作的研究倾向于用交易成本解释经济主体合作发生的可能性，认为地理上趋近、发展水平相近的经济体之间由于合作涉及的协商谈判成本更低，因而有更大的可能性达成合作。但事实上政治因素对于合作的重要性却往往被人忽略。当考虑到政治竞争因素后，即便合作的交易成本较低，经济体之间也可能无法实现合作。[①] 譬如，在能源合作方面，中国与美国、俄罗斯、印度等大国之间具有较好的能源互补性，具有共同推动能源贸易和基础设施建设的良好条件，但由于上述大国间在政治方面的潜在竞争甚或矛盾，阻碍了现实中合作的达成（杨晨曦，2014）。

国际对于经济和政治利益的多重诉求和考量让跨国合作的情形变得更加复杂和微妙。传统经济学的观点通常习惯从绝对收益的角度思考合作，认为，当合作各方均可以在合作中获得绝对收益时，合作的基础就具备了。但对于国家这一行为主体而言，在与他国的合作之中考虑的不仅是绝对收益的大小，还要考虑相对获益的情况。更详细地说，即便是对于合作双方而言都有利的"双赢"项目，也可能因为对甲国的益处大于对乙国的益处，从而改变甲乙两国的相对实力对比而不被乙国所接受。因为一旦今天的合作伙伴成为明天的敌人，就会对自己形成灾难性的威胁。即使在长期盟友之间或在经济合作领域，这种相对收益的考虑同样对国家的合作行为构成阻碍。因此，多元利益诉求让传统网络治理理论中追求"交易成本最小化"的目标和原则不再完全适应跨国网络的需要，如何确定能够为网络参与者共同接受的目标和绩效衡量标准也成为摆在治理者面前的一道难题。

（二）跨国网络治理的理论思考与创新

为应对跨国网络治理的独特挑战，需要在一般网络治理理论的基

[①] 一个典型研究参见 Shaowei, C., Rui, L., Youqiang, "Role and significance of political incentives: understanding institutional collective action in local inter-governmental arrangements in China", *Asia Pacific Journal of Public Administration*, Vol. 38, No. 4, 2016.

础上,有意识地吸收融入其他理论。其中,现代国际关系领域中的新自由制度主义、产生于欧盟合作实践基础上的实验主义治理思想、网络治理中的小集团理论和跨界治理思想,对于缓解国家主权、地理约束和政治博弈等问题带来的困扰都具有重要的理论借鉴意义。为此,有必要简要介绍上述理论研究成果,并深入探讨如何将这些理论融入到传统网络治理的一般性理论当中,为提出跨国网络治理的指导原则和基础模式提供帮助。

1. 新自由制度主义

20世纪80年代以来,国际政治和国际关系领域中的新自由制度主义蓬勃兴起,对国际关系和各国的外交政策产生了巨大影响。与传统现实主义理论强调国际关系中的无秩序和冲突不同,新自由制度主义强调国家间的相互依赖,认为国家的自利属性会驱动各国根据比较优势进行互惠性合作,合作是国际关系的实质(秦亚青,1998)。而为了解决国际合作中的潜在背叛和机会主义风险,必须建立一套有效的规则体系——即国际制度。值得注意的是,新自由制度主义还指出,有效国际制度必须具有权威性和强制性,其促进合作的机制一是通过提供信息减少国际参与合作的不确定心理,二是通过惩罚让国家减少违规行为。概而言之,新自由制度主义研究的核心内容就是如何进行国际制度设计来促进国际合作。

在新自由制度主义的语境下,全球治理指的就是通过具有约束力的国际规制和有效的国际合作,解决全球性的政治、经济、生态和安全问题,以维持正常的国际政治经济秩序。而要制定有约束力的国际规则,必须依赖主权国家的执行力,因此主权国家是国际合作不可或缺的主体,其他任何参与主体都不可能代替国家在制定规则和保障实现上的地位和权力。可以说,基于国际共识和国家自愿基础上形成的国际制度代表了国家的自主性和能动性。进一步地,建立在主权国家一致同意基础上的国际制度,又能够反过来约束国家行为,促进共同行动和协调合作行为。因此,新自由制度主义所极端强调的国际制度,既能够凸显国家的主权特征,又能够对国家自主性形成一定约束来推动集体行动,这种双重属性也让制度建设成为应对国际合作中国家主权挑战的主要抓手。这是新自由制度主义对跨国网络治理的重要贡献。

不过，新自由制度主义理论自身的缺陷决定了它不可能成为跨国网络治理的唯一理论土壤。原因在于，新自由制度主义中的国际制度未必是基于全体参与国家平等自愿基础上形成的，而通常是既定和现存的，主要由少数霸权国家建立并为维护现存国际秩序和霸权国利益而服务，这与理想的网络治理中强调的成员国自主性和平等共治概念有显著差别（宋秀琚，2005）。另外，新自由制度主义关注的主要是政府间的正式国际组织，而极少考虑非政府组织在国际合作中的作用，使得国际制度在处理除国际安全等传统国际事务外的新型国际合作，特别是基于技术和市场要求的合作上适应力不足。因此，跨国网络治理理论的完善还需要走出新自由制度主义的条框限制而去吸收融合其他理论成果的精华。

2. "网络小集团"理论

"网络小集团"理论是关于网络结构与网络绩效的理论，该理论认为，网络整体层面的整合需要极高的协调和管理成本，因此其绩效通常不尽如人意。取而代之的方式是在整体网络中根据地理、制度和文化上的临近划分出若干小集团（network clique），首先实现小集团内部的整合，之后再以小集团为单位实现网络整体层面的整合（Provan, K. G., & Sebastian, J. G., 1998）。小集团式整合的优点是显而易见的，根据图4-3（见102页）所示，按照小集团方式整合的网络只需要3条沟通或协调路径就能实现网络整体的一体化，而按照一般形式整合的网络则需要6条路径才能做到。更重要的是，更为相似的参与主体率先接触并实现整合，能够以更低的成本和更高的成功率创造网络中的规范和标准，为后续第二阶段的集团间整合提供参照范本。

在涵盖范围广、成员规模大的跨国网络合作中，"网络小集团"理论的意义更为凸显。网络合作的发起国可以首先跟与自身地理临近或制度上相似的国家寻求合作，探索成熟的合作机制，之后再通过政策扩散对外输出成果模式。当充分包含了与自身足够相似的参与主体

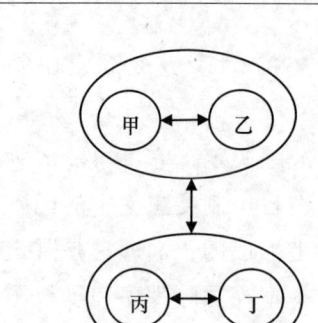

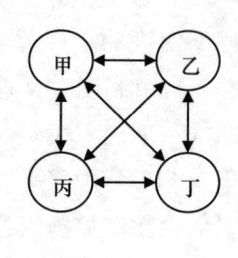

"小集团"式整合　　　　　　　一般性整合

图4-3　"网络小集团"理论说明

后，网络中的小集团基本成型，之后可以将集体作为整体寻求进一步的合作扩展。现实当中，欧盟的发展壮大过程就高度体现了"网络小集团"的思想理念。欧盟的前身最早是1952年成立的"欧洲煤钢共同体"，仅包含法国、联邦德国、意大利、荷兰、比利时和卢森堡6个成员国。这6个国家在地理上接壤，面临共同的政策问题，且社会制度环境高度相似。随后在1965年，法国、联邦德国、意大利、荷兰、比利时和卢森堡6国在比利时首都布鲁塞尔签署《布鲁塞尔条约》，决定将欧洲煤钢共同体、欧洲经济共同体和欧洲原子能共同体合并，统称"欧洲共同体"。1973年，英国、丹麦和爱尔兰加入欧共体；1981年，希腊加入欧共体；1986年，葡萄牙和西班牙加入欧共体；1995年，奥地利、瑞典和芬兰加入欧盟；2002年，马耳他、塞浦路斯、波兰、匈牙利、捷克、斯洛伐克、斯洛文尼亚、爱沙尼亚、拉脱维亚、立陶宛10个国家加入欧盟；2007年，罗马尼亚和保加利亚加入欧盟。欧盟其后的每次扩张都可以被视作容纳一个新的小集团的过程，因为每次加入的成员——从英伦诸岛、伊比利亚半岛国家、北欧、东欧到东南欧——彼此间都具有高度的相似性和高一体化的程度。欧盟的实践表明，通过"网络小集团"理论提供的网络设计原则，可以有效帮助跨国网络治理克服地理阻隔与社会环境差异带来的高额交易成本与合作障碍。

3. 实验主义治理与跨界治理

跨国合作网络中的利益多元化问题让确定合作共同目标和绩效衡量标准成为困难。不同参与者在利益优先级别上的差异给网络集体行动方向造成了困扰，并容易导致合作中的对抗与冲突。为了克服利益诉求多元的问题，可以借鉴实验主义治理的有益观点。实验主义治理思想最早是从欧盟的实践中提取而来的。作为跨国合作制度化水平最高的实体，欧盟在运行机制上具有许多值得学习的独到之处，从环境、教育、医疗等公共服务体系，到航空安全、信息网络、食品安全等领域，都表现出较为良好的合作效果。有学者从中总结了实验主义治理思想的精粹：对于解决某一公共领域问题而言，政策目标及实现手段不可能在事先精准确定，而只能在解决问题的过程中慢慢浮现，为此，实验主义治理提出以下几点基本要求：一是由不同利益相关群体共同提出大致的框架目标与衡量标准；二是将达到框架目标的自主权广泛下放给私人企业、地方政府或一线人员；三是私人部门或地方机构在获得自主权后要定期汇报执行绩效和参与同行评估，并与其他使用不同手段达到相同目标的单位进行标杆比较；四是根据评估过程反映出的问题来不断修正目标、标准和决策程序以循环往复和持续改进（Sabel C. F., Zeitlin J., 2008）。实验主义治理观点下的国际合作不赞成国际公约代表的"大多边主义"模式，即制定一种涵盖所有利益相关者并具有法律约束力的协议来影响每一个国家的行为，这就在一定程度上克服了新自由制度主义中隐含的国际霸权思想。在合作过程中动态形成的目标更大程度地融入了合作参与者的诉求，具有更强的包容性和适应力，这比在一开始界定清晰和确定的法律性文件更有利于合作的健康发展。

此外，实验主义治理还鼓励非国家行为体的参与，这又涉及跨界网络治理思想。我们知道，早期关于网络治理的研究，重点关注单一部门领域内部的网络合作及其治理问题，研究的隐藏假设之一是参与者的身份一致性，或者说参与者的身份差异不会对网络合作行为的结构和模式产生影响。但是，随着社会结构和社会问题的日益复杂化，单一部门的行动者愈发感到力不从心，跨界主体合作的要求与日俱增,传统的部门边界正在逐渐模糊和消失,使得网络不仅发生在组织之间,也发生在政府、市场和社会等不同界别之间。跨界网络治理理论重点关注推动不同界别之间主体的网络合作行为和提高跨界网络的有效性。

对于跨国网络治理而言,尽管其是以国家为主要参与主体的网络,但这绝不意味着国家是网络参与者的唯一类型。现实中的多数跨国网络都呈现出一种非等级性的、水平的、多中心的网络横向结构,这意味着网络中不仅有政府成分,也包含了大量企业和社会机构等非政府组织。非政府组织参与跨国网络治理的好处是显而易见的:首先,非政府组织的存在让网络对全球社会各个层次具有更好的渗透性;其次,非政府组织往往是网络中合作项目的具体操作者,将它们纳入网络治理机制有助于提高决策的民主性与执行的针对性;最后,非政府组织还能够起到外部监督的作用,防止跨国网络治理中的霸权主义行为,提高跨国治理网络的合法性。不过,非政府组织毕竟是与国家性质完全不同的行为主体,将非政府组织与国家纳入到同一组织结构中会面临目标、价值和文化上的冲突。为解决这一问题,跨界网络治理提出了网络设计的"多层架构"原则,将网络分为相互平行的多个横向结构,在网络治理的宏观层面是由政府组成的国家间协调机构,负责网络总体规则的制定以及拥有针对违规行为的惩罚性权力,而在网络治理的微观层面则是由众多非政府组织构成的"子网络",通常负责网络具体项目的落实;在宏观和微观层面之间有常设的信息沟通和资源交换渠道来联通政府与非政府主体。多层架构的出现能够充分发挥来自不同部门和不同界别行动者的优势资源,也增加了网络的代表性与合法性。

表4-2总结归纳了跨国网络治理理论创新的来源与解释,可以看到在吸收理论给养后,跨国网络治理如何呈现出与一般网络治理理论相比的全新特点,以及如何应对跨国合作中的独特挑战。

表 4-2　　　　　　　跨国网络治理的挑战及其理论创新

	挑战与创新	理论背景	具体解释
跨国网络治理	以制度建设为核心克服国际主权要求与合作协调统一间的矛盾	新自由制度主义	新自由制度主义强调国际关系中合作的重要性，并提出合作需要建立在制度化的基础上
	以目标的动态调适和多元主体的参与克服利益诉求多元问题	实验主义治理、跨界治理	实验主义治理理论认为网络合作的目标和绩效评估标准需要通过合作中的不断修正调适来逐步收敛，提倡通过权力的下放和积极评估反馈实现协调统一
			跨界治理理论认为可以通过特定的治理机制和制度安排发挥不同界别主体在网络合作中的作用，扩大网络的包容性和利益代表性
	以分阶段的选择性整合克服地理空间约束与社会文化差异	"网络小集团"理论	"网络小集团"理论认为可以通过首先实现地理、文化、制度上临近的网络成员间整合构成若干小集团，再实现不同小集团间整合的分阶段形式，来高效地实现网络整体的一体化

（三）跨国网络治理的实践启示

国家行动者在主权要求、自然社会环境差异和利益诉求方面的特征使得跨国网络合作的治理模式面临高额的交易成本，限制了网络治理模式的有效性，同时也制约了合作网络的形成和发展。但现实中我们依旧观察到不少发生在环保、能源、交通、信息等各个领域的跨国网络合作，表明存在克服上述问题的可能。通过总结分析现实中网络治理的案例，我们可以更直观地看到国家间在应对跨国网络治理挑战方面的实践创新，从而为找到更为高效的跨国网络治理模式提供借鉴思路。

1. 全球互联网信息安全的治理实践

当前世界，计算机和互联网技术正日臻成熟并走向大众化，以互联网为标志的现代信息技术对于人们的意识形态、认知模式乃至行为方式均产生了极为深刻的影响。由于网络的虚拟性，使得它能够以最快的速度和最大的限度在全世界范围内扩散普及，极大促进了世界各地区之间的交往。然而在另一方面，全球互联网发展的弊端也日益凸显，一是因网络技术发展水平差异形成了发展中国家和发达国家间的"数字鸿沟"，使得发展中国家的信息安全越来越容易受制于发达国家的政府及企业；二是网络的匿名化和低进入门槛特征，以及网络节点之间过于紧密联系带来的系统脆弱性，给包括发达国家和发展中国家在内的世界各国都带来了前所未有的非传统安全威胁。

在全球互联网时代，针对网络空间的可能信息安全威胁进行全球合作和治理已经成为国际社会的普遍共识。目前应对全球信息互联网的跨国合作主要围绕以下几个问题展开：一是制定有约束力的国际法律制度来防范和惩戒互联网违法活动；二是就全球互联网信息资源的分配和管理建立有效体系；三是形成全球互联网的普遍行为准则和规范。围绕这几个问题，产生了多个全球互联网治理机构和组织，以及相关的治理机制和工具。[①]

在应对互联网犯罪方面，现有主要的治理方式是通过缔结国际公约来形成法律上的保障和约束。2001年11月23日，欧洲理事会在布达佩斯通过了《网络犯罪公约》，这是全世界第一个针对网络犯罪行为所制订的国际公约。该公约自通过之日起向全球所有国家开放签字加入，2004年7月1日起正式生效。截至2013年8月，全球已有47个欧洲理事会成员国以及包括美国、日本、加拿大、以色列等国在内的16个非欧洲理事会成员国加入。《网络犯罪公约》的出台本意是希望推动国际社会形成关于网络犯罪的统一认定标准，促进各国进行网络犯罪侦查时的合作，并为各个国家内部的网络安全立法工作提供借鉴。2003年1月23日，欧盟又在斯特拉斯堡通过了《网络犯罪公约

---

① 一般研究者习惯用"网络治理"来表示对全球互联网的治理活动，为了将物理意义上的"网络"与作为治理结构的"网络"意义相区别，我们统一用"信息互联网"来指代计算机之间的物理传输网络。

补充协定：关于通过计算机系统实施的种族主义和排外性行为的犯罪化》，进一步补充扩大了网络犯罪的范围。考虑到《网络犯罪公约》的签署国基本为发达国家，在适用性上存在一些不足，其后发展中国家间也陆续通过了一系列应对网络犯罪的文件或协议，包括《阿拉伯国家联盟打击信息技术犯罪法律框架》《上海合作组织国际信息安全领域的协议》等。

在互联网信息资源的分配和管理方面，目前最重要的治理主体是国际组织互联网名称与数字地址分配机构（ICANN），它负责统一管理全球网络结构的主要域名根服务器。域名系统是整个互联网稳定运行的基础，域名根服务器则是整个域名系统最为基础的支撑点（檀有志，2013）。因此，谁掌握了域名根服务器的分配和管理权力，谁就掌控了整个全球信息互联网的命脉。名义上 ICANN 以国际非营利机构的面貌出现，但由于历史因素的影响，其一直以来都受到美国商务部下属的国家电信和信息管理局（NTIA）的监管，这种与美国政府的特殊关系让世界各国不得不质疑 ICANN 保障它们信息安全和国家利益的能力。① 不过，在国际社会的压力下，美国政府于 2014 年 3 月宣布，2015 年 9 月 30 日合同到期后 ICANN 将不再受到美国政府的监管，转而成为一个由全球利益相关者组织负责的自治组织。2016 年 10 月 1 日，NTIA 将互联网域名系统（DNS）管理权正式移交给 ICANN，标志着互联网迈出走向全球共治的重要一步。从成立到现在，ICANN 引入了通用域名（gTLD）注册的竞争机制，推行了统一域名争议解决政策，从而大大降低了域名注册的成本，提高了互联网域名注册和管理的效率。

在互联网的规则制定和信息共享方面，国际社会主要依赖国际会

---

① Internet 起源于美国，在 20 世纪 90 年代初由美国国家科学基金会（NSF）为 Internet 提供资金并代表美国政府与 NSI 公司（Network Solutions）签定了协议，将 Internet 顶级域名系统的注册、协调与维护的职责都交给了 NSI。而 Internet 的地址资源分配则交由互联网号码分配当局（IANA）来分配。但是，随着 Internet 的全球性发展，国际社会开始强烈呼吁对域名分配管理进行改革。迫于压力，美国政府在 1998 年 10 月成立了一个民间性的非盈利组织，即 ICANN 来参与管理 Internet 域名及地址资源的分配。

议和沟通平台等治理机制。2005年联合国"信息社会世界峰会（WSIS）"在突尼斯召开会议，设立了"互联网治理论坛（IGF）"作为全球互联网治理的基本对话平台。不过，作为一个非正式的对话机制，IGF并不对各参与方提出具有约束力的文件，而只是就关键议题提供参考，这种执行层面的缺失逐渐成为IGF的软肋。为了补充和加强IGF的功能，2014年在巴西又举办了首次"未来互联网治理全球利益相关者大会（NETMundial，或称巴西会议）"，旨在寻找互联网治理的新解决方案，并倡议建立多边体系来重塑互联网治理规则。为进一步落实巴西会议成果，世界经济论坛（WEF）和ICANN于2014年11月又共同发起了"巴西会议倡议"，力图打造互联网治理领域的"联合国安理会"。"巴西会议倡议"设计的20名"安理会"成员中由WEF和ICANN各占一席常任理事，其他成员则通过由上至下的指定或委派而产生。然而，由于"巴西会议倡议"试图建立一个封闭的网络治理实体，该"倡议"受到了包括互联网社会、电子前沿基金等社会组织的广泛批评与抵制，旨在加强对话与共享的互联网全球治理进程陷入裹足不前的停滞局面。

2. 案例总结与分析

全球治理的传统研究基本遵循国际政治理论的路线，从宏观政治与国际关系的角度讨论全球治理的概念、意义与困境（戴维·赫尔德、安东尼·麦克格鲁，2004）。近年来，不少研究从更为现实的角度看待全球治理，集中关注全球公共物品和治理机制等问题（苏长和，2009；蔡拓、杨昊，2012）。而从更加微观和更为偏向管理的视角看待全球治理，可以将全球治理看作一种全球性的公共管理系统，由"治理问题——治理主体——治理机制"三部分构成（薛澜、俞晗之，2015）。此处，我们借鉴"问题——主体——机制"框架分析全球信息互联网领域中网络治理的具体实践（见110页，表4-3）。首先从治理的对象来看，信息互联网的跨国治理主要围绕互联网犯罪、信息资源分配与规范和信息共享三个方面展开，不同治理问题的主要矛盾表现方式不同，相对应的治理主体和治理机制也有所差异，治理主体和治理机制的选择最终决定了某个问题领域的治理效果。如果说互联网犯罪解决的是"不能做什么"的问题，是全球互联网顺利运行的基本保障；那么信息资源分配解决的就是"如何高效率利用互联网"的问题，是全球互联网发展扩展的基础；而规范建立和信息共享解决的是"应该建设怎样的互联网"的问题，是全球互联网未来发展的指导原则。不同问题在层次和复杂性上具有递进的趋势。

从治理主体看，国家是互联网犯罪问题的治理主体。如今，互联网在经济、军事、金融各领域的高度应用和渗透让通过网络攻击威胁国家安全变为可怕的现实，在这种情况下网络安全已经超越了技术性犯罪的范畴，上升为重要的非传统国家安全威胁之一；同时，现代社会的普遍准则都将国家作为合法垄断暴力和行使执法权的唯一主体，对于犯罪行为的打击被认为是国家的分内职责。因此，互联网犯罪的防范和制止责任由国家承担具有天然的合理性。而在信息资源分配上，更多属于市场效率问题。由国际私人组织按照商业原则进行孕育管理具有较高的效率，而且这种商业化运作应该在保证不伤害有关国家核心利益的前提下尽可能独立以保证公平。最后，对涉及面更广也更为复杂的互联网规范和信息共享问题来说，政府和市场的力量似乎都不足以全面涵盖主体责任，目前该领域主要由一些非营利的国际组织倡议和发起交流活动来讨论解决问题的可行办法。

从治理机制上看，以国家为主体的互联网犯罪治理主要采取国际公约的方式，从立法层面确定行动标准与合作方式，这种机制的正式化程度和确定性最强，缺点在于必须以国家公权力为保障，在不同区域的适用性有待观察。以商业国际组织为主体的信息资源分配治理主要采取市场化的方式，按照商业原则进行域名分配和管理工作，其正式化程度和强制性低于国际公约，但有更大的灵活性和管理效率。以非营利国际组织为主体的互联网规范与共享治理则以国际会议和论坛的方式为主，正式化程度最低，优点在于灵活性和包容性，缺点则在于缺少强制措施导致共识难以得到实行。

从治理效果上看，《网络犯罪公约》等国际公约不仅对国家社会合作打击网络犯罪起到了积极的推动作用，也对其他国家的网络犯罪立法起到了很大的示范作用（于志刚，2015）。以 ICANN 为核心的信息资源分配则大大提高了互联网运行的效率。相比之下，非正式的国际会议和对话磋商机制取得的效果较差，在推进互联网规范和共享方面缺乏实质性的成果。

表 4 – 3　基于"问题—主体—机制"框架的全球互联网治理分析

治理问题	治理主体	治理机制	治理效果
互联网犯罪	主权国家	国际公约	基本上获得了发达国家的一致认可，在推动打击网络犯罪的国际合作上起到了一定效果
互联网资源分配	私人组织，如互联网名称与数字地址分配机构（ICANN）	以国际性的商业组织和非政府组织为核心	商业运行效率较高，独立性在近年来不断加强
互联网规范和信息共享	互联网治理论坛（IGF）、世界经济论坛（WEF）、巴西会议（NETMundial）等各类国际组织及其活动	非正式的国际会议和对话磋商机制	稳定性和正式化程度较低，内部分歧较大，整体进展不尽如人意

由于信息技术的快速发展和普及，以及由互联网虚拟性和跨域性带来的类似"无政府"状态，全球信息互联网治理面临着极为严峻的挑战。但是可以看到，尽管面临着重重阻碍，全球信息互联网在近年来依然取得了快速的发展和显著的成就，这表明该领域的跨国合作网络治理实践能为我们提供有益的启示。

第一，重视国家的主体地位和建立国家层面的正式制度规则是跨国网络治理的先决条件。"治理"的经典定义强调在不依赖政府权威和制裁能力的前提下建立有效的决策执行机制，由此不少学者认为跨国网络治理意味着超越传统以国家为中心的权力形式。然而，从全球信息互联网治理的实践来看，国家依然是不可"缺位"的重要治理主体。国家是国际公约和国际法的缔结主体，国际公约则确定了跨国合作的原则或者说"底线",只有在国家认可的范围内行动,跨国合作才能满足"共赢"的基本要求,而不是成为某些大国以邻为壑实现自身利益的口号和工具。

第二,跨国网络治理与传统模式相比要求更为多元的治理主体和治理机制。在关于基于地理边界的国家主权是否应该且能够对全球互联网进行规制的问题上,不少主流观点都认为互联网去中心化的扁平结构消解了国家权力,在当前网络空间多由私人控制运营的情形下,国家干涉只会阻碍全球互联网发展,因此主张去国家化的治理模式。但正如此前所论述的那样,如果脱离了国家的主权性,跨国合作通常会丧失最大的合法性和强制力,并容易沦为"大国"剥削"小国"的途径。而从另一方面来看,在全球化进程的推动下,政府之外的行动者正不可阻挡地作为新的治理主体参与到全球治理过程中。非政府组织的参与能够扩大网络的利益代表性、提高决策和执行的效率,并通过商业利益的捆绑保持网络的凝聚力和稳定性。

为了在国家主权性与治理的灵活性之间求得平衡,需要对传统单一主体式的网络治理模式进行反思和调整,取而代之以将政府、国际组织、企业、技术团体、民间机构、个人都纳入其中的多元化治理模式。多元化网络治理模式的好处是显得易见的,它可以使网络超越民族国家边界的限制,更加有效地渗透到社会的不同层面,并用非正式的行为规范来避免自利行为。从全球信息互联网治理的具体实践来看,多元化的网络治理模式表现在针对不同治理问题所创建的不同治理机制上。不同政策领域的自身特点,使政府、企业和非盈利组织这些不同类别的组织分别承担了治理的主体责任,并分别建立基于法律、商业利益和文化规划的治理机制。不同机制相互配合,共同为解决全球信息互联网治理的诸多难题发力,最终形成一个多主体的完整治理体系。

第三,跨国网络治理具有高度的动态性和复杂性,需要制度设计者随时进行调整和适应。当前时期的组织往往处于内外部环境高速变化的情景下,网络治理结构和治理模式也随之发生变化。因此,网络治理是一个动态的概念,这意味着不仅需要关注网络治理模式的"设计"问题,还要关心治理模式的"适应"问题。随着时间的推移和环境的变化,网络成员的思维观念、文化习俗、互动方式均会发生深刻的改变,由此对网络治理模式不断提出新的要求。同时,网络治理模式的变化又会反作用于成员的观念、文化和行为模式,并影响网络的整体有效性。正是在"外部环境——治理模式——网络有效性"这样的链条不断循环作用下,网络整体呈现出非线性的动态变化。

全球互联网的治理就表现为一个应对外部环境变化的持续学习过程,其中网络成员在学习中对自身行为进行修正调整,以此来更好地适应外部环境和目标变化的要求。可以看到,随着信息互联网的快速发展,跨国合作网络的规模不断扩展,参与者日趋多元,治理模式随之经历了从简单到复杂的演进过程。以信息资源的分配为例,从一开始由单一国家主导的分配模式到如今成熟的商业化运作,其中的变化反映了国际政治的波诡云谲、国际共同事务的复杂多变,以及环境变化下网络自身的动态适应调整。反网络犯罪一系列国际公约的出台,也表现出鲜明的小集团特征。对于网络中的制度设计者而言,动态视角下的网络治理观,需要应用实验主义治理的核心观点,不从一开始界定精准的目标和手段,而是通过良好的沟通学习机制,让参与者能够就变化及时磋商和相互适应;且保持充分的网络开放性,通过不断引入新进入者加强网络的适应力,让网络内部成员更敏锐地感受外部环境的微妙变化。

五 电力互联互通的网络治理模式分析

丝绸之路经济带和 21 世纪海上丝绸之路(简称"一带一路")是构建中国全方位开放新格局的必然要求,也是促进亚欧国家共同发展繁荣的必然选择。目前,"一带一路"已被写入《中共中央关于全面深化改革若干重大问题的决定》,成为国家重要的发展战略。"一带一路"的重要精神是实现互联互通,促进沿线国家在产业、基础设施和能源领域的密切合作。根据亚洲开发银行的测算,2020 年前亚洲地区每年的基础设施包括铁路公路、油气管道、电力通道、通讯等的建设投资需求将达 7300 亿美元，届时中国与周边国家互联互通将全面走向成熟，创造出巨大的投资空间和经济收益（张红霞、王丹阳，2016）。从这个角度讲，对以电力合作为代表的互联互通机制进行深入研究具有格外重要的现实意义。

从网络理论的视域出发，可以将互联互通等同于区域能源合作网络的形成和发展。由于中国与周边国家的电力合作网络是国家间的合作网络，与之相应的网络治理模式属于跨国网络治理的研究范畴，可以用跨国网络治理的视角来予以分析探讨。更重要的是，电力合作网络是一个具有鲜明特征的技术网络，这些特征的存在使得区域电力合作网络的治理问题与经典网络治理理论既有共通性也有差异性，从而为实践中构建有效的跨国电力合作网络治理模式提出了全新的挑战。为此，本节将首先归纳总结电力合作网络的基本现状和特征，在此基础上结合此前的理论分析成果，探讨如何构建有效的组织网络治理模式来促进电力合作技术网络的持续发展。

（一）中国与周边国家电力合作网络的基本现状和挑战

1. 电力合作网络的现状

澜沧江——湄公河流经中国、泰国、缅甸、老挝、越南、柬埔寨6个国家，是亚洲第一大国际河流。流域各国经济发展水平上差异明显，却在能源储量分布方面具有较强的互补性。目前中国与周边各国在电力互联互通、能源投资、能源建设和设备出口等方面开展了广泛的合作。在电力互联方面，中国与东盟成员国中的越南、老挝、缅甸等实现了电网互联互通。中国与越南的电力互联较早，自 2004 年越南从中国购电，到 2010 年为止呈逐年增长趋势，但近年来由于两国间关系紧张及越南本国电源开发力度加大，越南自中国购进的电量出现波动。中国与老挝电网互联早期以低电压等级的输电线路为主。从 2001 年开始，云南电网就通过多条线路向相邻老挝省份送电。中国与缅甸的电网互联以中国投资缅甸水电为起步，电力贸易的主要形式是中国投资开发缅甸水电再送回国内。截至 2015 年年底，中国与越南、老挝、缅甸等东盟三国的交易电量累计达 450 亿 kWh。

在能源投资方面，中国能源企业以股权并购、BOT模式（建设—运营—转让）、特许经营等为主要形式积极参与东盟各国的能源建设项目，投资领域包括火力发电厂、水电站和输配电网等，带动了相应能源设备的出口。在能源建设方面，中国能源企业和能源施工企业以总承包（EPC）等方式承建了东盟各国多个发电、输电项目，不仅带动了相应企业走出去，实现了技术输出，而且带动了相应能源设备出口，帮助了东盟国家提高能源行业的技术水平。

总体来讲，中国与次区域五国的电力互联互通合作取得了一定的进展和成绩，最主要表现在贸易量的迅速提升上。2004年，随着中国河口与越南老街的110kV输电线路的建成，中国开始首次向国外大规模售电，这也是中国参与大湄公河次区域经济合作的第一个电力联网重大项目。到2010年，中国通过互联电网与越南、缅甸和老挝发生的年电力交易量达60亿kWh。但从另一方面来看，中国与周边国家的电力贸易结构也存在不对称特征，主要体现在三个方面。第一，中国与越南、缅甸和老挝存在更紧密的电力贸易关系，而与泰国和柬埔寨则没有任何电力交易关系。这主要是由于中国与前三国接壤，而电力交易需要通过网络传输来实现，领土的毗邻成为中国优先发展与这三国电力交易的便利条件。第二，中国与越南、缅甸和老挝之间电力交易电量和流向存在较大差异。中国对越南是出口，且出口电量占中国与次区域交易总电量的绝大部分；中国对缅甸是进口，目前是中国利用次区域电力资源的主要来源；中国与老挝之间的电力交易量非常低，只是少量出口。根据三国的相对位置，可以将此种贸易格局概括为"东出、中空、西进"。第三，中国与越南、缅甸和老挝的电力交易波动性不一致。中越之间交易的波动性较大，而中缅和中老交易则保持稳定上升的势头。在周边国家内部，国家之间的双边贸易是电力合作的主要形式，特别是在越南与老挝、柬埔寨之间；泰国与老挝和缅甸之间。泰国与越南作为次区域五国经济水平相对较高的两个国家，在与接壤国家的电网建设方面已经取得许多进展，而且还在进一步扩大互联规划，增大互联容量。实际上，以这两个国家为重心，次区域中南部已经形成了电力交易的两大重点区域，或称"两极"。进一步将这"两极"进行整体考察，次区域就已经呈现出一个较大区域互联电网的雏形。

和北美的电力合作网络相比，中国与周边国家的电力合作网络发展状况明显滞后。原因之一是缺乏一个多边、权威、高效和能解决实际问题的合作协调机制。从现有制度体系来看，湄公河委员会是唯一的跨国协调机构，但其职能仅以顾问形式为各国有关开发水资源问题作数据检测和资讯分析，但对各国的项目执行没有任何决定权。在政府层面，大湄公河次区域经济合作机制下的领导人会议和部长级会议的功能接近于跨区域的"招商引资会"，截至目前为止与会各国都没有在政府层面签署或批准具有法律效力的条约，仅以有限的短期政府间协议交易为主。

2. 电力合作网络的特征

电力合作网络是一种特殊的合作网络。电力合作网络既有一般网络的共性特征，也有区别于其他合作网络的独特性。这些特征要求对电力合作网络的治理进行有针对性的创新。

(1) 能源安全属性高

能源安全问题与国家战略密切相关。近年来，随着经济的快速发展和国际能源局势的不断变化，我国能源对外依存度与日俱增，能源安全问题日益严峻。传统的能源安全研究多指石油安全，但随着新能源安全观的产生，电力安全也逐渐成为能源安全中的重要问题（朱成章，2008）。对于中国来讲，由于中国缺乏石油、天然气等优质能源，在石油、天然气短缺的情况下，电力能源的重要性更加凸显。由于电力的不可储存性，它一直以来都被视为是国家的一种特殊的战略资源，必须置于国家管控之下。因此，各国政府都倾向于通过建立统一国家控股公司的形式实现电力的自给自足，导致国际电力交易量十分有限。

对于国家安全和国家主权的考虑阻碍了能源合作的深度。参与电力合作的各方都将保障能源安全视为合作的第一要务，在确保能源安全的基础上才能追求经济效率，因此在电力合作的网络治理方面经济效率并不是首要标准。由于中国经济的快速增长和综合国力的不断提升,东盟诸国多对中国产生疑虑,特别是对于作为基础设施领域的能源行业,东盟国家害怕中国投资的进入会影响其能源行业的安全。此外,针对历史遗留的"南海争端"问题,一些大国或地区集团出于各自不同的战略目的,积极扩大在南海地区的影响力,染指南海地区事务,力图使"南海问题"国际化,促使"南海争端"升级,影响了中国与东盟部分国家的友好关系,进而影响了中国和东盟部分国家在能源行业方面的合作深度。此外,鉴于公众对与电力生产相关的环境和安全问题的强烈担忧,电力合作网络的成员国家通常会进行电力进口限制,影响了电力合作的达成。中国能源企业均以国有企业为投资主体,也造成东盟部分国家政府和民众的担心。目前,中国对东盟能源行业的投资主要为国有企业,东盟部分国家政府和民众担心中国的国家资本控制其能源行业,进而影响其政局,从而对中国能源企业投资东盟能源行业产生疑虑,阻碍了中国和东盟能源行业的合作。

跨国合作的复杂性和不稳定性也给能源安全带来新的挑战。东盟部分国家政局不稳定为中国能源企业的投资带来了风险。东盟部分国家政局出现周期波动和内部冲突是中国能源企业投资东盟能源行业的最大风险,轻则造成投资项目的实施困难,严重时可能造成投资难以回收。如由国家电力投资集团公司(原中国电力投资集团公司)与缅甸电力部、缅甸亚洲世界公司组成的伊江上游水电有限责任公司,采用 BOT 模式共同投资开发的伊江上游水电项目,装机容量约 20000MW,年均发电量约 1000 亿 kWh,总投资约 300 亿美元。项目于 2009 年 12 月 21 日开工建设,2011 年 9 月 30 日被缅甸政府叫停。国家电力投资集团公司已经在该项目先后投入 30 多亿元人民币,且每年增加约 3 亿元人民币的财务费用,造成了巨大的投资损失。

(2) 产品特性导致高交易成本

电力商品自身的复杂性和电力技术经济的特点给电力合作带来了重要挑战,然而目前理论界对电力商品自身复杂性、电力技术经济特点的探讨缺乏深入分析。总结来看,电力作为商品的突出特征包括以下几点:第一,电能的生产、传输及消费几乎同时进行,由于电力在输送过程中易发生损失,因此在输送技术发生重大突破前远距离的贸易还很难实现,导致电力国际合作仅在相邻国家间进行;第二,电能不能大量储存,发电设备任何时刻生产的电能必须与消耗的电能相平衡;第三,电能生产、输送、消费状况的改变十分迅速;第四,电力产品是无形且难以分割的,单位定价的主观性较大。电力产品的特殊性让围绕电力的合作网络有更强的动态演变特征和不确定性,由此让网络治理模式的设计变得更为困难。

(3)强烈依赖公共物品

不同于传统的商品贸易,电力贸易需要依托电网才能实现。电力运输属于基础设施领域,具有很强的正外部性和公共物品性质,这意味着纯粹依靠市场机制不能实现效益最大化。电力合作中最主要的公共物品是电力互联互通需要的基础设施,如何在合作各方之间合理地分配基础设施建设所需的成本将直接决定该项公共物品是否能够被有效提供。此外,电力合作所需要的统一的法律规范及其执行,以及相关制度的供给和实施都具有公共性。可以想见,关于公共物品的供给很容易出现"搭便车"问题,破坏网络合作的顺利开展。因此,跨国电力合作中的参与主体必须为国家政府机构,治理模式涉及的参照标准也不能生搬硬套市场条件下网络合作的基本原则。

(二)中国与周边国家电力合作网络的治理模式构建

跨国合作网络和电力合作网络的基本特征对于网络治理和相应的制度安排提出了特殊的要求,为了满足这些要求需要对一般意义上的网络治理模式进行有针对性的创新,降低网络合作的成本,并提高网络治理的效果。图4-4(见118页)是针对电力互联互通网络治理的一个基本分析框架。框架按照"治理环境——治理模式——治理目标"的基本逻辑,对于当前电力互联互通网络的主要挑战和策略应对进行了分析。

治理环境为网络治理模式提出了客观要求,治理模式必须与治理环境呈现的特点相适应。电力互联互通跨国合作网络的治理环境特点主要表现为电力产品的交易特殊性、电力作为关键能源的战略敏感性以及合作参与国家政治关系的复杂性等方面,这些特点在制度经济学

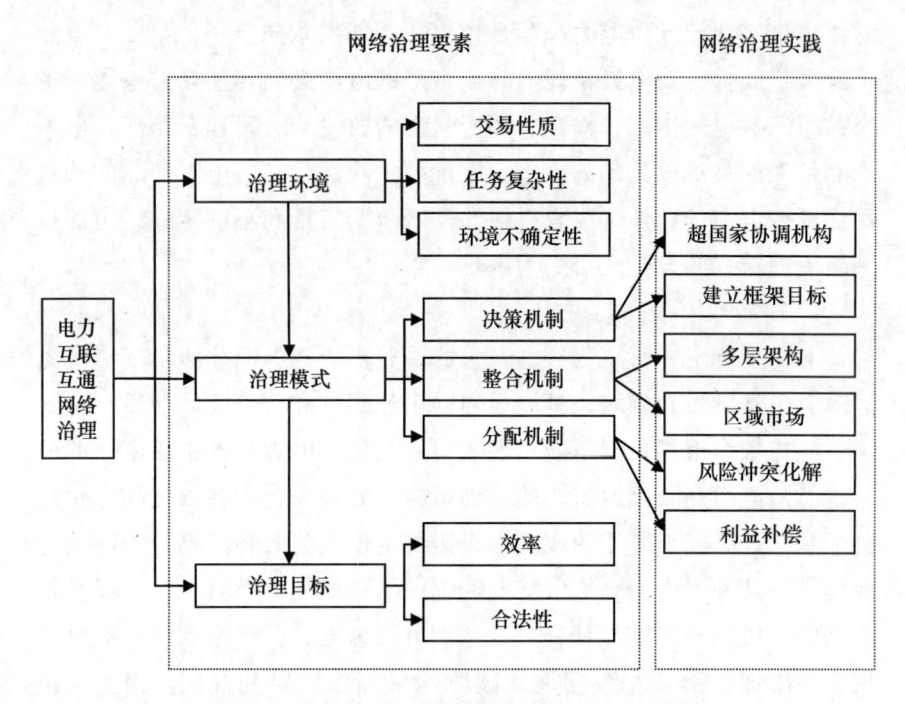

图 4-4　电力互联互通网络治理模式的分析框架

的语境下用交易性质、任务复杂性和不确定性等变量表述。

根据治理环境的特点，电力互联互通网络治理模式在决策、整合与分配环节需要进行针对性的机制设计来适应环境的需要。决策机制方面，最重要的网络治理实践首先是建立超国家协调机构作为网络治理的主体。目前无论是大湄公河次区域合作还是中俄之间的合作都缺乏权威高效的协调机构，阻碍了各方进行顺畅的合作交流；而在建立超国家协调机构后，各方应该就网络治理的目标达成框架性目标，以便指导具体合作项目的开展和评估。整合机制方面，要借鉴网络治理的多层架构思想，成立与政府间协调机构相平行的企业和非政府组织协调机制，让企业成为电力合作项目的实施主体；发展区域交易市场，发挥市场机制在整合资源上的优势。在分配机制方面，需要建立有效的风险防范和冲突化解预案，以及相应的利益补偿机制，来应对合作中发生的纠葛与矛盾。

跨国网络治理是一个不断学习并适应的过程，合作各方需要结合治理目标对治理模式的运行随时进行评估和反馈，再根据评估反馈结果调整治理模式。评估机制上可以参照国际电力贸易合作的领先地区进行对标管理，鼓励最佳的学习、实践和交流。

1. 治理主体选择

不同类型的参与主体在不同问题中承担着主导作用。政府负责安全和制度供给，企业与非政府组织负责标准制定与维护运营。

能否建立多边、权威、有效的超国家网络治理实体是决定跨国网络治理效果的首要因素。没有超国家实体作为治理主体的网络等于缺少协调中心，这一巨大的"制度空洞"会让网络难以组织调动成员国的各种资源，也无法具备分配责任和利益的超国家权威，最终结果要么濒于解体，要么沦为单一国家主导的不平等合作。在制度设计上，超国家实体应尽可能广泛地容纳各个网络成员代表，决策和规则的执行要尽可能清晰透明，并且需要有足够稳定的机构设置和资金保障。建立高效、权威的超国家实体是跨国网络治理的前提，但在实际操作中需要网络发起者周密的思考和反复的协商，往往要花费大量的时间和资金成本，因此多数跨国合作网络并不具备真正起作用的超国家实体，这也是当前跨国网络治理效果普遍欠佳的重要原因。

双层架构式网络，由简单"单层次"网络向复杂"多层次"网络的过渡。跨国电力合作网络以国家合作为主体，但网络的形成和发展不仅取决于国家之间的行为，还涉及地方政府、企业、非政府组织等多重主体。因此，要鼓励中国与美国等区域外国家在东南亚重大能源基础设施建设项目中进行合作，鼓励企业、学术机构、非政府组织与其他国家的相应官、产、学机构开展合作，在跨国网络的基础上形成以地方政府、企业和非政府组织为主体的"子网络"，与国家之间的"主网络"相互配合，形成一个彼此嵌套和功能互补的多层次网络治理体系。

"网络小集团"理论，从双边一体化到全面一体化。整体而言，泰国和越南是次区域五国中经济较为发达的国家，两国的电力供求之间均存在较大缺口。同时，老挝和柬埔寨也将电力出口作为重要的经济增长点。因此，泰国和越南对加强互联电网建设都抱有较高热情，在两国的共同推动下，次区域的中南部已经形成了一个较大互联电网的雏形。

2. 治理机制设计

网络整体治理模式的顺利运作需要一系列制度机制的支撑，包括决策、协调、沟通、激励、分配和冲突解决等。在跨国电力合作网络中，有效的决策和协调机制是网络治理最重要的制度元素。电力系统的实时平衡性要求调度统一化，电力的技术经济特点使得统一决策和协调机制建设比在其他类型的网络中更加重要（朱立、汪戎，2009）。在决策沟通机制上，可从既有的多方外长会晤机制入手，逐步提升其级别以加强协调能力和涵盖更广泛的合作领域；努力巩固各方战略对话，增进相互信任，降低机会主义和违约风险。

在激励和利益分配机制环节，需要更注重发挥市场化手段的优势，用市场机制调节各方利益关系，为此需要建立统一的电力贸易中心，实现更大范围内资源的优化配置。近些年来，随着云南、缅甸和老挝水电资源的持续开发，泰国、越南等国的进口电力需求持续旺盛，统一协调的电力贸易平台对降低大湄公河地区国家间电力交易成本，有效规避电力贸易风险显得尤为必要（程俊、王致杰、贾晓希等，2013）。

网络治理中的另一个机制要件是网络中风险防范机制的确立。由于历史地理因素，互联互通建设将在未来相当长的一段时间，面临沿线国家交通通信等硬件设施缺乏、制度体制不兼容、市场开放难度大、文化宗教冲突深、地缘政治风险高、政局动荡不稳等一系列挑战，从而给网络合作带来潜在风险，同时，我国当前在对外合作项目的风险评估、预警、应急和保险等各方面的机制尚不健全，信息渠道、人才储备、应急管理能力都有待提升。因此，要增强网络中的风险识别、预警和管理能力建设，尽快建立跨国电力合作的仲裁机构，保证在稳妥、审慎的前提下循序渐进深化合作。

3. 动态适应调整

跨国合作网络的治理不仅与网络本身的特质有关，还受制于网络中各个节点——也就是参与国家的特征。为此，我国作为网络中的一员也需要出台相应的配套机制,来更好地参与到网络治理中。考虑到跨国合作的政治敏感性,地方政府和大型电力企业可作为跨国电力合作的先锋,这种"企业—地方政府"层面的合作,因不涉及"非传统安全"问题,而更容易被有关国家接受(李智、屈维意、张梓,2015)。为了推进这种形式的合作,要求进一步加强国内简政放权改革和政府职能转变,赋予地方政府和企业更大的自主权,积极鼓励企业"走出去",推动人民币国际化步伐,提供相应的税收优惠和法律支持等。

在整体治理模式上,跨国电力合作网络应该遵循三个基本原则。第一,由"主导组织治理"向"外部独立组织治理"过渡。在网络合作涉及主体众多,合作内容复杂多变的情况下,"参与者平等治理"模式很难应对不断攀升的协调成本。然而,"一带一路"倡议的基本精神和国家的主权性要求,又不允许出现某个主导国家对网络施加统一控制。在这种情况下,基于第三方的"外部独立组织治理"成为网络治理的理想模式。迄今为止,大湄公河次区域的电力贸易一直在双边基础上开展,主要方式是签署政府间备忘录和长期购售电协议(韩宝庆,2007);与之相似,中俄两国间在电力合作方面也缺少一套从宏观到微观的专门机制,通常都是在国家领导人达成意愿后,临时组建小组进行具体安排(陈柯旭,2009);合作网络中缺乏一个多边、权威、高效、能及时解决实际问题的合作协调机制,影响了合作的步伐和效率。在这种情况下,有必要由参与各方共同发起并成立专门的网络治理实体机构,对合作网络的事项进行专门管理和统一协调;并确保管理人员构成和投票权分配在各个国家的均衡,以避免出现一家独大的单边控制情形。

第二,由"小群体"向"大网群"过渡。相对石油、天然气、煤炭和核电合作,电力合作的安全性要求更高,使得合作只可能在政治关系友好和经济关系紧密的国家间才可能展开。同时,电力互联互通要求不同市场的电力系统在物理上互相连通,使得合作受制于地理距离,往往只能发生在相邻国家之间。针对这一现实,欧盟的经验表明,较为合理的做法是首先加强相邻国家间的输电通道,使其能够成为一个统一的区域电力市场，然后随着市场的不断开放，在市场成员的推动下，自发地过渡为区域统一市场（李瑞庆、方陈、夏清等，2009）。用网络理论的语言表述，就是优先选择政治或经济安全度较高的国家开展合作，形成网络中的"小群体"，再通过"小群体"向外产生辐射效应和示范带动效应，逐渐吸收处于原有网络边缘地带的国家加入网络合作体系，构建涵盖范围更广的"大网群"。这种渐进式扩张的模式要比一开始就建立包罗完整的网络遇到的政治阻碍和消耗的经济成本更低。

第三，在深度参与国际间合作的同时要继续推动国内市场的改革。中国在计划经济年代电力价格偏低，电力工业长期处在缺电或严重缺电的环境之下；而在改革开放后由于实行新的电价制度，导致电价偏高，与国外电力价格出现较为明显的差距。稳定合理的价格是确保电力合作的前提，为此需要进一步改革国内电力市场，推动市场化定价机制的形成。同时，鼓励建立电力多变合约市场、发电权交易市场、集中竞价交易市场，来增加国家间电力贸易额与交易效率（吴添荣，2013）。

第五章　电网跨国互联建设与运营的制度分析

近年来，亚洲一些国家先后提出要建设亚洲跨国互联电网。1998年，俄罗斯就提出一个"亚洲超级圈"跨国电网计划。2012年，日本再生能源基金会（JREC）提出一个"亚洲超级电网"计划。"亚洲超级电网"与"亚洲超级圈"内容基本相同，都计划建设一个连接蒙古、日本、俄罗斯、中国和韩国的泛亚洲跨国电网，将蒙古的可再生能源电力通过超高压直流电缆输送到亚洲的用电大国。这一构思得到了中国、俄罗斯、韩国电网运营商的支持。2015年，中国国家电网公司则进一步提出要构建一个以特高压电网为骨干网架的全球能源互联网（刘振亚，2015）。不过，直到今天，这些"规划"距离真正的跨国电网的形成还有相当一段距离。

电网从孤立系统走向互联互通，从小规模系统走向大规模系统，从国内互联走向跨国互联发展的驱动力，有技术方面的，也有经济方面的。从技术方面看，电网互联互通带来如下收益：一是电网互联互通后，互联电网可以通过共享部分备用容量提高电网运行的可靠性，降低对备用容量建设的需要；二是电力系统之间的互联互通可以提供从燃料到发电技术的更为多样性的发电机组组合；三是电网互联可以增加负荷多样性，使负荷变化更为平滑，从而提高负荷因子。从经济方面看，不同电网之间的互联互通不仅可以实现规模经济和减少投资而带来的成本节约，而且可以实现一个大系统内的发电资源调度，优化资源配置和环境改善。

然而，电网互联互通的上述"收益"并不能随着电力基础设施建设的完成而完全实现。基于电网物理互联的电力交易仅仅实现互联双方基于"互通有无"的贸易，但不能保证其是以成本最低的方式实现的。无论是电网互联双方电力高效率交易，还是互联电网范围内所有电源与电网容量的有效配置，甚至电网吸纳更多可再生电力，推动电力系统的低碳化转型，都需要与之配套的完善的制度体系。

一 欧洲电网跨国互联：物理互联与制度一体化的关系

（一）欧洲电网从跨国互联到超级电网

欧洲电网主要由欧洲大陆电网、北欧电网、波罗的海电网、英国/爱尔兰电网、俄罗斯/独联体国家电网等跨国互联同步电网构成。欧洲大陆电网是目前世界上最大的跨国同步互联电网，以400 kV（380 kV）交流电网为主网架，通过220 kV和400 kV（380 kV）交流线路互联，覆盖欧洲大陆24个国家和地区的29个电网运营商。跨国互联线路将近300条，电力交换能力超过100GW，为欧洲统一电力市场电提供了物理基础。

俄罗斯/独联体国家电网（IPS/UPS）由一些独联体国家的电网所组成，采用相同的运行模式以及统一的集中调度，横跨8个时区。IPS/UPS最初由除中亚国家之外的所有前苏联国家的电网组成。2001年，除土库曼斯坦之外的中亚国家加入了IPS/UPS同步电网，但2009年乌兹别克斯坦和塔吉克斯坦退出同步电网。目前，IPS/UPS与波罗的海国家电网实现了同步互联，并通过容量达1420MW的背靠背高压直流输电在芬兰与北欧电网相连。

北欧电网由挪威、瑞典、芬兰和丹麦东部电网构成，以220—400 kV线路为主网架，通过高压交、直流线路联网，形成容量互补和互为备用的联合电力系统。北欧电网与周边的俄罗斯、爱沙尼亚、德国、波兰等通过高压交、直流线路互联（宋卫东，2009）。

英国国家电网与法国北部、北爱尔兰自治区、英属马恩岛，以及荷兰相连接。其中，英国与爱尔兰电网与欧洲大陆电网实现了互联。

为实现欧盟提出的到 2020 年可再生能源发电占比达到 20% 的目标，促进大规模可再生能源的接入和跨国家之间的电力平衡及远距离电力传输，2010 年 10 月，包括德国、法国、比利时、荷兰、卢森堡、丹麦、瑞典、爱尔兰和英国等欧洲十国公布了北海超级电网计划，该计划提出将苏格兰的海上风力涡轮机、德国的太阳能阵列、比利时和丹麦的波浪能发电站与挪威的水力发电站连接起来，形成贯穿从北海到欧洲大陆北部的联合北海电网，通过广域范围内的资源互联，可实现风能、太阳能、水电、波浪能等多种资源的互补互济，形成环网状或放射状的多端直流电网。

北海电网是欧洲超级电网的一期工程。根据欧洲"超级电网 2050"计划，北海超级电网将与德国 2009 年 10 月在撒哈拉沙漠启动建设的大型太阳能项目"沙漠科技"组成一个有机整体，形成跨越欧洲、中东、北非的跨洲超级电网。届时，将覆盖 50 个国家、11 亿用户、约 4000TWh 的电力需求（范松丽、苑仁峰等，2015）。

"超级电网"的含义是 20 世纪 60 年代英国在其电网导则中首次加以定义的。超级电网实质是一个广域输电网络，用远距离输电设备将不同种类的发电系统连接起来，以利于可再生能源的远程输送。超级电网并不仅仅是在已有电网基础上进行延伸，而是在此基础上再叠加一层直流网络，形成的交、直流混合电力系统。（姚美齐、李乃湖，2014）

欧洲电网跨国互联区的基本目的是在确保电力供应安全性和可靠性的同时，实现更大地理范围的电力资源配置优化，提高电力系统的效率。而"欧洲超级电网"设想的提出，则是为了在确保电力供应安全性和可靠性的同时，推动目前电力系统向低碳化转变。然而，伴随着各国电网的物理互联规模的扩张，以及欧洲超级电网建设的推进，没有相关电力制度的跟进，上述目的将很难实现，或者实现的成本将是极其高昂的。欧洲电网互联发展的经验表明，有两项电力制度对跨国互联电网实现高效运营至关重要：一是欧洲电力市场化改革与市场一体化制度建设，二是欧洲电力监管制度的协调与统一。严格地说，电力市场监管也是市场一体化制度建设的组成部分。不过，这里从强调制度协调重要性角度，我们将电力市场监管制度和电力市场内容建设本身分开来讨论。

欧洲国家自20世纪90年代初期启动了电力市场化进程，但大多数国家的电力市场化限于本国范围内。欧洲国家发电侧电力市场化程度较高，上网电价由市场机制形成；输配电价形成机制，根据电网公司的成本和利润空间设定。除极少数国家外，欧盟各成员国都已经基本建立了电力市场，对所有终端用户开放了购电选择权。

然而，相应的电力法律体系和电力市场建设很少针对电网跨国互联和电力跨国交易来制定，缺乏电力跨国交易的统一监管规则，电力跨国交易费用高。这种以"国内为导向"的市场制度显然难以满足日益增多的电力跨国交易需求。特别是，随着风能和太阳能的不断开发，波动性可再生能源电力对各国电力系统的冲击日益增加。因此，建设欧洲统一电力市场越来越成为欧洲各国的共识。

作为建立欧洲统一电力市场的第一步，欧盟2004年提出了在欧洲建设伊比利亚电力市场、意大利电力市场、东南欧电力市场、西欧电力市场、东欧电力市场、英国和爱尔兰电力市场、波罗的海电力市场、北欧电力市场8个区域市场的计划。其中，北欧电力市场1995年以挪威电力交易中心为基础开始建设，瑞典、芬兰、丹麦、德国分别于1996年、1998年、2000年、2005年加入。2006年，法国、比利时、荷兰联合成立了中西欧电力市场。2007年，伊比利亚电力市场正式成立。与中西欧电力市场不同的是，西班牙和葡萄牙两国现有的电力交易中心仍旧保留，但是被赋予了不同的职能，西班牙电力交易中心负责两国的日前电力市场，而葡萄牙电力交易中心负责运行期货市场。英国和爱尔兰电力市场、意大利电力市场，从市场规则构建、运营角度看相当成熟；东南欧电力市场、东欧电力市场、波罗的海电力市场正在不断完善中（万海滨，2013）。

欧洲各国电力监管制度的协调与统一。与欧洲市场一体化进程相适应，欧洲在法律和组织机构层面采取了一系列动作，包括成立相关超越国家层面的跨国监管机构，修订相关法律等。

2003年，欧洲电力与天然气监管机构（ERGEG）成立，该机构由27个欧盟成员国的能源监管机构组成，致力于促进欧盟内部电力与能源市场竞争与国家监管的协调。2007年，欧盟委员会提出第三能源法案（法案于2009年生效），该法案除了要求提高并统一公共服务义务和消费者保护标准，要求进一步进行电力和天然气垄断环节剥离外，还提出建立相关超越国家的机构来协调欧洲电力运行和监管。

根据第三能源法案，2008年6月，欧盟理事会通过了独立传输运营机构（ITO）方案。该方案将欧盟原有传输运营商（TSO）网络调度与运行合一模式转变为网络调度与运行分离，将网络调度交给独立传输运营机构（ITO），允许一体化公司保留对输电网络的产权，ITO与电网公司可以属于同一母公司，但必须独立成为子公司，以便于对其加强监管（熊祥鸿、马丽萍，2014）。2009年成立了欧洲传输系统运营商机构（ENTSO-E，The European Network of Transmission System Operators）。该机构由来自欧洲35个国家的42个电力传输系统运营商（TSO）组成，负责协调管道和电网接入规则，调整和保障输送网络规划，更好地利用通道资源。2011年3月成立能源监管合作机构（ACER，The Agency for the Cooperation of Energy Regulators），以加强成员国之间跨境监管。目前，ACER职责主要包括：收集相关数据，监控和调查国家和跨境层面的市场滥用行为，即所谓的"市场完整性和透明度监管（REMIT）"；与所有利益相关方密切协商制定网络技术规范（code）框架指南，为欧洲委员会提供关于网络技术规范草案的意见和建议，等等。总体上，ACER和ENTSO-E已成为欧盟层面上制定市场规则和技术规范的重要主体。

（二）未来欧洲统一电力市场与监管制度的关键内容

目前，欧洲统一电力市场的建设依然处于推进之中，其中有关未来欧洲统一电力市场设计的相关制度并未完全成形，或者达成一致。从欧洲统一市场的关键组成部分即输电通道可用容量计算，日前电力市场、期货电力市场、日内平衡市场、实时平衡市场、市场监管等6个部分，其中期货市场、实时平衡市场及市场监管部分的设计甚至还没有明确意见，其余部分各国也仅仅在设计原则上取得共识。

一是确定输电线路可用容量计算方法。由于不同报价区域联络线可用容量的计算结果是日前市场计算成交电量和电价时的重要边界条件，为了避免浪费输电通道资源，欧盟要求欧洲大陆各同步电网的电网公司（TSO）建立并使用统一的电网模型，建议全欧洲的 TSO 都能共享统一的电网模型，并使用基于潮流的可用容量计算和分配方法。然而，目前推进的难点在于各 TSO 不愿共享电网模型。

二是日前电力市场阻塞管理方法。欧洲电力市场常用的输电线路阻塞管理方法有 3 种：第一种是物理输电权及其显式拍卖法。对可能阻塞的输电线路在日前市场开始之前进行拍卖，TSO 根据市场参与者提交的输电容量需求和报价，将输电容量分配给报价高的市场参与者。这种方法由于市场参与者是根据对日前市场的价格预测进行报价的，往往造成输电线路价格过低或者线路容量没有充分利用。第二种是金融输电权及其"隐式拍卖"法。所谓"隐式拍卖"就是将输电线路容量约束纳入日前电量优化中统筹考虑。如遇输电阻塞，则市场分割成不同价区，电力总是从低价区输送至高价区。第三种是再调度或反向调度。与第二种方式不同的是，这种方式一般不再重新计算分区电价，而是由 TSO 利用各市场成员的调整报价来解决，从而在阻塞发生时难以为各市场成员提供有效的价格信号。基于三种方法的优劣，欧洲统一市场在日前市场设计时建议跨国输电线路的阻塞管理采用"隐式拍卖"法。但这要求跨国联网的两个国家的电力市场具有一致的市场规则。

三是日内平衡市场。欧洲统一市场的日内平衡市场包括一个全欧范围内的实时可用输电容量管理模块（Capacity Management Module）和日内交易报价全欧共享模块（Shared Order Book Function）。日内平衡市场将根据实时更新的可用输电容量，按照先到先得的原则对全欧日内交易报价进行撮合成交。这同样要求各国的日内平衡市场根据上述要求调整相关规则，并进行全欧日内平衡市场的调试（何样、魏萍，2013）。

二 电网跨国互联的制度分析框架

电网互联互通，无论是在一个国家内部，还是不同国家之间，其技术和经济效益的实现，不是仅仅通过跨境联网线路（interconnnectors）建设就能够得以实现的，同时需要相关制度的配套和协调。否则，跨国联网线路建设难以被顺利推动，即使联网线路被建设完成，也难以得到充分有效的利用。因此，制度分析是电网跨国互联问题研究不可缺少的内容。

（一）从"功能"实现角度看电网跨国互联的制度要求

电网跨国互联，不是为联而联，为通而通。电网跨国互联首先是互联国家的电力系统之间要有电力交易的需求；其次是跨国互联后的电网可以实现更大范围内发电资源的高效率利用，负荷特征的多样化，以及整个电力系统的效率提升与可靠性加强——从产生的后果看，通常被称为互联互通的"效益"。但事实上，将之视为电网互联互通的"功能"或"作用"，能够更好地理解电网互联互通产生和发展的缘由，特别是对于电网跨国互联而言。

这些"功能"完全实现取决于两个条件：一是物理条件，即联网线路的建设；二是运营条件，即联网线路得以有效利用，以及通过联网线路实现连接电力系统效率和系统可靠性的提升。从欧美等国实践看，电力市场是实现联网线路高效运营的最佳手段。不过，这两个条件都离不开相关配套制度的建设、完善和协调。

从制度分析的角度，电网跨国联网实际上是围绕跨境联网线路的建设与运营进行相关制度的建设，包括联网国家的市场制度建设与协调，相关政策与监管的协调。也就是说，一条跨国联网线路建设时，涉及电网联网国家内部的电网建设市场的建设、完善与跨国协调，相关政策和监管框架的建设、完善与跨国协调；跨国联网线路建成运营时，则涉及联网国家内部的电力交易市场的建设、完善与跨国协调，以及相关政策和监管框架的建设、完善与跨境协调。

由此，可以得到电网跨国互联的制度分析框架（图 5-1）。

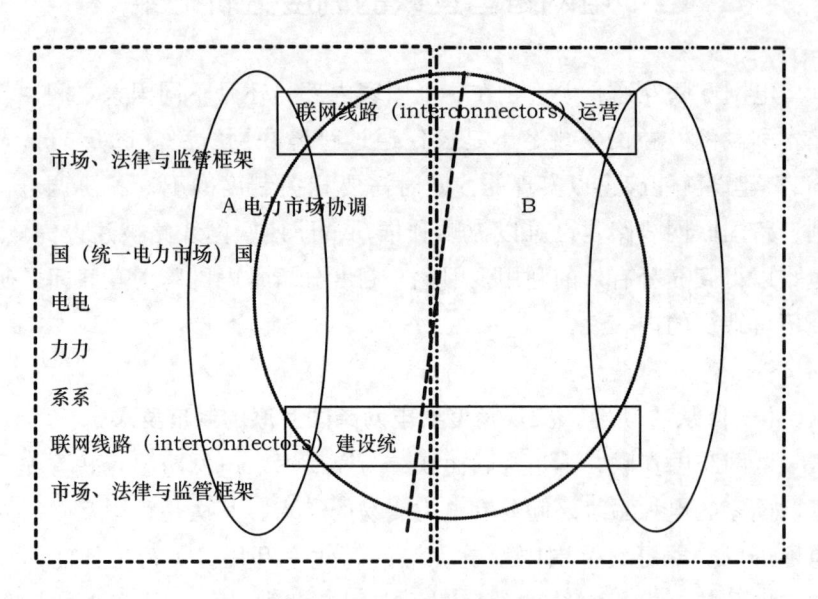

图 5-1　电网跨国互联的制度分析框架

如图 5-1 所示，假定在 A 国电力系统与 B 国电力系统之间建设一条联网线路实现两国电力系统的跨国互联。跨国联网线路建设完成并有效运营后，能够通过两国电力贸易、更大范围的电源优化配置和电力供需匹配实现两国电力系统效率优化。但是，联网线路上述"功能"的实现，涉及从建设到运营过程中的大量制度的建设和跨国协调。

首先，与跨国联网线路建设相关的制度主要包括电力建设市场制度和相关国家政策和监管框架。一般来说，跨国联网线路建设位于哪个国家，就遵守哪个国家的相关法律、政策和监管，包括与电力联网建设有关的市场、政策和监管。其次，与跨国联网线路运营有关的制度则包括电力交易市场制度、联网国家相应的政策和监管及其协调一致。如果说，跨国联网线路建设方面的制度条件主要遵守线路选址国国内的法律、政策和监管，那么跨国联网线路运营方面的制度条件则是联网国家之间法律、政策和监管的协调一致。因为联网线路运营的核心内容是电力交易，而联网国家之间统一电力市场建设与相关制度的协调一致是电力跨国交易高效率进行的前提。当然，无论是联网线路的建设，还是运行，都面临着国境线存在所导致的网络技术界面和制度界面的衔接问题。

从制度的类型看，电网跨国互联所需要的制度条件可以区分为跨国法律协议，相关市场制度建设、完善和协调，以及法律与监管框架的协调三个方面。

（二）跨国法律协议

电网跨国互联的制度条件的第一项是跨国法律协议。在通常情况下，电网跨国互联的国家之间并不存在一个超越国家的双边或多边国际机构来协调和处理相关事宜，大量的事情要通过两国政府或者政府授权的机构之间签署双边或多边专项法律协议来处理。

需要注意的是，这类跨国法律协议对于具有完善电力市场制度的国家和市场很少发挥作用，甚至不发挥作用，虽然内容细节要求不同，其在跨国交易中的重要程度也不同，但从类别上，这类跨国法律协议应该包括如下内容。

1. 跨国联网线路建设的相关法律协议

这一方面的跨国法律协议主要与跨国联网线路的研究、规划、建设有关。主要包括如下几类。

一是为确定跨国联网最优方案而共同研究的法律协议。跨国联网线路在建设之前，相关国家肯定都会提出自己认为"最好"的联网方案。为了使最后形成的联网方案尽可能适合所有互联国家的需要，相关各方必须要对方案进行沟通。需要通过法律协议来确定由谁，以及如何开展跨国联网技术方案研究。为开展这些研究，相关国家共享电力需求、电力系统、电力发展规划、环境和技术方面的信息交换与知识产权保护。此外，相关国家如何为开展这一研究所需要提供资金也需要在协议中做具体规定。

二是电力线路与相关基础设施选址的协议的跨国联网线路技术方

案确定后，电力线路及其相关基础设施所要经过的土地方向和范围也就确定了。在电力线路穿越国境线的情况下，相关国家需要签订电力线路和相关基础设施（如变电站和控制中心）的选址协议，就如何为联网线路建设提供公有土地通过权进行谈判，以及为线路所通过的私有土地谈判提供协调。

三是选择联网线路建设承包商的程序的协议。选择承包商的基本原则是根据公平、公开、公正和非歧视原则对所有具备法定资质的相关企业开放机会。然而，不同国家，对于线路建设可能有不同的法律规定和惯例，有的国家对电力线路建设承包商可能还有"资质"或"地域"的歧视性规定。相关国家通过跨国协议详细规定一个系统公正的承包商选择过程与相关监督程序，对于选择合格的联网线路建设承包商，防止承包商贪污，确保工程质量，都是非常必要的。

四是联网线路的环境规制的协议。电力线路对所经过的环境或人产生影响，因而各国环境方面的法律和规制有具体影响。比如，特定电压和容量的传输线缆路权的宽度，地面上方和交通路口的导体所需要的长度，电线必须与周围植物、人类件所保持的距离等。这些环境规制标准，不同国家可能是不同的，因此，跨国联网电力线路建设之前必须在相关法律协议中协调好上述环境规制标准。

2. 跨国联网线路运营的相关法律协议

一是电力联网线路运营协议。联网国家之间必须就跨国联网线路的运营达成相关协议，主要内容有：应该由哪一类实体（国有运营商、私有运营商，或者新成立的合资运营商）来运营这一联网电力线路，各国政府如何与该实体合作确保电力互联线路的正常运营，以及哪个机构负责监管运营商的行为。此外，协议还应对发电商、网络运营商和电力用户的权利和责任做出明确规定。

二是电力销售与定价协议。电力销售协议通常要规定卖方有义务提供一定数量的电量和买方有义务购买一定数量的电量，以及不履行义务的经济处罚条款。当然，自然灾害、流行病和战争等不可抗力导致的电力交易和传输数量的减少，不视为违约。在有的国家，如果电力供应中断是由于安装、维护、维修或设备更换导致的,也不被视为违约。

电力定价协议规定买者必须支付的价格和卖家将收到的款项。电力定价协议期限通常很长。电价可能是长期不变的,也可能会随着时间而有一个固定的提升比率,随着一个或多个国家价格指数而上升。协议通常规定支付所使用的货币。发展中国家的跨国电力销售和定价协议通常规定以硬通货支付,比如美元或欧元。

三是电力线路安全协议。电力联网线路安全协议主要规定防止联网线路受到攻击或者危害网络安全行为发生的责任,以及赔偿等问题。比如,对政府决策不满的团体可能会破坏线路,或者会非法搭线,或者偷电线组件,如何防范这些行为发生,以及这些行为发生后如何处理等内容,必须在跨国电力线路安全协议中加以规定。

(三) 电力市场一体化

跨国法律协议解决的是有相关法律和政策补贴的国家如何按照统一标准处理跨国联网线路建设和运营中出现的问题。简而言之,就是国境线存在导致的跨国联网线路的不同国家的技术界面和制度界面衔接问题。但是,各国在跨国联网线路范围内只有建立与联网线路建设和运营有关的市场制度,才能真正使跨国联网线路充分发挥其提高联网国家电力系统效率,优化电力资源配置的功能。

跨国联网线路建设完成后,相关国家通过电力跨境交易,以及联网系统内发电资源与负荷的优化配置,可以充分实现提高效率,降低全系统成本的功能。一般来说,电力跨境交易有三种模式,一是基于成本差异或独立发电商(IPP)进口的单向交易;二是国家电力公司之间的双向或多国电力交易;三是多买家,多卖家在市场上自由交易(IEA,2015)。这三种模式沿着市场复杂性增加方向发展。

统一电力(交易)市场制度之所以重要,从跨境角度,主要有两个重要原因。

第一,基于市场的电力交易使跨境协调成本更低,联网后的电力系统效率更高。因此,现有的跨国互联电网实现物理联网后,很快就会推动电力市场的统一。比如，20世纪北欧电网推动物理互联的同时，启动了北欧电力市场建设。北欧电力市场始于1993年建立的挪威电力交易所。此后，瑞典、芬兰、丹麦三国相继加入，形成了北欧电力市场，这是世界上第一个跨国电力交易市场。北欧电力市场采用自调度的模式，系统运营商公开发布系统运行信息并提供交易信息，发电公司的信息对相关的发电公司公布，现货市场每小时电价公开发布。正因为实现的物理联网与电力市场统一的协调推进和有机融合，北欧四国便可以充分利用本国的优势资源作为最主要的发电方式，同时在不同季节、不同地域间形成发电资源互补（赵禾杰，2015）。欧洲近年来大力推动欧洲"电力市场一体化"的目的也是为了更好提升已经实现了物理联网的欧洲电网的效率和灵活性，以应对快速增长的波动性可再生电力带来的挑战。

第二，统一电力市场可以更加有效的配置联网线路的"传输容量"。联网线路容量计算与分配不相匹配将导致联网线路的低效率使用，或者造成联网线路安全问题。在一个国家内部，电力线路的可用传输容量是由系统运营商（TSO）来计算和分配的。可以采取先到先得或者按比例分配容量，也可以采用市场机制。在跨国联网和很多不同的TSO需要协调的情况下，基于统一市场的各种形式的传输容量交易机制是更为有效的联网线路容量配置机制。

基于市场的跨国联网线路容量配置通过TSO和电力交易中心（PX）的拍卖来进行：每个市场参与者提供一个跨境传输容量需求报价。拍卖有显式拍卖（explicitauction）和隐式拍卖（implicitauction）两种方式。显式拍卖是将跨境线路传输容量独立于电量拍卖市场，单独向市场参与者拍卖的方式，而隐式拍卖则是把跨境传输容量拍卖包括在既有的电量拍卖之中的。

显式拍卖意味着跨境容量拍卖独立于电价，这给市场参与者带来更多的不确定性。因为市场参与者在不了解电力相对价格时就要参与跨境容量拍卖，因而显式拍卖的效率比隐式拍卖低。由于在跨国电力市场应用隐式拍卖需要应用更高协调水平的方法，而各国电力市场之间的差异导致这些方法难以使用，因此，欧洲电力市场的跨境容量拍卖主要采用显式拍卖系统（表5-1）。

表5-1　　　　　联网容量的分配与欧洲电力市场序列

Y+3	Y+2	Y+2	Y	日前市场	日间市场	平衡市场
显式年度产品	显式年度产品	显式年度产品	显式月度产品	隐式配置	隐式/显式配置	平衡服务
→→→→→→→→→→→→→→→→→→→→→→→→→→→→→→→→						
通过集中平台拍卖（物理传输权或金融传输权）				通过电力交易隐式配置	电力交易或OTC	TSO-TSO合作

资料来源：IEA（2014），Seamless Power Markets。

如表5-1所示，欧洲电网的跨境传输容量可以提前三年到数月通过显式集中拍卖方式进行分配。当时间进入日前市场时，通过显式拍卖确定以前传输容量的净值后，剩余网络容量通过隐式拍卖程序进行分配。近年来，为了改善传输容量显式拍卖的效率，加上波动性可再生电力的增加使日间市场和平衡市场变得更为关键。因此，欧洲电力市场将朝着使更多传输容量在日间市场和平衡市场分配的方向发展。

（四）法律与监管的协调或一体化

欧洲推动电力市场一体化的实践表明，协调国家层面的法律与监管是整合欧洲电力市场的一个关键。法律层面的协调一般通过法律修订和前面所说的"跨国协议"来处理，但是，在确保电力供给安全仍然被认为是一个国家的中央或者地方政府责任的情况下，这种协调将面临很大的挑战。欧洲立法明确规定，电力供应安全的职责归欧洲电力市场成员国。因此，很多在努力推进电网跨国互联的国家通常自觉或不自觉地在现有的国内监管框架下采取措施应对跨国电力交易行为。

事实上，对跨国联网线路运行中的参与者的日常行为进行监管，不是一个国家的地方政府或中央政府所能完成的。欧洲的监管者和系统运营商已经意识到这一问题，并采取了初步措施。比如，成立了欧洲电力控制中心（CORESO）和欧洲中部传输系统运营商安全合作组织（TSC）作为欧洲互联电网的系统安全协调中心，加强了传输运营商之间的数据交换。不过，这些跨国组织的核心功能仍然是系统安全，而不是市场功能。

从根本上讲，法律、监管和治理的区域一体化是应对基于电网跨国互联基础上的电力市场一体化的最有效手段，但难度极大。欧盟目前主要从两个方面推进这方面的工作。

一是推动相关法律和监管的协调和一致性。欧盟已经立法将电力批发、零售和内部交易的监管权赋予成员国监管机构，通过把欧盟指令转化为各国法律的方式确保一定程度的法律和监管的协调和一致性。2009 年，专门成立了欧洲能源监管机构合作组织（ACER），主要负责协调各国监管机构。目前看，ACER 职责主要包括：收集相关数据，监控和调查国家和跨境层面的市场滥用行为，即所谓的"市场完整性和透明度监管（REMIT）；与所有利益相关方密切协商制定网络技术规范（code）框架指南，并为欧洲委员会提供关于网络技术规范草案的意见和建议。不过，作为一个监管协调机构，ACER 的行政权力非常有限。

二是从协调电网跨国安全和可靠性方面，推动相应的法律、监管和治理一体化工作。因为电网安全与可靠性的区域和跨国协调是电力市场一体化推进的前提条件。否则，会导致联网线路的无效利用，阻碍电力市场一体化的有效推进。

因此，为实现电网安全与可靠性的跨国协调和一体化，至少需要采取如下措施，包括：实质修改现有的超国家或联邦立法，比如关于电力供应安全指令；澄清和统一参与电力市场一体化国家所使用的可靠性标准；区分和改进运营商使用的紧急协议的透明度，包括相邻管辖区域内部和区域之间的合同优先级，不同区域之间的负荷削减程序，以及可能影响市场价格的其他技术运行协议，等等。

三 从制度角度看中国电网跨国
互联面临的问题

在提出推动欧洲电力市场一体化之前,各国电力市场基本实现了"放开两头(发电和售电),管住中间(电网)",各国电力市场配置效率较高。并且,由于欧洲各国重点关注本国电网建设,用于联络线投资较少。因此,跨国电力互联线路容量不足成为一个常见问题。相比之下,中国无论是在国内,还是跨国电力合作中,高度重视电力投资,但相关制度建设严重滞后。从制度角度看,中国电网跨国互联面临的问题主要表现在三个方面。

(一)当前跨境线路建设与电力贸易停留在依靠国家之间协议推动的层面

回顾中国与周边国家跨境电力线路建设及其后续的跨境电力贸易,基本上是依靠两个国家之间,以及两个国家的相邻地方政府与电力公司之间签订协议的方式进行的。以中国与东南亚国家电网跨境互联和电力贸易为例,这种合作主要是在大湄公河次区域(GMS)经济合作框架之下进行的。

大湄公河次区域经济合作项目是亚洲开发银行于1992年倡议发起,包括中国、柬埔寨、老挝、缅甸、泰国和越南六个国家参加的区域性经济合作项目。由于电力是经济发展和实现区域经济一体化的重要支撑,所以电力合作和电力基础设施互联互通也成为该区域经济合作的重要内容。1995年,六国设立了次区域电力论坛(EPF),旨在促进次区域各国电力合作与交流。2002年11月,GMS在柬埔寨金边召开次区域首次领导人峰会,六国领导人签署了大湄公河次区域《电力互联与贸易政府间协定》(IGA),该协议是指导次区域电力贸易的重要政策性文件。2005年,GMS六国总理在中国昆明正式签署了《大湄公河次区域电力贸易运营协议》《区域电力贸易政府间协议》和《GMS跨境电力交易实施行动计划谅解备忘录》等。2012年12

月，GMS 各国签订了《关于在大湄公河次区域建立区域电力协调中心的政府间谅解备忘录》（黄娜，2014）。

中国一直是 GMS 电力合作的积极参与者，承担了 GMS 电力贸易协调委员会的各项工作，并成为大湄公河次区域国家电源与跨境电力线路建设技术、资金和电力的重要输出方。为了更好地推动跨境电力线路建设和跨境电力贸易，中国南方电网公司还与越南、老挝、泰国、缅甸等国电力公司分别签署了相关协议，有力地保障了跨境电网的建设和运营。

中国与蒙古国、俄罗斯的电网互联和电力进出口贸易，最初主要是通过两国地方政府之间签订协议来展开的，比如中国内蒙、新疆与蒙古国接壤的当地政府之间的跨境电力贸易。但近年来，这种合作开始提升到国家层面。比如，2012 年，中蒙两国签署《中华人民共和国和蒙古国关于建立和发展全面战略伙伴关系的联合宣言》中，专门提到电力合作和向中国出口电力问题；2013 年 3 月，中国国家电网公司与俄国统一电力国际公司签署《关于开展扩大中俄电力合作项目可行性研究的协议》，明确提出要扩大两国电力合作的规模和水平。2016 年 6 月，中蒙俄三国政府正式签署《建设中蒙俄经济走廊规划纲要》，其中专门提到要"研究新建输电线和新发电设备的经济技术合理性"。同月，中国、韩国、日本、俄罗斯有关企业签署了《东北亚电力联网合作备忘录》。

上述协议的签署，以及各个国家之间电力公司之间签署的更为细致的协议（比如跨国线路建设与运营的具体问题，电价与销售等），保障了中国与周边国家电网跨国互联的建设与运营，以及电力跨国贸易的正常开展。然而，从电网跨国互联的效益实现的角度来看，单纯依靠"跨国法律协议"来推动和保障的电网跨国互联是一种低水平的跨境电力合作：它能够保障互通有无意义上的电力跨境交易。前面提到，电网跨国互联效益实现的配套制度安排有"跨国法律协议""统一电力市场建设"和"法律与监管制度的协调和统一"。由于各个环节都缺乏基于市场机制形成的有效的价格信号，以及有效的监管协调，单纯依靠"跨国法律协议"无法实现跨国联网线路低成本的建设和高效率的运行。尽管在基本市场机制和有效监管协调的情况下，跨国联网线路的建设和运营也需要一些跨国法律协议来补充，但协议的内容和重要性是完全不同的。

（二）电力市场化改革滞后严重影响跨国联网线路建设和运行效率

跨国联网线路建设是跨国电力交易的物理基础设施，但即使从物理投资层面考虑，联网线路建设也不总是供电可靠性和系统充足性的成本最低的解决方案，而是需要一个包括发电容量、需求响应、储能和新的传输、配电基础设施投资的混合解决方案。

更进一步，跨国联网线路建设完成后，无论是实现联网系统范围内电力资源的优化配置、电网运行的安全性与可靠性，还是要实现更多可再生电力的有效配置，最终推动电力系统的"低碳化"转型，联网国家内部的电力市场制度建设，以及跨越国家层面的统一电力市场的制度建设都是必不可少的。当然，电力监管的改革与国家之间监管行为的协调和统一也是电力市场制度建设的必要内容。

欧洲在推行统一电力市场之前，各国已经基本完成了市场化改革，市场机制已在电力市场发挥着"决定性"作用。如图 5-2 所示，欧洲各国电力市场基本形成了由现货市场、远期/期货市场、电能市场、容量市场、辅助服务市场构成的有效竞争市场。

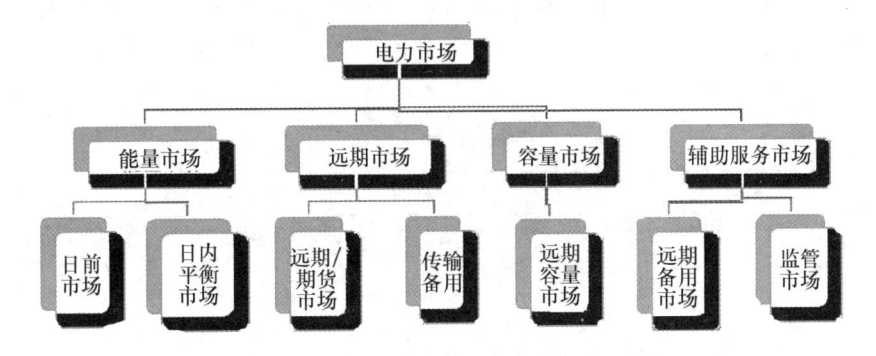

图 5-2　欧洲各国电力市场架构

即使如此，由于各国电力市场具体交易规则依然存在差异，跨国电力交易缺乏统一的市场规则，各成员国电力监管部门的权利和职能不尽相同，导致欧盟的监管规则难以在成员国内有效地执行。如此种种，导致欧洲各国之间市场协调困难，跨国电力交易成本高，更谈不上跨国联网建设与运营为电力系统低碳化转型作出贡献了。

相比之下，中国与周边国家电力市场化改革迟缓，不仅远远不能满足提升各国电力市场效率的需要，更无法为跨国电力市场建设提供有效的市场协调和监管机制。在电力市场发育迟缓，或者作用有限的国家，由于缺乏有效的投资和运营价格信号，政府或国有企业投资冲动强，而市场化改革动力弱；市场化改革滞后失去了通过市场机制提升现有电源和电力基础设施利用效率的时机后，又将进一步加大对电力基础设施投资需求。如果在电力市场机制充分发挥作用的情况下，这部分投资需求本来是可以避免的。

中国目前正在推进新一轮电力体制改革，但从欧洲电力市场化的程度看还差得很远，甚至连区域电力市场的建设也因为主导企业的阻碍而难以推动。俄罗斯与中亚五国，除俄罗斯通过电力市场改革基本建成了批发竞争电力市场外（柴凤奎、郭磊、马莉、魏玢、柴高峰，2009），中亚五国的电力市场基本处于由一家国有电力公司垄断或几家国有电力公司区域垄断的格局，有的国家甚至还处于居民用电不交钱的阶段（表5-2）。正因为如此，中国与周边国家（包括俄罗斯、中亚、东南亚等国）的跨国电力交易始终处于双边协议推动阶段。

表5-2 **俄罗斯和中亚五国电力监管与电力市场化现状**

国家	电力管理机构	电力市场化现状
俄罗斯	联邦能源部电力司、联邦反垄断服务局、区域电力委员会	基本建成批发竞争电力市场，俄罗斯电网公司统一管理输电和配电，形成零售侧竞争
哈萨克斯坦	能源部电力司、商务部自然垄断竞争保护委员会、能源部核能与电力监管委员会	发电、输电、配电和售电分离：1家国家输电公司，20多家区域配电公司，60多家发电公司，180多家售电公司。另有3家纵向一体化的垄断电力公司，建立了电力批发市场，电价由政府最高限价

续表

国家	电力管理机构	电力市场化现状
土库曼斯坦	土库曼电力与工业部	土库曼斯坦国家电力集团负责管理经营国内所有电站和电网,土库曼斯坦电力工程集团负责国内电力设施建设。两大公司均隶属于电力与工业部,居民免费用电
乌兹别克斯坦	财政部,经济部与内阁,反垄断委员会国家电监会	国家通过国家电力集团控制全球电力生产和输配,国家电力集团共拥有54家子公司、41家合资企业、11家独资公司和2家有限责任制公司
塔吉克斯坦	能源部、反垄断企业家联合会、国家电力公司	1个国家电网(输电)公司,3个配电公司
吉尔吉斯斯坦	能源部	1家国家电网(输电)公司,4家配电公司

(三) 对电网互联对象国的法制与宗教文化风险没有足够认识

根据"全球能源互联网"计划的提出者和主要推动者——中国国家电网公司的规划,现阶段中国与周边国家实现联网有三个重点方向:一是丝绸之路经济带输电走廊,建设从中国新疆到中亚五国的输电通道;二是俄罗斯和蒙古向中国输电通道;三是与南部邻国联网通道。

然而,这些跨国互联输电通道建设基本上只有经济分析(事实上,这种分析也没有充分考虑近年来中国电力需求从高速增长向平稳增长转换的现实,其可靠性也是有问题的),并没有考虑电网互联对象国的法制、宗教文化风险等软环境的风险。这些风险的存在,不仅会增加跨国互联线路的建设成本,而且也会为建成后线路的有效运营带来不利影响,甚至有可能使建好的输电线路沦为摆设。

中国电网跨国互联的三个重点方向上的国家,包括俄罗斯、蒙古以及中亚和东南亚的国家,都存在着法律与宗教文化方面的共同风险。

第一,法律体系不完备,执法过程不透明。比如,根据俄罗斯法律,电网行业外资股权比例超过25%时,联邦政府需对创建合资企业的交易进行预审，但并未对交易预审的程序、标准、规则等进行明确规定，而且实际执行过程不透明，执法公正性存在问题。另外，俄罗斯地方政府在政策制定与执行方面拥有较高权限，地方政府电网投资在税收、征地、环境保护等方面法律法规不完善、不稳定和不一致问题突出。

第二，存在宗教和文化分歧或冲突的风险。中亚国家主体民族主要信奉伊斯兰教，与中国人在文化、习俗与价值观上差异较大。一般民众对中国的态度远不如官方，对中国人不友好的行为时常发生。即使是政府部门，对于涉及土地、能源或基础设施等敏感因素的外国投资也通常持谨慎态度（郝一帆、杨丝逸，2012）。宗教信仰、文化习俗和劳动习惯等方面的差异，以及在宗教原教旨主义、国际恐怖主义和民族分离主义等"三股势力"挑唆下的敌视态度，对跨国互联线路建设与安全运营都是潜在的重大影响因素。

第三，地缘政治因素对国家之间政治充分互信的影响也会妨碍跨国互联工程及其运营的开展。比如，理论上讲，中国与东南亚各国在电力合作上有很好的前景：电源结构存在着互补性，东南亚各国随着经济发展对电力的需求将会持续增加，但缺乏技术与资金，中国有从发电到网络的技术和制造能力。然而，由于部分国家担心中国在该区域影响过大妨碍其区域影响力。

上述风险，现实中往往变成妨碍跨国电网互联和运营的阻力，最终甚至会导致相关投资项目的失败。有学者通过对近十年来中国对"一带一路"沿线国家投资情况进行了梳理发现，2005—2014年上半年期间，中国对"一带一路"沿线国家的国家大型项目投资存量为1252亿美元[1]，其中投资失败的大型项目数量为32个，项目金额达560.2亿元。[2] 也就是说，十年投资总额的将近一半（占比44.7%）

---

[1] 这些大型项目投资涵盖能源、金属矿石、不动产、交通等行业，其中一半以上是能源项目投资。

[2] 投资失败包括两种类型：一是在投资准入壁垒等因素的作用下，项目投资活动被迫取消，如并购失败、绿地投资取消等；二是项目的收购或投资过程已完成，但项目经营因政治动荡、社会不稳定或市场环境变化而失败。

打了水漂。

从行业分布看，我国在"一带一路"沿线国家大型项目投资失败的总金额中，72.4%来自能源项目。从区域和国别看，失败项目主要集中在西亚和东盟地区，分别占投资失败项目总额的52.7%和28.5%。

中国在中亚地区投资失败的项目主要位于哈萨克斯坦和乌兹别克斯坦，在独联体地区的投资失败项目主要分布于俄罗斯，中东欧地区的失败项目主要位于波兰和保加利亚。中国在西亚地区投资失败的大型项目分布在伊朗、叙利亚和沙特阿拉伯。其中，伊朗是中国在西亚地区投资失败的项目金额最多的国家。

中国企业经历投资失败的东盟国家包括菲律宾、缅甸、越南、新加坡、柬埔寨、泰国、印度尼西亚等国。缅甸国内政治局势的变化导致中缅密松大坝工程和中缅合资的莱比塘铜矿项目被叫停，中缅皎漂—昆明铁路工程计划被取消；柬埔寨首相下令暂停建造中柬合作大坝；泰国政局动荡导致中泰"高铁换大米"计划流产；菲律宾拒绝中方技术人员参与菲国内的电力输送工程，为中国国家电网公司（持有菲律宾国家电网公司40%的股权）在菲律宾的正常业务运营设置了障碍（王永中、李曦晨，2015）。

四 结论与建议

从功能而言，电网跨国互联可以分为两种类型：第一种类型是相邻国家经济发展水平有较大极差，且市场在电力配置基本没发挥作用，或者作用很小的国家之间实现电网跨国互联，比如中国与周边国家的电网跨国互联互通；第二种类型是经济发展水平相近，且电力市场制度较为完善的国家之间实现电网跨国互联，比如一些欧洲国家建成的区域电网，以及欧洲统一电网。

第一类电网跨国互联通常是经济水平高的国家电力需求增长较快而国内电力供应无法满足需求，或者只能以高价格满足需求；而发展水平较低的邻国有低成本的发电能源资源。电力跨国交易通常是单向流动：即跨国互联互通电力线路的功能就是从电力供应成本低的国家向电力需求旺盛的国家供电。因此，两国都有动力推动电力互联互通线路建设，并且后期正常运营（电量跨国交易）主要通过两国政府和两国运营商之间达成的系列跨国法律协议，包括电量和价格达成协议即可进行。基于这一类电网跨国互联基础上的电力跨国交易主要解决"互通有无"问题，对互联国家的电力系统优化作用很小。

第二类电网跨国互联不是一个国家向另一个国家单一方向电量流动，而是通过实现电网互联各国电流双向流动，实时实现互联国家电力系统内资源（电源与电网等各类基础设施）优化，在确保供电安全和可靠性前提下实现全网供电成本最低。这类电量的跨国交易仅仅通过政府和电力系统运营商的双边协商很难有效率的实现，必须通过完善各国电力市场交易制度，构建统一的电力市场来实现。换句话说，这类电网跨国互联互通的实现需要复杂的制度条件。

在全球大力推动可再生能源发展替代化石能源，实现能源转型的大背景下，电网跨国联网具有了新的内涵和意义。德国等欧洲国家能源转型的经验表明，电网跨国互联线路和跨境电力交易是有效提升电力系统灵活性，应对波动性可再生电力大幅提升对电网冲击的有效手段。当然，这种灵活性的充分有效发挥是以灵活市场和价格机制为基础的。

综上分析，我们认为，我国电网跨国互联应改变目前片面追求跨国联网线路投资建设的做法，转而以市场化改革和监管制度为重点。并且，推进工作的思路和重点也应该做相应调整。

第一，从系统效率提升（包括国内电力系统效率和跨国联网系统效率）和能源转型高度认识我国当前电力体制改革的重要性和迫切性，加快构建"两头"（发电和售电侧）竞争性电力市场，围绕加强"中间"（电网）重构有效监管体制。稳步构建包括现货与期货，电能与容量，以及辅助服务市场在内的完整电力市场体系。

第二，合理划分区域市场范围，加快区域市场体系建设。只有区域电网构成一个电力交易市场，且有足够的买方和卖方构成竞争性的市场、电力（电能与功率）交易价格和为跨国电网提供的电力系统服务（容量和辅助电力系统服务），价格通过市场竞争来形成，区域电力市场才真正具有提升系统效率的功效。这一方面，欧洲电网跨国互联和电力市场一体化经验，非常值得中国建设区域市场借鉴。

第三，跨国互联线路建设的推进，不应该在互联国家内部市场化改革停止不前的情况下贸然推进。在不考虑市场对投资和运营效率提升的情况下的投资，必然带来过剩和浪费。此外，考虑到我国经济进入"新常态"，经济增长从高速增长向中低速增长转变背景下，国内电力需求从高速增长向中低速增长的客观现实，在现阶段大力推动跨国联网线路建设做法的必要性是需要打折扣的。

第六章　跨境电力合作的案例研究：以北美电力合作为例

电网互联符合电力工业发展的客观规律，是世界各国电网的发展趋势。根据电网联结紧密程度，可以从地域上分为地区统一电力市场、跨地区联合电力市场、跨地区统一电力市场、国家联合电力市场、国家统一电力市场、跨国联合电力市场等（边伟，2003）。1901年美国和加拿大实现电网的跨境互联成为世界上开启区域电力市场化进程的重要起点，通过毗邻国家双边或多边的电网互联促进并形成区域电力市场已成为电力产业发展的重要趋势。截至目前，世界范围内的跨国互联电网包括欧洲互联电网（ENTSO-E）、北美联合电网、南部非洲联合电网（SAPP）、海湾互联电网（GCC）、中美洲互联电网（SIEPAC）、南美洲电网等。鉴于北美地区跨境电网互联起步最早、电力贸易规模可观以及互联电网运行规则与商业交易制度较为完善，本章以其为研究对象，重点对北美地区跨境电力互联历程、双边围绕电力贸易的规章制度调整与协调，以及促进地区市场建设面临的机会与问题进行分析，最后得出相关研究启示。

一　北美区域电力市场发展状况

（一）电网可靠性要求与电网互联

虽然美国和加拿大从20世纪初就开始了电网的跨境互联，但更大规模、更广区域范围的电网互联则得益于北美电力系统可靠性的迫切要求。在1965年美国东北部发生的导致纽约市和其他地区供电中断的电网故障后，美国的电力工业努力地实现了相邻电力公司的电网互联。其目的是通过允许相邻电力公司之间通过互联电网在出现电力系统的稳定性问题时能够互相提供电力援助，以此提高电力系统的可靠性。同时，为应对电力系统的可靠性问题，落基山脉东部电网、西部电网、得州电网于1968年成立自发的国家电力可靠性委员会（National Electric Reliability Council），之后到1981年，因加拿大魁北克水电系统的加入而建立了北美电力可靠性委员会（North American Electric Reliability Council）。可靠性委员会通过制定整个行业都自愿遵守的技术运行标准，促进电网间电力电量交易。例如，作为靠近加拿大的Newland地区，为了寻求提升电网的可靠性，成为最早进行跨境电力贸易的地区，同时，为了扩大同加拿大的国家间电力贸易来确保电力安全供应，于1971年成立了新的电力交易系统——New England电力联营体（NEPOO，是ISO-NE的前身），NEPOOL的成立为大规模的双边电力贸易奠定了基础，尤其是在1970—1985年。

与此同时，由于北美地区拥有世界上最为先进的电力联营体（power pools）和电力交易系统（power trading schemes），加之近几十年来尤其是北美自贸协定签署以来，美国与加拿大电力贸易的制度安排发展顺利，服务于电力贸易的发电和输电基础设施不断得到投资和应用。例如，位于美国东北部地区的世界上最为成熟的3个电力交易系统（power trading systems），即PJM互联、ISO-New England（ISO-NE）和纽约独立运营商（New York ISO），具体区域如图6-1（见148页）所示，任意一个都拥有独立的系统运营商（Independent System Operators）、灵活的交易市场和新基础设施的正常投资。因此，在很大程度上可以明确地说，正是基于区域电力之间的可靠性要求，不仅促进了美国国内区域电力市场的发展，而且互联相助也加快了区域电力设施的互联互通，致使在更大范围上实现跨境电网互联和更大规模的电力电量交易成为现实。

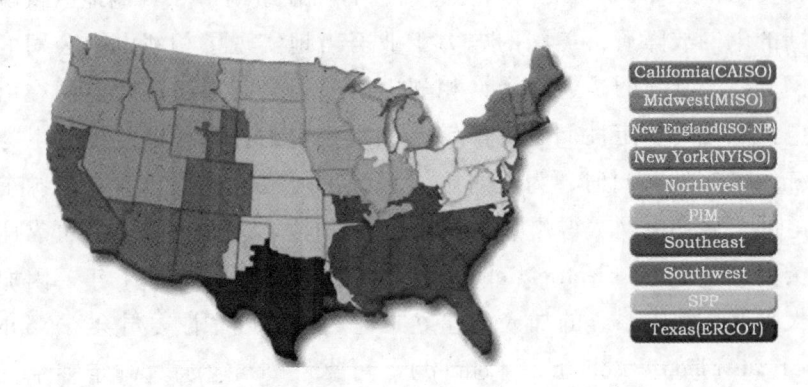

图 6-1　美国东北部三大跨境区域市场地理分布情况

（二）北美地区电力互联（The North American Regional Electricity Interconnections）

自从加拿大的安大略省（Ontario）和美国纽约（New York）在110多年前实现首次互联以来，双边跨境互联的输电线路不断扩展，目前，在加拿大和美国电力系统中，有超过35条互联输电线路共同形成了高度一体化的电网系统，并且可以毫不夸张地说，这个巨型网络联通的电力线路、发电设备和相关的交流系统成为了"世界上的超大型机器"（如图6-2所示，见149页）。

目前来看，北美联合电网由美国东部电网、西部电网、得州电网和加拿大魁北克电网四个同步电网组成，覆盖美国、加拿大和墨西哥境内的加利福尼亚州。由于加拿大的用电最高负荷出现在冬季，而美国的用电最高负荷出现在夏季，同时加拿大以水电为主，加拿大丰富的水电资源与美国大量的燃煤火电之间可以形成良好的互补调节，因此，美国北部各电力公司与加拿大魁北克、安大略等电力公司之间长期进行电力交换。从图6-3可以看出，目前每一个与美国结邻的加拿大边境省份都已与美国毗邻的州或数州实现了电力互联。电网之间的物理互联也使得一个日趋坚强、区域范围更宽广的电力市场得以形成，基于此，电力贸易在互联线路的任意节点得以发生。

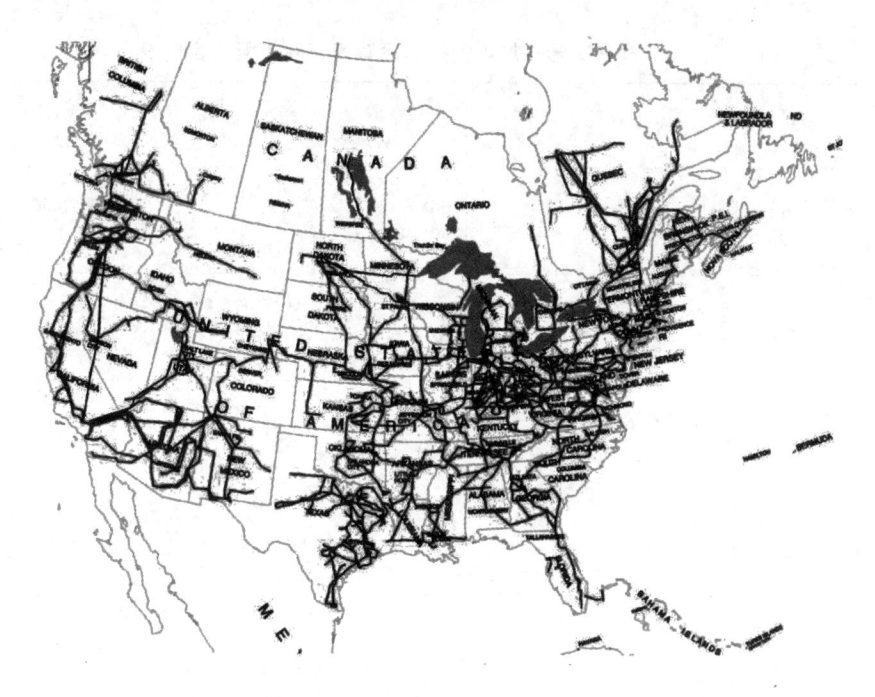

图 6 - 2　北美输电网络布局情况

说明：输电线路电压为 345kV 及以上，美国与加拿大之间互联电网电压低于 345kV 的线路本图没有显示。

资料来源：Canadian Electricity Association（2007）.

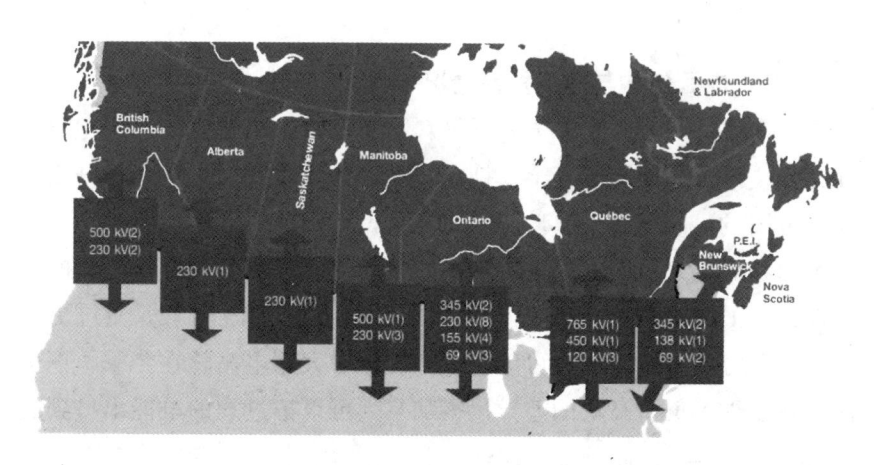

图 6 - 3　美国与加拿大主要跨境互联电网分布情况

资料来源：National Energy Board.

表6-1　　未来美国—加拿大拟建设跨境互联电网项目情况

名称	州与省	长度（英里）	电压、容量与电流	目的	服务时间（预测）
大北方输电线路	明尼苏达州——马尼托巴湖	220	500kV，750MW，AC	水电协议的一部分，用来支持北达科他州的风电发展。	2020年6月
伊利湖互联	宾夕法尼亚州——安大略省	72.4	1000MW，HVDC（水下）	输出安大略省过剩的可再生能源，并用于增强可靠性。	2019年第4季度
新英格兰清洁电力互联	佛蒙特州——魁北克省	154	1000MW，HVDC（水下）	把来自于魁北克省的新能源输入到佛蒙特州和新英格兰州。	2019
北方通道（northern pass）	新罕布什尔州——魁北克省	187	1200MW，HVDC	输入来自魁北克省的水电到新罕不什尔州和新英格兰州。	2019
Soule River水电项目	阿拉斯加州——不列颠哥伦比亚	10	138kV，HVAC（水下）	用来支持位于阿拉斯加的77MW的水电项目，并向加拿大的不列颠哥伦比亚或者西北太平洋地区输入电力。	

资料来源：http://energy.gov/oe/services/electricity-policy-coordination-and-implementation/transmission-planning。

（三）电源结构与电力贸易情况

不难想象，跨境能源贸易不仅有助于能源密集型经济部门竞争更加充分，提升北美能源安全，抑制短期价格波动，而且最终促进更广地理范围的经济增长（Alan Krupnick 等，2016）。[①] 客观而言，得益于美国和加拿大两国之间电力消纳时空的差异性和电源结构燃料的差异性，在国内电价低于国外电价（出口受益）的激励下，使得更大规模的电力贸易发生成为可能。例如，加拿大用电高峰在冬季，而美国则在夏季，负荷高峰的差异使得加拿大可以把过剩的电能出口到美

---

① Harmonizing the Electricity Sectors across North America, Recommendations and Action Items from Two REF/ US Department of Energy Workshops, February 2016.

国。与此同时，电力贸易也给两国带来了正向的溢出效应。具体来看，一方面，日益增长的电力贸易给加拿大带来了丰厚的经济效益，包括经济增长、日益改善的国际贸易收支，就业创造，推动地区发展，以及促进更灵活和可靠性电力系统的发展。例如，2008年加拿大电力出口位于世界第四位，同年同美国的电力贸易总量的价值达到51.3亿美元，其中加拿大出口美国55.7TWh，价值38亿美元，平均每兆瓦时的价格为64.91美元。同时，由于水电和风电项目多集中在落后地区，因此，电力贸易对地区发展的意义是重大的。另一方面，由于加拿大电力生产绝大多数是由清洁能源完成的，其中绝大部分是水电、风能和核能（如图6-4所示）。电力进口不仅为美国提供了安全可靠的能源资源，而且具有竞争性的清洁电力的输入也大大改善了美国的环境状况。

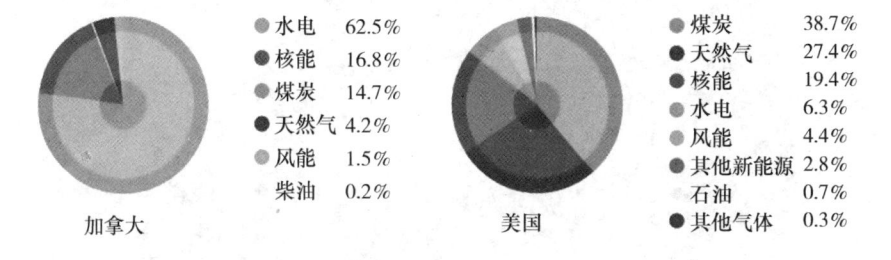

加拿大
- 水电 62.5%
- 核能 16.8%
- 煤炭 14.7%
- 天然气 4.2%
- 风能 1.5%
- 柴油 0.2%

美国
- 煤炭 38.7%
- 天然气 27.4%
- 核能 19.4%
- 水电 6.3%
- 风能 4.4%
- 其他新能源 2.8%
- 石油 0.7%
- 其他气体 0.3%

图6-4 2014年美国和加拿大不同燃料发电结构情况

说明：2014年加拿大总发电量为627.68TWh，美国为4093TWh。

资料来源：Statistics Canada，Survey 2194，2014；U. S. Energy Information Administration，Electric Power Monthly，2014.

历史地看，以往出口美国的电力大约占加拿大总发电量的5%—10%，而且大多数出口地区都是水电资源比较丰富的地区，例如，不列颠哥伦比亚、马尼托巴湖和魁北克。然而，近些年来，安大略省的电力出口规模在大幅提升，并成为连续多年的第二大电力出口省（如图6-5所示，见152页）。2015年，核电、水电和风电占据安大略省电力供应总量的90%以上。新英格兰近年来对来自于加拿大新不伦瑞克省的核电进口在不断提升，此外，随着新水电站的开发，来自于纽芬兰与拉布拉多省的电力出口也开始不断增加，与此同时，随着越来越多的风能和其他新能源并网，其也逐渐构成加拿大出口电力组合中的重要且不断增长的部分。因此，从整体来看，加拿大出口美国的电力均来自于清洁的资源。虽然来自于加拿大的出口电力只占据美国电力消费总量的很小一部分，但对于美国的边境地区而言，这些电力却是极为关键的，占据终端消费的比重也在不断提升。例如，2013年电力进口占边境地区电力零售总量的比重分别为：新英格兰州占16%，纽约占13%，明尼苏达州和北达科他州占12%，密歇根州占6%，华盛顿州占2%和加利福尼亚州占2%。

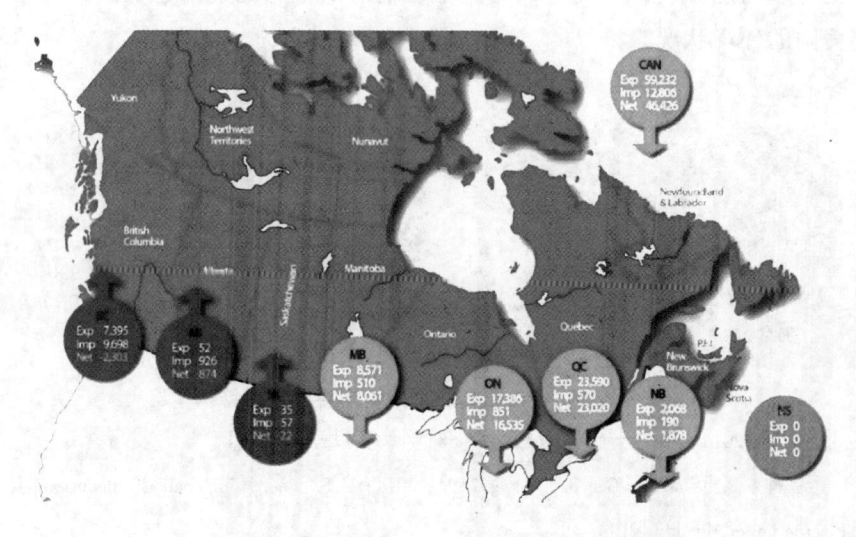

图 6-5　2014 年美国与加拿大电力贸易（平衡与流向）情况（单位：GWh）

资料来源：National Electricity Board, Electricity Exports and Imports, 2014.

从双边的电力贸易规模来看，近年来呈现出稳步提升的态势，2015 年双边交易电量达到 77.2TWh，同比增长 8.2%；其中美国进口规模达到 68.5 TWh，同比增长 17%；贸易赤字（净进口）达到 59.7 TWh，同比增长 30%，赤字缺口呈现出明显的增长态势。然而，虽然美国电力出口赤字的状况没有改变,但双边贸易电力的流向近年来也呈现出交互的特点,表现为加拿大对美国的电力进口规模相比于20世纪90年代也在增加,以2014年为例,当年加拿大电力进口达到12.81 TWh,成为近年来的最高峰。整体来看,无论是临近地区的电力贸易流向还是整体的电力贸易流量均表明双边电力结构性互补的特点日益明显,电网互联的经济效益、外部溢出效应正在扩散。其中,2014年加拿大因电力出口取得了电力经济收益达到近30亿美元,贸易顺差为23亿美元。

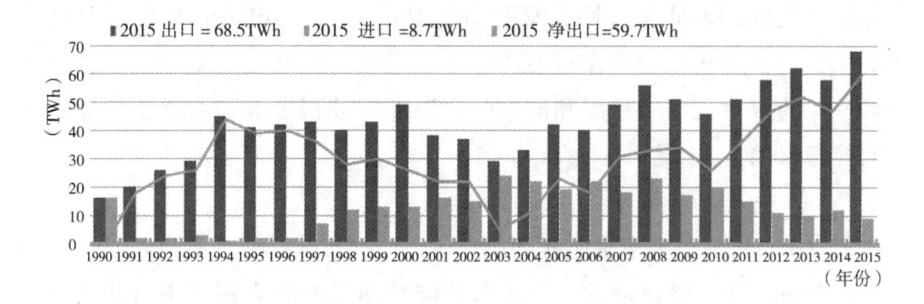

图 6-6 1990—2015 年加拿大对美国电力贸易情况

资料来源:National Energy Board, Electricity Exports and Imports, 2015.

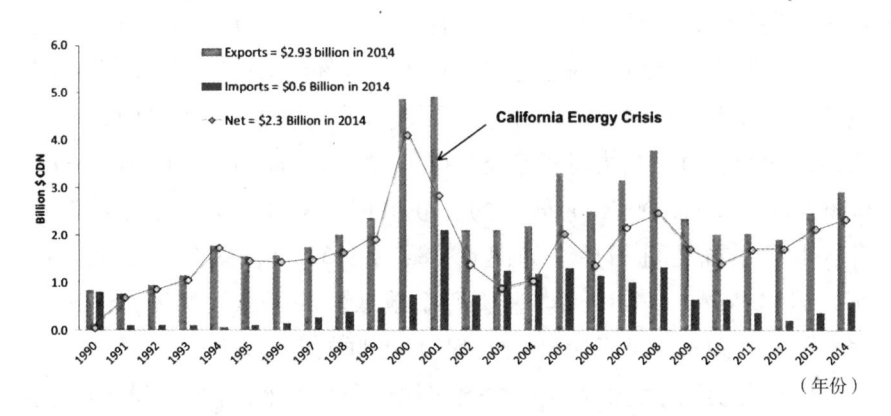

图 6-7 1990—2014 年加拿大的电力进出口贸易收益情况

二 北美电力合作的制度性安排

随着跨境电力基础设施的建设和应用,以及电力贸易的开展和互补性增强,形成以应对一个国内更为复杂的互联系统内的电力联营问题(power pooling)和由跨境电力贸易引起的特殊问题的新的制度安排越来越重要。然而,区域电力合作和融合是一个长期的过程,它涉及电力系统的联合运营,互联和统一管理基础设施服务,包括设计和操作标准。它还包括围绕一个共同的战略政策协调,以及恰当的融资方法(美洲国家联盟可持续发展部,2007)。北美电力合作的制度性安排也是在遵从双边合作意愿和电力市场国内特殊性的基础上,通过自发性的双边或多边组织和国家间政府部门的积极推动而逐步建立和完善起来的。

(一)北美电力可靠性委员会

众所周知,输电网的一个重要功能是通过互联实现整个行业的规模经济,换言之,公用设施公司之间通过互联电网建立电力交换可以进一步提高经济性。在美国,第一个实现此类安排的是宾夕法尼亚州、新泽西州和马里兰州(PJM)电网之间的电力交换。这种安排有助于平衡负荷,实现规模经济,节省资本投资和提高电网可靠性。全国目前已形成3个更大的电力交换互联,即落基山脉东部电网和西部电网,以及得州电网。依据自愿的原则,这些跨地区的大电网又被分为地区性的、由"电力可靠性委员会"(North American Electric Reliability Corporation,NERC)管理的互联电网。NERC全面负责北美大片区电网系统的可靠性(如图6-8,见156页;图6-9,见157页)。目前来看,NERC负责监管8个地区性的可靠性实体,包括美国、加拿大和墨西哥下加州部分地区的互联的电力系统。

1965年美国东北部发生的导致纽约市和其他地区供电中断的电网故障后,为应对此类问题,落基山脉东部电网、西部电网、得州电网和加拿大魁北克水电系统于1981年自发建立了该委员会。2007年委员会由 1981 年成立时的"North American Electric Reliability Council"正式更名为"North American Electric Reliability Corporation"。

在具体职能上，NERC 除负责"北美大片区电力系统可靠性"（the reliability of the North American bulk power system）的安全问题之外（具体而言，2000 年，NERC 成立了电力部门信息共享和分析中心，旨在保护大区电力系统的可靠性。2015 年该部门改为电力信息共享和分析中心，继续通过其网站提供即时信息），也负责制定互联电网的可靠性标准和协调电网规划，以及针对重大的电力系统中断事故进行调查研究，并为电力系统运营商提供专业的技能培训资源。如 2003 年美加大停电事故曾使美国国会一度考虑强制执行由 NERC 制定的可靠性标准。

2003 年北美遭遇了最严重的电力危机事件，5000 万人面临电力中断[1]，为了避免类似事件的再次发生，美国 2005 能源政策法案（The Energy Policy Act of 2005）要求成立电力可靠性组织（An Electric Reliability Organization，ERO），旨在在美国强制实施制定的可靠性标准。鉴于 NERC 作为识别大片区互联电网可靠性的非政府的自发性组织，在 2006 年 4 月；NERC 申请并被 FERC（美国联邦能源监管委员会）授权来设计 ERO；2006 年 7 月，NERC 申请与 FERC 一起提交了所制定的可靠性标准；2007 年 3 月，FERC 通过了 NERC 的可靠性标准；于同年 6 月生效，成为具有法律约束力的有关大区电力系统安全的标准。尽管电力中断时有发生，但 ERO 的成立在减少类似事件发生的概率和影响中发挥着越来越重要的作用。

1. NERC 与电网互联

加入 NERC 的区域互联电网具体为，一是涵盖美国东北部大部分地区（落基山脉到大西洋海岸，并包括得州小部分电网）的东部电网，东部电网与西部电网通过高压直流输电设施联通，并与非 NERC

---

[1] 2003 年 8 月 14 日下午 4 点 10 分发生了北美有史以来最大规模的停电，8 个州受到影响：俄亥俄州、密歇根州、宾夕法尼亚州、纽约州、佛蒙特州、马萨诸塞州、康涅狄格州、新泽西州，以及加拿大的安大略省，5000 万人被断电，因断电给美国造成的损失就达 40 亿—100 亿美元。美国有些地区停电长达 4 天，而安大略省直到一周后电力才全面恢复。这一事件充分显示了美国国家电网的脆弱性和进行基础设施投入的必要性。

系统的加拿大北部电网相连。二是涵盖美国西北部大部分地区的西部电网（落基山脉到太平洋海岸），与东部电网有 6 处节点，与非 NERC 系统的加拿大北部电网和墨西哥西北电网互联。三是德克萨斯州电网，电网与东部电网有两处互联节点，并与非 NERC 系统的墨西哥电网互联。四是加拿大境内的魁北克电网（主要为魁北克省），目前与美国东部电网有两处互联节点。尽管实现了功能性分离，但魁北克电网却经常被视为是东部电网的一部分。目前，加拿大装机容量和发电量的 1/3 均与魁北克电网互联。

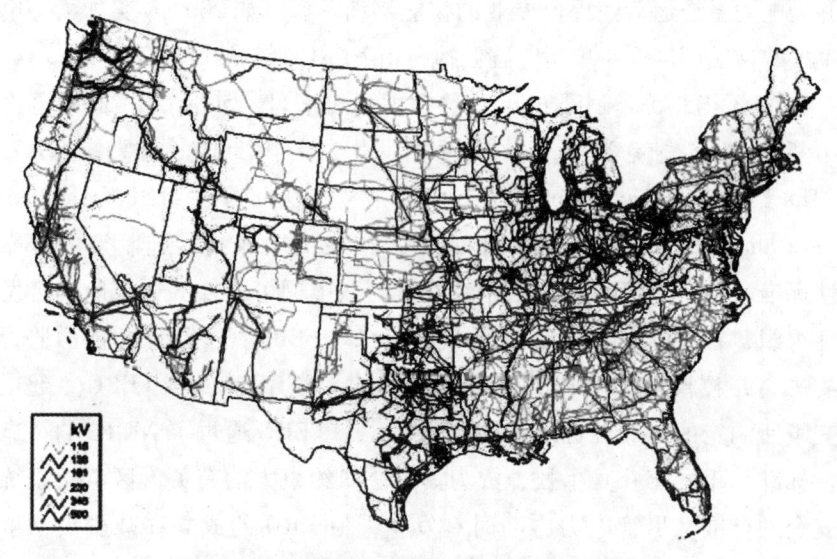

图 6-8　美国输电网地理分布和电压等级

2. NERC 与区域性实体（地区性委员会）

①2004 年及以前的区域性委员会

NERC 包括的地区如图 6-9（见 157 页）所示，但随着时间的变化，在构成 NERC 的地区实体上发生了变化，而这一变化背后的因素却是电力行业从 NERC 这一个自发的自愿性组织下的可靠性约束向新成立的电力可靠性组织（ERO）监管转变。2005 能源政策法案授予 ERO 制定可靠性标准并负责实施。因此，2004 年之前的区域性委员会或实体（Old NERC Regional Council Names）包括（图 6-8，见

156页）：东部中心地区可靠性协调协定（East Central Area Reliability Coordination Agreement，ECAR）、得州电力可靠性委员会（Electric Reliability Council of Texas，ERCOT）、中大西洋地区委员会（Mid-Atlantic Area Council，MAAC）、佛罗里达州可靠性协调委员会（Florida Reliability Coordinating Council，FRCC）、美国中部互联电网（Mid-America Interconnected Network，MAIN）、中部大陆地区电力库（Mid-Continent Area Power Pool，MAPP）、东北电力协调委员会（Northeast Power Coordinating Council，NPCC）、东南地区电力可靠性委员会（Southeastern Electric Reliability Council，SERC）、西南地区电力库（Southwest Power Pool，SPP）和西部能源协调委员会（Western Energy Coordinating Council，WECC）。

②2005年之后区域性委员会

2005年之后区域性委员会名单（如图6-9）包括佛罗里达州可靠性协调委员会（Florida Reliability Coordinating Council，FRCC）、中西部可靠性组织（Midwest Reliability Organization，MRO）、东北电

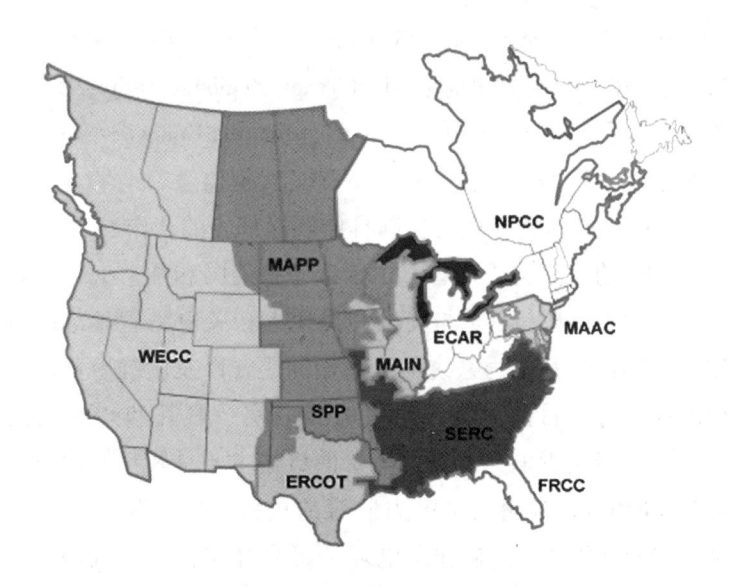

图6-9　2004年之前NERC地区范围和区域性实体情况

资料来源：U. S. Energy Information Administration，based on Bloomberg.

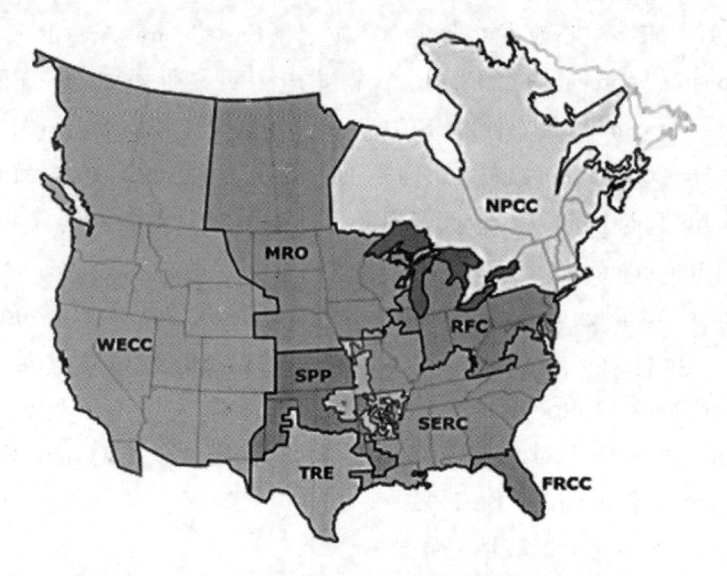

图 6-10　2005 年之后 NERC 地区范围和区域性实体情况

力协调委员会（Northeast Power Coordinating Council，NPCC）、可靠性第一组织（ReliabilityFirst Corporation，RFC）、SERC 可靠性组织（SERC Reliability Corporation，SERC）、西南地区电力库（Southwest Power Pool，SPP）、得州地区实体（Texas Regional Entity，TRE）、西部能源协调委员会（Western Energy Coordinating Council，WECC）。目前，这 8 个地区性的可靠性实体由 NERC 负责监管。

3. NERC 的可靠性管理与各国具体职能部门的合作

从 NERC 的成员构成来看，主要分布在美国和加拿大，在具体业务合作上，NERC 基本上是与美国和加拿大相关电力管理部门进行业务合作，具体而言是电力系统的可靠性问题，以及围绕着可靠性的技术或标准问题等。目前，美国对电力行业实行联邦和州两级监管体制。在联邦一级负责电力可靠性监管的机构主要是联邦能源监管委员会（简称 FERC），各州负责电力监管的机构主要是州公用事业监管委员会（简称 PUC）。发输和配电环节可靠性实行分开管理。其中发输电系统，由北美电力可靠性委员会（NERC）负责可靠性管理。NERC 主要负责制定发输电系统可靠性标准，并监督相关企业执行，还负责发输电系统的可靠性评估工作。NERC 每年夏季和冬季分别发布可靠性评估报告，并每年发布一份未来 10 年的可靠性评估报告，报告针对负荷预测和电网规划提出可靠性提升措施。而美国配电系统的可靠性，却主要由各州的公共事业委员会负责。各州的 PUC 相对独立，可靠性管理模式也不完全相同，各自负责统计所辖区域内的可靠性数据，并制定相应措施以提高辖区内的配电网可靠性水平。

作为由加拿大电力协会会员（Canadian Electricity Association members）所组成的小组，关键基础设施保护工作组（the Critical Infrastructure Protection Working Group）对加拿大境内电力设施的安全威胁进行事先预警，收集与共享互联电网间的节点信息，以及与 NERC 和其他伙伴进行相关事项的协调与合作。

（二）北美自贸协定与北美能源工作组

北美能源一体化的创意最早来自于 1994 年签署生效的北美自由贸易协定（North American Free Trade Agreement，NAFTA），然而，在协定生效之前的漫长谈判中，尤其在 20 世纪 80 年代围绕着美加自贸协定中电力贸易的话题争议颇多，争议的焦点集中在一旦协定生效，那么由加拿大供应美国东北部丰富电力将会有多少，并且这些电力本可以由美国国内生产的。具体地看，引进加拿大电力的邻边各州一方面担心装机容量的严重下降；另一方面是担心火力发电站使用率的下降，因此，国内政策制定者担心自贸协定将会为加拿大电力企业进入美国市场，并与国内电力企业竞争扫清障碍。反对者仍基于以下理由反对加拿大电力进口：一是美国应该尽量保持能源自足，依赖加拿大电力将会是不明智的；二是加拿大电力价格存在大量经济租；三是加拿大电力进口将会限制国内跨区间的电力贸易；四是担心加拿大以酸雨问题来攻击煤炭以便其可以获取更多的支持为其电力出口。

围绕上述问题，并经过美国得州大学能源机构长达两年的研究，对跨境天然气和电力便利贸易的目标形成共识，总体来看，自贸协定（NAFTA）开启了跨境能源贸易的窗口。例如，美加的自贸协定使得来自加拿大的电力与国内电力一样合法可靠，并且消除了定价机制问题。与此同时，基于北美自贸协定创立的机构——北美能源工作组（The North American Energy Working Group）则成为推动北美能源一体化合作的重要机构。

作为美国石油和石油产品的两个主要供给者——加拿大和墨西哥，石油出口占美国进口总量的30%左右，因此，维持一个正常运转的北美能源市场对于三方而言都是至关重要的。北美能源事务的国际合作主要通过两个模式展开：部长层面的北美能源工作组（NAEWG）和执行层面的北美安全及繁荣伙伴关系（SPP）。北美能源工作组成立于2001年（如表6-2所示），目的是为加强三国在共同关注的能源问题上的沟通和合作。北美安全及繁荣伙伴关系形成于2005年，目的为通过三国在能源、交通、金融服务、技术和商务等领域的合作来提升安全、促进繁荣。目前来看，北美能源工作组和北美安全及繁荣伙伴关系主要在三个方面强化能源合作：促进市场发展、改进能源技术和推广清洁能源。在电力合作层面的远景考虑上，三国政府于2009年发表了能源和环境的北美联合声明，提出要开发减排和低碳技术，建设北美智能电网。

随着北美地区对于坚强可靠的北美电网系统是构建北美能源安全体系的重要组成部分这一认知的日益重视，电力一体化进程也不断取得积极进展。例如，加拿大电力协会（Canada Electricity Association, CEA）坚信美国和加拿大双边的电力一体化是所有国家间电力一体化中前景和收益最好的，而且依靠对复杂的超大型的电力系统进行可靠的规划和运营而形成的双边合作为世界提供了成功的模式（Canada Electricity Association, 2016）。

表6-2 北美地区能源合作大事件年表

时间	事件
1965年11月9日	东北部地区大停电，成为美国历史上第一次大规模停电。
1970年9月23日	席卷东北部地区的热浪导致持续供电不足。

续表

时间	事件
1994年1月1日	北美自贸协定正式生效，规定取消贸易障碍、创造公平竞争的条件和增加投资机会等。
2001年3月6日	加拿大、墨西哥和美国宣布成立北美能源工作组，为跨境电力贸易制定综合性的能源政策。
2002年2月14日	小布什总统宣布"明净天空行动"：减少发电厂的排放，通过10年的时间使得全国的温室气体浓度下降18%，并在预算中拨出45亿美元用于减排。
2002年5月8日	美国能源部发布《国家电网研究报告》，提出输电系统中存在的瓶颈问题及根治措施。
2002年6月10日	美国、加拿大和墨西哥三国联合发布《北美能源状况》，这成为北美能源工作组发布的第一份报告。
2003年3月19日	美国及其盟国发动针对伊拉克的军事行动，能源部成立电力传输和分配办公室和能源保障办公室，以协调紧急状况和避免设施遭到破坏。
2003年8月14日	北美有史以来最大规模的停电，其中美国8个州和加拿大安大略省均受到影响，5000万人断电，单美国方面的损失就高达40亿—100亿美元。
2004年1月24日	在国情咨文里，小布什总统敦促国会"通过法案以实现美国的电力系统现代化、提升能源保护和减少美国对外国能源的依赖"。
2005年3月	北美三国领导人宣布成立北美安全与繁荣联盟，强调要在经济、安全等多个领域加强交往与合作。其中能源合作与安全问题成为历届峰会讨论加强合作的重点领域。
2007年6月	北美电力可靠性协会被授权成为全美唯一的电力可靠性组织，并改称为北美电力可靠性公司，负责制定强制性可靠性标准。
2007年8月	北美领导人峰会举行，三方同意在能源安全和环境保护领域加强合作，并通过采用正式的合作框架来处理双边和三方在能源技术（低碳技术、能效技术等）的公平利用和共同开发。
2015年5月25日	北美能源部长会议在墨西哥召开，三方政府称，他们优先讨论的议题包括提高电网效率、发展清洁能源技术和严控油气行业碳排。三方还宣布了2030年减排目标，为年底巴黎气候大会做好准备。
2016年6月29日	北美领导峰会在加拿大渥太华举行，三国领导人承诺，将在气候变化、节能减排和环保方面采取一致立场，努力为子孙后代留下一个更好的北美。到2025年，北美地区的清洁能源在能源消费中所占比例将达到50%，碳排放量比2012年的水平降低40%—45%。

资料来源：根据劳伦斯·R.格里等（2016）和相关公开资料整理所得。

（三）北美三国关于电力贸易的政策规制

关于电力贸易的法律、进出口政策，以及相关管理机构的规定，北美三国基本形成了比较系统性和体系化的制度安排，负责电力的机构或部门都是由各国能源机构直接归口管理，并通过立法的形式对跨境输电线路的建设运营、电力贸易进出口的许可以及参与贸易主体的权责等进行了具体的规定（如表6-3所示）。与此同时，政策的差异也是极为明显的，例如，美国和加拿大对于电力出口是严格管制的，没有特许的情况下是无法进行电力的出口的，相比较而言，墨西哥的管制较为放松，而且允许私人部门可以依法进行进出口。历史地看，美国1970年启动生效《出口管理条例》，以此维护国家安全、服务外交政策和维护国内市场平衡，在此情况下，实行严厉的出口许可证管理办法，并基于"公众利益"进行严格的申请审查，其中在所管制的商品中，就包括天然气和电力能源。作为美国的自由贸易伙伴，美国对加拿大的电力出口执行简单迅捷的审核路径。

表6-3　　　　　　　　　北美三国关于电力贸易的规制情况

	加拿大	美国	墨西哥
负责机构	国家能源局（National Energy Board, NEB）	能源部（Department of Energy, DOE）	能源监管委员会（Comisión Reguladora de Energía, CRE）
立法	国家能源局法	10485号行政命令和联邦电力法	公共电力服务法
国际电线立法规定	NEB法规定，任何人不得建造或运营一段或部分国际电源线，除非根据并按照当局颁发的许可证或证明书	10485号行政命令（Executive Order）规定，个人未经联邦电力委员会许可不得建造、运行、维护或在美国边境连接输电线路。1978年，EO12038授权能源部长发放国际传输设施许可证	公共电力服务法没有规定构造，操作或维持国际输电线路（IPL）需要许可证。如果国家电力公司CFE建造或营办IPL，该类机构没有必要获得CRE许可证。如果私人部门有意建立或经营IPL，则须遵守墨西哥官方标准（NOM），私人部门应该与全国电力系统互联，需要与CRE签合同

续表

	加拿大	美国	墨西哥
进出口立法规定	NEB法规定，除当局批准或发放许可，任何人不得出口电力（第119.02节）。NEB不限制电力进口	联邦电力法第202（e）条要求任何人未获美国能源部授权，不得将电能从美国出口外国。美国不限制电力进口	目前，CFE（Comisión Federal de Electricidad）进行出口和进口活动主要用于电力平衡。在这个意义上说，它需要CRE或能源部授权。然而，1992年修订的市民用电服务法，却允许私人部门可以用于自用的电力进口或出口。出口或进口许可证的申请人可使用国家电力系统或自建的IPL。 情况一：申请人必须按要求与CRE签署互联合同（Interconnection Contract），明确使用国家电力系统的条件； 情况二：如果该申请人所建电线与国家电气系统互联，则新建基础设施最后必须移交给CRE

资料来源：North American Energy working Group，2002。

与此同时，鉴于美国和加拿大的电力贸易开始于1959年，针对美国的电力进出口，当时加拿大政府提出了确保省际输电系统互联和剩余电力出口美国的国家政策。1988年，能源自由贸易条款在美加自由贸易协定（The Canada-United States Free Trade Agreement）中形成。随后大部分能源自由贸易的相关条款通过1994年的三边自由贸易协定扩展到墨西哥。尽管自由贸易协定在协调能源政策和能源价格方面发挥的作用较为有限，但是电力规则的必要合作不仅促使北美电力可靠委员会（The North American Electric Reliability Council）在1968年的成立，而且也使得基于电力贸易便利安排下的能源政策的逐渐趋同。可靠委员会设立了横跨北美的电力可靠性标准，并依赖相互施压和共同利益来强化规则。2006年，北美电力可靠委员会终止其委员会职能，并成为一个非营利性的企业，即北美电力可靠公司

（新的委员会）。由于墨西哥宪法禁止外商开发其地下资源[①]，这就限制了其国家能源政策向邻国的扩展，因此，委员会制定的相关标准在很大程度上只是美国和加拿大两国的实践。

虽然暂时来看，相比于美国和加拿大两国电力交易的规模，美国和墨西哥之间电力贸易规模依然较小，但纵向来看，尤其是2012年以来，美国进口墨西哥电力的比重在大幅提升，2014年已突破10%（如表6-4所示），由此来看，随着两国贸易规模的增大，加之墨西哥本身针对电力出口政策的相对宽松，在交易成本较小的优势下，墨西哥的电力出口规模将会进一步提升，受此影响，在美国这一共同出口国的制约下，加拿大将会进一步放松政策规制，北美电力贸易政策趋同将是必然趋势。

表6-4　　2004—2014年美国与加拿大、墨西哥电力贸易情况　　单位：MWh

	美国			墨西哥		加拿大	
	进口	出口	净出口	出口(%)	进口(%)	出口(%)	进口(%)
2004	34,210,063	22,897,863	-11,312,200	3.52	1.82	96.48	98.18
2005	43,929,314	19,150,968	-24,778,346	3.64	2.46	96.36	97.54
2006	42,691,310	24,271,335	-18,419,975	2.69	3.57	97.31	96.43
2007	51,395,702	20,143,592	-31,252,110	2.49	2.90	97.51	97.10
2008	57,019,381	24,198,159	-32,821,222	2.26	2.41	97.74	97.59
2009	52,190,595	18,137,984	-34,052,611	2.53	3.42	97.47	96.58
2010	45,083,186	19,106,180	-25,977,006	2.93	3.27	97.07	96.73
2011	52,299,710	15,048,552	-37,251,158	2.34	4.32	97.66	95.68
2012	59,257,069	11,995,649	-47,261,420	2.17	5.03	97.83	94.97
2013	68,946,635	11,373,207	-57,573,428	9.00	5.96	91.00	94.04
2014	66,510,284	13,298,253	-53,212,031	10.74	3.29	89.26	96.71

资料来源：美国能源信息署网站（EIA）。

[①] 2013年12月11日，墨西哥参议院通过能源改革法案，修改墨西哥《宪法》中的部分条款，允许私人及境外资本进入墨西哥能源产业，通过签订服务合同、产量分成、利润分成等方式，提高墨西哥能源产业的生产力与竞争力。除此之外，改革法案还提出了电力改革目标，电力改革的内容涉及改变目前允许私营部门发电却不能商业出售的现状，从而降低墨西哥高企的电价，但依旧保留国家电力系统和输电配电网络服务的国有性质等。

三 北美电力合作中存在的问题

(一) 电网互联仍面临电网分散化和区域化共存的局面

从前述内容来看,北美电力一体化实现的前提就是输电网络间的物理互联,无论是美国电网的覆盖范围还是北美可靠性委员会的成员构成,美国电网在北美电网一体化进程中发挥着至关重要的作用。然而,历史地看,美国国内电网是在互利原则基础上通过双边或多边协议、联合经营等方式相互联网,同步运行的,逐步形成了目前的三大联合电网,即东部联合电网、西部联合电网和得克萨斯联合电网,分别占美国售电量的73%、19%和8%。目前,这三大联合电网之间只有非同步联系,此外东部和西部联合电网分别与加拿大的魁北克、安大略以及滨海地区的电网并网互联,西部的加利福尼亚电网和得克萨斯电网分别与墨西哥电网同步运行。虽然美国出现了高级的、紧密的区域电力联营体,如PJM,纽约和新英格兰,但美国并没有形成全国性的互联电网,电网分布的区域化特征极为明显,行政分割的色彩较为严重,这就严格限制了电力公司之间在更大地理范围上的交流与平衡。已有研究也同样指出,美国电网典型的分散化发展模式,加之多元化、分散化的产权结构(如图6-11所示)和区域内部"一体化"

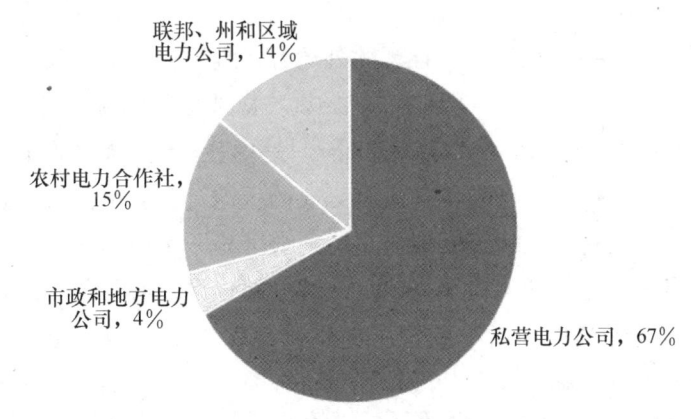

图6-11 2011年美国输电线路的所有权结构情况

资料来源:Mc Graw-Hill公司"2013 UDI Directory of Electric Power Producers and Distributors"。

或紧密化的发展格局导致美国至今尚未形成全国性电网。这种分散式发展模式增加各区域电网间调度运行协调难度，对系统安全构成很大威胁，美国的电网安全可靠性有待进一步加强（南方电网报，2014）。

（二）跨境输电电网的投资面临体制机制约束问题

从现实情况来看，一方面对于美国和加拿大两国来说，确实均存在着电网投资严重落后于电源投资的现实问题。例如，美国能源部发布了关于国家电网输电阻塞问题的研究报告，指出 Montana-Wyoming 地区为阻塞严重地区，并指出 Alberta 地区电力开发将要求 Montana-Wyoming 地区和加拿大与本地区之间地区的电网扩增容量。另一方面，在最近的电网可靠性评估中，NERC 强调对输电互联线路扩容的必要性。2010 年以前，电网投资不足已严重影响了电网的可靠性，同时，在跨境电网阻塞越来越严重的情况下，为了更有效地利用双边多元化的电源结构，跨境输电线路容量需要进一步扩增。此外，美国与墨西哥电力贸易规模较小也不断受限于短缺的跨境互联电网、市场协调和电网的兼容性问题。

根据北美电力可靠性协会（NERC）报告，2011—2015 年规划建设输电线路共 28711km，2016—2021 年规划建设输电线路共 6760km，预计 2021 年现有、在建和规划新增线路合计 674429km。新建输电线路主要是为了提高系统可靠性，此外还有促进可再生能源发展、提高系统经济性、减少阻塞等方面的考虑。根据北美能源工作组（The North American Energy Working Group）——基于北美自贸协定创立的机构，一个更广范围的电网建设是必要的，即对现有电网设施进行改造和新电网进行铺设以确保电力供应安全可靠。

诸多事实充分证实一个更广范围的电网建设是必要的，即对现有电网设施进行改造和新电网进行铺设以确保电力供应安全可靠。然而，电网投资面临的问题却表现在以下方面：一是在输电设施所有权分散的情况下，没有人愿意修建更多的输电线路，因为那样会给竞争者带来更多的接入机会，最后导致自己的用户也被夺走了。同时，州

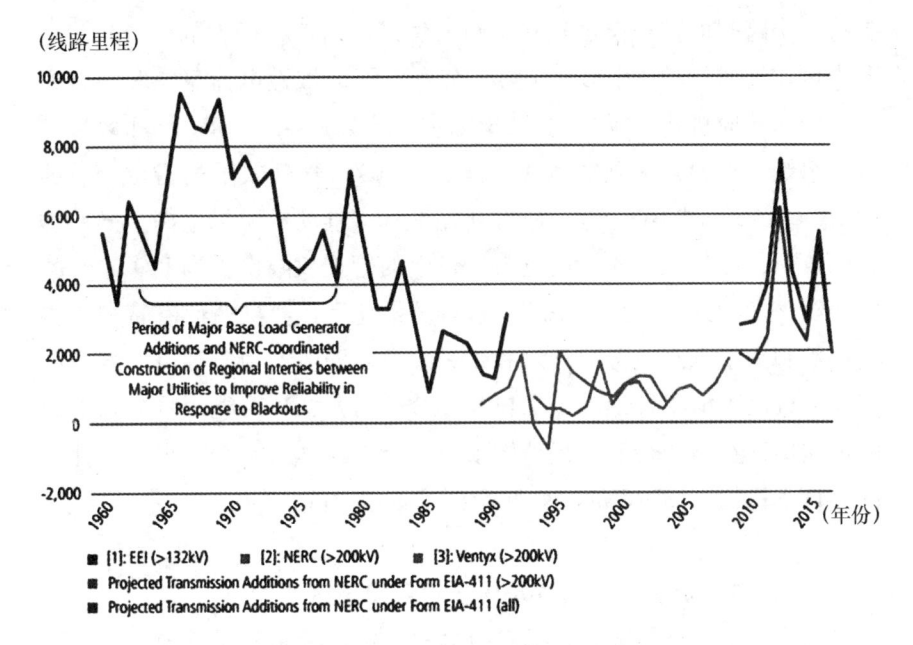

第六章 跨境电力合作的案例研究：以北美电力合作为例

(线路里程)

图 6-12 北美输电网络投资情况

政府仍然可以推迟或拒绝批准其他州主要受益的输电线路（康涅狄格州不批准一条输电线路的建设长达数月，原因是这条线路的主要受益方是纽约，但这绝不是一个孤立的例子）。二是新增线路获批准所需的监管程序日趋复杂造成建设滞后，例如，针对电网选址的确定常常耗费大量时间。① 加之，电网投资的回报率较低也抑制了投资的积极性。三是公众的反对，更多涉及选址用地赔偿、生态环境保护，以及利益集团的贸易保护理念等。四是输电选址和用地权由各州管辖，这就意味着拥有跨州交易管制权限的联邦电力管制委员会却没有确定州

---

① 在美国方面，现有的能源体制明显偏向于电力部门和监管机构，中央与地方的控制权之争近年来比较突出，受此影响，大能源公司和主张"邻避"者之间的斗争令人沮丧且毫无成效，真正需要的是在规划阶段就让民众参与进来，就发电模式和选址等长期问题进行探讨，而不是宣布选址后再举行听证。从长远来看，我们应当减少自上而下强推政策的方式，改为鼓励民众参与并扩大他们在政策制定过程中的参与度。

内公用事业委员会选址的权力。部门之间权力的"零和博弈"使得支持一个跨州的甚至全国互联电网的建设计划存在极大的困难。五是电力可靠性监管的 NERC，作为一个由不同区域性电力系统联合自愿成立的非政府机构，加之与联邦能源管理委员会（FERC）和区域性输电组织（RTO）或独立系统运营商（ISO）管理权限的错位和重叠（如图 6-13，见 169 页），使得其并不具有推动或主导电网全国一体化的权力，而且在可靠性或电力运行上的管理权限也受到 ISO 或 RTO 等组织极大的约束。总体来看，这种分散化和重叠的行政管辖权力格局严重制约了未来电网的开发和建设。与此同时，由于各电网自发的互联运行已不能很好地满足用户和社会的需要，也可能影响未来电网的可靠性，在整个行业进行结构重组的今天，作为一个发表可靠性标准的自发机构，NERC 的有效性受到了直接挑战。

（三）电力贸易的制度性障碍仍然层出不穷

虽然加拿大与美国签署了双边自贸协定，并生效了三国共同参与的北美自由贸易协定，但这并不意味着加拿大电力可以与美国电力完全竞争，一些阻碍跨境电力贸易的问题或约束障碍并没有被消除（F. J. Calzonetti，1990），例如，协定没有改变美国境内新增用于北部跨州（区）输电的基础设施建设的需求，而且也没有改变上网准入的问题。与之相反，随着推进的深入，涉及的问题愈发多样化。同时，对于加拿大这一电力净出口国而言，电力出口和发展不断面临相应的挑战和阻碍。具体表现为：其一，虽然通常认为水电是清洁能源，然而水环境与地面环境的更换，会影响土地利用、陆地生态，以及一些关键的野生动物如驯鹿的迁徙路线；其二，人工水库的水质和生物生产力可能会受到土壤侵蚀和沉积，对鱼类种群有不利影响；其三，一些环保人士还提出了银汞污染问题，在其看来，由于水电坝水库开发的倾向鼓励生产的甲基水银；最后，由于许多水电建设靠近原住民居住的地区，水库蓄水和输电线路不仅会占用原住民的土地资源，而且还破坏了多种野生动物的迁徙路线。

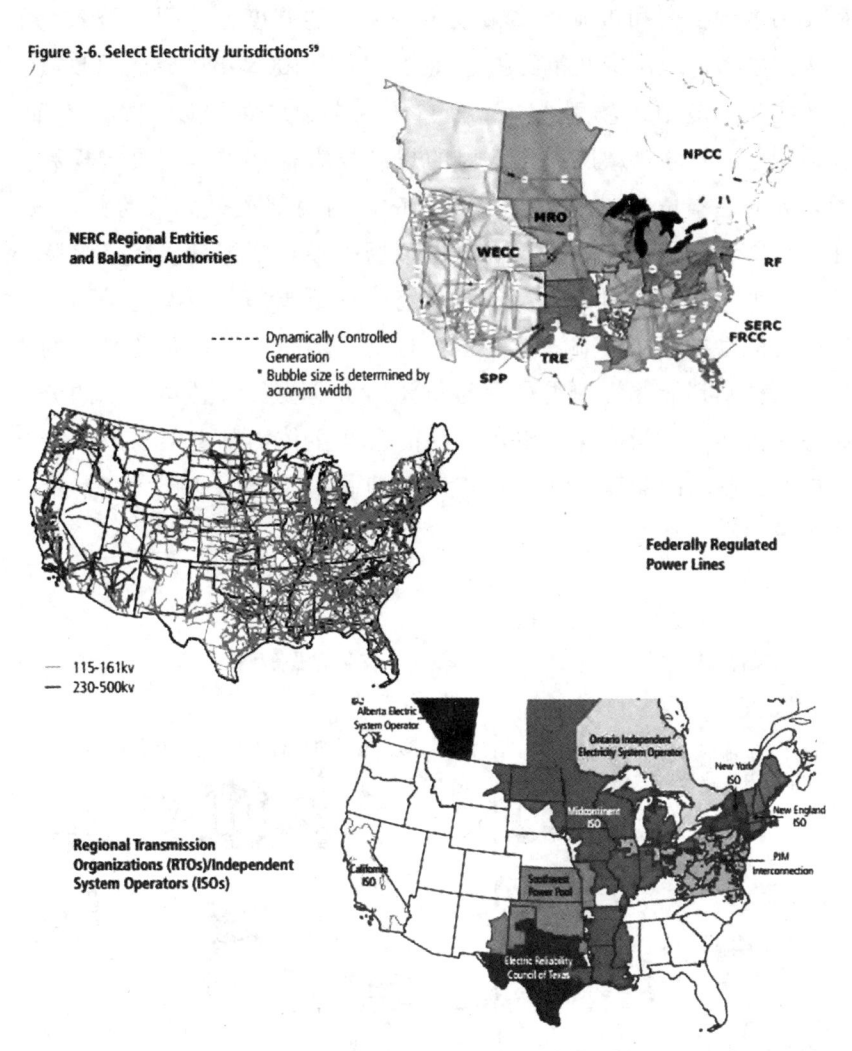

Figure 3-6. Select Electricity Jurisdictions[59]

NERC Regional Entities and Balancing Authorities

------ Dynamically Controlled Generation
* Bubble size is determined by acronym width

Federally Regulated Power Lines

— 115-161kv
— 230-500kv

Regional Transmission Organizations (RTOs)/Independent System Operators (ISOs)

Transmission lines, which are regulated at the Federal level, cross state boundaries and connect the regional organizations that manage and operate the bulk power electricity grid. In contrast, states regulate the distribution of electricity to end-use customers for entities under their jurisdiction, as well as the siting of transmission on non-Federal lands. Further, in most states, local appointed or elected governing boards handle the regulation of distribution for their publicly or cooperatively owned electric utility. This diversity of institutions and differences in jurisdictional boundaries create challenges in grid governance (given that changing the grid in one location can alter electricity dynamics over a large area).

图 6-13　NERC、FERC 和区域输电组织或独立系统运营商的职能分布情况

从电力交易或贸易环节来看，目前美国的电力监管体制则是阻碍交易范围扩大和限制更多市场主体参与的制度性障碍。引入竞争是美国电力产业国家政策的核心理念，随着2005年国家能源政策法颁布实施，电力市场引入竞争使得国家电力政策得以确立。然而，在监管层面，联邦政府和州政府的规制权力存在差异，决定规制权力划分的基本依据是电力交易发生在州的内部还是属于跨州交易。在实践中，这种差异要求明确电力市场的参与主体是接受来自联邦的还是来自州的规制，而且电力系统的各组成部分，无论是实体的还是功能性的（发、输、配、售）也要分清是接受联邦还是州的规制。这种联邦能源管理委员会与州公用事业委员会各司其职的分离状态使得参与跨州或跨境电力交易的市场主体面临着交易成本畸高的局面，制度的藩篱也在一定程度上抑制了参与主体扩大交易范围的积极性和能动性。

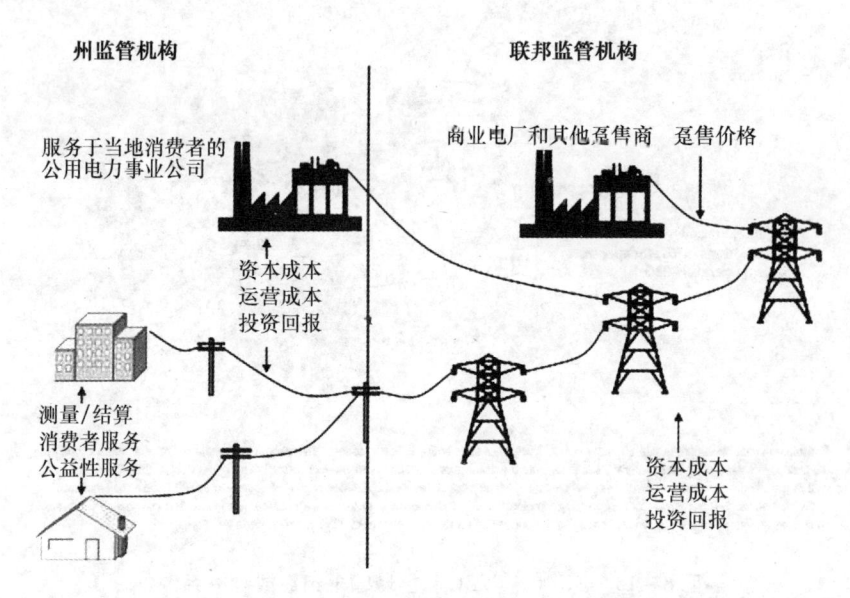

图 6 - 14 美国电力产业联邦监管与州监管的功能区别

（四）北美电力市场一体化进程仍处于初级阶段

客观而言，区域电力合作和融合是一个长期的过程，不仅涉及电力系统的联合运营、互联和统一管理基础设施服务、设计和操作标准，而且还包括围绕一个共同的战略政策协调，以及恰当的融资方法。作为更高层面的合作模式，区域电力一体化（electricity integration）自然更是一个长期的演进过程；作为衡量一体化程度的重要标示，发电和输电网络的一体化、有关电力规制协调的支持政策，以及技术共享一体化等受制于诸多因素的影响而使得不同地区的一体化程度呈现出明显的差异性。无论是结合已有研究（如表 6-5 所示），还是综上研究来看，总体而言，北美三国的电力合作和一体化仍处于早期阶段，在推动电网更广范围互联和实现基础设施投资协调而采取的行动上仍需要大量工作（Francisco J. Burgos）。具体地看，一是美国和加拿大各自国内电力产业改革和电力市场建设存在显著差异和发展的不同步性，这造成了交易规则短期内在国家间层面上难以协调、互联电网建设及已有跨境电网扩容更新进程推进缓慢；二是相比于加拿大业已形成的全国统一电网而言[①]，美国电网系统分散化和区域化的趋势并没有发生改变，而且监管和职能在联邦和州之间的差异性，使得双边的物理互联和电力商业联系都充满制度性障碍（可靠性委员会是技术或物理层面的，而贸易则是商业或交易层面的）；三是旨在协调和推进国家间电力合作的跨政府组织或管理机构（或制度组织安排，例如区域电力贸易协调委员会）目前仍处于空白阶段，虽然北美能源工作组一定程度上发挥了协调的作用，但重大决策仍通过政府首脑来商议本身就说明了该组织的效力不足；四是跨境电力贸易更多的是用来实现调剂余缺，有限范围内（基本限于边境相邻地区）实现资源互补，同时由于跨境电力市场建

---

① 加拿大的电力产业在所有制结构上存在差异，大部分由省级政府所有并实行垂直一体化运行的模式，由全国电网把分散在各地区的电力产业集中起来。美国则没有全国互联的国家电网体系。

设滞后，市场主体的跨境交易无法实现，这就使得跨境电力的竞争性受到了约束，不利于推进跨境电力在更大范围内的优化配置和贸易规模的增长。

表6-5　　　　　　　　不同地区电力市场一体化发展情况

程度	基础设施一体化		监管一体化		商业一体化	
没有区域一体化	独立的国家电力系统		独立的国家监管	南方共同市场	本国所有的国内市场	
	跨境输电容量	南方共同市场 北美自贸区	协调监管	北美自贸区	跨境贸易和所有权分散	南方共同市场
	输电投资的协调	北欧电力市场	监管机构的协调	北欧电力市场	区域现货市场（单一标杆电价）	北美自贸区
完全的区域一体化	完全一体化的区域运营系统		区域性监管机构		区域性二级或期货市场	北欧电力市场

资料来源：Pineau 等，2004。

附表：美国《电网 2030 规划》

尽管美国尚未形成全国性的统一电网，但建立全美甚至包括加拿大和墨西哥在内的北美统一骨干网已经成为美国电网发展的既定政策。作为未来美国电网的结构蓝图的《电网 2030 规划》，规划设计共包括三个部分：国家电力"主干网"、区域互联网（包括加拿大和墨西哥）和地方配电系统，含小型及微型电网，向用户提供服务并可得到大陆任何发电电源的服务。根据区域互联电网的设计，未来国家主干网将把北美的两个重要区域：东部和西部连在一起。主干网的电力是通过区域网络来分配的。这些区域内的长距离输电利用现有交流设备经升级后变为可控制的，有些则是利用直流联络线并将其扩容。

第六章　跨境电力合作的案例研究：以北美电力合作为例　173

续表

附表：美国《电网 2030 规划》

美国《电网 2030 规划》电力主干网及区域互联电网示意图

四　北美跨境电力合作的经验启示

综上来看，北美地区电力合作经过多年的发展，在电力贸易促进和相关制度建设上取得了积极的成效，有力保障了北美地区电力系统的可靠性和电力的稳定性供应，同时，电力贸易的经济社会效益也不断释放，资源优势转化为经济优势的趋向日益显现。然而，令人遗憾的是北美电网互联程度仍集中在有限的边境地区、电力交易范围难以实现更大范围的突破，以及区域一体化进程进展较为缓慢，造成这些问题的原因既有体制机制因素，也有与市场激励机制不相容导致的市场失灵约束。基于经验教训，可以从北美电力合作中得到如下启示：

一是在电力市场边界大于行政边界的情况下，推动跨行政区的电网互联和相关制度安排对于优化电力资源配置和促进电力输入区电力供求平衡、价格下降和增加消费福利方面均有积极的正向效应。鉴于电力系统的经济技术特点和跨境主权制度协调的复杂性，在电力合作的推进思路上或具体路径选择上，首先要坚持邻近地区的双边启动，以地理毗邻性为特点考虑电网互联，并在此基础上基于互信和跨政府间非正式部门的协调实现合作的纵深推进，包括新建电网的投资和建设。

二是在利益主体多元化、利益诉求差异性明显的约束条件下，单纯依靠市场机制无法有效推进区域电力一体化进程。围绕美国和加拿大的电力贸易问题，不难发现不同国家不同主体的利益冲突、境外主体与境内主体的利益冲撞等，虽然双边形成了正式的和非正式的跨区域协调机构，但限于无政府授权和已有体制机制下的职能条块分割的约束，使得其发挥的作用极其有限。同时，虽然三国之间形成了首脑定期会晤的交流机制，但在缺乏针对区域电力合作的推进思路或可行方案的影响下，只能形成泛泛而论的、毫无约束的倡议宣言，很难落实并取得实质效果。基于不同主体利益的诉求和长远整体利益的考量（Goodman，2010），曾设想创立加拿大—美国能源贸易委员会，委员会的职能目标是能源安全、外交政策和扩大各种能源的贸易（不仅限于电力贸易）。提议的委员会组成人员由加拿大总理和美国总统委派，包括在能源、环境和经济发展部门中的规制机构中的执行层面的代表。

三是要采取措施协调不同行政管辖下的市场规则、输电计划安排和价格系统，并以此来提升市场流动性和促进跨境电力贸易。无论是对于加拿大电力企业还是美国的监管层面而言，双方都是北美互联输电系统的重要组成部分。基于此，形成有效和理性的电力供应体系，而避免或消除阻碍电力市场间贸易的障碍成为双方共识。上述分析表明市场规则或运营和安排规则的差异性在影响地区间能源贸易的同时，也会对市场的流动性造成不利影响。当前来看，市场制度影响跨区交易无效率的具体例子表现为系统运行规则、输电网准入安排、相关定价模式和价格剧烈波动。与此同时，要积极构建区域电力贸易或监管委员会等相关制度安排，对于部门重叠和职能分割的相关制度要即时整合。短期来看，较为可行的思路是在区域电力系统的物理互联层面和技术可靠性安排上要进一步授权 NERC 的权威性和权力的排他性，对于联邦管制委员会同样在基于跨境或跨州输电线路建设上要沟通。从未来来看，设立建立在国家间基础上的"国际性"或"区域性"的电力可靠性组织（Electric Reliability Organization，ERO）是极为重要的一步。ERO 的模式是在尊重双方主权的基础上，确保任意一方政府或任何利益相关方间的利益平衡，以及制定非歧视性的电力可靠性标准。显然，ERO 的有效运作需要双边政府间的亲密合作。这种亲密合作的现实需要造成双边电力可靠性监管小组（The Bilateral Electric Reliability Oversight Group）这一机构的设立。这个双边小组的构成单位包括：联邦—省—地区工作组（The Federal-Provincial-Territorial Working Group），联邦能源管理委员会（The Federal Energy Regulatory Commission）和美国能源部（The U. S. Department of Energy）。

　　四是处理电力贸易的障碍要求对适用于不同电力市场的规制责任有清晰的理解。在加拿大，电力行业通常是由各个省根据行政区（the jurisdiction of the provinces）划来主导管理，加拿大政府（Government of Canada）的作用是对能源出口和跨境互联设施进行监管。然而，在美国，跨州电力市场主要由联邦电力管理委员会（FERC）负责监管（Canadian Electricity Association，2007）。基于此，不仅要尊重电力市场规则的差异性，而且更要明确电力市场的演化路径受此影响将会呈现出差异性，因此，制定者和规制者除自身应该加强合作外，还需要同电力行业密切合作，来共同识别阻碍跨境贸易的不利因素和形成合适的政策措施来扫除相关贸易障碍。

第七章 电力贸易的制度成本与 GMS 电力合作中的中国选择[①]

一 问题的提出

近年来，随着电力市场的开放，横跨多个国家的电力贸易的需求呈现出逐年上升的态势（Glavitsh 等，2004）。世界上的一些国家如中国、泰国、南非、美国、加拿大以及西非和欧洲的国家等也正致力于跨境电力贸易（Saroha 和 Verma，2013）。从各国实践来看，具有协调效力和法律约束力的区域性专属性制度安排是推进区域电力贸易与合作得以实现的必要或前提条件。例如，为了推进电力互联计划的实施，海湾合作委员会成员国出台了用来管理互联电网准入和应用的皇家法令（Royal Decree），明确参与者贸易权利与义务的电力交换和贸易协定。北美电力可靠委员会设立了横跨北美的电力可靠性标准，并依赖相互施压和共同利益来强化规则。中美洲区域电力一体化委员会则致力于促进区域合作、电力系统一体化的发展和成员国间的跨境互联，并制订和协调相关的政策、法律和监管等。在加强区域性制度安排的同时，为了有效应对多边交易中出现的交易费用上升，交易协调困难的局面，一些地区通过成立区域性协调机构和交易中心等内化交易的方式来消除深化合作的障碍。

大湄公河次区域（Greater Mekong Sub-region，GMS）国家间的电力贸易肇始于泰国和老挝的 Nam Ngum 水电项目。1995 年次区域电力

[①] 本章作为阶段性成果发表在《财贸经济》2014 年第 10 期。

论坛成立之后的近 20 年里，GMS 国家相继在制度规则体系和治理组织安排上取得重要进展。然而，总体而言，目前次区域电力合作与贸易的实际规模仍处于较低水平（龙晴和林春，2006），GMS 国家间的电网互联基本以双边为主，涉及过境的多边互联电网基本处于空白或研究论证阶段。有研究表明，GMS 区域电力合作状况的不理想，表现在尚缺乏一个多边、权威、高效、能及时解决实际问题的合作协调机制，从而影响了推进次区域合作的步伐和领域（韩宝庆，2007）；缺乏合作机制主要是各个国家在合作的意愿上出现了明显的偏差，并在缺乏具有约束力的区域性制度和治理体系下相互博弈，加大了合作的不确定性和风险性，从而阻碍了电力合作的纵深推进。因此，如何基于电力贸易的特殊性和电力特有的技术经济特点来对各个国家合作的意愿、相关影响因素，区域性制度建设等进行合理的理论分析，对于破解当前 GMS 电力合作中的问题具有重要的现实意义。本章内容安排如下：分析电力贸易的"边境效应"及其相关制度成本，促进合作、降低成本的制度安排等；在此基础上，分析影响 GMS 电力合作深入开展存在的问题及中国现状以及中国推进 GMS 电力合作的战略选择。

二 电力贸易的"边境效应"及其制度成本

（一）电力贸易的"边境效应"与合作决策的影响因素

为了促进资源优势互补和资源在更大范围内的优化配置，大多数国家国内电力市场的"边界"已远远超越了授权区域和州的边界线（萨利·亨特，2004）。从全球范围来看，电力供应边界的扩大，也会降低边际备用要求和削减整个系统的波峰负荷，电力贸易不仅可以增加生产者和消费者的剩余，而且可以提升电力供应的安全性和电力系统的可靠性，这是电力贸易区别于一般商品贸易的独有外部收益。同时，国内市场将会因电力进口而使竞争程度和效率水平显著提高（Gebhardt 和 Höffler，2013）。Charpentier 和 Schenk（1995）指出，"贸易"这一术语的完整内涵应该是，买者和最低成本供应商之间在不受地理范围约束（irrespective of geographic location）的情况下进行的。然而，由于国家间的边境线界定了政治和法律的管辖范围，而这种界定对市场的分割与运输成本或边境税所起的作用几乎一样，对商业有很大的抑制性影响，这就是所谓的"边境效应"（丹尼·罗德里克，2009）。"边境效应"的存在，使得跨境电力贸易的复杂性远远大于同一国家不同地区之间的交易（萨利·亨特，2004），电力贸易需要精心的组织架构和相互协调（Charpentier 和 Schenk, 1995），在电网实现了互联的基础上，还需要在政治经济上实现互信、互利，才能保证电力的互通。政治互信、互利是电力贸易的前提，为此而进行的政治外交与经济上的谈判，是电力贸易区别于国内市场交易而产生的额外交易成本或者说是制度成本。

黄少安和韦倩（2011）认为定义"合作"时要结合主体的意识性和行为的经济性，强调合作的基本特征是"自愿选择"和"自利性与互利性的统一"。因此，为了追求自利性与互利性的统一，行为主体必须要付出成本，当然也要获得收益。国际大市场相对于各国市场来说，具有更为复杂的交易程序，国与国之间的关税及非关税壁垒、通关检查、签证等手续，都使国际贸易相比于国内贸易要付出更多的交易费用（屈子力，2003）。随着合作的深入，交易费用既是推进国家间贸易的重要动力，也是阻碍或阻滞国家间贸易的楔子。从推进贸易或合作的目的上来看，国家作为理性主体，其选择参与区域电力合作这一决策的影响因素可以概括为3个，即合作成本（体现主体的意识性、合作性与竞争性）、交易费用、贸易（合作）收益。合作成本和交易费用就是本章前面提到的制度成本。本章认为，国家间合作的实现或者国家是否服从区域性"超主权"组织安排是合作成本、交易费用与贸易收益的均衡结果。国家安全和政治心态是能源合作最主要的障碍（Malla, 2008），本章借鉴 Green 和 Kreuter（1999）基于不同因素对主体行为动机影响的分析方法，把上述影响合作的三个因素分别作为偏向（predisposing）、促成（enabling）和强化（reinforcing）因素。鉴于国家作为国际关系中重要的理性行为主体，其认知会对其行为产生重要影响，本章认为偏向性因素的内容应该包括两个层面，即国内和国外，作为行为主体的国家，其行为既受国内因素（政治经济社会状况、制度环境、意识形态、民族主义等）影响，也受国外形势环境（地缘政治、经济格局变迁，领土主权安全，区域经贸合作等）影响。可以说，偏向性因素是国内国外因素相互交织影响并形成国家决策主体策略性认知（态度、偏好、价值观、信仰等）的重要体现，并基于这种认知选择是否合作。因此，仅从偏向因素来看，主体"自愿性"的合作成本是受"制度环境"效应影响的"内生偏好"，具有主体感知的"主观性"，也就意味着具有不确定性和波动性。从理性主体"成本—收益"视角来看，若要发生合作，A 国基于"合作倾向"愿意承受的合作成本为 a，其希望 B 国承受的最低合作成本为 b，那么，对应 B 国的组合为（a'，b'）。如果（a-b'）×（a'-b）≥0〔显然要求（a-b'）≥0 且（a'-b）≥0〕，则合作会发生；如果（a-b'）×（a'-b）<0，则合作会因某个国家的"机会主义行为"而解散。以电力贸易为例，如果 A 国认为基于电力供应安全的自给是至为关键的，或者 B 国电网的进入影响到 A 国的政治安全与主权利益时，即 a<b'，此时意味着 A 国愿意付出的成本小于 B 希望其付出的成本。A 国就会认为合作成本太高而阻止其开展电力贸易或者阻滞其电力合作的深化，B 国就会面临即使其愿意承受较高的合作成本，而 A 却不愿意付出更多的合作成本，致使合作解难以实现。由于不确定性和机会主义的存在，越是"生死攸关"的交易，越是难以从非合作状态转化为合作状态，自发的合作越是困难，越需要进行制度干预（黄少安和张苏，2013），这也是当前双边电力贸易多以政府间协定或通过签署谅解备忘录的形式来实现的原因所在。

同样，随着合作的国家扩展到 n+1 个时，假定其他 n 个国家希望 A 国承受的最低合作成本为 $\sum_{i=1}^{n} b_i'$，其中 b_i' 为第 i 个国家希望 A 承受的最低合作成本。如果 A 愿意承受的合作成本总计为 $\bar{a}$，且 $\bar{a} < \sum_{i=1}^{n} b_i'$，则其他国家就会认为 A 国存在"成本—收益"不对等的机会主义，会要求对 A 进行惩罚，轻者会将合作成本提升至均衡水平，重者会将其踢出集体行动中。然而，由于合谋的存在，也会使得其他国家在独立第三方缺位或区域性监管机构不完善的情况下，对 A 的实

际合作成本 ā 进行基于共识的"贬低"（或放大其收益），造成 A 被孤立甚至被踢出区域合作的行动中，从区域合作深化的视角来看，这种实际上是其他国家愿意付出的合作成本严重偏低而孤立或驱逐 A 的局面，会因对 A 的积极性打击造成"劣币驱逐良币"的现象，进而阻止区域合作进程。换个视角来看，如果 A 愿意承受的合作成本更高，为了维持区域性合作或获得远期性的战略收益，其可以在短期内让其他国家承受较低的合作成本，以获得更多国家的合作意愿。

（二）制度成本与合作类型

在区域电力合作进程中，随着参与主体增多，合作层次和领域的纵深演进，国家间政治外交协商和电力多边交易信息收集等交易费用也会显著增加，区域组织安排和制度优先设计则有利于降低成本，促进电力合作的发展。由于区域性制度对国家行为发挥塑造、制约和沟通的作用，这就意味着国家行为、制度环境和治理机构（组织）之间存在着极为密切的联系。基于此，本章利用行为主体理性人假设和交易费用理论，将交易成本经济学的"三级模式"扩展到国家间的合作。

在信息完全的情况下，制度没有存在的必要，但倘若信息是不完全的，那就必须要创造出一种制度，来为行为主体提供稽查背信行为所必须的充分信息，这样才有可能得到合作解（道格拉斯·C. 诺思，2012）。由于电力合作的敏感性和各国产业管制、发展水平的差异，各个国家愿意承受的合作成本存在显著的差异（不失古典贸易理论的一般性假设，大国愿意承受的合作成本高于小国），加之合作收益的不确定性和机会主义存在，要推进合作的实现，亟须制度的保证，并发挥其在合作过程中提供信息、降低交易成本、提高欺骗行为的代价，减少行为的不确定性等作用（罗伯特·基欧汉，2006）。在制度环境的影响下，双边或多边国家在合作成本与贸易收益相对变化，以及交易费用随着国家增多而递增的情况下，相互间开始走向合作的意愿增强，合作进入下一阶段——国家被内化到"区域组织"（雏形阶段）中，而旨在加强区域合作的制度环境的变化将直接推动国家行为方式和治理制度的变化，国家间的合作或者在第三方机构的牵引下加快了包括治理结构、基础设施和规则制度等在内的区域性公共产品的供给。然而由于国家间的异质性和不同国内制度环境的影响，使得在区域国家间合作的演进过程出现了分化——紧密型和松散型（见图7-1），而由松散型向紧密型转变是区域市场一体化制度安排的目标所在。

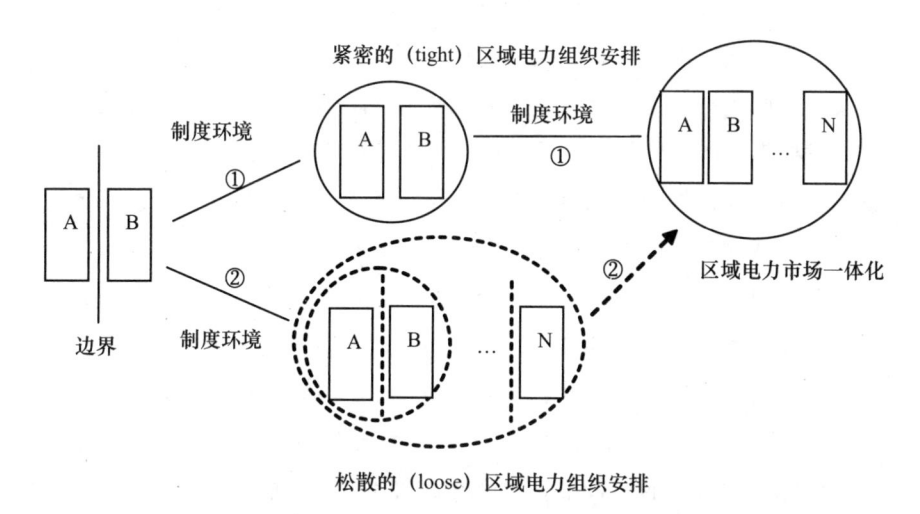

图7-1 制度环境、组织安排与区域国家间电力合作的演进路径

说明：每个方框代表一个主权国家，A、B和N为国家编号；实线圈表示双边或多边的市场交易内化为区域性的一体化交易，边境效应消失，制度和主体偏好趋同；虚线圈表示双边或多边的因主体特征和制度的异质性没被消除而造成区域性内化交易的治理安排并不理想，主体间利益协调仍较困难，交易费用仍然较高，需要通过制度环境改变使其回归到最优的路径上。

1. 紧密的区域合作

受国家主体身份特征和相互制度同质性程度较高的影响，实行紧密型区域合作的国家为了促进区域合作和降低交易费用，不同程度上会在"求同存异"协调机制的作用下，推进贸易方式、技术标准、交易规则等制度安排上的趋同或标准化，实现相互间的制度和基础设施的"无缝对接"，最终形成运行良好的区域电力市场一体化的安排，即图7-1（见181页）中路径①的演进方式。在当前的区域电力市场建设中，路径①模式为成员同质性较高的北欧 Nordic 电力市场和北美自贸区下的美加电力联营（NEPOOL）。然而，从区域电力市场一体化的三个维度来评判，即使是发展程度最好的北欧电力市场仍没有完全一体化（见表7-1，183页），这也从侧面表明了区域电力市场一体化演进的难度。

2. 松散的区域合作

由于区域内国家异质性程度较高和不同国家自身制度的差异，不仅加大了协调成本，使得旨在促进相互间合作的区域安排处于松散的状态，发挥不了应有的效力，而且由于不同主体对不同国家成本—收益信息存在不对称，加大了机会主义的概率，使得合作的稳定性较差，大大减缓了区域性公共产品提供的速度，也阻碍了区域电力一体化进程。处于相对松散的经济组织状态，制度性障碍和交易成本太高，诸如高关税、非关税贸易壁垒、歧视性、非透明性、各行其是的国内贸易制度和限制投资的市场准入等，大大制约了本地区经济一体化的发展（屈子力，2003），造成路径②的演进方式。这种松散的区域电力合作安排在当前国际电力合作的实践中相对较多，如 GMS 电力合作、中美洲电网互联系统（SIEPAC）和南部非洲电力联营（SAPP）等。

在路径②下，由于内化国家间电力贸易的区域性合作并没有消除合作的不确定性与制度的差异，相反为了进行交易，即使存在区域性公共产品的背景下仍要进行大量谈判、讨价还价、拟定契约、实施监督以及保证契约的条款得以履行等，大大增加了交易费用，使得深化电力合作的进程受到影响。同时，如前所述，在影响区域国家电力合作决策的三个因素中，合作范围的扩大会凸显交易费用的作用。如果制度安排合理，交易费用下降会显著带来贸易收益的提升，反之，因制度缺失和不完善将造成交易费用高企，直接影响到各个国家成本收益的相对变化，造成个别国家因合作成本太高而发生合作意愿的逆反，甚至会倒逼他国进行"非合作性"的合谋，通过贬低"积极型"国家的合作成本和放大其收益，使其面临孤立，分裂区域合作。

表7-1　　三个维度下不同地区区域电力市场一体化的发展状况

程度	基础设施一体化		监管一体化		商业一体化	
没有区域一体化	独立的国家电力系统		独立的国家监管	南方共同市场	本国所有的国内市场	
	跨境输电容量	南方共同市场北美自贸区	协调监管	北美自贸区	跨境贸易和所有权分散	南方共同市场
	输电投资的协调	北欧电力市场	监管机构的协调	北欧电力市场	区域现货市场（单一标杆价格）	北美自贸区
完全的区域一体化	完全一体化的区域运营系统		区域性监管机构		区域性二级或期货市场	北欧电力市场

资料来源：Pineau，Trebilcock 和 Thomas（2004）。

3. 制度成本对合作模式的影响

假定合作的紧密程度用 t 表示，并在 0 和 $\bar{t}$ 之间变化，其中 0 表示国家处于自给封闭状态，不参与合作；$\bar{t}$ 表示国家间的完全合作。$\pi(t)$ 表示贸易收益；$\delta(t)$ 为合作成本；$\xi(t)$ 为交易费用，均随紧密程度 t 而变化。为了便于分析，这里假定两种情况：一是 t' 为松散型的合作，一是 t^* 为紧密型的合作，t' 和 t^* 满足 $0 < t' \leq \bar{t}$。显然，不同的合作模式的选择取决于净收益的大小。基于此，分别列出 t^* 和 t' 的净收益表达式：

表达式1

$$g(t^*) = \pi(t^*) - \delta(t^*) - \xi(t^*)$$

表达式2

$$g(t') = \pi(t') - \delta(t') - \xi(t')$$

不妨假定 t^* 状态下净收益最大，则有表达式3：

$$g(t^*) - g(t') = \pi(t^*) - \delta(t^*) - \xi(t^*) - [\pi(t') - \delta(t') - \xi(t')] > 0$$

对表达式3进行变换得到表达式4：

$$[\pi(t^*) - \pi(t')] - [\xi(t^*) - \xi(t')] > 0 [\delta(t^*) - \delta(t')]$$

从表达式 4 可以看出，不等式左边第一部分表示贸易收益变化量，第二部分表示交易费用变化量，右边为合作成本变化量。不难发现，如果不等式左边大于右边，则加大区域合作的紧密程度可以带来净收益的增加，即 $g(t^*) > g(t')$；如果当紧密程度增加所带来的合作成本变化量大于不等式左边时，那么，结构就应该松散一些。然而，基于表达式 4，即使在贸易收益递减的假定下，仍有 $\pi(t^*) - \pi(t') > 0$，同样，合作的紧密化需要国家付出的合作成本明显增加，即 $\delta(t^*) - \delta(t') > 0$，在此基础上，可以看出交易费用变化量的大小（$\xi(t^*) > \xi(t')$）对于合作模式松紧的选择至关重要，如果更偏紧的合作模式也不能实现交易费用的节约，即 $\xi(t^*) < \xi(t')$，则要保证表达式 4 成立，就必须有 $[\pi(t^*) - \pi(t')] - [\delta(t^*) - \delta(t')] > [\xi(t^*) - \xi(t')]$；如果可以实现交易费用节约，即 $[\xi(t^*) - \xi(t')] > 0$，则意味着交易费用的节约可以使贸易收益在不发生很大增加的情况下就能实现较为紧密的合作模式。因此，交易费用的重要性一方面证实了本文关于随着区域合作的深入，交易费用愈发重要的假定；另一方面也反映了用于降低交易费用的制度选择对于深化合作的重要性。鉴于紧密型的区域合作在制度安排上尚有不足（无法实现交易费用下降），松散型的区域合作需要在制度先行的背景下走向路径①（见图 7-1，181 页）的后半段——区域电力市场一体化，亦即从松散型走向紧密型的合作，研究国家间区域性的制度安排和治理机构对深化全球电力贸易具有现实意义。

（三）促进电力合作、降低成本的制度选择

当有交易成本时，要想实现"科斯定理"所阐明的资源优化配置，作什么样的制度安排，就显得至关重要。就此而言，在跨边界次区域经济合作中，必须靠一定的制度安排来降低由边界带来的不确定性和高昂的交易成本（李铁立，2004）。高效跨境电力交易需要通过互联的电力市场规则的协调，因为只有这样才可收获跨境电力交易的全部好处（Bahar 和 Sauvage，2013）。然而，随着电力系统互联进程的推进，更为复杂的制度安排也将随其而至，为了保证进程的平稳实

现，需要在区域层面和国家层面上来处理所有可能遇到的困难（Navarro 和 Sambodo，2013）。

假定在一个区域中存在两类电力资源禀赋显著差异的国家，一类为禀赋富裕的电力出口国，数目为 m 个；另一类为禀赋稀缺的电力进口国，数目为 n 个；依据交易费用内涵，本书认为发生两类国家间的电力贸易所要搜索的关系次数就是交易费用高低的代理变量，那么 m 个卖方对 n 个买方的交易中，互相搜索信息所要发生的关系次数为 $g(m,n)=m\times n$；如果通过内化国家间相互交易的区域交易平台，比如区域电力交易中心（交易所），那么基于集中的信息收集可以使彼此发生的关系次数变为 $g(m,n)=m+n$。

不难看出，是否实现交易费用的节约是有条件约束的。如果 $m=1$，$n=1$，双边的贸易情景回归到两国基于合作成本和贸易收益比较的第一阶段的合作博弈上，显然此种情景下，如果合作的意愿达不成，或者电力资源稀缺国家基于能源自给的安全需要，那么交易费用的节约没有实际意义，内化交易的组织安排也实现不了或即使实现也发挥不了应有的效力；如果基于制度安排和双边基于清晰的成本—收益而形成的交易协定，尤其是长期购买合同或类似承购商（off-taker）的稳定供求安排就会大大降低交易费用。当 $m=2$，$n=1$ 时，即一个买方的情况，供应替代的选择使其更容易比较与不同贸易对象的成本收益，其会选择发生交易费用低的国家，或者通过适当的交易制度安排，选择上述双边的旨在降低交易费用的合作（或交易）模式；$m>2$，$n=1$ 时，情况类似。当 $m=1$，$n=2$ 时，此时存在一个卖方，从卖方的视角来看，在贸易收益一定的情况下，其自然会选择节约交易费用的贸易对象；从买方的视角来看，情况显然并不如此，其首先会考虑合作成本的大小，单一卖方的垄断势力，使其愿意承受的合作成本大为下降，会考虑选择不贸易或电力自给；如果买方认为电力进口在其能承受的合理的合作成本范围内，适当的制度安排同样会使其选择以最能实现交易费用降低的方式进行电力合作；当 $m=1$，$n>2$ 时，情况亦然。

当 $m\geq 2$，$n\geq 2$ 时，交易主体多元化，买卖双方进行自由交易的选择空间明显加大，与此同时，随之而来的是发现交易对象和交易价格的费用、讨价还价的费用、订立交易合约的费用、执行交易的费用、监督违约并对其制裁的费用和维护交易秩序的费用等交易费用开始大幅提升。为了进一步还原电力贸易的复杂性，这里对 m 与 n 进行条件放松，由于各个国家电源结构、峰谷波动和季节性因素影响，其电力供求缺口存在时间、空间上的不一致，为了实现调剂余缺的需要，电力出口国也可能是电力资源整体短缺的国家，电力进口国不一定都是电力资源稀缺的国家。这就意味着，按照季节或时间维度进行划分，市场的供求主体更为多元化。如前所假定的 m×n 的情况，在没有内化交易安排的情况下，交换在时间和空间上越是复杂，为实现合作所需的制度设计与治理安排越是复杂，相应的协调和交易成本也就越高。表达式 4 的分析表明偏紧的制度安排良好的区域合作模式可以带来交易费用节约，因此，为了降低交易费用和促进更为复杂的交易得以实现，内化的有生命力的区域组织可以通过制度调整和治理安排，自发地或通过国际（地区）组织援助来建立具有独立性和强制力的第三方——区域治理机构，比如区域电力协调中心、区域电力交易中心（交易所）、区域电力监管机构等。前述的无论是北美、南方共同市场和海湾国家合作委员会，还是南部非洲电力联营、中亚和南亚电力合作已不同程度上实施了这些区域性制度安排。整体而言，在松散的区域组织安排下，由于各个国家基于利他的区域合作共赢的意识并不强烈，很大程度上各个国家仍处于开展合作的第一阶段上，即基于合作成本与贸易收益的短期比较来选择是否合作，或者偏重于其一而造成促进相互合作的交集难以出现。与此同时，国家间的边境效应仍较凸显，基于合作意识信息的不对称，也使得交易的成本畸高。

三 GMS 国家电力合作的问题与中国现状

（一）偏向因素的差异性成为 GMS 国家间电力合作的难点

作为一种偏松的区域电力合作模式，从其当前以双边为主的有限的短期交易形式来看，GMS 国家间的合作仍处于较低层次，区域电力市场建设的缓慢推进很大程度上要归因于次区域国家偏向因素的差异，GMS 五国不同的经济社会发展水平、政治制度和电力工业发展水平等因素（见表 7-2，188 页）均会影响其在区域电力合作进程中的利益关切和合作意向。可以说正是一些国家在合作成本上无法做到利他与互惠战略性安排所要求的水平，或者相比于贸易收益其认为合作成本太高，亦或过于偏重合作成本而忽视了贸易收益，加之，区域性制度不完善或效力不足才使得后续的合作深入推进、商业一体化安排和制度监管体系建设难以获得实质性进展。

具体来看：一是基于能源供应安全的考量影响了区域电力合作进程。能源是经济属性和政治属性的结合体，跨境电力合作更需要较强的政治意愿。在基于民族国家经济主权和能源供应安全优先考量的背景下，截至目前 GMS 国家既没有在政府层面签署和批准具有法律效力的条约，也没有做出任何关于区域电力市场建设的坚定承诺，即使是备受欢迎的双边交易也只是以短期有限的政府间协议交易为主，如以签署谅解备忘录（MOUs）或以承购商的形式，最具典型的是自 1993 年起，为进口电力，泰国已与老挝、缅甸、中国签署了一系列的 MOUs。由于对政治主权让渡和经济利益受损的担忧，造成国家偏向于双边短期交易，而不依赖于区域性贸易安排，致使区域电力合作的深度和广度无法取得实质性进展。

二是各国电力市场结构的差异性增加了区域电力市场建设的难度。电力市场的层次结构决定着电力市场的运作模式，从电力市场结构来看，柬埔寨、越南和老挝实行的是垂直一体化的经营模式；缅甸与中国有类似性，实行的是发电侧独立、输配售一体的单一购买模式；泰国虽然实现了趸售环节和零售环节的开放，但发输（厂网）一体化的格局仍然影响了电力市场的竞争。与此同时，在发电环节的准入上，大多数国家虽已实行了包括社会资本参与的独立发电商（IPPs）制度，但越南仍在所有制问题上对 IPPs 进行限制，只允许国有资本进行运营。总体而言，各国电力工业发展水平的参差不齐，加之在电力市场化改革取向不一致的背景下致使国家间基于区域电力合作的起点和合作的优先内容安排存在显著的不一致，换言之，发展阶段的梯度性差异造成了区域国家利益关切点的层次性，增加了区域电

表7-2　GMS域内五国主要经济社会指标、电力工业发展和政治情况

国家	经济社会发展状况（2012年）							电力工业发展状况			国内政治情况	
	人口（百万）	GDP（十亿美元）	人均GDP（美元）	产业结构（％）			贫困人口比重（％）	城市化率（％）	2009年家庭电气化率（％）	2013年189个国家电力供应排名	电力市场组织模式	政治制度	政党情况
				农业	工业	服务业							
泰国	64.46	366	5390	8.40	39.20	52.40	13.15	45.10	99.30	12	发输一体	君主立宪	多党
柬埔寨	14.80	36.59	2490	34.70	24.30	41	20	22.00	24.00	134	一体化	君主立宪	多党
越南	88.78	358.88	4001	21.60	40.80	37.60	11.30	31.90	97.60	156	一体化	社会主义	一党
缅甸	61.00	82.72	1300	43	20.50	36.50	26	30.80	26.00	126	单一购买	议会民主	多党
老挝	6.51	17.66	2700	37.40	20.20	42.60	26	34.20	69.00	140	一体化	社会主义	一党

资料来源：根据维基百科、亚行数据库、《世界银行2013国家营商环境报告》等相关数据资料整理所得。

力市场建设的协调难度，也阻滞了区域电力市场集中交易体系建设的进程，这也是至今没有明确的文件提出清晰的区域电力现货市场建设内容的关键所在。

三是区域性制度建设不完善致使多边更大范围的电力贸易推进缓慢。清晰、有效和公平的制度与市场设计对于鼓励微观主体竞争无疑是至为关键的；同样，具有法律约束力的区域性协议安排和相关治理机制能够有效地防止机会行为的发生和减少不确定性，进而增强合作意愿。根据区域电力合作演进的要求，更大范围的跨境电力贸易需要扩大互联市场监管的协调性，如美国与加拿大已经成功地选择了涵盖所有涉及跨境贸易的一体化市场的单一监管机构的模式。与此同时，系统运营的稳定性亟需有效的监管和互联系统运营商之间的无缝合作，这就需要一个完整全面的制度框架来有效的分配责任和运营要求。从现有制度体系来看（见图7-2），区域电力贸易协调委员会、

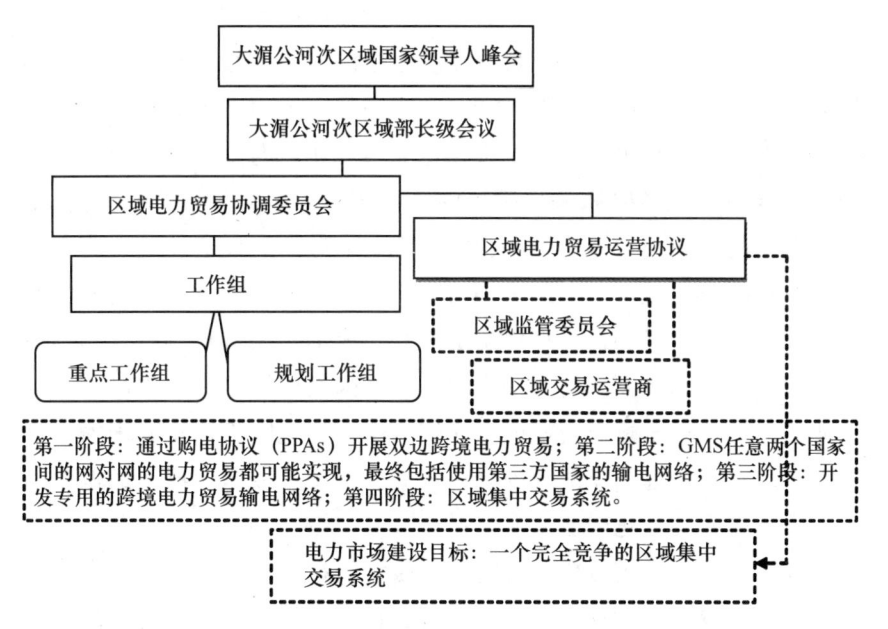

图 7-2　现行 GMS 电力贸易协调体系与一体化进程路线图

说明：实框部分为现有 GMS 电力贸易协调体系；虚框部分为贸易运营协议所建议成立的机构和构想。

资料来源：根据 World Bank（1999）、Kim 和 Sagon（2012）相关内容整理所得。

重点工作组和规划工作组虽然均由各国的代表组成，但这些机构并没有永久的办事处和稳定的预算安排，这就容易造成机构协调效力和运营效率不足，无法起到有效推进区域电力合作的积极建设性作用。亚洲开发银行研究院（2012）指出，大多数次区域项目的机构安排和政策都较薄弱，除东盟和南盟外，其他机构都是非正式，从根本上无法参与基础设施发展。由于缺乏有效的独立的区域电力监管机构——区域监管委员会，加之局限于双边短期交易的合作形式，致使区域性电力系统运营和电力交易机构，以及相关制度规则的推进缓慢，造成多边的乃至区域性的电力贸易安排难以成形，一个更为复杂的集中的区域电力贸易体系仅仅停留在理论设想层面。

（二）不对等的合作成本成为中国开展次区域合作的最大障碍

在前述的分析中，本书假定大国与小国在合作成本上存在差异，即大国愿意承受的合作成本将高于小国。在次区域国家中，中国综合国力最强，其他国家经济总量明显弱于中国，这就很容易造成在与中国的合作中，其他国家无形中会夸大中国的实力而造成其可承受的最优的合作成本水平出现下降，进而造成不合作；与此同时，由于受到域外因素和直接经验影响，所谓的"中国（企业）威胁"会对其他国家合作的偏向因素造成显著影响，中国主导的局面会使其认为中国承受更高的合作成本是"另有所图"，为了避免这种境况，其他国家就会存在合谋或者宁愿选择付出更高合作成本而与其他国家合作，造成中国被孤立的局面。就驱动中国合作的因素偏好来看，中国的不同企业主体显然过于重视短期的合作收益这一强化因素而忽略国家合作的地缘政治考量与国家能源安全等偏向因素，造成国家层面的偏向因素与个体层面的强化因素出现失衡。

具体地看，一是综合国力的悬殊使邻国在与中国开展电力合作中存在政治主权和经济利益的平衡考量，这种考量会使其在合作的深度和广度上陷入矛盾，进而阻碍合作进程。随着中国综合国力的大幅提升，周边国家存在"中国威胁"的担心；同时，由于电力合作的政治敏感性，甚至一些国家认为电网的架设和联通会使其政治经济主权陷入依附于中国的局面,这就造成尽管中国通过资本输出方式广泛地参与到次区域的电力项目建设中,但就电网互联情况而言,中国明显处于劣势,并逐渐面临着在 GMS 电网互联规划中陷入"孤立极"的现实风险。目前中国仅与缅甸、越南之间建有大容量互联线路,其中与缅甸的线路则仅承担着从缅北向中国输电的任务,互联程度并不高;与越南的联通线路也只是承担了电力出口的任务,同时基于中越领海主权争端和"去中国化"民族主义的影响,越南对此线路存在明显的警惕意识,限制了该条线路的扩容发展。中国尽管正加强与缅甸的电网建设,但骨干架构仍较单薄,而且在缅甸民主化进程的影响下合作基本搁浅。相比于中国的不乐观,泰国与越南均已有多条投入运营或计划建设的骨干网连接老挝、缅甸和柬埔寨,形成次区域电网建设的两个主要区域。

二是由于缺乏基于 GMS 电力合作的整体国家战略规划和策略考量,我国不同企业主体对"走出去"目的的认识上存在不一致,严重影响了我国各利益群体形成合力主导区域电力合作的效力。由于我国尚没有在 GMS 电力合作的战略考量与策略应对体系方面形成成熟的国家层面的认识,国家战略与企业经营行为之间难以有效配合和相互支撑。此外,由于国家边境开放和区域合作战略意图的模糊性,各种基于所谓"国家战略"考虑的执行主体之间在不同利益诉求的导向下,存在明显的"战略高地"之争,而这种争夺很大程度上只是单纯基于经济层面的成本—收益分析。这不仅严重影响了对电力合作在推进次区域经贸合作、产业转移、基础设施建设、民生改善、政治互信等领域积极作用的全面认识,妨碍了国家多元战略目标的构建与实施,而且也因内耗造成协同能力和执行效力的大大减弱,贻误合作的时机;同时中方企业的急切进入以及与对象国企业之间巨大的量级差异,给相关国家形成"担忧和威胁"的心态,严重影响了合作的意愿。从企业经营角度而言,在周边国家整体电力工业发展落后、资金技术欠缺的背景下,企业更愿意专注于潜在电力项目的收益上,这就造成了中国参与次区域电力合作的主要以资本输出、投资建设项目为主的局面。同时,基于电网互联重要性认识不足和电网巨大的资金投入，以及当前中国与周边国家电力交易规模不大，加之发电企业专注于主业的保守心理和受国内电源电网分业经营的影响，我国在次区域电力项目的合作多以电源建设为主，参与电网建设项目的积极性并不高。

四 推进 GMS 区域电力合作的建议与中国选择

电力贸易对于实现次区域电力资源的优化配置，提升整体社会福利具有显著的帕累托改进，然而鉴于已有制度与基础设施的不完善，以及电力的战略性资源属性，使得 GMS 电力合作仍停留在较低水平、较小规模上。笔者认为这种境况的出现是与不同合作主体在合作的不同因素上存在偏好的差异有关，表现在其他国家过于强调偏向因素尤其是能源安全和国家主权利益。中国则因执行主体的差异造成对偏向因素重视不够，并且过于追求短期的个体合作收益，造成在"走出去"过程中行为的"不合意"，进而又加大了其他国家对中国偏向因素的顾虑和自己偏向因素的重新考量，这种相互掣肘的局面使得旨在降低交易费用和消除边境效应的深化合作难以推进。换言之，不同国家如何实现偏向因素与强化因素的平衡，并在两者兼顾不悖的局面下重新调整合作的思路，在此基础上积极加快次区域深化合作，推进降低交易费用的偏紧的区域治理体系建设就显得愈发重要与迫切。因此，为了积极发挥电力贸易的积极成效，推进更高层次、更广范围的区域电力合作，GMS 国家亟须从以下方面取得突破。

一是巩固和完善双边交易模式，适时推进多边合作。GMS 国家已在双边跨境电力贸易模式上取得了积极的成效，并在此基础上形成了较为完善的争议解决和风险应对机制，如泰国和老挝南俄二号购电协议就供电责任事项和相关赔付补偿制度进行了清晰的规定。由于双边电力贸易有助于以渐进的方式发展基础设施和商业关系，允许参与国调整、发展制度和经验，建立信心和互惠，进而减少风险的诸多优势，因此在未来短期内仍要继续巩固和发挥双边贸易模式在推动区域电力合作的建设性作用。与此同时，随着双边模式的日益完善，中国作为本地区兼具电力出口和进口双重角色的国家，可以通过与规划工作组就多国电网互联项目进行合作，在双边互联电网的基础上根据已有或潜在负荷中心的地理分布，拓展互联电网建设或促进多国电网互联，并不失时机地推进多边电力贸易框架的可行性研究与构建，进一步释放区域电力合作的潜力。

二是继续加强国家间政治互信，深化电力市场化改革共识。由于电力的技术经济特性和政治属性，各个国家仍对电力工业部门进行严格管控，这是无可非议的，承认这种状况可谓是开展电力合作的前提条件，也是把握和促进深层次电力合作的起点。因此，在下一步的合作中，仍需以此为基点，推进 GMS 国家就深化区域电力合作取得广泛共识，与此同时，通过区域协调委员会及其下属工作组的积极建设性作用，使各国清晰认识过于放大电力的政治色彩，不仅会造成因政治博弈的"囚徒困境"而致使区域电力合作停留在浅层次的水平上，而且也会阻滞区域电力合作所引致的诸多红利的释放，进而通过渐进的方式增强合作的政治意愿，并以此为契机，加快国家间具有法律效力和坚强承诺的联合声明，或者类似于能源宪章条约的 GMS 区域电力市场条约的签署。在政治互信不断增强的基础上，各国要基于区域电力建设的第二阶段要求，加快本国电力部门的市场化改革，尤其是要积极推进电力监管机构的成立和职能完善，加快包括输电环节电价形成机制、竞价上网、输电容量分配和过境费用等在内的电力市场规则的制定，为区域开展更大范围的电网互联和电力贸易创造条件。

三是根据区域电力贸易运营协议建议，加快区域合作协调机制的构建与完善。根据其他区域电力合作的实践，区域电力市场的建设离不开区域性公共产品的有效供给，其中一个最为关键的机构就是区域电力监管机构，如中美洲的区域互联电网委员会。从职能来看，独立的监管机构能够在区域电力贸易制度制订和确保输电网络的公平准入，进而确保区域性电网互联。根据次区域电力贸易运营协议建议，成立次区域监管委员会并赋予其制定输电价格，加快跨境输电设施建设安排，评估和建议规划工作组研究报告，解决因跨境交易或因使用跨境输电设备而引起的争议，以及为运营协议未来阶段目标的实施提供应对之策等各项职能是构建一个多边、权威、高效、能及时解决实际问题的合作协调机制的关键环节所在。基于此，加快区域监管委员会的设立对于深化区域电力合作和推进区域电力市场建设既是必要的也是迫切的。

四是积极发挥第三方的平台作用，形成各方协同推进区域电力市场建设局面。可以预见，未来次区域电力贸易需要更为精心的组织架构和利益各方的相互协调，在此背景下，要继续发挥亚洲开发银行在 GMS 电力合作上积极的建设性作用；积极争取包括世界银行、瑞典国际开发署、澳大利亚国际开发署、日本国际合作银行，以及法国开发署在内的其他国际组织与援助机构通过技术援助、优惠贷款、重大项目论证研究等方式来促进区域电力市场建设。与此同时，借鉴已有国际经验，充分发挥区域性合作组织的积极作用，如 GMS 经济合作、东盟、中国—东盟（10 + 1）等，在经贸合作的大框架下有重点的推进能源部门尤其是电力领域的合作。

与此同时，鉴于中国在次区域电力合作中的现实境况，在未来发展的进程中中国应坚持有所作为，成为积极的推动者和拉动者，将电力合作确定为进一步密切中国与次区域国家乃至东盟与南亚地区国家间经贸（能源）关系的重要突破口。以此思路为指导，从策略上逐步达到下述三个目标：第一，实现次区域电源的合理有序开发和更多与中国西南地区互联的双边电网；第二，加快区域内电网互联互通和区域电力市场制度体系建设，基于中国西南地区的资源优势、地理优势和潜在市场优势，促成云南省成为次区域电力交换枢纽；第三，建立次区域统一电力交易市场，在次区域电力资源更大范围优势互补的基础上，实现西南地区成为中国重要清洁能源战略基地的目标。循此思路，中国要提前确立着眼于整体利益和长远利益的宏观战略考量，并在坚持资源、收益共享的基础上，分阶段、分层次地主导 GMS 电力合作的进程。

首先，中央政府部门应继续加强与次区域国家的政治沟通，按照积极拓展合作与妥善管控分歧并行不悖的相处之道，展现中国参与次区域电力合作的诚意与实力,通过加强政治互信,逐步消除周边国家对电力合作中政治主权和经济利益让渡的顾虑,防止个别国家煽动"去中国化"倾向,最大限度地避免中国成为"孤立极"的风险。一方面,近期工作要以"稳越推缅"为重心,既要减少"南海问题"对中越电力合作产生的不利影响,敦促越南积极评估中越扩大互联容量的项目建议,使其充分认识到通过电网互联或已有线路扩容有利于实现越南火电资源和我国西南地区水电资源的优势互补,使其明白水火互济对于越南电力系统的稳定、环境生态改善和相关下游产业发展的积极效用,通过电力资源的"引进来"和"走出去"的双向交换,增强其合作的意愿,减少其合作的顾虑。缅甸水电资源丰富,推动与缅甸的合作对于形成中国主导 GMS 电力合作具有重要作用。由于受政治民主化进程的影响,中方要主动并积极调整与缅方的合作思路,既要巩固和稳定与缅甸已有合作的成果,又要推进双方合作领域的纵深拓展,同时通过充分发挥缅方不同利益主体的积极作用,逐步消除其对中国在其境内进行资源开采的担忧与警惕,积极通过援助的方式加快缅北地区电气化进程,为进一步深化双边电力合作创造条件。另一方面,要在中国—东盟自贸区和电力贸易协调委员会框架下,加快与老挝和泰国关于双边高压输电线路的建设进程。

其次,在电力合作的具体思路和推进策略上,中国要争取主动,坚持既要协调存在于单一国家的局部利益与参与次区域电力合作的整体利益的关系,又要使各类项目建设的规划有利于区域统一电网的形成。要避免中国单方面行动所引发的震动,充分发挥第三方的平台作用,通过积极联合规划工作组来开展次区域电网建设规划和电力市场模式的研究工作。善于把握时机,适时制定与出台(必要时提供援助)关于中国与缅甸、老挝和越南的互联电网布局、输电线路和技术标准的选择方案,确定重点规划项目,形成中国参与次区域电网建设的路线图和时间表;确定中国参与次区域电力合作的交易模式及电力消纳方案。

再次,要积极发挥云南省作为中国面向西南开放的桥头堡地位,推进其在次区域电力合作中的主导作用。无论是基于电力贸易的地理毗邻性还是基于合作对等实体的要求，云南省一方面具有开展次区域电力合作的天然优势——人文相近，地理相连，合作的地缘优势和直接效用更为明显；另一方面，作为成员之一，在次区域电力互联互通上具有身份认同的明显优势，与其他国家的合作引发的轰动和猜想明显较低。基于此，积极鼓励云南省在诸多有利于电力贸易与合作的政策上先试先行。与此同时，要主动从国家战略的高度积极支持云南省成为次区域电力交换枢纽，尤其关键的是在当下各相关职能部门要积极配合和大力支持 GMS 区域电力协调中心落户昆明的行动。

此外，更为重要的是，要加快建立中国参与区域电力合作的联合工作小组，通过明确不同主体的责任与义务，形成政府与企业的协调配合机制，最终通过中央政府的垂直管理和企业、部门间的横向协同，形成有利于统筹地方经济发展，企业可持续经营和国家地缘、能源战略意图实现的"走出去"局面。

第八章　电力互联互通现状与战略措施

基础设施互联互通是"一带一路"建设的优先领域，电网作为重要的基础设施，在"一带一路"建设中具有先天优势，电力互联互通是"一带一路"的重要组成部分。"一带一路"沿线地区电力需求巨大，且中国具有电力基础设施建设的综合优势。中国电力行业在核电、特高压、智能电网等领域拥有技术优势，加快推进跨国互联电网项目，需要顶层设计、总体规划，明确互联互通需要解决的关键技术问题，找准互联互通的战略支点，能够有效对接国家"一带一路"建设，为"一带一路"倡议落地提供支撑。

一　中国与周边国家电力互联互通的现状与问题

到目前为止，中国与周边国家电网互联可以分为特征明显的两个阶段。第一阶段从20世纪90年代到2015年，这是中国与相邻国家电力"互通有无"推动下跨境线路建设及电力贸易阶段；第二阶段是实现电力系统低碳化的能源互联网建设阶段，这是2015年全球能源互联网建设和"亚洲超级电网"建设提出后，跨国互联进入以推动可再生电力远距离输送，实现电力系统低碳化的阶段。

（一）电力"互通有无"的跨境线路建设阶段

这一阶段的电网跨国互联的基本动力来自于相邻国家之间的经济

发展和电力供求市场的客观存在。随着国家经济的发展，一个国家或是资源原因，或是开发原因，电力存在短缺，而另一个国家既有发电资源，也有开发能力，从而构成跨境电力贸易的基础，推动相邻国家跨境电网互联线路建设。实际上，区域间各国经济发展和电力资源差异产生的区域国家之间的电力贸易动力，推动着区域间各国跨境互联电网建设和发展。而跨境互联电网建设的完成和运行的完善，又进一步促进电网互联国家的经济发展，提升电网互联国家的电力贸易水平。中国与周边国家电网互联的发展很好地反映出这一相互依存和相互促进的关系。

中国与周边国家以电力贸易为目的的跨国电网互联建设始于20世纪90年代。目前，中国已经建成跨境电力线路并开展电力贸易的国家主要有北部的俄罗斯、蒙古、东部的朝鲜，以及东南部的越南、老挝、缅甸等国。

1. 中国与俄罗斯跨境电力线路建设与电力贸易

中俄电力边境贸易始于1992年，目前输电能力为150万kW。截至2016年7月，已进口俄电196亿kWh。目前有以下三条输电线路向中国境内输送电力，主要来自于俄罗斯远东哈巴罗夫斯克地区的布雷亚和泽亚水电站。

（1）500kV阿黑线（俄方阿穆尔州—中方黑河换流站）：2012年4月1日正式投入商业运行，是中国从境外购电电压等级最高的跨国输电线路，是中俄国际能源合作重点工程——中俄500kV直流背靠背联网工程的重要组成部分，跨越中俄边境界江黑龙江，跨江段线路全长2345米。

（2）220kV布爱线（俄方布拉戈维申斯克市—中方瑷珲站）双回线路。2006年末投产送电，跨越中俄界江黑龙江，承担着对俄购电任务。

（3）110kV布黑线（俄方布拉戈维申斯克市—中方黑河站）三条跨国输电线路，1992年7月投产送电。

中俄输电断面直流部分最大送出电力为75万kW，交流部分最大送出电力为42万kW。

表 8-1　　　　　　　中俄断面联络线输电能力　　　　　　单位：万 kW

输电通道	经济传输	极限传输	备注
一、直流系统	75	75	
500 kV 黑河换流站	75	75	设计能力
二、交流系统	42	75	
220 kV 布爱甲乙线	33	60	导线截面 400（mm^2）
110 kV 布黑线	8	15	导线截面 400（mm^2）
断面合计	117	150	

2013 年 3 月 22 日，中国国家电网公司与俄统一电力国际公司签署《关于开展扩大中俄电力合作项目可行性研究的协议》，双方计划研究开发俄罗斯远东、西伯利亚地区资源，建设大型煤电输一体化项目，通过特高压跨国直流输电线路将电力输向中国。

2. 中国与蒙古跨境电力线路建设与电力贸易

与蒙古的电力贸易主要是从中国的内蒙古和新疆两地向蒙古国售电。截至目前，中国已建成向蒙古售电线路 5 条。

（1）新疆阿勒泰—蒙古口岸小型边贸输电线路：新疆阿勒泰青河县到蒙古科布多省的 35kV 输电线路，于 2009 年 12 月 23 日建成投产，输送能力为 0.5 万 kW，2013 年向蒙古国输送电量约 1100 万 kWh；

（2）内蒙古—蒙古金矿 220kV 线路：内蒙古乌拉特中旗巴音杭盖到蒙古南戈壁省奥尤陶勒盖铜金矿 220kV 输电线路，于 2012 年 11 月 30 日建成；

（3）三条内蒙古—蒙古口岸小型边贸输电线路：于 1994 年 8 月 27 日建成的内蒙古自治区二连浩特口岸通向蒙古扎门乌德市的 10kV 输电线路；

（4）2004 年 4 月 18 日建成的内蒙古自治区锡盟东乌旗珠恩嘎达布口岸至蒙古东方省毕其格图口岸的 10kV 输电线路；

（5）2005 年 12 月 27 日建成的内蒙古阿拉善盟额济纳旗策克口岸到蒙古南戈壁省那林苏海图的 35kV 输电线路。

近年来，蒙古希望通过开发本国发电资源向中国出口，带动本国基础设施建设和经济发展。2012年，中蒙两国签署《中华人民共和国和蒙古国关于建立和发展全面战略伙伴关系的联合宣言》，宣言提出将研究中蒙合作在蒙古建设煤矿坑口电厂及向中国出口电力问题。根据蒙古能源部制定的电力发展规划，蒙古电力输送中国规模为21000MW，按年发电量约1155亿kWh电计算，年均产值将达69亿美元（按每度电6美分计算），相当于2013年蒙古国GDP的60%。2015年11月，蒙古总统查希亚·额勒贝格道尔吉对中国进行国事访问期间，双方就深化发展中蒙全面战略伙伴关系发表联合声明，再次强调将进一步加强电力和可再生能源等领域合作，其中包括中蒙考虑在蒙建发电厂向中国出口电力。

3. 中国与东南亚跨境线路建设与电力贸易

1992年，亚洲开发银行倡议发起大湄公河次区域（GMS）经济合作项目，这是一个包括中国、柬埔寨、老挝、缅甸、泰国和越南等6个国家参加的区域性经济合作项目，而电力合作是其中的重要内容。目前，中国南方电网已经与越南、老挝、缅甸通过跨境电力线路实现了电力贸易。其中，与越南和老挝的电力贸易是以中国电力出口为主，对缅甸的电力贸易则以中国电力进口为主。

2004年，中国第一个对越送电项目云南河口至越南老街110kV联网工程顺利投产，为云南大规模向越南送电奠定了基础。2005年，中国对越输电110kV第二通道开通。2006年9月，中越220kV联网线路正式投产，成为当时中国最大的跨国电力联网工程。目前，中国电网已经实现了通过220kV、110kV两个电压等级、5回输电线路与越南电网互联，并经过这些跨境线路向越南北部的老街、河江、安沛、宣光等8省区送电。截至2015年年底，中国南方电网已累计向越南北部送电320亿kWh（《云南日报》，2016）。为解决老挝北部日益严重的缺电问题，中国云南电网公司还与老挝国家电力公司共同启动了115kV中国云南向老挝北部地区供电项目。该跨境电力线路于2009年12月投产，由中国南方电网向老挝北部四省供电。

相比之下，与缅甸的电力贸易主要是缅甸电力通过跨境线路对中国输出。2008年10月，缅甸目前最大的水电BOT项目瑞丽江一级水电站6台10万kW机组正式并入中国南方电网向中国送电，2010年8月26日，缅甸太平江一级水电站正式并入云南电网运行（黄娜，2014）。

此外，我国还积极推动中国和泰国电网互联。"中泰联网"将采用特高压直流输电技术建设跨境电力线路，预计2020年将与泰国实现联网并开展电力贸易（朱火箭，2015）。同时，根据中国南方电网云南国际有限责任公司与越南电力贸易公司在越南河内正式签署的中越电力联网第三商业运行阶段购售电合同，2016—2020年，南方电网将向越南累计送电75亿kWh。

（二）以电力系统低碳化为导向的"超级电网"阶段

目前，中国与周边国家已建成18条跨国输电线路（刘炎林，2014），这些跨国输电线路的主要目的是实现"互通有无"的电力交易。近年来，随着应对气候变化成为国际主流价值观，欧美等国进一步推动电力系统跨国互联的主要目的开始转向"电力系统的低碳化"，因而纷纷提出了"超级电网"计划。

亚洲一些国家和中国也不例外，先后提出了以"实现电力系统低碳化"为导向的电网跨国互联方案。早在1998年，俄罗斯就提出了"亚洲超级电网"计划，提出开发蒙古戈壁的风电与太阳能、俄罗斯远东地区的水电与火电、中国的风电与太阳能、韩国和日本的光伏与风电，实现连接俄罗斯、中国、蒙古、韩国和日本的泛亚洲跨国电网。该计划提出后，一直处于搁置状态。2012年，为解决因核电缺失而导致的供电难题，日本再生能源基金会（JREC）再次提出"亚洲超级电网"计划，提出建设一个连接蒙古、日本、俄罗斯、中国和韩国的泛亚洲跨国电网，将蒙古的可再生能源电力通过超高压直流电缆输送到亚洲的用电大国。2016年，日本提出的这一计划得到了中国、韩国、日本和俄罗斯的部分电力开发商与运营商的支持。同年3月，中国国家电网公司、韩国公共部门韩国电力公社（KEPCO）、俄罗斯 PJSC ROSSETI 和由移动供应商转变的可再生能源开发商日本软银（Softbank）共同签署了推动建设亚洲超级电网谅解备忘录。

中国国家电网公司则更进一步，在 2015 年提出要构建一个以特高压电网为骨干网架，以输送清洁能源为导向的全球能源互联网。根据中国国家电网前董事长刘振亚的看法，"全球能源互联网将由跨国跨洲骨干网架和涵盖各国各电压等级电网的国家泛在智能电网构成，连接'一极一道'和各州大型能源基地，适应各种分布式电源介入需要的安全可靠绿色低碳的全球能源配置平台"（刘振亚，2015）。

按照中国国家电网公司的设想，构建全球能源互联网将按照国内互联、洲内互联和洲际互联三个阶段推进。从现在到 2020 年是国内互联阶段，重点是加快各国清洁能源开发和国内电网互联建设。各国电网互联，形成合理网架，实现各电压等级电网的有机衔接。2020—2030 年（前后）是洲内互联阶段，重点是推动洲内大型能源基地开发和电网跨国互联，基本实现洲内各国电网互联。2030 年以后是洲际互联阶段。

中国国家电网公司提出的全球能源互联网建设的第二阶段，即洲际互联阶段就相当于"超级电网"建设阶段。从实践看，国家电网公司在中国国内全力推进特高压长距离输电线路建设，在中国与周边国家建设特高压跨境输电线路作为实施"全球能源互联网"的最重要抓手。

近年来，中国特高压工程进入大规模建设和加快发展时期。2014 年，国家电网公司开工核准建设"留交四直"共十条线路；2015 年，继续核准开工建设"六交八直"共十四条线路。跨国特高压线路建设也在稳步推进。根据国家电网的规划，到 2030 年与俄罗斯、哈萨克斯坦、蒙古、巴基斯坦 4 个国家建设 9 项特高压跨境线路，输电能力 7800 万 kW，年输送电量超过 5000 亿 kWh。届时，将初步形成中国与西部和北部周边国家通过特高压输电线路跨国联网格局。

(三) 对外电力投资

目前中国电力企业海外资产主要分布于菲律宾、巴西、葡萄牙、澳大利亚、意大利、新加坡、比利时、英国、爱尔兰、塞内加尔等国家和中国香港等地区，主要通过股权收购、项目竞标等投资方式进入。

表 8-2　　　　　　　中国电力企业重要境外投资并购

投资方	被投资方	投资时间（年）	中方股比（%）	资产类型
中国华能集团公司	澳洲电力公司	2003	50.00	电源
中国华能集团公司	新加坡大士电力公司	2008	100	电源
国家电网公司	菲律宾国家电网公司	2009	40.00	电网
国家电网公司	国家电网巴西控股公司	2010	100	电网
中国华能集团公司	美国国际电力公司	2011	50.00	电源
中国长江三峡集团公司	葡萄牙电力公司	2011	21.35	电源
中国广东核电集团有限公司	两家铀矿公司	2012	100	资源开发
国家电网公司	葡萄牙国家能源网公司	2012	25.00	电网
国家电网公司	澳大利亚南澳输电网公司	2012	46.56	电网
国家电网公司	新加坡能源国际澳洲资产公司	2013	60.00	电网
国家电网公司	新加坡能源澳网公司	2013	19.90	电网
国家电网公司	香港电灯	2014	18.00	电力
国家电网公司	意大利存贷款能源网公司	2014	35.00	电网
中国广东核电集团有限公司	比利时最大在运陆上风电场	2016	100	风电
中国广东核电集团有限公司	塞内加尔太阳能项目	2016	90.00	太阳能发电
中国长江三峡集团公司	爱尔兰及英国北爱尔兰风电项目	2016	100	风电

此外，中国电力工程企业大力拓展南美、亚洲、非洲等地区的工程总承包、成套设备输出及咨询服务业务，如先后承揽埃塞俄比亚、波兰、缅甸、巴基斯坦等发电和国家级骨干电网项目，电网一次设备、控制保护设备、调度自动化系统、高端电力电子设备等输出到菲律宾、巴西、德国、韩国等众多国家，部分产品实现进入欧盟高端市场的重大突破，实现了中国设计、施工、装备一体化"走出去"。

（四）中国推进电力互联互通及对外投资面临的挑战

1. 能源安全与政治方面阻碍

近年来，欧美发达国家经常以国家安全和中资企业的国企背景为由，限制中国企业进入敏感行业，如资源能源、高科技行业等。许多中国企业的海外投资，都是由于东道国政府的干预导致投资失败的。电力作为关系一国安全的重要行业，在开展电力互联互通和电力合作时容易受到东道国政府的严格审查。中国电力企业在开展电力合作时，应严格遵循国际商业惯例，加强与东道国政府的沟通，争取理解和支持，确保项目顺利推进。

2. 投资的经济性

电力互联互通涉及发电、输电、售电、融资、交易等多个环节，商业模式尚处于探索起步阶段，需要获取政府在财税方面的支持政策。中国的周边国家多为发展中国家，经济实力有限，尼泊尔、孟加拉、柬埔寨、老挝和缅甸还被联合国列入最不发达国家之列，对电力互联互通建设的投资能力有限。同时，受到欧洲、澳大利亚等资产所在国家或地区宽松货币政策影响，市场无风险利率降低，近期进行监管周期重置的电网资产监管收益率存在下降的可能性，国际电力合作收益空间受到挤压。

3. 电力标准的差异

中国在发电、输电技术方面已经取得世界领先水平，但参与国际电力标准制定方面与欧美等发达国家仍然存在一定的差距。长期以来，IEC等重要国际组织的领导职务大多由美国、德国等发达国家专家担任，2015年，德、美、日等国参与IEC标准化工作的专家均超过4000人次，中国参与IEC标准化工作的专家人数还不到他们的一半。目前各国在电网建设中首选本国标准和IEC、IEEE等国际标准，欧美国家已经在构建以标准和认证等为主要形式的新型市场准入体系，为中国电力企业开展电力互联互通和国际电力合作带来了严峻挑战。

二 推进电力互联互通的思路

（一）总体思路与基本原则

总体思路：以"一带一路"倡议为统领，统筹国际国内"两个大局、两种资源"，贯彻落实国际能源合作战略方针，坚持全球能源观，以重大项目、重点市场、核心技术为依托，巩固并扩大与周边国家电网互联互通，寻求电网投资运营与电力工程承包项目的机遇，推动中国电力行业优势产能、技术标准、品牌全方位"走出去"，提升中国与周边国家经贸和电力合作的深度与广度，推进中国电力产业转型升级，提高中国电力行业的国际影响力和话语权。

推进电力互联互通的基本原则是：（1）规划先行，立足长远。坚持规划引领，着眼于全球能源格局深刻的变化和中国电力行业中长期发展的需求，循序渐进、由近及远、由易到难，巩固并扩大与周边国家电网互联互通；着眼于新一轮产业革命，实施知识产权战略和品牌国际化战略，推动业务转型升级，积极抢占未来电力科技产业制高点；积极参与国际能源治理，在APEC和新的能源合作框架下积极提升国际影响力。（2）企业主导，政府推动。发挥中国电力企业技术、综合管理、资金等方面的优势，创新业务发展模式，积极探索与周边国家电网互联的潜在机遇，加大力度开展国际投资并购、工程承包、装备输出等业务；充分发挥现有多双边高层合作机制的作用，与重点国家建立合作机制，加强政府间交流协调以及与相关国际和地区组织的合作，推动国际电力合作取得积极进展。（3）优势互补，互惠互利。与周边国家共同开发其丰富的煤电和水电资源，实现周边国家能源资源禀赋与中国电力需求的互补；在电力行业市场需求大的国家开展电工装备制造国际合作，实现与中国电力工程承包和电工装备优势产能互补；促进中国与其他国家经济共同发展、互惠互利。（4）统筹优化，风险可控。以综合价值最大化为导向，加强"有形之手"的统筹协调，减少同行业无序竞争，提升跨业务协作效率，打造全产业链综合优势，提升综合竞争力，为国民经济发展持续创造经济价值、社会价值和生态价值；高度重视和积极防范"一带一路"沿线国家各类风险，合理控制境外业务风险水平，保障境外人员和资产安全。

（二）具体措施

1. "一带一路"倡议为引领，推动电网基础设施互联互通

基础设施互联互通是"一带一路"建设的优先领域，电网作为重要的基础设施，在"一带一路"建设中具有先天优势，电力互联互通是"一带一路"的重要组成部分。中国周边国家电力需求巨大，多国正处于或即将进入工业化发展阶段，电力基础设施建设需求潜力大。中国在特高压、智能电网、新能源、核电等方面技术领先，电力工程与装备制造能力较强，拥有丰富的大电网运行管理经验，综合优势明显。同时，电力工业是关系一国国计民生的重要基础产业，电力互联互通是民心工程，具有示范作用，有利于树立中国企业和国家的海外良好形象。

国家在外交、境外投资审批、融资与保险、科技、标准等方面制定了一系列支持和优惠政策，为推进电力互联互通及国际电力合作提供了便利条件。在外交政策方面，近年来，国家领导人高访已经覆盖"一带一路"沿线大部分重要国家，并发起成立全球基础设施互联互通联盟，推动建立多个区域合作机制和能源合作机制。在境外投资审批方面，相关部门不断简化审批程序；在融资与保险方面，发起成立亚洲基础设施投资银行、丝路基金等新型多边金融机构；在科技方面，出台加快科技资源互联互通专项规划，与"一带一路"国家和区域组织开展科技合作；在标准方面，出台"标准联通'一带一路'行动计划"等，推动标准"走出去"。

在"一带一路"倡议框架下，加强政策协调，统一技术标准，开展合作研究推动电力互联互通。制定协调统一的能源安全政策，建立合作共赢的政策协调机制。取消限制电力互联互通及国际能源合作的政治、经济、技术、财税政策壁垒，构建协调统一的能源政策环境。联合相关国际组织，建立常态化工作机制，形成电力国际技术标准体系框架，并在世界范围内推广应用统一的电力技术标准。发挥各国在能源技术、战略规划、市场建设、政策设计等方面的优势，集中优势进行联合研发。围绕电力互联互通涉及的关键技术领域开展联合攻关，实现创新突破。

2. 以推动构建全球能源互联网为契机，推动跨国电网互联项目落地

2015年9月26日，习近平主席在联合国发展峰会上发表重要讲话，提出"中国倡议探讨构建全球能源互联网，推动以清洁和绿色方式满足全球电力需求"。中国提出全球能源互联网倡议，是对传统能源发展观的历史超越和重大创新，体现了构建命运共同体、实现可持续发展和合作共赢的全球治理思想，也是中国积极应对气候变化、实现联合国2015年后发展议程的重大举措。

全球能源互联网是以特高压电网为骨干网架、全球互联的坚强智能电网，是清洁能源在全球范围内大规模开发、配置、利用的基础平台。其实质即为"特高压电网+智能电网+清洁能源"。全球能源互联网是关于世界能源可持续发展的重大战略创新，为解决资源紧张、环境污染、气候变化三大难题提出了全新的可行方案。依托全球能源互联网，推动能源配置从局部就地平衡向全球能源资源配置发展，可以更好地促进各类能源开发利用。

中国与周边各国资源禀赋各异，经济互补性较强，彼此合作潜力和空间很大。通过推动全球能源互联网建设，构建能源大规模开发、输送、使用基础平台，实现中国与周边国家能源跨国优化配置。

3. 以业务发展模式创新为重点，提升国际电力合作质量和效益

发挥中国电力行业全产业链优势，加大联合出海力度，以资本、业务为纽带，跨行业、上下游联合"走出去"，提升集群竞争力，推

动业务模式转型升级。构建境外工业园区、商产融平台、商会协同、政府推动等全方位"走出去"格局。积极探索参股或少量持股、工程换资源、技术入股、股权置换、混合所有制等容易被东道国接受的方式，多途径开展对外投资经营。探索带资建设、BOT（建设—经营—转让）、PPP（政府与社会资本合作）等业务拓展方式，采用国家外汇储备应用、投资基金、融资租赁等新型融资方式，瞄准产业链高端开展跨国投资并购，实现技术升级，扩大国际市场份额。

三 推进电力互联互通需要解决的技术问题

跨国电力联网在运行、交易、商业模式等方面都具有与国内电网不同的特征，需要针对跨国电网特点，设计符合跨国联网实际的系统调控方式、市场交易机制和商业运作模式。

（一）系统调控方式

系统调控是保障电力互联互通安全运行的基础。随着电网互联范围更广、交互程度更深，需要解决高比例清洁能源接入和复杂环境带来的电网安全问题、大范围电力资源优化配置的经济性问题以及实现跨国调度的协同问题。

现有调度控制系统的信息共享方式、分立分析和决策控制模式，以及主厂站交互方式，还不能完全适应大范围交、直流混合电网及规模更大、运行更复杂的跨国互联电网发展的新要求，支撑清洁能源在跨国大规模、大范围、高效率优化配置仍有较大差距。

为满足跨国电网系统调度安全需求，需要重点从以下几个方面展开行动。

1. 建立互联电网系统调控协调机构

需要成立系统运行协调部门，负责电网运行协调，包括制定电网运行标准、电网极端条件下的运行协调、制定运行备用容量规则、事故分类及调查等。在运行协调部门中，成立专业工作组，开展包括并网管理、阻塞管理、可靠性、电网特性及动态分析、统一电网计算模型及边界条件等工作。

2. 建立系统运行调度协调机制

研究形成跨国联合调度协议框架体系，实现各层级调度的统筹协调。制定清洁能源消纳协调机制，通过储能设备调用等方式解决高比例清洁能源接入后的电网优化运行问题。建立智能用电设备协调互动机制，实时分析掌握系统内负荷和可用资源分布情况，根据电动汽车等可移动用电设施和储能装置的变化，平衡网络运行潮流。建立分布式电源协调机制，通过即时通信信息及控制手段，实现用户发电和用电灵活转换。

3. 探讨跨国互联电网框架原则

根据不同的联网形式，包括交—直互联（点+网）和交—交互联（网+网）等形式，研究可行的调度模式。形成实施方案，根据不同联网电网的特点和发展现状，选择适合联网运行的调度模式并形成实施方案。

从安全性、经济性和可执行性等方面对不同联网形式和不同电网的调度模式进行对比研究和分析，总结规律，形成框架原则。

（二）建立现代复杂大电网安全体系

1. 建立实时数据库：推动建立面向电力系统设备、广域分布、直接定位的实时数据库，解决多级调度高效共享实时数据问题。

2. 实时告警体系：构建面向全网的电网故障实时告警体系，实现多级调度告警信息的实时共享，增强大电网故障的全景感知和协同处理能力。

3. 安全预警系统：建立基于特大电网实时实测运行工况、事件触发、多级调度互动的在线动态安全预警系统，提高特大电网安全状态评估的及时性，解决长过程多重连锁故障预警处置的问题。

4. 决策软件：开发日前、日内和实时发电计划优化决策软件，实现自适应负荷变化的多目标发电计划优化决策和精细化安全校核，解决大规模间歇性可再生能源发电的有效消纳和节能发电调度问题。

（三）形成市场交易机制

电力市场化改革呈现出全球化趋势。2006年以来，欧盟已陆续实现多国、多区域市场的联合交易，建立了基于统一市场规则、实现联合出清的市场机制，未来将进一步向其他区域开放，最终形成泛欧洲统一电力市场。根据欧盟研究报告估算，全面实现联合交易可以带来每年25亿—40亿欧元的市场效益。美国尚未形成全国范围的国家电力市场，但考虑到区域市场协调在电网规划建设、区域市场运营等方面具有重要作用，美国政府不断推动区域电力市场范围扩大，各区域电力市场间协调合作也在加强。

统一电力市场是有效发挥电网互联效益的基础，也面临着前所未有的复杂性挑战，中国与周边各国电力市场化基础不同，需要在完善各国电力市场的基础上，建立公平、开放、竞争、有序的电力市场机制，引导电力企业、用户充分参与，引导清洁能源快速发展。

为实现上述发展目标，需要重点从以下几个方面展开行动。

1. 鼓励各国电力市场建设和开放

（1）市场开放：鼓励各国建立开放、灵活、高效的电力市场，逐步推动电力市场范围扩大，为全国统一市场和跨国电力市场的形成和完善提供基础；

（2）市场共建：加强各国电力市场建设和改革经验交流，鼓励联合研究、共同推进电力市场建设，提高区域电力市场协同发展水平，促进区域跨国电力市场形成；

（3）规则协调：制定协调一致的跨国电力市场规则，促进国家间电力市场融合和跨国电力交易。

2. 研究基于相关方协商的电力交易机制

（1）政府间合作：建立政府间能源合作监管机构，负责起草框架性指导原则、设计跨国交易以及监管机制等，对区域电力联盟进行监管和指导。

（2）通用规则制定：制定通用的电力市场融合规则，包括容量分配、交易方式、价格形成、协调方式、风险防范、阻塞管理等，推动区域电力交易市场发展。

（3）模式推广：推动完善双边和多边交易机制，形成可复制、可推广的有效模式和经验。

（4）结算机制：构建科学的跨国电力交易结算、税收与电价机制，引导跨国电力交易大规模开展。

（5）收入机制：形成基于长期交易的合同收入、基于电网安全性的政府管制收入、基于短期调配的交易收入等多元化收入机制。

（6）容量分配机制：合理进行跨国输电容量分配和成本分摊，促进输电设施的充分利用和吸引电网基础设施投资。

（7）市场交易机制：建立以中长期交易合同为主的市场交易机制，为跨国资源开发和投资提供较为稳定的电量和收益预期。

3. 研究跨国清洁能源消纳机制

（1）短期交易调整机制：建立考虑网络阻塞的月度、日前、日内等灵活的短期交易调整机制，适应可再生能源波动、来水和需求变化带来的资源配置需求。

（2）辅助服务市场机制：在协商基础上，形成电储能设施参与电力调峰调频辅助服务补偿机制，促进清洁能源消纳。

4. 推动形成跨国电力市场交易平台

（1）联合交易：促进跨国多边长期交易，逐步实现中国与周边国家市场联合交易，进一步丰富电力期货等产品种类。

（2）顶层设计：建立跨国电力市场交易工作组，负责顶层设计，制定电力市场平台建设路线图。

（3）区域试点：在中俄、大湄公河次区域等跨国电力交易需求较大的地区开展试点，"由点及面"地推动电力双边交易到多边交易发展，促进区域电力交易市场逐步形成。

（四）商业运作模式

基于国际其他跨国电网项目案例经验，提出一套针对跨国电网互联项目的落地流程，并针对关键环节和节点提出适应性的方案、模式和措施，总结出跨国电网互联项目落地的实施节点图，包括规划、尽职调查、科研、商务谈判、工程建设、运营等。

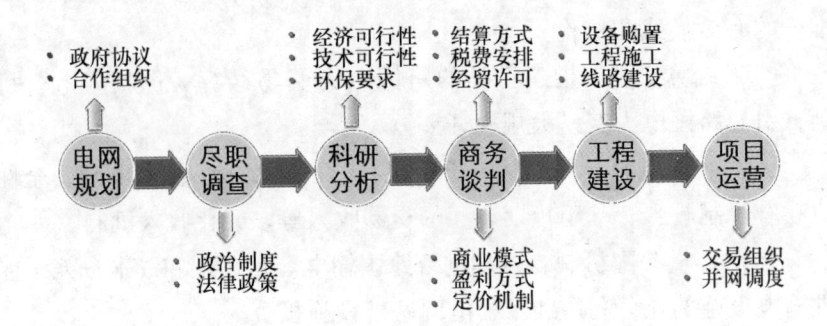

```
  ·政府协议      ·经济可行性    ·结算方式    ·设备购置
  ·合作组织      ·技术可行性    ·税费安排    ·工程施工
                ·环保要求      ·经贸许可    ·线路建设
      ↓             ↓            ↓            ↓
   ┌────┐      ┌────┐      ┌────┐      ┌────┐      ┌────┐      ┌────┐
   │电网│ ──→ │尽职│ ──→ │科研│ ──→ │商务│ ──→ │工程│ ──→ │项目│
   │规划│      │调查│      │分析│      │谈判│      │建设│      │运营│
   └────┘      └────┘      └────┘      └────┘      └────┘      └────┘
                  ↓                       ↓                       ↓
               ·政治制度               ·商业模式               ·交易组织
               ·法律政策               ·盈利方式               ·并网调度
                                       ·定价机制
```

图 8-1 跨国电网互联项目落地实施节点图

1. 项目股比设计

设计跨国电网互联项目的股比结构应注意发挥各投资主体的比较优势，能够降低风险和协调成本，并有利于政府审批通过项目。重点考虑的因素包括风险规避、协调成本和政府审批难易程度。

在风险规避方面，针对项目合作过程中的政治风险、安全风险、汇率风险等提前准备预案，明确风险在各相关利益方之间的分担措施。在协调成本方面，尽可能选择国内相关行业中央企业、具有国际声誉的跨国企业等，明确利益分配关系，降低协调成本。在政府审批难易程度方面，在国内选择合作伙伴和投资方式时应符合国资委对中央企业境外非主业投资限制；在国外尽可能与当地企业合作，符合当地政府的审批条件。

跨国电网互联项目的参与方包括电力出口国股东、电力进口国股东、过境国股东以及其他战略合作伙伴。设计股比应综合考虑各方的参与意愿和能力，发挥各利益主体的积极性和比较优势。例如俄欧天然气管道项目股比设计，计划连接俄罗斯与欧洲的"南流"天然气管道采取了俄罗斯天然气工业公司与沿线国家合资、股比基本对等的模式，调动了沿线国家参与天然气管道建设的积极性。跨国天然气管道项目运作比较成熟，对跨国电网项目具有一定借鉴意义。

表8-3 各类股东的优势和作用

股东类型	优势和作用
电力出口国股东	确保稳定的电力供应；有利于上游电源开发环节获得政府审批通过；协助解决电源开发过程中的问题或障碍
电力进口国股东	确保电力的消纳；有利于项目下游环节获得当地政府审批通过
过境国股东	确保输电线路的安全运行和运行维护；有利于组织输电线路在本国的建设施工，协助解决拆迁、土地使用、税费等问题
其他战略合作伙伴	为项目提供先进技术、先进装备、资金、运行管理经验等

表8-4 俄欧天然气管道项目股比

途经国家	管道合资公司	股权比例
保加利亚	南流保加利亚公司	俄气50%，保加利亚能源集团EAD50%
塞尔维亚	南流塞尔维亚公司	俄气51%，塞尔维亚天然气公司49%
匈牙利	南流匈牙利公司	俄气50%，匈牙利能源电力公司MVM50%
斯洛文尼亚	南流斯洛文尼亚公司	俄气50%，斯洛文尼亚天然气公司Plinovodi50%
奥地利	南流奥地利公司	俄气50%，奥地利石油天然气集团OMV50%
希腊	南流希腊公司	俄气50%，希腊天然气管网公司DESFA50%

2. 融资模式设计

设计跨国电网互联项目的融资模式应充分利用国际资本市场资金，降低融资风险和成本，并符合当地审批和外汇监管政策。重点考虑的因素包括融资成本、审批难易程度等。

在融资成本方面，设计融资渠道、融资工具时，应选择融资成本最低、融资风险最小、融资方式最为便捷的方式。

在审批难易程度方面，确保融资方式和融资工具符合相关国家监管要求，资金汇入和汇出符合当地对于外汇的管理制度。

与公司融资方式相比，项目融资方式在跨国电网互联项目中具有以下独特优势，是跨国项目普遍采用的融资方式，包括有限追索、税收优惠、较高债务比例、方位融资。

表 8-5　　　　　　　　　　项目融资与公司融资对比

融资类型	项目融资	公司融资
融资基础	项目的资产和现金流	公司资信
追索程度	有限追索或者无追索	完全追索
风险分担	所有参与者	放贷者和担保者
股权比例	杠杆比例高	杠杆比例低
会计处理	资产负债表外融资	资产负债表内融资

以中国—中亚天然气管道融资模式设计为例：中国—中亚天然气管道采取了由项目公司（即各国境内的管道公司）作为主体进行债权融资、母公司（即中石油及相关国家油气公司）担保的方式，能够有效隔离不同环节的融资风险。项目融资方式（相对于公司融资）能够实现风险分散化，融资具有有限追索性，融资比例相对较高，有利于投资主体。中方选择国家开发银行作为牵头银行，与中国银行、中国进出口银行等国有银行以及澳新银行等外资银行组成银团，提供银团贷款。沿线各国的油气公司（哈萨克斯坦石油公司、乌兹别克斯坦天然气公司、土库曼斯坦天然气公司）以及中石油作为管道公司的股东，为管道公司的贷款提供担保。

四　推进电力互联互通的实施路径

（一）确立电力互联互通支点国家

为顺利推进电力互联互通，分别从中国北部邻国、中亚、南亚地区确定电力互联互通的支点国家，通过与支点国家开展重点跨国联网工程，形成示范效应，加快电力互联互通建设。

支点国家的筛选原则：与中国在能源资源禀赋上具有互补性，有利于促进国际产能合作和基础设施互联互通；与中国外交关系紧密，有利于提升中国在全球治理中的国际影响力和话语权。

在中国西北部，俄罗斯、哈萨克斯坦、巴基斯坦 3 个国家可作为推进中国电力互联互通的支点国家。

俄罗斯是中国最大的邻国，也是中国北向、西向维稳重地；中俄全面战略协作伙伴关系不断深化，两国能源、经济互补性强，合作空间大，在西方经济制裁背景下中俄合作空间将进一步拓展；同时俄对"一带一路"倡议从疑虑走向主动对接，提出"跨欧亚发展带"构想对接"一带一路"。

哈萨克斯坦地处欧亚大陆交汇处，连接欧洲和亚太两大经济圈，拥有得天独厚的地理优势；习近平总书记在哈萨克斯坦提出"共建丝绸之路经济带"；中哈建立了全面战略合作伙伴关系，中哈经贸合作取得了显著成效；国际产能合作源于"中哈产能合作计划"。

巴基斯坦是中国唯一"全天候全方位战略合作伙伴"，两国高度政治互信、经济往来发展态势良好；巴基斯坦地处区域地缘核心位置，对中国进入中东、印度洋，以及西部地区稳定发展至关重要；巴方希望通过加大"中巴经济走廊"建设，共同加快推进"丝绸之路复兴背景下的和平发展"，符合国家战略导向。

（二）推动重点跨国联网工程建设

基于现有跨国电网互联的基础，开展与支点国家的重点跨国联网工程，逐步实现与周边国家电力互联互通。

1. 建设俄罗斯向中国输电通道

俄罗斯具有丰富的煤炭以及风能、太阳能等可再生能源，且离中国京津冀等电力负荷中心距离较近，通过建设向中国的输电通道，可以缓解中国华北地区负荷压力。

未来建设东中西三条远距离输电线路，从俄罗斯向中国输送电力。东线是从俄罗斯远东地区向中国华北送电，送电距离约2500km，通过±800kV线路，每年输送电量500亿kWh，需要组织800万kW的电力，相当于俄远东地区现有装机容量；中线是通过俄罗斯东西伯利亚地区，通过赤塔、满洲里向中国华北地区送电，送电距离约3000—3500km，可建设±1100kV同塔双回线路输送；西线是从俄罗斯新西伯利亚地区，经新疆向华中、华北地区送电，送电距离约4000km，可以建设±1100kV线路输送。

2. 建设从中国新疆到哈萨克斯坦的输电通道

哈萨克斯坦煤炭等发电能源资源丰富，具有建设大型电站向中国送电的潜力，满足中国负荷中心地区清洁电力供应需求。巴基斯坦与中国西北电网联网，可促进中国西北风电与太阳能的大规模开发消纳。

中哈联网可采取的方案有两种。

一是开发埃基巴斯图兹（迈库边）煤电基地，通过±1100kV直流输送至河南豫南负荷中心，落点南阳，输电距离约4120km（境外990km、境内3130km），送电规模1200万kW，计划"十三五"期间投运。二是远期进一步开发埃基巴斯图兹（迈库边）煤电基地，通过±1100kV直流输送至湖北鄂东负荷中心，落点武汉北部，输电距离约4520km（境外1030km、境内3490km），送电规模1200万kW。

3. 建设与巴基斯坦联网通道

巴基斯坦能源相对贫乏，能源自给率较低。近年来，巴基斯坦电力供应极为紧张，尽管巴基斯坦政府通过加大电力投资、引入外资和民间投资等方式，促进发电装机容量增长，但电力供应仍难以满足需求，电力缺口呈逐年增长趋势。通过建设中巴联网，可以缓解巴基斯坦电力供应的缺口。

新疆内规划的五大能源基地，与伊斯兰堡距离较近的基地有库拜能源基地和伊犁能源基地。从库拜能源基地至伊斯兰堡直线距离约1280km，从伊犁能源基地至伊斯兰堡直线距离约1370km。伊斯兰堡电力总体需求约300万—500万kW，采用交流送电，受稳定极限等因素的限制，送电能力较弱，且交流联网后新疆电网将与巴国电网构成交流同步大电网，存在电网出现事故后互相影响扩大事故范围的可能。直流联网具有调度运行灵活、电网相互影响小、送电能力强等诸多优点。因此初步推荐采用直流±660kV为伊斯兰堡送电。

（三）加大海外电力投资力度

依托中国电力企业技术、资金、管理方面的优势，加强开拓海外优质电力资产投资并购力度，创新电力工程承包业务模式，提升电力装备国际化水平,实现投资、工程、装备业务协同"走出去"。

积极进行海外电源开发、电网投资建设与运营。发挥国际领先的大型水火电机组的核心技术优势,紧密跟踪国外风电、光伏、核电、生物质能等清洁能源发电领域发展动态,寻找投资运营机遇。以特高压输电、智能电网等先进技术和丰富的管理经验为依托,大力开展海外电网建设运营业务,实现海外资产的保值增值。在欧洲、北美、大洋洲等市场机制成熟和政策法律条件完善的发达国家和地区,重点开展股权收购等跨国并购项目;在需求潜力较大的新兴市场地区,重点开展绿地投资项目,积极尝试 BOT、BOOT 等投资运营模式。

在海外电源开发方面,对于水电项目,立足东南亚等周边国家,开发非洲、南美等水资源丰富的地区;对于火电项目,在中亚等煤炭资源丰富的地区投资建设电厂电站,在发达国家和地区伺机并购火电资产;对于风电、太阳能等新能源开发项目,以市场机制成熟、电价政策完善的国家为开发重点。

在海外电网运营方面,大力拓展发达国家市场,扩大对已有发展中国家项目投资,积极培育金砖国家等新兴市场。在北美洲可以中等规模、入股比例较低的电网资产作为重点目标,并寻求与当地战略伙伴合作推进电网绿地项目,积极参与北美输电特许权招标;在欧洲抢抓机遇大力拓展北欧、中东欧输配电网投资并购项目;在大洋洲密切关注澳大利亚、新西兰国有能源资产私有化动态以及跨国能源企业资产出售动态;在南美洲协同推进绿地项目和并购业务;加强与非洲区域组织和主要电力企业的合作,参与东非、西非电网联网规划,推进发输电一体化项目等。

(四)创新电力工程承包业务模式

根据国际工程承包业务的发展趋势,借鉴万喜、柏克德等企业开展国际工程承包业务的经验,结合中国电力企业业务特点,可以从延伸电力工程承包业务链、突破国际工程承包业绩和资质门槛、输出电力技术标准、加强外部联盟合作等方面,实现国际电力工程承包业务拓展模式的创新。

1. 延伸电力工程承包业务链

从单纯开发 EPC 业务向提供规划、融资、EPC、运营、技术和管理咨询服务等在内的产业链"一条龙"服务，提高全产业链开发运作能力。电力规划属于电力产业链高端和上游环节，在沿线国家开展工业化建设的前期，先行介入其电源电网规划设计，有利于抓住电力产业链制高点，后期带动电力工程承包、电工装备出口等业务"走出去"。电力能源领域建设普遍具有投资大、回收周期长的特点，"一带一路"沿线多数国家电力投资建设需求旺盛，但苦于资金财力有限，能源电力的投资进度已无法满足国民经济日益增长的能源消费需求，技术水平和管理水平亦有限。因此各国的电力企业更欢迎有实力的总承包企业通过入股新项目的方式，开展总承包建设，分享投资收益和分担风险，提供技术和人员支持。一些国外项目的主管部门向总承包企业提供特许经营权。新的发展趋势要求总承包商具备很高的投资运作能力和项目运营能力。中国商务部也积极鼓励中国总承包企业参与总包+运营的项目，逐步减少单纯的 EPC 项目实施。

在此背景下，中国电力企业可充分发挥资金、技术、管理、品牌等优势，在清洁火电、水电、核电、特高压输电、智能电网、新能源发电并网等方面的先进技术，丰富的运营管理经验，实现从 EPC 模式向 BOT、BOOT、BLOT、BOO 等多种 PPP 模式转变，为业主提供融资、设计、采购、建设（EPC）、运营管理、咨询等一整套的综合服务。提高资金运作和商务运作、工程实施和运营管理等全过程的服务能力。

图 8-2 公司国际电力工程承包业务链延伸

2. 突破国际工程承包业绩和资质门槛

通过并购、加大与目标国市场沟通交流等方式，跨越电力设计和工程业绩资质认证的短板。通过并购国际知名的工程设计和施工企业等方式,快速获取特定市场的电力工程设计和施工资质,弥补设计、资质业绩等方面的短板,提升电力工程承包业务的国际竞争力。抓住与俄罗斯等国加强电力战略合作的契机,进一步推动在俄罗斯及其影响力较大的独联体国家获取工程建设资质业绩和标准认证。

3. 输出电力技术标准

以所开展的工程承包项目为依托,加大在项目所在国的电力技术标准输出力度。"一带一路"多数沿线国家电网设施建设滞后,技术标准体系不健全。中国电力企业在这些国家如巴基斯坦开展输电项目的同时,可设法输出自己的电力技术标准,为今后在当地继续承揽工程建设项目、输出电力设备打下基础。

4. 加强外部联盟合作

与国内外相关企业积极开展合作,分担风险,提高竞争力。与国内外资源类企业、能源电力企业、金融机构、知名投行律所等建立长期稳定的战略合作关系,发电和电网企业、规划设计机构加强彼此间在海外项目开发方面的合作,积极"抱团"走出去,共同开发电源电网一体化项目。与国内外施工企业(包括目标国当地企业)建立战略联盟关系,组建联营体共同开发项目,以实现利益绑定、风险共担。

5. 提升电工装备输出国际化水平

根据电工装备输出的一般方式,借鉴ABB、国机集团等企业装备出口的经验,结合中国电力装备企业业务特点,可以从提升产品自身的国际竞争力、拓展产品经营领域、加强本土化研发和生产能力、实现业务间协同带动、加强国际营销服务建设、优化不同电力生产消费环节产品的开拓等方面,实现电工装备输出业务拓展模式的创新。

(1)提升产品自身的国际竞争力

积极提升智能电网技术装备产品的国际化水平。加快核电、特高压、智能电网等高端设备的国际对标,提升产品性能和科技含量,着力打造一批产品性能具备国际先进水平、符合海外市场技术规范要求、具备权威国际认证、外文技术资料完备的成熟国际化产品系列,全面增强产品进军国际市场的软硬实力。加强优势产品的国际市场拓展，加强品牌宣传、产品宣传和市场拓展，积极参加 IEEE 输配电展览等重要国际展会，在国际市场打造中国电工装备产品名片。

（2）拓展产品经营领域

从设备供货向提供增值服务延伸，如从单机供货、设备成套，逐步向提供 EPC、升级改造、融资支持等涵盖全寿命周期的服务环节拓展，与客户建立长期稳定的合作关系。根据系统内设备大举向海外输出的现实情况，融合系统内资源，建设区域性产品展销中心和售后服务中心，为客户提供设备升级改造咨询解决方案，及运行维护、检修、保养技改等增值服务，培训客户，提升售后服务水平，减少业主对售后服务品质的担忧，为市场开发提供可靠的服务保障。

（3）加强本土化研发和生产能力

加快海外投资建厂、企业并购，增强智能电网技术装备海外研发和生产能力。加快在沿线国家建立电工装备生产基地。中国电力企业可在外资建厂政策宽松的沿线国家建立装备制造基地，事先对沿线国家做好建厂调研工作，了解当地关于外资建厂相关政策、工业用地市场情况，向地方政府部门了解土地价格、土地交易流程和招商政策等。密切跟踪国际能源产业变革趋势，围绕获取国际工程总包资质、掌握核心高端设备制造及关键技术、快速构建营销服务体系、引进高端人才和管理经验为基本出发点，加快海外优质企业并购，力争"十三五"期间完成 2—3 家优质企业并购。

（4）实现业务间协同带动

充分发挥海外投资、海外工程承包、海外咨询业务对装备输出的带动作用。抢抓国家"一带一路"、国际产能合作战略背景下在装备输出、出口信用保险等领域的优惠措施，紧密依托国家战略拓展海外业务。充分发挥 BOT、BOOT、PPP、EPC 等业务拓展模式对装备输出的带动作用。探索采用总代理制商业模式、联销体商业模式进行单机、成套设备出口，对于政治经济社会环境不稳定、法律制度不健全的地区，可在当地选择经销商作为总代理，或与当地有实力的经销商共同出资，成立联销体机构，规避市场风险。

（5）加强国际营销服务建设

建立完善的国际营销服务体系，形成辐射全球的市场营销和服务网络。建立高效的海外市场营销服务机制。完善电工装备企业的国际营销、售后服务网络，完善工作机制，规范、高效开展海外营销与服务。加大对成熟市场的开拓力度，在拥有较稳定的客户资源和市场渠道的国家，设立海外子公司或办事处，进一步提升市场份额。提前规划潜力市场，在政治经济环境较好，人口总量、经济或资源储备具备一定规模，市场容量较大的国家及地区设立办事处或营销点，提前开展市场培育工作。

五 推进电力互联互通保障措施

1. 给予财税、融资和保险方面的政策支持

在财税、融资和保险方面对中国电力企业开展国际电力合作给予更大优惠，在外汇管理政策和信贷政策上适度放宽，减轻企业财务负担。支持企业承担与国家战略密切相关的任务（对外援助项目、国际合作项目等），充分发挥双边、多边经贸平台（投资保护协议、自由贸易区等）的作用。针对部分国际电力合作项目面临的经济性不高、承担政策性亏损等问题，建议政府通过调控税收、补贴、电价等措施增强跨国电力合作项目的经济性；争取将更多国际电力合作项目列入国家"一带一路"和与周边国家互联互通优先项目清单，依托国家外交政策，充分利用政府间双边和多边合作机制，减少投资壁垒，降低投资风险；中国企业拓展装备和工程承包市场面临国内企业恶性竞争、保险费率高、承包范围有限等问题，建议政府通过相关部委、商会、中介组织加强对境外市场的组织协同，构建中资电力企业协同走出去的机制，协调政策性商业银行、政策性保险公司加大支持力度。

2. 建立标准的跨国协调机制和标准认证体系

支持中国标准、规范的国际化，推进国家间产品认证、企业资质、职业资格等方面的相互认证。推动中国标准进入"一带一路"

等国家。发挥中国电力企业在国际标准组织的影响力,加强与沿线国家的标准合作和对接,推进我国技术标准在"一带一路"重点国家的推广应用,降低技术标准壁垒。

3. 简化国内审批流程,推动各国完善法律保障机制

完善配套政策实施细则,进一步提升政府对中国电力企业国际业务的服务水平。进一步减少海外投资审批流程,缩短审批时间,加大政策性基金、金融和保险机构对中国企业国际业务的支持力度。加强配套政策落地实施,细化实施方案,切实解决企业在海外拓展业务面临的瓶颈问题。

4. 加强国际合作能力建设与人才培养

拓展国际化人才来源渠道。针对中国电力企业国际化业务发展需求,科学性、合理性、专业性地制定国际业务各级各类岗位任职条件和人才需求计划,完善国际化人才后备梯队建设规划,充实国际化后备员工队伍,积极引进全球国际化人才,构建内外并重、互为补充的国际化人才选拔模式,为国际业务可持续发展做好人才储备。

加大国际化人才培养力度。立足中国电力企业国际业务实际,紧扣国际人才培训规律,有计划、分步骤地开发、配置、搭建、实施国际化人才培训体系,进一步加强国际合作培训,加大与知名跨国公司的合作力度并跟踪培训效果、考核培训实效;加大外语培训资源投入及小语种人才培训储备,有针对性地安排境内优秀人才到驻外机构任职锻炼,组织驻外机构优秀人才到总部和相关单位任职锻炼,全力打造一支具有国际化视野,熟悉国际规则、懂管理、善经营的国际化专业人才队伍。

第九章　中国和东盟能源行业的互补性格局研究

东南亚国家联盟（Association of Southeast Asian Nations——ASEAN）简称东盟，其成员国包括印度尼西亚、马来西亚、菲律宾、新加坡、泰国、文莱、越南、老挝、缅甸和柬埔寨10个国家，国土总面积约444万km^2，2014年其人口总量达到6.23亿，国内生产总值2.5万亿美元（按当年价格计算）。

东盟作为世界上具有较大影响力的发展中国家组织，不仅是中国的友好紧邻，而且在亚太经合组织（APEC）、"10+3"、中国—东盟自由贸易区以及大湄公河次区域经济合作等多种合作框架下，在经济、政治、社会文化等领域与中国具有广泛的合作。目前，中国是东盟最大的贸易伙伴，东盟是中国第三大贸易伙伴。2013年9月和10月中国分别提出了建设"新丝绸之路经济带"和"21世纪海上丝绸之路"的倡议构想（简称"一带一路"），东盟成员国积极响应，成为共建"一带一路"的重要合作伙伴。

能源行业作为基础设施的重点领域，其发展水平的高低不仅关系到能源安全和环境安全，而且对经济社会的发展产生重要影响。中国政府提出的全球能源互联网，是解决能源环境领域问题的重要理念创新和技术创新，能够在更大范围内实现能源资源的优化配置。而东盟作为中国友好毗邻国际组织，在能源领域合作对于实现能源环境安全和促进经济发展具有重要意义。那么，中国和东盟的能源行业是否具有互补性？在哪些方面具有互补性？中国和东盟能源合作的进展如何？存在哪些问题？阐明这些问题不仅能够为中国能源行业企业走出去和解决中国能源装备制造业产能过剩的问题找准方向，而且有利于更好地促使东盟成员国能源行业的发展，最终达到共赢协同发展的目的。

一　中国和东盟经济发展水平与能源消费的基本情况

东盟作为世界上较有影响力的发展中国家组织，在世界经济中扮演着越来越重要的角色。2013 年，东盟地区人口总量为 61596.9 万人，按当年价格计算 GDP 总量为 2.5 万亿美元，其人口总量相当于中国的 45.4%，经济总量相当于中国的 26.4%；东盟地区的人均 GDP 为 4059.9 美元，除老挝之外的东盟人均能源消费量和电力消费量分别为 972.9kg 标准油、1224.4kWh；人均 GDP、人均能源消费、人均电力消费，东盟地区均低于中国。东盟地区内部国家之间经济发展不平衡，其中经济发展水平较高的国家为新加坡、文莱和马来西亚，其人均 GDP 分别为 55980.2 美元、39151.2 美元、10973.7 美元，超过了 1 万美元，而其他国家经济发展水平相对较为落后。

表 9-1　中国和东盟国家经济发展水平与能源消费的基本情况

国家（地区）	人口（万人）	GDP（万美元）	人均 GDP（美元）	人均能源消费（千克标准油）	人均电力消费（kWh）
印度尼西亚	25126.8	91047872.9	3623.5	850.2	787.7
马来西亚	2946.5	32334285.4	10973.7	3019.8	4512.0
菲律宾	9757.2	27192742.8	2787.0	457.1	692.1
新加坡	539.9	30224590.4	55980.2	4833.4	8839.7
泰国	6745.1	42016656.9	6229.2	1987.6	2470.8
文莱	41.1	1611069.4	39151.2	7392.9	9703.5
越南	8976.0	17122202.5	1907.6	667.6	1305.6
老挝	658.0	1119247.1	1701.0	—	—
缅甸	5298.4	5865224.2	1107.0	312.8	164.5
柬埔寨	1507.9	1544963.0	1024.6	396.2	220.8
东盟	61596.9	250078854.8	4059.9	972.9	1224.2
中国	135738.0	949060260.0	6991.9	2226.3	3762.1

注："—" 为无相应的统计数据。

(一) 中国和东盟能源资源概况

1. 常规化石能源

表9-2　2014年中国和东盟主要国家化石能源资源的探明储量

国家	石油		煤炭		天然气	
	储量（亿桶）	占全球比例（%）	储量（亿吨）	占全球比例（%）	储量（万亿 m^3）	占全球比例（%）
印度尼西亚	37	0.22	280.17	3.14	2.90	1.55
马来西亚	38	0.22	—	—	1.10	0.59
泰国	5	0.03	12.39	0.14	0.20	0.11
文莱	11	0.06	—	—	0.30	0.16
越南	44	0.26	1.50	0.02	0.60	0.32
缅甸	—	—	—	—	0.30	0.16
东盟合计	135	0.79	294.06	3.30	5.40	2.89
中国	185	1.09	1145	12.84	3.50	1.87

注："—"无相应的统计数据。

东盟国家的传统化石能源（煤炭、石油、天然气）资源比较丰富，但国别分布不均衡，资源集中于少数国家。东盟十国中，除菲律宾、新加坡、老挝和柬埔寨四国常规化石能源比较匮乏外，其他六国具有一定的化石能源储量。石油资源方面，截至2014年年底，东盟国家探明资源储量在135亿桶以上，占全球石油探明储量的0.79%以上，其中越南、马来西亚、印度尼西亚、文莱和泰国石油资源探明储量分别为44亿、38亿、37亿、11亿和5亿桶，其分别占全球石油资源探明储量的0.26%、0.22%、0.22%、0.06%和0.03%。天然气资源方面，东盟国家的探明资源储量在5.4万亿 m^3 以上，占全球天然气资源探明储量的2.89%以上，其中印度尼西亚、马来西亚、越南、文莱、缅甸和泰国的天然气资源探明储量分别为2.9、1.1、0.6、0.3、0.3和0.2（万亿 m^3），其分别占全球石油资源探明储量的 1.55%、0.59%、0.32%、0.16%、0.16%、0.11%。煤炭资源方面，东盟国家的探明资源储量在 294.06 亿吨以上，占全球煤炭资源探明储量的 3.3% 以上，其中印度尼西亚的煤炭资源最为丰富，其煤炭资源探明储量为 280.17 亿吨，占全球煤炭资源探明储量的 3.14%。与东盟国家相比，截至 2014 年年底，中国石油、天然气、煤炭三大化石能源资源探明储量分别为 185 亿桶、3.5 万亿 m^3、1145 亿吨，其分别占全球相应资源探明储量的 1.09%、1.87% 和 12.84%。

根据国际能源署（IEA）的《东盟能源展望 2015》，东盟的石油、天然气、煤炭存在不同的供求状态。未来东盟在国际能源贸易石油处于净进口状态，2035 年以前东盟天然气处于少量净出口状态，煤炭则一直处于净出口状态。由此可见，中国与东盟的化石能源储量分布和供需存在一定的互补性。

表 9-3　　　　　　　　　　东盟化石能源净贸易

能源种类	2013	2020	2025	2030	2035	2040
石油（百万桶/天）	-3.3	-4.1	-5.0	-5.8	-6.4	-6.7
天然气（10 亿 m^3）	54	41	32	22	5	-11
煤炭（百万吨）	319	253	236	243	241	234

说明：（1）负值代表净进口，正值代表净出口；（2）石油数据为 2014 年数据。

2. 中国和东盟国家的水能资源

东盟十国中，除新加坡没有大型河流外，其他东盟成员国具有丰富的水能资源，根据相关资料搜集整理了印度尼西亚、马来西亚、菲律宾、泰国、越南、老挝、缅甸、柬埔寨八个东盟成员国的水能资源储量及开发利用情况（详见表 9-2）。印度尼西亚是世界上最大的群岛国家，河流众多而短小，水能资源丰富，仅次于巴西、俄罗斯、加拿大、美国，排名全球第五位。印度尼西亚水能资源总蕴藏量为 2147000GWh/a（水资源单位见表 9-4 注），其中技术可开发量为 401646GWh/a（74976MW），截至 2015 年年底，印度尼西亚水电装机容量仅为 5258MW，水电装机仅占技术可开发量的 7%。马来西亚水能资源技术可开发量为 123000GWh/a（29000MW），其中马来半岛水能资源技术可开发量为 16000GWh/a（4GW），而沙捞越则约有 87000GWh/a（20GW），沙巴有 20000GWh/a（5GW），截至 2015 年年底马来西亚水电装机容量 5472MW，水电装机占水能资源技术可开发量的 18.8%。菲律宾理论水电总蕴藏量为 47459GWh/a，技术可开发量为 20334GWh/a，经济可开发量为 18184GWh/a，截至 2015 年年底水电装机容量为 4235MW。

表 9-4　　　　中国和东盟主要国家水能资源和开发利用情况

国家	水能资源储量			水电装机和发电量（2015）	
	水电总蕴藏量	技术可开发量	经济可开发量	水电装机容量（MW）	发电量（TWh）
印度尼西亚	2147000GWh/a	401646GWh/a 74976MW	—	5258	13.74
马来西亚	—	123000GWh/a 29000MW	—	5472	11.98
菲律宾	47459GWh/a	20334GWh/a	18184GWh/a	4235	9.95
泰国	15704GWh/a	13564GWh/a 46000MW	11669GWh/a	4510	11.68
越南	300000GWh/a	123000GWh/a	100000GWh/a	15211	62.63
老挝	232564GWh/a	18000MW		4168	18.70
缅甸	100000MW	46000MW		3140	5.78
柬埔寨	10000MW	8600MW	1500MW	1267	1.85
中国	6082900GWh/a 694400MW	2474000GWh/a 541640MW	1753400GWh/a 401795MW	319370	1126.40

注：(1) 水电装机容量不包括抽水蓄能电站；(2) "—" 无相应的统计数据；(3) GWh/a 为 1.0×10^6 kWh/年，TWh = 1×10^9 kWh，MW = 1×10^3 kW。

泰国年均降水量为 1560mm，年降雨总量为 800km³，其中 199

km³为径流；泰国理论水能资源总蕴藏量约为15704GWh/a，技术可开发量约为13564GWh/a（46000MW），经济可开发量约为11669GWh/a；截至2015年年底其水电装机容量为4510MW，占其技术可开发量的9.8%。越南境内共有大小河流2860多条，水能资源蕴藏量为300000GWh/a，技术可开发量为123000GWh/a，经济可开发量100000GWh/a；截至2015年年底水电装机容量15211MW。老挝全境有20余条200km以上的河流，其中最长的湄公河在老挝境内全长1846.8km，约占湄公河全长的44.4%，落差484米，湄公河60%以上的水能资源蕴藏在老挝，全国有60多个水源较好的地方可以兴建水电站；老挝水能资源总蕴藏量为232564GWh/a，技术可开发量为18000MW；截至2015年年底其水电装机容量为4168MW，占其技术可开发量23.1%。缅甸水能资源蕴藏总量100000MW，水能技术可开发量约为46000MW，其中25000MW适合开发大型水电站，与泰国边境接壤河流的水能资源技术可开发量约为6500MW；据评估，约有60%的水电蕴藏量分布在克伦邦和掸邦，15%分布在曼德勒和实皆省，截至2015年年底缅甸水电装机容量3140MW，仅占其技术可开发量的6.8%。柬埔寨水电资源蕴藏总量10000MW，技术可开发量约为8600MW，截至2015年年底其水电装机容量1267MW，占其技术可开发量的14.7%。总体上看，东盟具有丰富的水能资源，但其开发率很低。

3. 东盟国家的可再生能源资源

根据相关机构出版的资料，本章收集整理了印度尼西亚、马来西亚、菲律宾、泰国、越南、老挝、缅甸和柬埔寨八个东盟成员国的地热能、小水电、生物质能、生物气体、固体废弃物、太阳能、风能、海洋能等可再生能源资源的潜力。其中印度尼西亚具有丰富的地热能资源、太阳能和海洋能资源。印度尼西亚的地热能资源潜力为28617MW，截至2013年年底，其地热能开发率仅为4.4%。印度尼西亚的小水电资源潜力为1013MW，生物质能潜力为32654MW，太阳能辐射量为4.8kWh/m²/d（天），风能资源潜力为9290MW，海洋能资源潜力为49000MW。马来西亚的可再生能源资源也较为丰富，根据马来西亚政府制定的《可再生能源政策和行动计划》,其小水电资源潜力为490MW,生物质能资源潜力为1340MW,生物气体资源潜力为410MW,固体废弃物资源潜力为430MW,全国天平均太阳能辐射量在4kWh/m^2—5.2kWh/m^{2}之间,预计到2050年,其太阳能发电装机将达到8874MW。菲律宾的可再生资源非常丰富,根据菲律宾可再生能源联盟2009年呈交给参议院的一份调查报告,菲律宾所拥有的可再生能源发展潜力超过2亿kW。其中,地热能4531MW,小水电13097MW,每年的可利用生物质能潜能大约为277百万桶油当量,风电76600MW,海洋能170000MW,全国天平均太阳能辐射量在4.5kWh/m^2—5.5kWh/m^{2}之间。

表9-5　　　　　　　部分东盟成员国可再生能源资源潜力

国家	地热能	小水电	生物质能	生物气体	固体废弃物	太阳能	风能	海洋能
印度尼西亚	28617MW	1013MW	32654MW	—	—	4.8kWh/m^2/d	9290MW	49000MW
马来西亚	—	490MW	1340MW	410MW	430MW	4—5.2kWh/m^2/d	—	—
菲律宾	4531MW	13097MW	277Mb/a	—	—	4.5—5.5kWh/m^2/d	76600MW	170000MW
泰国	0.53Mtoe/a	0.04Mtoe/a	201561GWh/a *	18780GWh/a	—	22801MW	2412—9647MW	
越南	1400MW	4004.5MW	84875GWh/a *	32847GWh/a	—	13326MW	760—3042MW	
老挝	59MW	2000MW	938MW	313MW	216MW	8812MW	95—379MW	
缅甸	—	—	58312GWh/a *	75Mm^3/a *	—	26962MW	86—343MW	
柬埔寨	—	—	15025GWh/a *	4960GWh/a	—	8074MW	18—72MW	

注:(1)"—"无相应的统计数据。(2)"*"代表理论蕴藏量。(3)Mb/a=百万桶油当量/年;Mtoe/a=百万吨油当量/年。

泰国具有丰富的可再生能源资源，其中地热能资源潜力 0.53Mtoe/a，小水电资源潜力为 0.04Mtoe/a，生物质能资源理论潜力为 201561GWh/a，生物气体资源理论潜力为 18780GWh/a。泰国的太阳能辐射量在 1500—2000kWh/m^2，其中 70% 的国土面积年辐射量在 1700kWh/m^2 以上，其太阳能资源技术可开发潜力为 22801MW。泰国 38000km^2 的国土面积适宜于风电开发，其风能资源技术可开发潜力在 2412—9647MW 之间。越南的可再生资源种类较多，且比较丰富。越南西北部和中部地区地热资源丰富，有超过 300 处热流，温度从 30℃—148℃，预计地热发电潜力为 1400MW。越南大约有 1050 个地方可以应用小型水力发电，范围从 0.1—30MW，总容量为 4004.5MW，相当于每年可发电 16700TWh。越南农业占 GDP 的 20%，劳动力的 60%，其生物质能丰富，理论潜力为 84875GWh/a，生物气体资源技术可开发潜力为 32847GWh/a。越南的太阳年辐射量在 1200—2000 kWh/m^2，且分布广泛，其太阳能资源技术可开发潜力为 13326MW。越南有 2435km^2 的国土面积风速在 6—7m/s，220km^2 的国土面积风速在 7—8m/s，20km^2 的国土面积风速在 8m/s 以上，其风能资源技术可开发潜力在 760—3042MW 之间。老挝的地热能资源可开发潜力为 59MW，小水电资源可开发潜力为 2000MW，生物质能可开发潜力为 938MW，生物气体可开发潜力为 313MW，固体废弃物可开发潜力为 216MW。由于老挝是山区地貌，老挝大约 40% 国土面积适宜于大规模开发太阳能光伏发电，特别是老挝北部，太阳能资源技术可开发潜力为 8812MW。老挝 20% 的国土面积风速在 6m/s 以上，其风能资源技术可开发潜力在 95—379MW 之间。缅甸国土面积较大，全国人口中有 60% 以上人口从事农业生产，其生物质能丰富，理论可开发潜力为 58312GWh/a，生物气体理论可开发潜力为 75 百万 m^3/a。缅甸 60% 的国土面积适宜于发展太阳能光伏发电，其年辐射量在 1600—2000kWh/m^2，其太阳能资源技术可开发潜力为 26962MW。风能资源技术可开发潜力为 86—343MW。柬埔寨在生物质能、生物气体以及太阳能方面比较丰富，其生物质能理论潜力为 15025GWh/a，生物气体能源技术可开发潜力为 4960GWh/a，太阳能资源技术可开发潜力为 8074MW,风能资源技术可开发潜力为 18—72MW。由于柬埔寨缺乏开发可再生能源的经验、资金和数据,其可再生能源开发利用落后于东盟其他国家。

(二) 东盟成员国能源政策和发展目标

表 9-6　　　　　　　东盟各国能源政策和发展目标

国家	内容	能源政策和发展目标
文莱	能效	到 2035 年能源强度比 2005 年降低 45%
	可再生能源	到 2035 年 10% 电力来自于可再生能源
柬埔寨	能效	到 2035 年能源消费比基准情景减少 20%
印度尼西亚	能效	2025 年以前能耗强度每年降低 1%
	可再生能源	提高新能源和可再生能源在一次能源中的比重,2025 年达到 23%,2050 年达到 31%
	气候变化	到 2020 年温室气体水平比基准水平减少 26%,在国际社会帮助下比基准水平降低 41%
老挝	能效	终端能源消费比基准情景减少 10%
	可再生能源	到 2025 年可再生能源占一次能源供应的 30%
马来西亚	能效	提高工业、建筑和国内部门的能源效率
	可再生能源	增加可再生能源发电的装机容量,到 2020 年达到 2080MW,2030 年达到 4000MW
	核电	政府正在制定发展规划,进行可行性研究、厂址选择和监管研究
	气候变化	到 2020 年单位 GDP 二氧化碳排放比 2005 年降低 40%
缅甸	能效	能源需求比基准情景降低 10%
	可再生能源	到 2020 年可再生能源发电装机占总装机容量的 15%—18%
菲律宾	能效	到 2020 年节约能源相当于基准情景需求的 15%
	可再生能源	到 2030 年可再生能源发电装机达到 15GW
新加坡	能效	到 2030 年能源强度比 2005 年降低 35%
	气候变化	到 2020 年温室气体排放比基准情景降低 7%—11%,在气候变化协议框架约束下温室气体排放比基准情景降低 16%

续表

国家	内容	能源政策和发展目标
泰国	能效	到 2036 年能源强度比 2010 年降低 30%
	可再生能源	到 2036 年可再生发电量占总发电量的 20%，占比 20% 的交通运输燃料来源于生物燃料
	核电	自 2007 年以来已有 2 个商业核反应堆在规划中
越南	能效	到 2020 年能源消费比基准情景降低 8%—10%
	可再生能源	到 2020 年可再生能源发电量占总发电量的比重达到 4.5%，到 2030 年达到 6%
	核电	到 2030 年核电装机达到 10.7GW

随着东盟国家的人口扩张和经济发展，东盟在全球能源中的地位越来越重要。为了应对能源短缺和气候变化，满足那些无法获得能源服务居民的能源需求，东盟各成员国根据自身能源资源特点和消费需求，在能效、可再生能源、气候变化等方面制定了本国的中长期发展目标（见表 9-7）。根据国际能源署（IEA）预测，在东盟新能源政策场景下，东盟发电装机将会较大增长，特别是风电和太阳能发电将会有快速增长，预计 2040 年风电装机容量达到 21GW，太阳能发电装机容量达到 33GW。

表 9-7　　　　　　　　　东盟未来发电装机

装机类型	发电装机（GW）						比例（%）		复合年增长率（%）
	2013	2020	2025	2030	2035	2040	2013	2040	2013—2040
总装机	196	277	333	400	474	550	100	100	3.9
煤电	47	88	108	134	163	201	24	37	5.6
油电	24	23	23	22	20	17	12	3	-1.3
气电	80	103	118	132	146	158	41	29	2.6
核电	—	—	1	3	4	4	—	1	n.a.
水电	34	44	54	66	80	90	18	16	3.6
生物质发电	6	8	10	12	14	16	3	3	3.6

续表

装机类型	发电装机（GW）						比例（%）		复合年增长率（%）
	2013	2020	2025	2030	2035	2040	2013	2040	2013—2040
风电	0	2	5	8	13	21	0	4	16.4
地热能发电	3	4	5	6	8	9	2	2	4
太阳能发电	1	5	10	17	25	33	0	6	14

注："—"无相应数据。

为了能够达到相应的能源政策目标，预计2016—2040年东盟能源行业累计投资将高达2.36万亿美元（2014年价格，下同），预示着东盟能源行业市场潜力巨大。其中2016—2040年电力累计投资1.3万亿美元，占能源行业累计投资比重的46.9%，是能源行业投资的重点领域。在电力投资方面，预计2016—2040年发电累计投资6150亿美元，输配电投资6950亿美元。

表9-8　　　　　新政策场景下东盟年均能源投资

部门	2016—2020	2021—2030	2031—2040	2016—2040
一、能源供应总投资	75	86	113	94.6
1. 石油	17	15	20	17.4
2. 天然气	16	20	25	21.2
3. 煤炭电力	2	2	3	2.4
4. 电力	38	48	64	52.4
其中：发电	17	22	31	24.6
输配电	21	26	33	27.8
5. 生物燃料	1	1	2	1.4
二、能效	8	15	23	16.8
合计	83	102	136	111.8

注：2014年价格，单位：10亿美元。

(三) 中国和东盟能源行业的互补性格局

中国和东盟在能源储量分布方面总体上互补性较强。从化石能源储量分布和供需方面看，中国与东盟存在着一定的互补性。随着能源互联网的发展，东盟内部电网互联以及中国和东盟在电力方面互联互通的开展，水电和可再生能源互补性较强。在水能资源方面，如大湄公河流经柬埔寨、老挝、缅甸、泰国、越南和中国，水能资源在不同国家是梯级利用的，在利用过程中存在着优化调度的可能。其他河流的水能资源由于分布较广，以及不同国家的负荷存在着时空差异，也存在多条河流的水能资源优化调度的可能。东盟国家的地热能、小水电、生物质能、生物气体、固体废弃物、太阳能、风能、海洋能均较为丰富，但在不同国家储量潜力不同，且不同国家的负荷存在时空差异，东盟成员国内部及与中国均存在着较强的互补性。随着东盟大规模投资于水电和新能源，东盟内部电网的互联以及与中国电网的互联，水电和新能源发电将在更大范围内得到优化配置。

中国和东盟在能源设备制造及能源技术方面互补性很强。中国作为一个制造业大国和能源生产大国，其火电设备、水电设备、风电设备、太阳能光伏组件等方面的制造能力很强。中国的火电设备制造能力居世界第一，东方电气集团、哈尔滨电气集团、上海电气集团等三大电力设备制造企业均能制造单机容量1000MW及以下的系列火力发电设备，机组参数覆盖中压、高压、超高压、亚临界、超临界、超超临界；东方电气集团能够制造800MW及以下系列水力发电设备，哈尔滨电气集团能够制造700MW及以下系列水力发电设备；三大电力设备制造企业均能制造1000MW级的核电设备。新疆金风科技股份有限公司、国电联合动力技术有限公司、上海电气集团、东方电气集团、明阳风电集团有限公司等形成了单机容量6MW及以下系列风电设备的制造能力。2015年全球十大光伏组件制造商中，中国的光伏组件制造商有天合光能、晶科能源、晶澳太阳能、英利绿色能源、顺风国际清洁能源、昱辉阳光6家位列其中。中国在能源设备制造领域,特别是电力设备制造方面,技术上比较领先,且存在着产能过剩。东盟成员国中,其在能源设备制造领域则相对比较薄弱。在中国—东盟自由贸易区、"一带一路"等合作框架下,中国能源设备和技术向东盟出口,不但能够促使东盟能源行业技术水平的提升,而且有利于中国能源设备制造业过剩的局面,实现共赢持续发展。截至2015年年底,中国电力装机容量达15.08亿kW,基本形成了以500kV为主体的特高压全国互联电网,具有包含大机组、大电网电力系统的运行技术和经验,能够为将来东盟能源电力行业的发展提供借鉴。

中国和东盟在能源行业投资和建设上互补性也较强。东盟成员国为了实现能源政策目标,促进经济、能源和环境的可持续发展,2016—2040年其能源行业投资预期将高达2.36万亿美元(2014年价格),而东盟成员国大多数为发展中国家,如缅甸、柬埔寨等国家由于经济发展水平较低,难以筹集足量的资金以满足其能源行业发展的需求。中国政府鼓励亚洲国家在基础设施领域的投资,倡导成立了亚洲基础设施投资银行和丝路基金,以帮助亚洲发展中国家基础设施的建设。中国的能源企业,如中国石油集团公司、中国石油化工集团公司、中国海洋石油总公司、国家电网公司、南方电网公司、五大发电集团等具有雄厚的资金,具有投资大型能源基础设施的能力。此外,由于中国作为能源生产和消费大国,能源行业获得较快发展,在此过程中中国能源施工承包企业通过大量的工程项目实施,积累了丰富的工程经验,如中国能源建设集团、中国电力建设集团等能源施工承包企业,具有从事大型能源基础建设的能力。

近十年中国对东盟FDI高速增长。2005—2015年,中国对东盟直接投资流量一直在高速增长,从图9-1(见236页)可以看出,呈现线性增长趋势,从2005年的15771万美元增长至2015年的104亿美元,同比增长87%,增长的动因是国内需求有限和东盟投资环境良好。2015年,中国对东盟租赁和商务服务业的投资达到66.74亿美元,占比45.7%。该领域投资主要分布在新加坡、越南、马来西亚、印度尼西亚等地。此外,香港是中国在亚洲地区对外直接投资流量最大的地区，中国 FDI 主要并购项目大多通过香港地区再投资完成，如中国三峡集团收购葡萄牙电力公司 21.35% 的股权等。

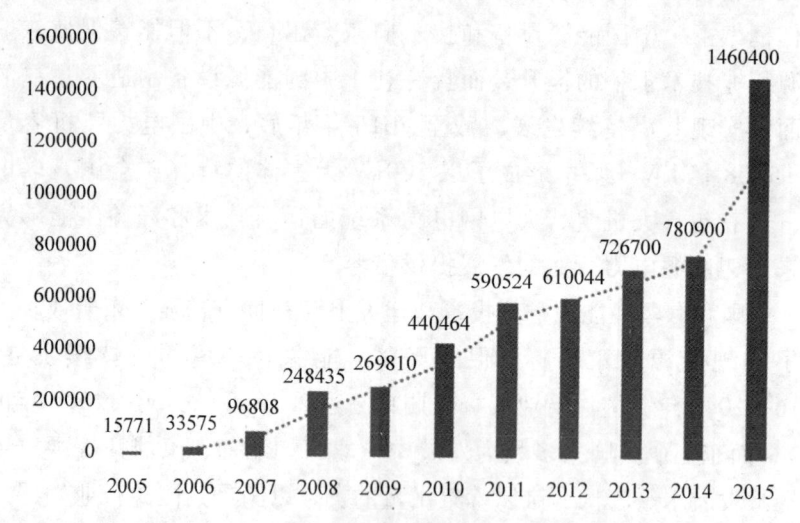

图 9-1　2005—2015 年年末中国对东盟直接投资
总流量（单位：万美元）

数据来源：2007—2014 年中国对外直接投资统计公报，2015 年中国新闻网
注：2005、2006 年为中国对东盟非金融类对外直接投资流量

新加坡和印度尼西亚成为中国 FDI 存量最大国。截至 2015 年中国在东盟国家投资存量最大的国家是新加坡，新加坡是中国在东盟第二大货物贸易伙伴，机电产品是双边货物贸易中最大的类别。2008年，中国华能集团新加坡全资子公司（中新电力）与新加坡淡马锡集团签署了收购新加坡三大电力企业之一的淡马锡大士电力公司 100% 股权的排他性协议。收购完成后，华能集团将占有新加坡电力市场 1/4 以上的市场份额。中国对印尼出口的货物主要为锅炉、机械及其零件、电机、电气和车辆及其零部件等。对文莱的直接投资存量最少。

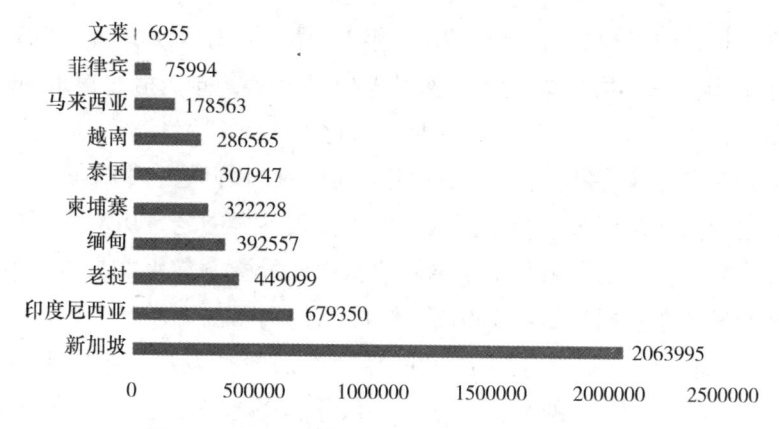

文莱 6955
菲律宾 75994
马来西亚 178563
越南 286565
泰国 307947
柬埔寨 322228
缅甸 392557
老挝 449099
印度尼西亚 679350
新加坡 2063995

图9-2 2014年年末中国对东盟十国直接投资存量情况（单位：万美元）

数据来源：2014年中国对外直接投资统计公报

二 中国与东盟能源行业合作进展与存在的问题

（一）中国与东盟能源行业合作的进展

中国与东盟在电力互联互通、能源投资、能源建设和设备出口等方面开展了广泛的合作。在电力互联方面，中国与东盟成员国中的越南、老挝、缅甸等实现了电网互联互通。中国与越南的电力互联较早，起初以10kV线路小规模向越南送电。2004年9月25日，第一条110kV线路从河口向越南老街送电；2005年又开通了110kV第二通道；2006年9月，中越220kV联网工程正式投产，成为当时中国最大的跨国电力联网工程。目前，中国南方电网以3条220kV、4条110kV的送电通道向越南北部八省送电。越南自2004年起从中国购电，2004—2010年越南购自中国的电量呈逐年增长趋势，但近几年由于越南与中国之间的关系紧张以及越南本国电源开发力度的加大，越南自中国购进的电量有波动。中国与老挝电网互联早期以低电压等级的输电线路为主，2001年以来云南电网先后通过多条10kV、35kV

线路向相邻的老挝省份送电。2009年12月，云南西双版纳115kV勐腊（中国）—那磨（老挝）联网供电项目投运，向老挝北部琅南塔、乌多姆赛两省送电。2010年10月，通过115kV线路送电老挝范围扩大至琅南塔、乌多姆赛、沙耶武里、琅勃拉邦四省。2015年4月，南方电网云南国际公司与老挝国家电力公司签署中老500kV联网项目谅解备忘录。中国与缅甸的电网互联从中国投资缅甸水电起步，中方投资开发了总装机容量约180万kW的缅甸瑞丽江流域水电资源，其中装机600MW的一级电站于2008年7月底投产发电。2010年8月26日，装机240MW的缅甸太平江一级水电站也正式并入云南电网。中国与缅甸电力贸易主要是中国投资开发缅甸水电再送回国内。截至2015年年底，中国与越南、老挝、缅甸东盟三国的交易电量累计达450亿kWh。

在能源投资方面，中国能源企业以股权并购、BOT模式（建设—运营—转让）、特许经营等为主要形式积极参与东盟各国的能源建设项目，投资领域包括火力发电厂、水电站和输配电网等，带动了相应能源设备的出口。如云南电网公司和越南北方电力总公司共同投资建设的越南小中河水电站，装机容量为2×11MW，年发电量近1亿kWh，已于2012年11月并网发电。南方电网国际公司与老挝电力公司以BOT模式投资建设的南塔河1号水电站，总装机容量168MW，安装3×56MW的水轮发电机组，年发电量7.2亿kWh，按照80%：20%的股比共同投资，总投资约4亿美元，经营期28年，将于2018年建成投产发电。中国水电建设集团公司以BOT模式投资建设的柬埔寨甘再水电站，装机总容量为193.3MW，年平均发电量为4.98亿kWh，已于2011年12月投入商业运行。中国水电建设集团国际工程有限公司以BOOT模式（建设—拥有—运营—转让）投资建设的老挝南俄5水电站，装机容量2×60MW，保证出力44.8MW，为年调节性能电站，设计年发电量5.07亿kWh，工程总投资1.99亿美元，已于2012年12月投产发电。中国长江三峡集团公司以BOT模式投资建设的老挝南立1—2水电站，总装机容量100MW，总投资1.5亿美元，已于2010年8月29日发电。中国大唐集团公司、华中电力国际经贸有限责任公司和江西省水利规划设计院等以 BOT 模式投资建设的缅甸太平江水电站，总装机容量 400MW，已于 2010 年 6 月全部建成。中国华能集团公司以 BOT 模式投资建设的缅甸瑞丽一级水电站，装机容量为 600MW，已于 2009 年 5 月投产。华电集团以 BOT 模式投资建设的印度尼西亚阿萨汉 1 水电站，为印尼第二大水电站，装机容量为 2×90MW，年平均发电量 11.75 亿 kWh，已于 2010 年 9 月 9 日正式投入运营。华电集团公司以 BOT 模式投资建设的柬埔寨额勒赛水电站，分上、下两级，共 4 台机组，总装机容量 338MW，位于柬埔寨王国西部戈公省的额勒赛河上，2013 年 9 月 30 日首台机投产发电，2013 年 12 月 28 日最后一台机投产发电。中国能源企业以 BOT 模式投资建设的越南永新燃煤电厂，装机容量为 2×60 万 kW 级超临界火电机组，于 2015 年 7 月开工建设，预计 2019 年投产，该电厂的设计、装备、施工均由中国企业承担，锅炉、发电机、汽轮机等所有设备均为中国制造，预计将带动约 61 亿元国内技术、装备和工程走出去。中国电力工程顾问集团有限公司和马来西亚 JAKS 公司联合出资（项目资本金占总投资的 25%，中国电力工程顾问集团有限公司占比 70%）以 BOT 模式投资建设的越南海阳燃煤电厂，装机容量为 2×600MW 亚临界机组，于 2016 年 3 月开工建设。国家电网公司于 2009 年获得菲律宾国家输电网 25 年特许经营权，菲律宾国家电网公司是由中国国家电网公司与菲律宾蒙特罗电网资源公司、卡拉卡高电公司共同出资设立的合资公司，其中国家电网公司占 40% 的股权，国家电网公司以其在管理、人才、技术等方面的优势和运营国家级大型输电网的经验，为菲律宾国家输电网的运行、管理等方面提供了有力支持，确保菲律宾电力供应的安全、稳定、可靠。

在能源建设方面，中国能源企业和能源施工企业以总承包（EPC）等方式承建了东盟各国多个发电、输电项目，不仅带动了相应企业走出去，实现了技术输出，而且带动了相应能源设备出口，帮助了东盟国家提高能源行业的技术水平。如武汉凯迪电力公司承建的越南冒溪燃煤火电厂，装机容量 2×220MW，先后于 2012 年 10 月和 2013 年 1 月顺利投入试运行，2013 年 4 月 12 日并网发电。南方电网公司以总承包（EPC））形式施工建设的老挝北部电网工程，横跨老挝北部四省，包括4个230kV变电站和4条输电线路，合同金额3.02亿美元，于2014年3月17日开工，2015年9月27日完工，该项目不仅带动了电力设计、监理、施工、设备制造等中国相应的能源企业走出国门，并带动了3.1亿元的中国电力设备出口。中国水电集团公司与马来西亚当地公司组成的马中水电联营体以总承包（EPC）模式承建的巴贡水电站，总装机容量2400MW，工程于2003年5月开工建设，2010年年底建成移交，2013年荣获第三届堆石坝国际里程碑工程奖。中国电力建设集团公司所属中国水电七局承建的马来西亚胡鲁水电站土建主体工程，总装机容量2×125MW，于2011年5月开工。中国电力建设集团公司所属水电八局采用EPC方式承建的马来西亚康诺桥燃气联合循环电厂，装机容量384.7MW，已于2016年2月27日零时正式投入商业发电运行。

（二）中国与东盟能源行业合作存在的问题

"中国威胁论"和"南海争端"影响中国与东盟能源行业的合作深度。20世纪90年代以来，西方国家钊对中国经济快速增长和综合国力不断提升，散布"中国威胁论"，使得东盟部分国家对中国产生疑虑，特别是作为基础设施领域的能源行业，东盟国家害怕中国投资进入会影响其能源行业安全。此外，针对历史遗留的"南海争端"问题，一些大国或地区集团出于各自不同的战略目的，积极扩大在南海地区的影响力，染指南海地区事务，力图使南海问题国际化，促使"南海争端"升级，影响了中国与东盟部分国家的友好关系，进而影响了中国和东盟部分国家在能源行业方面的合作深度。

印度、日本、韩国以及西方发达国家等成为中国与东盟能源行业合作的有力竞争对手。首先，中国和印度均作为发展中大国和能源大国，在能源资源储量分布上具有相似性，即油气资源相对匮乏。印度对中国快速发展及其地区影响力产生顾忌，为了显示其在东南亚地区的影响力，近年来印度加强了与缅甸、印尼等东盟国家的双边关系，并与东盟在更多领域开展合作（邹赞，2015）。其次，在"10+3"

等合作框架下，日本、韩国利用其在资金、技术、制造等方面的优势也积极参与东盟能源行业的投资，成为中国与东盟能源行业合作的有力竞争者。再次，未来东盟对能源的巨大需求以及大规模的投资计划，吸引了西方发达国家跨国能源企业参与东盟能源行业发展的积极性。

东盟部分国家政局不稳定为中国能源企业投资带来了风险。东盟部分国家政局出现周期波动和内部冲突是中国能源企业投资东盟能源行业的最大风险，轻则造成投资项目的实施困难，严重时可能造成投资难以回收。如由国家电力投资集团公司（原中国电力投资集团公司）与缅甸电力部、缅甸亚洲世界公司组成的伊江上游水电有限责任公司，采用BOT模式共同投资开发的伊江上游水电项目，装机容量约20000MW，年均发电量约1000亿kWh，总投资约300亿美元，特许经营期50年后无偿移交缅甸，2009年12月21日开工建设，2011年9月30日被缅甸政府叫停。国家电力投资集团公司已经在该项目先后投入30多亿元人民币，且每年增加约3亿元人民币的财务费用，造成了巨大的投资损失。

中国能源企业均为国有企业的投资主体造成东盟部分国家政府和民众的担心。目前，中国对东盟能源行业的投资主要为国有企业，东盟部分国家政府和民众担心中国的国家资本控制其能源行业，进而影响其政局，从而对中国能源企业投资东盟能源行业产生疑虑，阻碍了中国和东盟能源行业的合作。如中国国家电网公司获得菲律宾电网的特许经营权，其占股仅为40%。

三　结论和政策建议

中国作为世界上最大的发展中国家，东盟作为世界上较有影响力的发展中国家组织，且中国和东盟作为友好近邻，其能源领域的合作不但有利于保证各自的能源和环境安全，而且有利于提升能源领域的定价权和话语权。为此，本章首先分析了中国和东盟的能源经济现状、化石能源储量、水能资源储量以及东盟的可再生能源资源等情况，阐述了东盟诸国的能源政策和目标，发现中国和东盟在能源储量分布、能源设备制造和能源技术、能源投资和建设等方面存在着较强的互补性，为中国和东盟能源行业开展合作指明了方向，为中国能源企业、能源设备制造业以及能源施工承包企业向东盟投资、产品出口、工程承包指明了的方向。其次，梳理了中国和东盟能源行业合作的进展，发现中国与东盟在电力互联、能源投资、能源建设和设备出口等方面开展了广泛合作，分析了中国与东盟能源合作中存在的问题，为了促进中国与东盟能源行业更好地合作，达到能源资源优化利用目的，实现地区能源安全和环境安全，具体的政策建议如下。

（1）为了降低"中国威胁论"和"南海争端"对中国与东盟能源行业合作的影响，一是中国政府要继续在各种国际组织和国际交往中宣传中国以和平共处五项原则为基础的独立自主外交政策，不断提升中国的综合竞争力，提升中国在国际上的话语权，促使西方国家不再散布和传播"中国威胁论"，并以实际行动显示中国永不称霸世界的决心。二是对于"南海争端"，中国政府在坚持中国领土不可侵犯的原则下，以《联合国海洋法公约》所确立的基本原则和法律制度为准绳，以中国政府提出的"搁置争议、共同开发"主张为行动章程，在争议解决前同有关国家暂时搁置争议，合作开发。三是在亚太经合组织、中国东盟自由贸易区、"10＋3"、"一带一路"等组织框架下，深化中国与东盟各国的友好关系，加强政府、议会、政党、政府能源行业机构、能源企业之间的交流与沟通，形成中国与东盟能源行业的不同层级的对话与合作机制，及时就相关问题进行磋商，妥善处理能源行业合作中出现的矛盾和争端。

（2）东盟作为较有影响力的发展中国际组织以及其未来在能源行业的巨大投资，许多国家的能源企业和相应设备制造企业均力图占领该市场，从未来东盟能源行业的发展中分一杯羹。为了提高中国能源企业参与东盟能源建设的能力，一是中国能源企业需要提高其国际化能力和综合竞争力，发挥其在能源设备价格、能源设施建设成本、管理和技术等方面的比较优势，提升中国能源企业参与东盟能源行业发展的能力。二是利用中国与东盟地缘相近优势（与越南、老挝、缅甸为接壤邻国）和文化相通优势（新加坡、马来西亚、印度尼西亚华人占比很高），搭建合作平台，积极开展文化交流以及能源行业的管理、技术人才培训和培养合作，为未来中国与东盟能源行业合作奠定人文基础。如中国—东盟博览会就为中国与东盟电力能源行业的合作搭建了平台，促进了中国与东盟能源行业在能源贸易、能源设备贸易、能源投资、能源基础设施建设等方面的合作。

（3）考虑到能源行业作为资金密集型行业，其投资额巨大，相应的投资风险也很大。由于东盟部分国家的政局不稳，中国能源企业在投资东盟能源行业时，需要树立相应的风险意识和风险管理理念。在选择投资趋向时，一定要考虑到投资项目所在国政局的稳定性，慎重选择投资项目所在国。同时，中国能源企业和能源施工企业应建立相应的风险管理体系，在风险识别、风险评估、风险应对上建立完善的制度。如项目投资前熟悉项目所在地的投资环境、法律制度、人文环境、社会经济环境等，在项目实施前和实施过程中，建立风险评估体系，根据不同类型的风险建立相应的风险应对策略，以减少或降低投资风险。

（4）能源作为战略性资源和"政治性商品"，在国民经济和国际关系中具有举足轻重的地位，而中国的能源企业作为国有企业，在部分东盟国家政府和民众的印象中是中国国家资本，中国能源企业投资东盟各国能源行业时会被认为对其国家实施控制，进而影响政治走向甚至政局，不利于中国和东盟能源行业的合作。为了降低这种不利因素对中国与东盟能源行业合作产生的负面影响，一是中国能源企业在投资东盟各国能源领域时，可以采用多种形式，如与当地企业和政府合作、与其他国家企业合作；二是结合中国供给侧结构性改革，在部分能源企业引入混合所有制改革，改变东盟国家对中国能源企业的印象。

东盟拥有丰富的可再生能源资源，随着其经济的迅速发展，其能源特别是电力出现了供不应求，而东盟在能源设备制造能力、能源设施建造能力等方面非常薄弱，也无法满足其能源行业发展的大量资金需求。相对而言，中国经过40年的改革开放和能源行业的飞速发展，形成了系列能源设备制造能力和大型能源基础设施建造能力，积累了丰富的资本。中国与东盟在能源领域具有很强的互补性，两者之间的合作有利于双方共赢协同发展，有利于实现地区能源安全和环境安全。

第十章　中国与大湄公河次区域的电力合作

本章深入考察中国参与大湄公河次区域电力合作的主要情况，先介绍次区域五国之间的电力合作情况，然后介绍中国与该区域国家（主要是越南、缅甸和老挝）的电力贸易和电力建设合作项目。在此基础上，本章将评估中国在大湄公河次区域电力合作中的地位和优势，以及面临的不利条件，特别是具体分析次区域其他五国各自在发展电力合作中的考虑。

一　大湄公河次区域的电力合作情况

（一）次区域五国之间的电力合作

总体来看，次区域五国之间在电力合作领域已经取得了重要成果，苦于电网互联的电力交易在五国之间发展迅速，而且各国都有继续加强双边合作的意愿，特别是在越南与老挝、柬埔寨之间，泰国与老挝和缅甸之间。

1. 越南与老挝之间

目前老挝是越南主要的电力合作伙伴之一。根据老挝2009年向RPTCC（大湄公河次区域电力贸易协调委员会）提交的报告，目前已经运营、在建及正在进行可行性研究或预可行性研究的电力合作项目有18个。这也反映了两国之间希望全面加强电力合作的意愿。

根据2009年的统计，越南与老挝之间在建的互联电网项目包括：（1）2011年建成从越南的Sekaman3到Th. My的230kV输电线路；

（2）2012年建成从 Nam Mo 到 Ban Ve 的 230kV 输电线路；

（3）2012年建成从 Pleiku 到老挝的 Ban Sok 的 500kV 输电线路；

（4）从越南的 Nho Quan 或者 Than Hoa 到老挝的 Luangphabang 的 500kV 输电线路。

2. 越南与柬埔寨之间

根据现有信息统计，越南与柬埔寨之间已经运行或计划建设的主要互联电网项目包括：

（1）2008年建成从 Chau Doc 到 Phnom Penh 的 230kV 输电线路；

（2）2009年建成220kV的互联电网（柬埔寨 Phnom Penh 到越南的 Takeo）；

（3）2010年建成了110kV的互联电网（越南到柬埔寨的），包括3座变电站（位于 Kampong Cham、Soung、Pongnearkreak）；

（4）越南、柬埔寨、老挝之间计划在2019年建成500kV的互联电网（越南的 Tay Ninh—柬埔寨的 Steung Treng—老挝的 Ban Sok），并在 Steung Treng 建设变电站。

3. 泰国与老挝之间

目前泰国是老挝最主要的电力合作伙伴。根据老挝2009年向RPTCC提交的报告，目前已经运营、在建及正在进行可行性研究或预可行性研究的电力合作项目有19个，其中有16个已经完成可行性报告或在建设过程中。

目前重点的互联电网项目包括：

（1）从老挝 Nabong 到泰国的 Oudon；

（2）从老挝的 Ban Sok 到泰国的 Oubon；

（3）从老挝的 Hongsa 到泰国；

（4）从老挝的 Nam Ou 到泰国 Thailand；

（5）从老挝的 Xayabouli 到泰国的 Khon Ken；

（6）从老挝的 Pakbeng 到泰国。

此外，泰国与缅甸之间也计划在2020年之前建成从缅甸中部的 Ta sang、南部的 Hutgyi 到泰国的 500kV 输电线路，以及从南部的 Tanintharyi 到泰国的 230kV 输电线路。

总体而言，泰国与越南作为次区域五国经济水平相对较高的两个国家，在与接壤国家的电网建设方面已经取得许多进展，而且还在进一步扩大互联规划，增大互联容量。实际上，以这两个国家为重心，次区域中南部已经形成了电力交易的两大重点区域，或称两极。进一步地，将这两极整体考察，次区域就已经呈现出一个较大区域互联电网的雏形。

（二）中国与次区域五国的电力合作情况

1. 电力贸易发展情况

首先，中国与次区域五国的电力贸易量迅速提升。2004 年随着中国河口与越南老街的 110kV 输电线路的建成，中国开始首次向国外大规模售电，这也是中国参与大湄公河次区域经济合作的第一个电力联网重大项目。到 2010 年，中国通过互联电网与越南、缅甸和老挝发生的年电力交易量达 60 亿 kWh。

表 10 - 1　　　　　　　跨境电量交易情况　　　　　单位：亿 kWh

		2008 年	2009 年	2010 年
售越南电量		32.70	41.36	—
广西	售越南	1.14	0.38	—
云南	售越南	31.56	40.99	43.60
购缅甸电量		0.47	15.28	17.20
云南	购缅甸	0.47	15.28	17.20
售老挝电量		0	0.13	—
云南	售老挝	0	0.13	—

资料来源：2008 年、2009 年数据来自《中国电力年鉴 2010》；2010 年的"购缅甸电量"来自《中国能源统计年鉴 2011》的"云南能源平衡表（实物量）—2010"，同时，根据此平衡表，云南 2010 年的电力出口总量为 56.29 亿 kWh；2010 年的云南售越南电量值"43.60"为估算值。

其次，中国与五国的贸易结构存在不对称特征，主要体现在三个方面。

第一，中国与越南、缅甸和老挝存在更紧密的电力贸易关系，而与泰国和柬埔寨则没有任何电力交易关系。这主要是由于中国与前三国接壤，而电力交易需要通过网络传输来实现，领土的毗邻成为中国优先发展与这三国电力交易的便利条件。

第二，中国与越南、缅甸和老挝之间电力交易电量和流向存在较大差异。中国对越南是出口，且出口电量占中国与次区域交易总电量的绝大部分；中国对缅甸是进口，目前是中国利用次区域电力资源的主要来源；中国与老挝之间的电力交易量非常低，只是少量出口。根据三国的相对位置，可以将此种贸易格局概括为"东出、中空、西进"。

第三，中国与越南、缅甸和老挝的电力交易波动性不一致。从2012年前四个月的电力交易数据来看，中国从缅甸进口7.1123亿kWh，同比下降11.54%；向越南出口电量8.06亿kWh，同比下降56.65%；向缅甸出口0.2909亿kWh，同比增长34.89%；向老挝出口0.3469kWh，同比下降30.16%。结合2008—2010年数据，可以发现，中越之间交易的波动性较大，而中缅和中老交易则保持稳定上升势头。

最后，云南省成为中国与次区域电力交易的主要省份。云南作为水电资源大省，"云电送越"构成了输越电量的主体，尽管广西也曾承担部分向越南送电的任务，但2010年之后，特别是2012年广西电网公司正式与越南第一电力公司签订协议暂停对越电力出口，"云电"成为输越电量的唯一来源。同时，云南也是与缅甸和老挝电力交易的唯一省份。

2. 中国与次区域各国的电力合作项目①

（1）中国与越南

2006年，南方电网公司与越南第一电力公司合资成立越中电力投资有限公司，建设小中河水电站项目，形成了北有小中河水电站，

---

① 此处为不完全统计，根据各类年鉴和新闻资料整理。由于资料来源众多，不一一注明出处。

南有平顺永新火电站（以 BOT 形式在越南建设的项目）的电源项目投资格局。

2006 年 8 月和 11 月，中老、中越双方分别签订了备忘录，中国南方电网公司以 BOT 方式投资建设老挝南塔河 1 号水电工程和越南平顺省永兴燃煤发电厂一期工程，其中越南项目由南方电网公司与中电国际、越南煤炭矿业工业集团签署协议，共同出资建设。

2011 年，中国华电工程公司与马来西亚 Janakasa Sdn Bhd 集团签署互助协议，华电集团承诺协助 Janakasa Sdn Bhd 集团兴建茶荣省沿海县沿海 2 号火电厂。该电厂总投资 15.9 亿美元，2014 年电厂首台机组建成并网发电。

（2）中国与缅甸

华能公司 2006 年年初开始与缅方接触，成立云南联合电力开发有限公司（YUPD）开展水电开发合作工作，与缅甸第一电力部水电建设司签署了瑞丽江一级电站的合资协议，该电站已经于 2008 年 12 月投入商业运营，成为中缅之间第一个互联电网项目，该电站 50% 的电量输往中国。2008 年华能公司又与第一电力部水电建设司《瑞丽江 2/3 级水电站合作开发备忘录》。

2006 年中国电力投资集团公司与缅甸第一电力部签署谅解备忘录，并与缅甸政府和企业成立了合资公司，建设密松水电站。2009 年，中缅两国政府还签署了《关于合作开发缅甸水电资源的框架协议》，明确支持中电投集团开发包括密松电站在内的伊江上游水电项目（此项目由缅甸政府于 2011 年 9 月单方面宣布搁置）。

南方电网公司作为中国在 GSM 电力合作的中方执行单位，致力于中缅电力合作，2006 年 11 月，南方电网公司还与缅甸电力一部签署了开展萨尔温江上游河段及南卡江和南垒河前期踏勘工作的协议，并已开展了踏勘工作。2010 年，南网公司已完成了缅甸国家电力规划制定工作，并提交缅甸第一电力部。

中国电力投资集团公司于 2006 年 12 月，与缅甸第一电力部签署了《缅甸恩梅开江、迈立开江流域及伊洛瓦底江密松水电站以上流域水电开发谅解备忘录》。2007 年 10 月，中电投与缅甸第一电力部授权的水电建设公司就《缅甸恩梅开江、迈立开江流域及伊洛瓦底江密松水电站以上流域水电项目开发、拥有和运行协议备忘录》基本达成一致并进行了小签。

大唐公司也已进入缅甸水电市场，主要开展太平江一级水电合作前期工作。2007年6月，大唐集团公司与华中国贸公司签署合作协议，共同实施项目开发，并与缅甸政府电力部签署了合作备忘录，采用BOT方式建设。2010年该项目投入商业运营，成为中缅第二个互联电网项目。

中国水利水电建设集团公司是国内跟踪、介入缅甸水电开发较早的企业，一直在跟踪开展萨尔温江哈吉水电站和塔山水电站的合作开发的有关前期工作，但未进入实质性合作开发阶段。

此外，葛洲坝集团公司、三峡总公司也开始介入缅甸水电开发，并且也在与缅方商谈塔山等水电站的合作开发事宜。

（3）中国与老挝

中国水利水电建设集团公司从1996年进入老挝市场，是中国最早进入老挝的中国电力企业，建成了第一个中国公司的承包项目——南累兆水电站；在老挝的第一个出口卖方信贷项目南梦3水电站，于2003年建成投产，成为中老之间合作的典范；中国公司在老挝的第一个BOT项目——南立1—2水电站，于2010年8月投产发电；在老挝的第一个出口买方信贷项目——230kV输变电线路和变电站，目前该项目正在实施过程中，旨在对老挝电网进行升级改造，以增强老挝向泰国的电力出口能力。根据《商务周刊》的报道，海因里希·伯尔基金会、世界自然基金会（WWF）和国际可持续发展研究所（IISD）2008年发布的一份报告统计，中资企业在老挝已经或计划融资或参与修建的水电项目有17个，其中中国水利水电建设集团公司占主要份额；在柬埔寨有6个水电项目，中国水利水电、大唐集团、国网新源、中国葛洲坝集团公司、中国重型机械总公司等企业均有进入。

2008年10月，中国水利水电建设集团公司与老挝国家电力公司共同投资开发的BOT项目，老挝南俄5水电站项目正式开工建设，

2012年2月29日南俄5水电站成功下闸蓄水，标志着该项目建设取得突破性进展。2009年，中国水电集团与老挝国家电力公司签署3个电力项目合同，总金额约5.59亿美元。这3个项目是老挝南槛2、南槛3水电站和230kV欣合—朗勃拉邦输变电线路。2010年6月，南方电网公司全资子公司——南方电网国际公司与老挝政府签署了《南方电网公司投资建设老挝国家电网项目谅解备忘录》和《老挝南塔河湾水电站项目开发协议》，老挝南塔河1号水电站是南方电网公司在老挝境内以BOT方式投资建设的第一个电源项目。2010年8月，中国水利电力对外公司与老挝政府签署老挝南椰2号水电站项目开发协议（PDA）。2010年，中水电公司首个海外BOOT项目老挝南立1—2水电站项目竣工发电，老挝南椰2号水电站取得重要进展。

（4）中国与柬埔寨

2001年4月，根据中国电力技术进出口公司与柬埔寨工矿能源部签署的协议，柬埔寨基里隆一级水电站的修复工程开工。项目采用BOT形式，由中国电力技术出口公司独立运营，商业运营期为30年，之后，中方将水电站移交给柬王国政府。2006年，中柬双方正式签订了《南方电网公司开展柬埔寨王国松博（规划容量3000MW）和柴阿润（规划容量260MW）两个水电项目可行性研究谅解备忘录》。目前正按照谅解备忘录的要求，加快以上项目的可行性研究工作。2007年9月，中国与柬埔寨政府以国际竞标和BOT（建设—经营—移交）模式开发实施的水电站项目——甘寨水电站开工，这是中国水电建设集团在境外第一个自己投资建设的水电项目。2008年6月，中国重型机械总公司与柬埔寨政府签署协议，将投资5.4亿美元在戈公省境内承建水电站。2010年4月，由中国华电集团公司投资建设的柬埔寨额勒赛下游水电项目正式开工，标志着额勒赛下游水电站工程建设拉开了序幕。2010年11月，中国华电集团公司与柬埔寨工业矿产能源部签署了《柬埔寨斯雷波三级、四级项目可行性研究合作备忘录》。2011年12月，中国水利水电建设股份公司首个海外投资建设的BOT水电站项目——柬埔寨甘寨水电站建成发电，并投入商业运行。2007年2月，大唐集团公司与柬埔寨王国政府签订金边至马德望输变电 BOT 项目履约协议和输电协议；2009 年 11 月项目正式开工建设；2012 年 4 月，项目正式完工，并投入商业运行。

（5）中国与泰国

由于地理位置的关系，中国与泰国在电力领域的合作相对较少，但近年来，双方都在积极探索开展电力合作的新领域。2009 年 11 月，中广核集团与泰国电力公司、香港中电控股签订了关于泰国核电合作的谅解备忘录，三方将在核电技术交流、人员培训、技术服务、政府关系等多方位开展合作。2012 年 5 月，广西建工集团与泰国国家地方电网总公司签订泰国电力项目合作协议，项目包括泰国智能电网集控系统项目和泰国海滩滩涂风力发电项目。

（三）中国与次区域电力合作的基本特点与问题

从中国与次区域五国之间的电力贸易与参与五国的电源与电网建设项目来看，中国目前参与次区域电力合作的主要特征包括以下五个方面。

1. 资本输出为主，电力贸易不足

不同于传统的商品贸易，电力贸易需要依托电网才能实现，同时，对电力产业而言，通过互联电网实现有效的电力交易是更高级的合作方式。而目前大湄公河次区域各国自身的电网建设仍比较落后，各国之间仍无法实现有效互联；同时由于各国经济水平落后，受制于投资不足，电源建设也比较落后。因此，在中国与次区域五国之间的电力合作中，中国以资本输出、投资电源项目为主要形式，同时也兼顾部分电网建设项目。

2. 项目合作为主，产业合作仍不充分

中国与次区域五国的电力合作，目前主要是国内企业与五国企业之间签订协议，建设具体的电源或电网建设项目，同时依托部分互联电网实现电力交易。中国参与次区域电力合作的企业众多，而且各企业在合作国家和合作领域上都有所侧重，以重点项目为突破口，这就形成了项目地区分布比较分散的特征。尽管次区域各国签订了加强电力合作的框架协议，但距离实现整体的产业整合，还有较大差距。

3. 电源建设为主，电网建设不足

中国目前参与次区域国家电力建设的项目，主要是电源项目为主，辅以电网项目。由于参与次区域五国电力合作的企业多为发电或水电，以及电力工程公司，同时这些国家电源开发普遍落后，因此目前项目多以建设电厂、电站为主要合作内容，配套的电网建设也主要以帮助项目电厂、电站的电力输送为主要目的。这种情况在一定程度上是由于次区域五国电力产业发展整体水平决定，但重发轻输的合作思路并不利于深化中国与次区域的合作层次。

4. 单兵作战为主，协同配合不足

尽管中国参与次区域电力合作的企业众多，但多数是企业的自发行为，与次区域的电力合作项目也多以企业单独与国外企业、政府之间签订合作协议的形式进行。虽然各企业在目标国家和合作领域的选择上有所侧重，但整体上缺乏协调沟通，而且在部分项目上还存在不合理竞争的情况。这就使得中国参与次区域电力合作的企业无法形成合力，从而在很大程度上阻碍了次区域电力合作的深化。

5. 短期效益为重，长期战略缺乏

中国参与次区域电力合作的主要推动力是企业寻求经济利益的行为。从企业运行角度而言，这在一定程度上反映了中国电力企业的良好经济效益，也说明中国企业市场化运作方式在不断改进，但是过多专注于项目收益，而缺乏整体的长远战略规划，可能会导致整体的合作收益的降低，从而形成"囚徒困境"。而长期战略规划则有助于形成次区域良好的电力合作环境，培育形成更庞大的电力市场，最大化中国的战略利益。

二 中国参与大湄公河次区域电力合作面临的形势与挑战

（一）次区域中南部呈现较大互联电网的雏形

整体而言，泰国和越南对加强互联电网建设都抱有较高热情，在两国的共同推动下，次区域的中南部已经形成了一个较大互联电网的雏形！其原因在于，首先，泰国和越南是次区域五国中经济较为发达的国家，电力需求持续增长，根据预测，泰国到 2020 年电力需求将保持近 6% 的增长，而越南约为 9%（来源：RPTCC-8 会议文件）。其次，泰国和越南本国的电力生产难以满足需求。两国的电力供求之间均存在较大缺口，泰国约为 7%—15%，越南约为 10%，均需大量进口电力：泰国从缅甸、老挝和柬埔寨进口电力，而越南则从中国、老挝和柬埔寨进口电力。同时，老挝和柬埔寨也将电力出口作为重要的经济增长点。整体而言，泰国、越南和老挝、柬埔寨之间存在更为密切的电力联系。再次，与泰国和越南均接壤的老挝和柬埔寨均是水电资源丰富的国家，而且各国地理条件有利于建设互联电网。目前已经运行或计划建设的跨国电网项目主要集中于泰国与老挝和越南与老挝之间。

（二）中国面临的形势及挑战不容乐观

尽管中国通过资本输出的方式广泛地参与到次区域五国的电力发展，但就电力网络的电力贸易而言，中国已经处于明显的劣势地位。在区域互联电网建设方面，中国已经明显落后于越南和泰国，最突出地表现如下。

第一，中国仅与缅甸和越南之间开辟了两条互联线路，其中与缅甸的线路则仅承担着从缅北向中国输电的任务，互联程度不高；而与越南的线路只承担了电力出口的任务，同时越南政府对此条线路的作用存有戒心，从而限制了该条线路未来发挥更大的作用；

第二，中国尚无一条大容量输电线路突破（或绕过）老挝北部，这就意味着，中国无法享受到次区域水电资源最丰富国家的电力输出，从而也就决定了中国目前难以有效地、更深层次地参与次区域电力合作。

综上，目前泰国与越南均有多条已经投入运营或计划建设的骨干网连接老挝、缅甸和柬埔寨，形成次区域电网建设的两个主要区域，而中国虽然正在加强与缅甸的互联电网建设，但目前骨干架构仍较单薄，且未能与缅甸国内电网实现有效互联，存在形成"孤立极"的风险。因此，中国在参与大湄公河次区域电力合作中，面临着巨大的挑战，特别是与次区域中南部的电力网络的互联问题，可能成为制约中国能否有效参与次区域电力合作的关键环节。

三 中国参与大湄公河次区域电力合作战略

本章重点研究中国参与大湄公河次区域电力合作的战略问题。包括分析中国在次区域电力合作中的定位与所处的阶段；中国当前在次区域电力合作中的战略布局问题；并提出新的战略布局思想；确定中国的战略目标；最后就中国为实现战略目标所应着力解决的当前重点问题提出建议。

（一）明确中国在次区域电力合作中的战略定位与阶段

1. 中国在次区域电力合作中的战略定位

中国在大湄公河次区域互惠互利的电力合作中，应成为主要的推动者和拉动者，主动承担电力市场建设和运营的主要责任，并积极推动电力合作谈判的进程，展现中国参与大湄公河次区域电力合作的诚意与能力。

首先，中国的自身优势能够有力推动次区域电力市场的建设。（1）中国与缅甸、老挝、越南三国之间拥有绵长的边境线，这为中国能够建立起跨境输电网络提供了基本的可能性；（2）相对于大湄公河次区域其他五国而言，中国具备雄厚的资本实力，而且与五国之间保持了较好的经贸关系，特别是在中国—东盟自由贸易区框架下，贸易和投资联系进一步加强，从而能够为该区域电力发展提供资金保障，同时，中国企业在参与大湄公河次区域共同发展中积累了丰富的经验；（3）随着中国电力产业的壮大和技术创新，中国的传统电源技术、电网建设和运营技术、新能源开发等不仅在区域内国家中处于领先地位，部分技术甚至达到世界领先水平，这为大湄公河次区域电力基础设施的建设和运行提供了强有力的技术保障；（4）中国具备更高水平的人力资源储备，无论是管理人员还是技术人员，整体素质较高，在与该区域其他国家合作过程中，既可以保障电力合作的有效开展，也有利于带动其他国家人力资源的提升，从而有利于该区域其他国家的技术扩散和技术进步。

其次，中国的电力需求能够有力拉动次区域统一电力市场的发展。根据预测（亚洲开发银行报告，2010），云南和广西的峰荷需求在2025年之前将年均增长3500MW，在2025年将向广东输送电力约40GW，但云南、广西的水电潜力将难以满足三省的电力需求增长，从而导致了三省的电力供需产生较大缺口，预计在2030年会达到30GW，而其中20GW将来自大湄公河次区域国家的电力进口。因此，从中长期来看，中国的电力需求将成为大湄公河次区域电力市场发展的主要带动力量。特别地，短中期内中国将成为缅甸电力的主要进口国之一，从而能够有力地带动缅甸的电力产业发展。

同时，中国（云南、广西、广东等省份）电网与大湄公河次区域电力网络的互联将有助于形成规模更大的电力网络，实现大湄公河次区域电力市场的规模经济效应，实现更低的系统成本；此外，通过实现更大范围的互联，并在未来建设统一的区域电力调度中心，中国和该区域其他国家的电网运行将更加可靠安全，从而提高供电质量，进而有力地支持次区域国家的经济发展。

最后，中国在推动大湄公河次区域电力合作谈判中能够发挥积极的带头作用。如前述介绍可知，中国长期以来都积极参与到大湄公河次区域国家的电力产业发展进程之中，目前在加强区域电力合作的共识之下，中国一方面应尽快在大湄公河次区域电力贸易协调委员会框架下，推动统一电网规划的可行性论证，明确关键性电网技术标准，并提出中远期规划建议；同时进一步健全完善各国的政府部门、电力行业组织、电力企业，以及其他相关部门的协调机制，初步制定出切实可行的工作路线图；特别地，应确定与各国的利益共享机制，在坚持互惠互利的基础上，探讨调度方式和电力市场交易模式的确定。另一方面，中国应在大经贸框架下，与大湄公河次区域各国之间加强双边沟通，特别是摸清该区域各国在参与电力合作中的态度及具体需求，有的放矢，寻求多方面的支持。

2. 转变中国参与次区域电力合作的战略重点

(1) 中国参与次区域电力合作仍处于初级阶段

尽管中国从20世纪90年代中期开始通过电源项目建设参与大湄公河次区域电力合作进程，并从2004年开始与大湄公河次区域进行大规模电力交易，但总体而言，中国与次区域国家的电力合作仍处于初级阶段，距离建立统一可靠的区域电力市场还有相当差距。主要原因包括以下几个方面。

第一，次区域国家整体经济和基础设施落后制约着次区域国家电力合作层次的提升。次区域五国整体经济发展水平不高，而且国别差异明显，特别是老挝、缅甸和柬埔寨，属于比较落后的国家。电力贸易需要专属性的电力基础设施，特别是电网和变电站，次区域五国除越南和泰国相对较好外，其他国家国内电网基础设施都极度落后，这给中国与缅甸、老挝和柬埔寨之间发展电力贸易带了巨大困难；同时电网投资往往数额巨大，且具有沉没性质，这些国家往往缺乏充足的投资来源，因而导致国内电网和整体电力产业发展缓慢。

第二，各国国内政策和政治性考虑会对次区域国家电力合作产生消极影响。次区域各国均对电网和整体电力产业发展有各自规划，同时在进行次区域电力合作中带有各自的政治性考虑，特别是能源自给和主权因素都会影响各国参与次区域电力合作的意愿和策略。其中，越南的表现尤其明显。总体上，云南输越电量整体上占越南电力需求的大约4%，但是越南2011年出台的《电力发展十年规划》已经确定了大力发展国内电力产业，减少电力进口依赖的方向；同时，就电力进口而言，越南对与中国扩大互联容量的兴趣较低，而着力从北、中、南三向扩大从老挝的电力进口，各种表现均反映出越南希望减少对中国电力进口的依赖。

第三，目前各国的电力体制及企业性质仍不适应统一区域电力市场的要求。次区域各国的电力体制均处于迅速变革的进程中，各国电力体制仍不健全，竞争性电力市场仍不完善。在此背景下，区域电力贸易主要是通过双边电网企业签订协议来实现。尽管这种贸易方式适合于目前各国比较落后的电力产业水平和电力体制安排，但就建立统一电力市场而言，没有统一的制度安排就难以保证统一市场的建立和运行。而目前次区域电力合作远未达到制度设计的阶段，制度建设任重道远。

第四，区域领土（海）争议和湄公河水资源开发的争议也影响着电力合作。在这方面，影响次区域电力合作的因素有两个比较突出：中国与湄公河委员会之间的关系，以及中国与越南的"南海争端"。首先，尽管湄公河委员会希望中国加入，但对中国而言面临一个两难抉择：加入可能会有利于开发湄公河下游水电资源，促进电力合作；不加入则有利于开发境内水利资源，避免掣肘，但无论如何，这是一个难以绕开的问题。其次，中国与越南的"南海争端"，会通过影响越南的对华态度和其整体能源战略（主要是石油），而间接影响到越南在次区域电力合作中的态度，无论如何，越南都将是一个不确定性因素。

（2）中国需要转变参与次区域电力合作的重心

尽管目前大湄公河次区域电力合作仍处于初级阶段，同时各国均有各自的战略考量和打算，但是提高电网的互联程度，增强市场的统一性已经成为区域国家的共识，正如《实施次区域跨国电力贸易路线图谅解备忘录》所提出的，各国都希望通过发展次区域跨国电力贸易来实现如下目标：

a. 加强供电的可靠性；

b. 协调发电及输电设施的安装和运行；

c. 降低投资和运行成本；

d. 分享系统联网运行后所带来的其他利益。

因此，通过互联电网和电力贸易来深化区域电力合作的大方向已经确立。

更重要地，中国的能源安全和经济发展形势要求中国提升参与大湄公河次区域电力合作的层次，通过基于互联电网的电力贸易来强化中国与次区域五国的经贸联系和政治互信。因此，中国参与次区域电力合作应更多考虑未来的电力流向问题，关注未来的电力贸易发展，而非过分强调独立电力建设合作项目，以为今后中国与次区域发展基础电力网络的电力贸易奠定基础。

尽管目前仍存在诸多困难和挑战,但中国已经面临着调整参与次区域电力合作战略重心的重要时机,要将合作的重点领域转向基于联网的电力贸易;同时,投资电源和投资次区域国家境内的电网项目,也要以有利于发展跨国电力贸易为导向。唯有此,才能充分利用当前的战略时机,有力推动次区域电力合作层次的升级,并在次区域电力合作中占据有利地位,从而最大限度地保障中国中长期的电力(能源)供给和安全。

(二) 中国参与次区域电力合作的战略目标

确定中国参与次区域电力合作的战略目标,需要明确两点,首先这一目标必须服从于中国的能源供给和能源安全战略,其次要将电力合作确定为进一步密切中国与次区域国家经贸关系的主要突破口。以此思想为指导,中国参与次区域电力合作的战略目标可以分解为以下三个方面。

1. 进一步推动次区域电力资源的合理有序开发

结合次区域五国的电力资源分布情况,中国应更具针对性地参与到各国的电力资源建设项目中,从而形成经济、环保开发次区域电力资源的良好局面。具体而言,中国应科学有效地加强开发缅甸、老挝和柬埔寨的水电资源、加强与越南在火电领域的合作,加强与泰国的核电领域合作和改善电源结构,同时应努力加强同各国在清洁能源和环保领域的合作。中国要充分发挥技术优势和人才优势,帮助次区域各国优化电源开发的规划方案,从而促进次区域的电源开发形成一个合理有序的局面。

2. 积极推动建立统一的次区域互联电网

中国要积极推动跨国电网的建设,在科学规划的基础上,分阶段地逐步建成能够有效互联各国电网的统一次区域电网。中国首先应加强与接壤三国的互联电网建设,然后在长期内实现次区域五国的全面接入。为建设统一的次区域互联电网,中国必须解决建设方案的选择问题。根据地理条件的限制,中国实现与五国全面互联可经由缅甸建设若干骨干网,再间接接入老挝、泰国等国,也可在老挝和越南分别建立骨干网。不同方案的成本收益不同。总体而言,只经由缅甸的方案可能会限制今后中国参与电力市场运营的程度,经由老挝的骨干网面临成本巨大的问题,而经由越南的骨干网则面临政治风险问题。因此,中国需要谨慎科学地进行可行性研究。

3. 积极推动建设次区域电力交易市场

中国要积极推动建立统一的竞争性电力交易市场,确保电力市场的安全稳定运行。第一,中国应积极探索次区域电力调度的体制和方式,力争在次区域电力调度中发挥主要作用,保证次区域统一电网的频率和电压稳定,确保有效地无功支持等基础电网服务。第二,中国要推动建立起高效的市场交易模式,特别是在未来的次区域电力合作中,无论是采取双边、电力库还是PJM等其他交易模式,以及如何运营实时平衡市场等,中国都需提出科学合理、切实可行的建议。第三,中国应推动次区域电力交易市场形成完善的市场体系,形成有效的电能交易和辅助服务市场,避免在各国之间形成成本收益的不合理配置。第四,中国应推动建立高效权威的电力市场监管制度和监管机构,从而为电力市场的有效运行提供制度保障。

(三)制定差异化的电力合作策略

1. 次区域五国的的利益诉求分析

结合中国当前基于联网的电力贸易现状和各国的实际情况考虑,中国参与次区域电力合作的战略布局并不合理,而调整当前战略布局则首先要考虑各国在发展基于互联电网进行电力交易的考虑和现实情况。

越南是中国参与次区域电力规划中不确定性最大的合作对象。首先,越南已经制订明确的电力规划,并确定了减少电力进口依赖的努力方向,这突出地表现在其对与中国500kV的互联项目并未体现出积极性,而是以建设时机和技术标准(交流还是直流)为由不断推脱,甚至在其中长期的规划中,也丝毫未考虑扩大与中国的互联容量,与此形成鲜明对照的是,越南非常希望加强与老挝和柬埔寨的互联电网合作,并确定了三条500kV的重点互联项目。其次,中国出口电力过程中的一些问题在一定程度上强化了越南减少对中国进口电力的决心，比如中方的提价和断供等；再次，目前对越南而言，从老挝进口电力更经济也更可靠，因此正在大力建设北、中、南三条从老挝进口电力的输电线路；最后，"南海问题"将不可避免地影响其电力合作的想法。整体而言，越南显然有更多自己的考虑，甚至不愿与中国过多参与次区域电力合作，表现出"去中国化"倾向。

缅甸是目前中国进口电力的主要国家，而且重要性还在不断增强。缅甸对于加强同中国的电力合作表现出了充足的意愿。由于缅北的电源开发仍不充分、电网互联程度不高、输电容量不足，从而制约了缅甸的对华输电能力，因此缅甸对于发展国内电力产业发展和吸引中国投资有着强烈兴趣，这是中缅扩大合作的有利条件。不过需要注意的是，缅甸国内的政治局势不可避免地给中缅电力合作蒙上一层阴影，"密松电站"事件的教训值得吸取。整体而言，中缅之间的电力合作还是会朝着不断扩大和深化的方向发展，但政治不稳定的风险将长期存在。

老挝在与中国接壤的三国中，经济最为落后，其参与次区域电力合作的最大优势在于丰富的水力资源。不过从目前来看，老挝的电力合作对象主要是泰国、越南和柬埔寨，向这三个国家出口电力，而中国却向水电资源最丰富的老挝出口电力。特别是越南和泰国目前仍在大力加强与老挝之间的电力贸易，因此，中国在开发老挝水电资源的进程中，已经明显落后。更重要的是，老挝位于次区域的中心位置，且拥有湄公河最大的水力资源，无论是从电源开发还是将来的网架结构上，老挝都可以说是具有至关重要的地位和作用。从某种意义上讲，能否实质性地从老挝进口电力才是中国真正进入次区域电力市场的标志。

泰国是次区域五国中经济发展水平最高的国家，是缅甸、老挝和柬埔寨电力的主要进口国之一，对周边三国有较强的影响力。柬埔寨经济发展水平非常落后，人均 GDP 水平仅比老挝略高，但也具有比较丰富的水电资源，同时向泰国和越南出口电力。两国均不与中国接壤，短中期内无法发展与中国的电力贸易，但两国电网却都是次区域南部互联电网的重要组成部分。

次区域五国的对比及中国目前的布局无疑说明中国在整体战略布局上出现了较大偏差。究其原因则在于一方面中国缺乏整体上的战略考虑，另一方面也是由于中国企业在"走出去"过程中，挑肥拣瘦，缺乏协调机制，从而造成巨大的战略真空。

2. 明确区域重点合作对象，逐步推进战略布局

由于泰国和柬埔寨不与中国接壤，在短中期内无法有效地与中国开展基于电网的电力贸易，因此中国在短期内应先与接壤的三国（缅甸、老挝和越南）加强电网互联，在形成比较成熟的电力网络后，在长期内实现次区域五国的全面互联，间接接入泰国与柬埔寨。根据当前的形势，中国应从整体上确定如下战略布局：加强缅甸、突破老挝、稳定越南、推动柬泰。

"加强缅甸"，要从电网建设和电力资源开发两方面协调深化中缅合作。缅甸与中国之间存在着密切的经贸关系，中国作为缅甸的第二大投资国和战略合作伙伴国，在开展与缅甸的电力合作方面有着广阔的合作前景。尽管缅甸政局不稳，并给中国与缅甸的合作投资项目带来一定风险，但是从长期来看，双方均认同加强全方位的经贸关系对两国的战略意义。这成为中国进一步深化中缅电力合作的有利环境。

由于缅甸国内电力建设资金的严重不足和技术十分有限，中国参与缅甸电力产业对缅甸电力产业和国民经济发展具有重要促进作用。特别地，通过加强与缅甸的互联电网建设和发展电力贸易，中国也可以实现两方面的收益。

首先，在与缅甸加强电力合作的过程中，重点总结在电源建设和电网规划相协调方面的经验教训，探索中国企业在参与次区域电力合作中的协调机制，寻找实现次区域电力交易的最优制度模式（调度、交易和结算等），会为中国扩大与其他国家电力合作提供有益借鉴。

其次，发挥中缅电力合作的示范效应，带动区域整体电力合作。通过中国的资本输出、技术输出和人才输出，帮助缅甸发展电力产业、改善基础设施、扩大国内就业、提高居民收入，切实使缅甸在双边电力合作中得到实惠，体现出"共赢"的结果，从而增强次区域其他国家加强与中国电力合作的意愿和政治互信。

因此,"加强缅甸"就成为中国参与次区域电力合作战略布局的基石。

"突破老挝",关键是突破与老挝的骨干网互联。泰国、中国和越南是与老挝经贸关系最为密切的三个国家。而在三国中,泰国、越南在加强与老挝的电力合作方面已经遥遥领先,而中国却仍在向老挝出口电力。特别是在泰国、越南、老挝不断加强电网互联建设的背景下,中国实际上被逐渐孤立在次区域统一电网之外的趋势已经显现。而能否扭转这种不利局面,老挝无疑是关键一环。

首先,中国尚无法经由缅甸与泰国、老挝等国互联。这主要是因为缅甸本国尚未形成统一坚强的全国性电网,电网运营和调度水平仍然较低,即使能够通过缅甸接入泰国、老挝和越南,一则成本巨大,二来运营风险很高,且要取决于电网的技术选择。对越南而言,它对扩容与中国的互联线路缺乏足够的意愿,主要是由于缺乏与中国的政治互信,这就决定了中国难以经由越南有效接入老挝及其他国家。

其次,老挝的地理位置和丰富的水电资源,决定了其在次区域电力合作的无可替代的位置。在一定程度上,无法实现与老挝的电网互联和大规模电力交易,也就谈不上与次区域国家建立统一电力市场。然而由于老挝北部的山地地形特点,建设直接贯通老挝北部的直联电网可能面临一定难度,对此,中国需要结合经由缅甸接入老挝的方案,形成对两种接入路径的可行性或不可行性论证。

再次,时机问题非常重要。在次区域中南部电力合作如火如荼地进行的背景下,中国如不迅速寻求有效的突破口,及早打通与老挝的互联通道,可能会令中国丧失参与次区域统一电力市场建设的有利时机,甚至丧失中国已经在次区域内积累的电力合作利益。

因此,"突破老挝"就成为中国参与次区域电力合作战略布局的核心。

"稳定越南"。越南虽然与中国之间存在比较密切的经贸关系,但是经贸结构并不合理,中越的资本联系也相对不甚紧密,这都在一定程度上反映了中越之间缺乏足够的互信。同时,越南具有一定的地区政治野心,这从其不断强化军事实力,加强与美日等域外发达国家的政治联系上可以明显地表现出来。特别地，在当前中越存在领海争议的背景下，如何稳定越南在电力合作上的情绪，对于中国减少参与次区域电力合作的阻力就显得至关重要。

如前所述，越南是中国参与次区域电力合作的最大的不确定性因素，必定会给中国带来一些不利影响，而且这些影响可能更多来自电力产业之外。

一方面，越南目前加强与老挝、柬埔寨的电网合作，明显带有"去中国化"的倾向，而且对于其国内的电源建设，也倾向于选择发达国家的电力企业作为合作伙伴。这明显与次区域其他国家不同；另一方面，越南通过建设与老挝、柬埔寨的互联电网，同时作为主要的电力需求方，可能会掌握次区域三国互联电网运营的主导权，从而在今后的次区域电力市场建设中具有先发优势，并可能限制中国深度参与次区域电力合作的进程。

对此，中国应首先从政治高度加强与越南的交流沟通，确定和平解决领海纠纷的原则和方式，同时加强各经贸领域的合作，增进两国之间的多层次文化交流，力争从电力合作领域之外寻求双方最大的共同利益，同时避免越南将区域问题国际化的倾向。

总之，"稳定越南"，寻求中越双方在经贸合作和次区域电力合作中的共同利益，并形成共识，确保政治互信，就成为中国参与次区域电力合作战略布局的保证。

"推动泰柬"。中国与泰柬并不接壤，因而就加强互联电网建设而言，短中期内不会有实质性的、基于电网的电力交易。但两国在中国参与次区域电力合作中仍可能发挥重要的积极作用。一方面，中国要继续通过电源建设合作等形式推动与两国之间的电力合作，另一方面，中国要寻求两国对中国发展加强与次区域电力合作规划的支持。

泰国作为次区域经济相对发达国家之一，其在次区域电力合作中的作用不容小视。一方面，泰国是老挝和柬埔寨电力的主要进口国，对两国在次区域电力合作中的态度有重要影响；另一方面，中泰之间存在着密切的经贸关系，中国作为泰国的第一大出口市场和第二大投资国，对泰国有重要影响，同时中泰两国之间政治关系密切。因此，从多方面加强与泰国的合作将有助于中国深度参与次区域电力合作，特别地，中国可将泰国作为制衡越南的战略棋子，最大限度地寻求泰国的支持，或者至少避免泰国与越南形成限制中国参与的合力。比如，泰国已经宣布开展核电发展项目，中国可在此项目上给予政治认同，以及经济、技术和人才上的支持，从而争取其能够支持中国参与次区域电力市场建设的想法和规划。

尽管柬埔寨是次区域内经济比较落后的国家，但与泰国、越南的电力交易关系密切，同时与中国之间保持着良好的政治经济关系。因此充分发挥柬埔寨的作用也有助于中国减少在参与次区域的电力合作中的阻力和协调各方立场。

总之，"推动泰柬"是中国参与次区域电力合作战略布局的有力推手。

（四）推动战略目标实现的工作思路

1. 以大经贸合作带动电力合作

通过中国企业"走出去"的经验和教训来看，中国在与其他国家，特别是经济比较落后的国家开展能源领域合作时，常面临着单兵突进、领域单一的问题，由此导致了中国在国际合作中面临着"新殖民主义"的诘责。特别是西方发达国家，基于自身利益的考虑，常指责中国以攫取资源为主要目的进行资本输出。尽管这些论点明显失实，但在许多国家中却仍有相当的市场，从而中国也难以避免受到由此带来的不利影响。

因此，中国在参与次区域电力合作的过程中，宜将电力合作置于大经贸合作的框架下推进，特别是充分利用现有的经济合作协议，进一步丰富完善电力合作的内容，并协调电力合作与其他领域经贸合作的关系，从而避免他国过分解读中国参与电力合作的动机。同时，鉴于中国已经形成与次区域五国较好的经贸联系，因此通过大经贸带动电力合作的思路也更具可行性和可靠性。

2. 依靠政治（外交、军事）、经济、文化形成的合力推动电力合作

中国与大湄公河次区域国家的经贸及电力合作并非单纯的经济问

题，因而电力合作不可避免地受到这一区域，甚至域外的政治、经济、文化等因素的影响。因此，如何有效地利用政治、经济、文化形成的合力来推动电力合作，必须要明确思路。

首先，必须明确中国参与大湄公河次区域电力合作的战略和举措要服从中国在这一区域的整体战略利益，考虑到域外国家的影响，甚至要服从中国的全球利益。电力合作本身是中国在大湄公河次区域利益的重要体现，但唯有在符合中国整体的根本利益的前提下，才能更加有效地利用政治、经济、文化等多方面的措施来实现最大化利益。因此，电力合作必须要有利于中国的政治外交战略的实施，要特别警惕电力合作成为中国整体利益掣肘的风险，比如出现取舍领土（海）利益与电力投资利益的困境。

其次，电力合作与其他领域的交流合作之间应形成相互促进、协调配合的发展局面。一方面，根据中国参与大湄公河次区域电力合作的经验教训，政治、文化因素以及其他经贸合作问题在许多情况下都会成为制约电力合作有效开展的重要因素，特别是在大湄公河次区域整体政治稳定性不高的背景下，能否妥善处理这些问题，不仅关系到电力合作的展开，更事关中国在该区域的整体战略利益。另一方面，有效地推进中国与大湄公河次区域的电力合作则会更有力地巩固和发展中国与大湄公河次区域国家的双边关系，创造更好的贸易条件，并展现中国负责任大国的良好形象。

3. 确立着眼于整体利益和长远利益的思路

首先，中国参与大湄公河次区域电力合作必须处理好局部利益与整体利益之间的关系，着眼于整体利益。第一，协调与单个国家的局部利益同参与次区域电力合作的整体利益，要将中国企业参与单个国家的项目建设与中国参与次区域统一电力市场的建设目标有机结合起来；第二，协调电源建设与电网建设的关系，基于电网互联的电力贸易是次区域电力合作的更高层次，而统一的电力传输网络是实现中国参与大湄公河次区域电力合作最终目标的基础条件，因此独立项目建设的规划应有利于统一电网的形成，必要的时候，应对项目选择有所取舍。

目前，中国参与该区域电力合作的企业众多，项目分散，尽管已经形成较大规模的利益存在，但是格局分布并不合理，由此产生企业利益最大化未能形成整体利益最大化的问题。随着中国参与大湄公河次区域电力合作重点的转移，相关的协调机制需要尽快建立和完善起来，既要充分利用现有的合作成果，又要进一步协调未来的发展计划，探索出能够有效促进次区域电力发展与合作的路径。

其次，中国参与大湄公河次区域电力合作必须处理好短期利益与整体利益之间的关系，着眼于长远利益。借鉴其他行业中国企业"走出去"的经验教训，中国参与大湄公河次区域电力合作的进程也需要分阶段逐步推进，在合作的不同阶段，中国面临的成本—收益比较也各不相同，特别是在合作的起步和发展阶段，中国需做好牺牲短期利益的准备。在很多情况下，这种利益输出甚至需要相关政府机构和其他行业部门的协助支持。

随着合作层次的深入，中国应在不断完善利益分享机制的基础上，从电力贸易中取得长期稳定的收益回报。需要认识到，这种收益不仅体现在经济收益的增加上，更重要的是还体现在能源（电力）安全的保障和政治环境的改善上，这将有利于加强区域政治互信和确保地区和平稳定，为中国的可持续发展创造良好的外部条件。

（五）现阶段需要突破的重点工作

在明确战略目标、战略布局和战略思路的基础上，当前中国近期内应着力完成以下重点工作：

第一，中央政府部门应加强与次区域国家的政治沟通，展现中国参与次区域电力合作的诚意与实力，防止次区域电力合作中个别国家出现"去中国化"倾向，最大限度地避免中国成为"孤立极"的风险。一方面，近期的工作应以越南为重心，最大限度地减少"南海问题"给双方电力合作产生的不利影响，提议并敦促越南积极评估中越扩大互联容量的项目建议；另一方面，中国应在中国—东盟自贸区和电力贸易协调委员会框架下，明确表达中国努力构建次区域统一电网的声音，争取次区域国家和区域组织对中国建立次区域互联电网建议的支持。

第二，相关政府部门、电力企业与科研机构（可由南方电网公司牵头）尽快联合开展大湄公河次区域电网建设规划和电力市场模式的研究工作。建议在3~5年内出台关于中国与缅甸、老挝和越南的互联电网布局、输电线路和技术标准的选择方案，并制订重点项目规划，形成中国在次区域电网建设中的路线图和时间表；确定中国参与次区域电力合作的交易模式及电力消纳方案；同时提出建立跨国电力调度体制和电力调度中心的明确建议。

第三，建立中国参与大湄公河次区域电力合作的联合工作小组，形成政府与企业的协调配合机制。联合工作小组可由能源局、外交部、财政部、海关和人民银行等部门选派专门人员会同南方电网等相关企业人员共同组成。联合工作小组的主要工作包括：负责建立中国企业参与次区域电力合作的信息收集平台，向各相关部门传达信息与需求，协调各部门在次区域电力合作中的工作，避免掣肘；帮助企业提高风险防范水平，及时传递政治、经济风险，避免出现意外损失；探索建立国内电力企业参与次区域电力合作的协调沟通机制。

总之，本章在研究大湄公河次区域的经济政治状况、经贸合作状况及投资环境的基础上，深入分析中国在大经贸背景下参与大湄公河次区域电力合作的现状，及面临的形势与挑战，明确了中国参与大湄公河次区域电力合作的定位与所处阶段，提出中国的战略目标，以及为实现目标所应实施的战略布局及发展思路。结合当前形势，本课题提出了现在应着手解决的重点工作建议。

四 小结

基本认识：大湄公河次区域电力合作前景广阔，中国应坚持已经确定的加强电力合作的根本方向；大湄公河次区域内各国的经济政治状况复杂，经济政治利益诉求不同，中国应对次区域电力合作中存在的风险与挑战给予高度重视。

形势研判：在大湄公河次区域电力合作进程中，特别是基于互联电网的电力贸易方面,中国已经明显落后于泰国、越南。目前大湄公河次区域中南部已经呈现出较大统一电网的雏形,中国面临着成为次区域电网"孤立极"的风险,同时越南可能怀有"去中国化"倾向,必须高度警惕。

基本定位:中国在大湄公河次区域互惠互利的电力合作中,应积极成为主要推动者和拉动者,主动承担电力市场建设和运营的主要责任,并积极推动电力合作谈判的进程,展现中国参与大湄公河次区域电力合作的诚意与能力。

转移重点:中国必须调整参与次区域电力合作战略重点,从项目建设领域转向基于联网的电力贸易;各类电源和电网建设,也要以有利于发展跨国电力贸易为导向。充分利用当前的战略时机,有力推动次区域电力合作层次的升级,并在次区域电力合作中占据有利地位,最大限度地保障中国中长期的电力(能源)供给和安全。

战略目标:中国的战略目标可以分解为:进一步推动电源的合理有序开发;积极推动建设统一的次区域互联电网;积极推动建设次区域电力交易市场。这一根本目标服从中国的能源供给和能源安全战略,并有利于将电力合作发展为进一步密切中国与次区域国家经贸关系的主要突破口。

合作策略:结合大湄公河次区域五国不同的利益诉求和现实情况,中国的整体战略布局应为:加强缅甸、突破老挝、稳定越南、推动柬泰。

战略思路:中国应坚持三条工作思路,即,以大经贸促进电力合作;依靠政治(外交、军事)、经济、文化形成的合力推动电力合作;着眼于整体利益和长远利益。

近期工作重点:第一,中央政府部门应加强与次区域国家和区域组织的政治沟通;第二,尽快联合开展大湄公河次区域电网建设规划和电力市场模式的研究工作;第三,建立中国参与大湄公河次区域电力合作的联合工作小组,进一步完善政府与企业的协调配合机制。

第十一章　中国对东南亚的电力投资

一　东南亚投资环境分析

（一）整体政治环境相对稳定，个别国家仍有动荡

中国在东南亚国家对外投资需要考虑的首要因素就是政治环境是否稳定，稳定的政治环境是投资安全的重要保障。东南亚各国的民主发展进程存在较大的差异，一是经济发展比较好的国家如马来西亚、新加坡等国家的民主制度，二是缅甸、越南、老挝和柬埔寨等国还有明显的集权主义因素，政治环境相对宽松、自由，各国也正在完善政治制度和法律，总的来说东南亚的政治环境还是有利于对外投资的，同时要求投资企业要密切留意当地局势，特别是恐怖主义和罢工等重大事件。

（二）多国出台法律和优惠政策保障和吸引外资

东南亚各国制定了法律来保障外国投资，制定了相关的投资准入规定，出台优惠政策吸引外国投资进入本国。缅甸政府制定了《缅甸联邦外国投资法》等一系列法规，积极鼓励外商到缅甸投资，并制定了减免税收的办法，放宽了外汇管理。2011年年初，缅甸颁布《缅甸经济特区法》，缅甸贸易投资环境与之前相比有所改善；2012年4月，缅甸开始实施有管理的浮动汇率制度，主要西方国家相继结束对缅甸的经济制裁；印尼政府提出外商建厂期间前2年免收房屋税和土地税；越南在2011年拟起草有关电力项目进口商品增殖税和进口税的指导文件草案，批准电力项目进口的、形成项目固定资产的与主要

机械设备配套的原料、物资进口税予以免除。

(三) 东南亚各国经济呈稳定增长趋势

东南亚各国保持了较高的经济增长率,从图 11-1 可以看出在中国周边的主要东南亚国家经过了 2008 年经济危机后,近几年 GDP 增长率比较稳定,其中老挝经济增长最快,2012 年经济增长率达到 8.4%,2014 年虽稍有跌落但也保持在 7.5% 以上。而泰国由于政治环境更迭比较频繁,经济波动较大,总的来说,东南亚国家保持良好的经济增长势头,不断增加基础建设项目,对中国投资者来说有很大的吸引力。

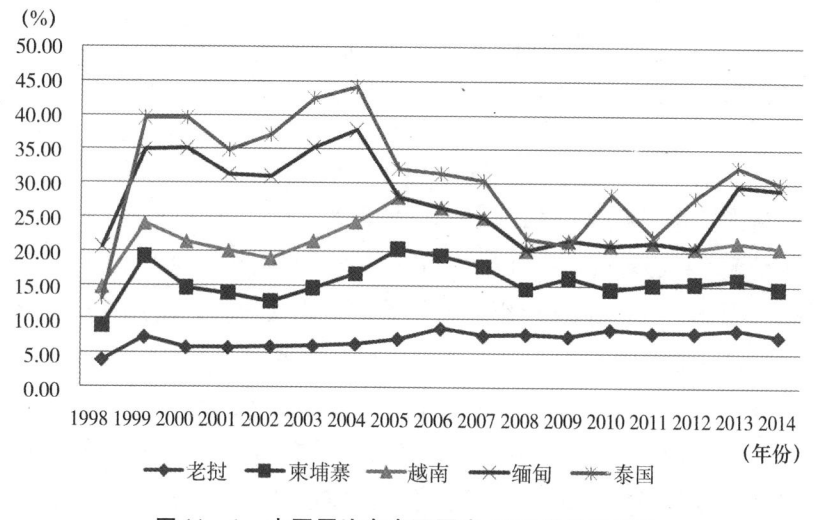

图 11-1 中国周边东南亚国家 GDP 增长率情况

数据来源:中国知网(http://data.cnki.net/InternationalData/Report/353c4401f2b80645)。

(四) 资本相对稀缺为中资企业获得先发优势提供可能

中资企业在东南亚获得巨大的投资空间,也与国际金融机构和西方国家在这些国家的投资活动减少有关。世界银行、亚洲开发银行和西方资本对于环境和社会影响争议较大的工业项目投资越来越犹豫不定。特别是水电站和大坝这样的项目,由于可能对当地的自然环境和居民生活造成不利影响，往往容易受到国际 NGO 组织和媒体的批评，重视公共形象的国际金融机构和西方跨国企业因此也就犹豫不决。

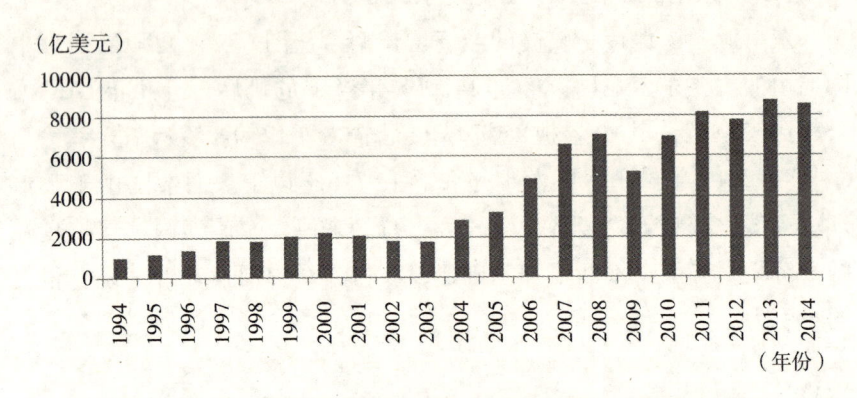

图 11-2　1994—2014 年发展中经济体 FDI 流入量
数据来源：中国知网（http://data.cnki.net/InternationalData/Report/785a56a49c8f8cf4）。

从上图可以看出，发展中经济体 FDI 流入量从 1994—1999 年年平均值 1664 亿美元上升到 2000 年的 2668 亿美元，2001 年和 2002 年分别降至 2214 亿美元和 1636 亿美元，在此期间，东南亚地区的 FDI 流入量减少速度明显快于其他区域，反映出国际金融机构对东南亚地区的投资大大减少了，转而把资金投向中国或非洲地区。东南亚国家资金相对稀缺提供了中国投资东南亚各国的契机，2004 年中国电力企业开始并陆续在东南亚国家进行直接外资投资。

此外，越来越多的国际机构对可能造成巨大的社会和环境影响的投资贷款项目，如水力发电、采矿及工农业等，制定了相当严格的国际标准，严格执行相关标准往往需要耗费数年的审核时间，直接导致项目投资成本大大提高，东道国政府也觉得这些标准繁琐不够灵活。因此，亚行、世行等金融机构逐渐减少了为欠发达国家水电和矿产开发项目提供的融资。这些因素为中资企业进入该领域提供了空间（韩宝庆，2011）。

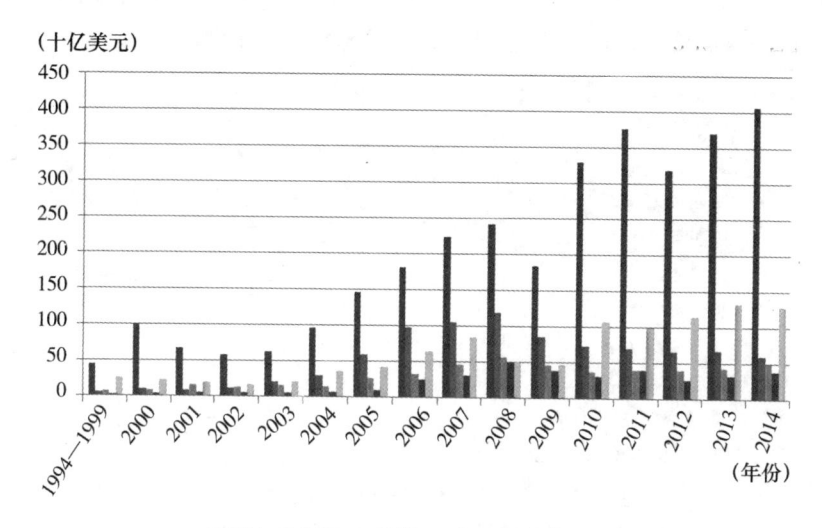

第十一章　中国对东南亚的电力投资　273

图 11-3　1994—2014 年按区域及若干国家列出的 FDI 流入量

数据来源：中国知网（http://data.cnki.net/InternationalData/Analysis? id = i2）。

注：1994—1999 年数值为 1994—1999 年年平均值。

二　东南亚电力投资需求分析

（一）东南亚正处于电力需求上升的发展阶段

1. 消费结构的改变和工业用电需求扩大了供电缺口

东南亚联盟国家经济发展程度差异比较大，比较发达的国家如新加坡、文莱，人均 GDP 远远超过马来西亚国家的人均 GDP 9766.17 美元，而发展中国家例如缅甸、柬埔寨、老挝、越南、菲律宾、印度尼西亚和泰国人均 GDP 均突破了 1000 美元。根据国际经验，人均 GDP 突破 1000 美元时，人们的消费目的由维持基本生活需要转向提高生活质量，消费结构开始改变，需求大大增加，带动投资结构和生产结构的变化，此时迫切需要更完善的公共设施和服务，这也提高了电力的需求。同时，发展中国家的农林业和工业比重较大，缅甸、柬埔寨和老挝等国家农林业和工业比重超过50%，与服务业相比，农林业，特别是工业用电需求特别大，消费结构的改变和工业用电需求增长将是对东南亚国家的供电的一个挑战。

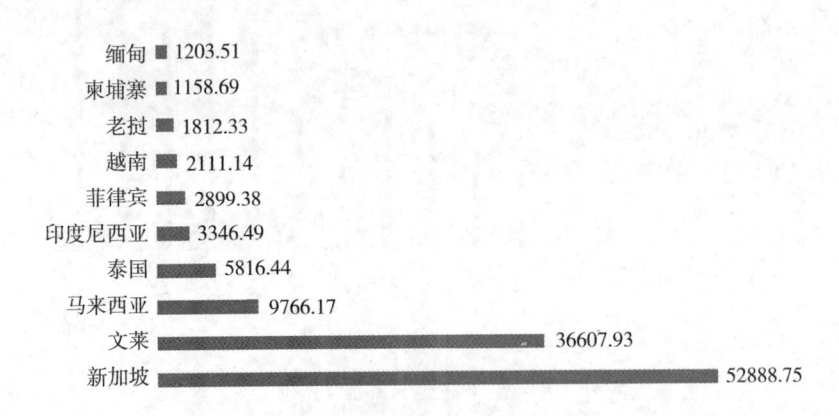

国家	人均GDP（美元）
缅甸	1203.51
柬埔寨	1158.69
老挝	1812.33
越南	2111.14
菲律宾	2899.38
印度尼西亚	3346.49
泰国	5816.44
马来西亚	9766.17
文莱	36607.93
新加坡	52888.75

图11-4 2015年东盟国家人均GDP（美元）

数据来源：根据世界银行国民经济核算数据以及经济合作与发展组织国民经济核算数据文件整理（http://data.worldbank.org.cn/indicator/NY.GDP.PCAP.CD）。

2. 人均装机容量过低提供东盟大力发展电力的动力

近年来，东南亚各国经济的高速发展，使得电力短缺日益突出，对电力设备的需求愈加旺盛。人均电力装机容量在一定程度上可以衡量该国经济发展水平和人民生活水平，截至2010年，美国为3.65kW/人，日本为2.23kW/人，中国为0.78kW/人，缅甸为0.05kW/人。中国周边的东南亚国家主要有老挝、柬埔寨、越南、缅甸、泰国和印度等，从表11-1可知，中国周边的东南亚国家的人均装机容量非常低。目前中国在东南亚国家的电力投资主要集中在与国境相邻的老挝、柬埔寨、缅甸和越南4国，主要原因是这几个国家电力需求较大且国内技术资金水平缺乏，这给电力企业对东南亚电力投资提供了一个有利时机。

表 11-1　　　　　　2010 年世界部分国家电力发展情况表

国家	总装机容量（MW）	人均装机容量（kW）	年发电量年（亿 kWh）	人均发电量（kWh）
美国	1139000	3.65	41201	13184
日本	285000	2.23	11453	8948
中国	1060000	0.78	48000	3504
泰国	29900	0.46	1564	2462
越南	20000	0.23	1002	1151
老挝	1800	0.26	95	1570
缅甸	3450	0.05	97	145
柬埔寨	910	0.06	38	264

数据来源：《中电投云南国际电力投资有限公司缅甸电力发展现状》（http://www.cpiyn.com.cn/Liems/site/myanmar/myanmar_mddl.jsp）。

（二）老挝电力市场背景及需求分析

1. 经济增速较快

2014 财年老挝国内生产总值达到 113.3 亿美元，人均 GDP 达 1672 美元，经济增速比为 7.8%。产业结构上，农林业增长 3%、工业增长 8.4%、服务业增长 9.3%（见图 11-5）。

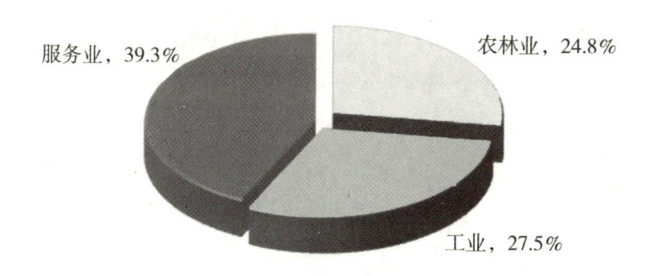

图 11-5　2014 年老挝 GDP 构成

服务业，39.3%　农林业，24.8%　工业，27.5%

数据来源：中国商务部《对外投资合作国别（地区）指南》，《老挝》（2015 年版）。

老挝原计划在 2011—2015 年第 7 个五年规划中，保持年均经济增幅不低于 8%，到结束年农林业增长 3.5%，占总量的 23%，依靠资源优势大力发展水电和采矿等产业，使工业增长 15%，占总量的 39%，依靠旅游业推动服务业的增长，比重提高到 39%，人均 GDP 提高到 1700 美元。据最新消息，老挝政府正在起草第 8 个五年经济社会发展规划，2016—2020 年老挝国内生产总值增幅将达 8.5%—9%，2020 年，人均国内生产总值将达到 3200 美元。

表 11-2　　　　　　　　2010—2015 年老挝经济增长情况

年份	经济总量（亿美元）	经济增长率（%）	人均 GDP（美元）
2010	71.81	8.50	1147.10
2011	82.83	8.00	1301.10
2012	93.59	8.00	1445.90
2013	111.89	8.50	1700.50
2014	117.72	7.50	1759.80
2015	123.27	7.00	2823.30

数据来源：世界银行国民经济核算数据（http：//data.worldbank.org.cn/indicator/NY.GDP.PCAP.CD）。

2. 电力供应覆盖率将有较大的提高

2014 财年老挝全国 1MW 以上电站 24 座，总装机超过 324.4 万 MW，境内输变电线路全长 47242km。老挝国家电力公司属下电站 10 座，装机约 39 万 kW，占总装机 12.04%；私人投资电站 15 座，装机 285.4 万 kW，占总装机 8796%。建电站项目 12 个，输变电线路项目 64 个。2014 财年全年发电 154.69 亿 kWh，同比增长 10.44%，出口电力 124.74 亿 kWh，占发电总量的 81%，收入约 6.1 亿美元。

根据老挝国家电力公司（EDL）规划，在 2020 年，局部地区以 115Kv 和 230Kv 电网为地区主网，国家级干网、跨地域电网连接以及外送越南和泰国电力需求越来越大，未来 10 年内有较大增加

（至2020年将超过5000MW），争取在2020年让全国98%的居民用上电。

3. 水电资源丰富

老挝位于中南半岛北部，北部与中国接壤。湄公河流经全境，湄公河蕴藏量60%以上在老挝境内，全国200km以上河流20多条，水资源极为丰富，有60多个水能丰富的水电站建站点（中国商务部，2015），水力发电潜力巨大。据亚洲开发银行的估算，老挝湄公河蕴藏的电力约为1.8万MW，目前已开发利用的水资源不到4%，据老挝湄公河委员会测算，可开发的水电资源装机总容量达3500万kW以上，年发电量1600亿kWh，因而老挝有优势可以成为东南亚强劲的发电机（隗京兰，2013）。

由于老挝水能资源丰富，水电成为老挝的重点产业，水电、矿产行业是外资在老挝的主要投资领域，供电覆盖率达80%，除了少部分村、县尚未通电，老挝的水电资源已经可以出口创汇。

（三）越南电力市场背景及需求分析

位于中南半岛东部，北与中国接壤，西与老挝、柬埔寨交界，东面和南面临南海。海岸线长约3260km。地处北回归线以南，属热带季风气候，高温多雨。年平均气温24℃左右。年平均降雨量为1500—2000mm。北方分春、夏、秋、冬四季。南方雨旱两季分明，大部分地区5—10月为雨季，11月至次年4月为旱季。

1. 国内经济中速增长，宏观经济形势不乐观

2013年，为抑制通货、稳定宏观经济和保障社会民生，越南政府实施紧缩的财政政策和从紧慎重的货币政策，由于受到国企效益低下、银行坏账高企、公共投资压缩以及股市萧条等影响，财政收支严重失衡。通货膨胀虽有回落，但隐忧犹存，企业经营困难，国民经济仍处在低位运行。2014年国内生产总值（GDP）约为1840亿美元，比2013年增长5.98%，人均GDP为2028美元。国内财政赤字72亿美元，占GDP的4%。产业结构中2014年越南农业占国民经济的18.12%，工业和建筑业占38.5%，服务业占43.38%。

2. 电力供给能力不足，启动电力体制改革

2008年，越南为了保障经济增长率达到8.5%—9%，全年国内用电量需求达772亿kWh，同年越南新增功率为2200MW的电力并入国家电网，但是越南电力集团还继续向中国购电34亿kWh。据估计，到2010年越南需要投资200亿美元来发展电力行业，其中很大一部分来自外国投资者。同时，由于电源支撑不足，输电网架不够完善，越南许多地区供电质量及可靠性较低（韦倩青，2009）。

目前，越南主要发电企业包括越南电力集团、国家油气集团、煤炭矿产工业集团和沱江集团，而电力集团是全国唯一集发电、输电和售电为一体的企业。长期以来，越南电力行业一直垄断经营，缺乏良性竞争，既影响自身发展，也损害消费者利益，难以满足国内年均增长10%—15%的电力需求。为此，越南政府拟取消电力垄断经营，从2012年7月1日起通过试点建立发电竞争市场，发电企业可自行向国家电力调度中心询价售电；到2014年，形成电力批发竞争市场；到2022年，将实行电力零售竞争。

3. 资金短缺，电力规划执行不力

越南革新开放以来，电力工业迅速发展，已成为国民经济的支柱产业。近年来，随着经济快速发展，越南电力供需矛盾日益突出。尽管近5年来发电量年均增长12%—13%，但仍供不应求。因此，为实现工业化、现代化目标，越南政府将大力发展电力产业。越南政府采取了一系列措施缓解国内供电紧张的形势，在越南政府第6个电力发展总体规划中指出，2006—2015年越南政府计划每年投资近40亿美元用于发展电力，越南电源建设基础项目中新建电厂项目95个，总装机容量将增加49044MW，升级项目中电厂项目98个，总装机容量将增加59444MW；500kV电网线路8921km，220kV线路13761km，110kV线路18159km；500kV变电站容量48750MVA，220kV变电站容量111059MVA，110kV变电站容量125005MVA。同时越南还加大向中国进口电力，2013年越南从中国进口电力约占3%，但仍然是杯水车薪。因此越南电力市场对中国电力展商而言是个巨大的商机（中国电力企业联合会，2011）。

根据越南第 7 个电力发展规划，2015 年全国发电量达到 1940 亿 kWh—2100 亿 kWh，相当于 2010 年需求量的两倍。2020 年第一台核电站将投入运营发电。2020 年全国发电装机容量为 75000MW，将降低水电比例至 23.1%，再生能源发电特别是风电、核电与火电将是越南能电力发展的重点。从现在到 2020 年，电力行业总投资额将达到 488 亿美元，年均需资金约 48.8 亿美元（《经贸新闻》，2012）。

（四）柬埔寨电力市场背景及需求分析

1. 经济稳定快速增长，人均 GDP 突破千美元

近年来，柬埔寨经济以年均 7% 以上的速度快速发展，2015 年国内生产总值同比增长 7.04%，达 180.5 亿美元，人均 GDP 增至 1158.69 美元，这与柬埔寨保持国内稳定的政治经济环境分不开。柬埔寨积极融入区域合作，特别是东盟的发展合作，加大吸引投资特别是私人投资并将其引入国家建设当中。

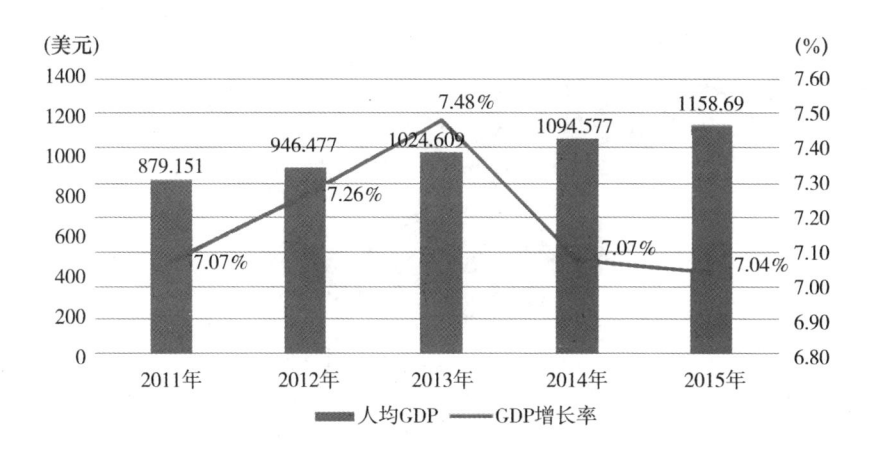

图 11-6 柬埔寨 2009—2013 年 GDP 增长率和人均 GDP

数据来源：世界银行国民经济核算数据（http://data.worldbank.org.cn/indicator/NY.GDP.PCAP.CD）。

产业结构上，根据 CIA 统计，2014 年，柬埔寨三大产业占 GDP 比重：农业占 32.7%，工业占 25.5%，服务业占 41.8%。农业是柬

埔寨国民经济的第一支柱,具有举足轻重的地位。2014 年,柬埔寨全国水稻种植面积 3052hm²,稻谷总产量 9234 万吨,同比下降 17%,除满足国内粮食需求和收割过程中的损失外,剩余 450 万吨。天然橡胶种植面积 2578hm²,产量约 967 万吨,同比增长 13.4%。工业方面,制衣业和建筑业是柬埔寨的两大支柱,中国劳务成本的增加使得制造企业特别是纺织制衣业,制鞋业注入外资到柬埔寨,享受柬埔寨劳工成本低廉的优势,并成为柬埔寨工业的支柱。2014 年,柬埔寨制衣制鞋产品出口达 672 亿元,同比增长 96%。占全国出口总额的 71.2%。服务业主要靠旅游经济来拉动增长。柬埔寨是旅游资源十分丰富的国家,2014 年,柬埔寨共接待外国游客 450 万人次,同比增长 7%。旅游收入超过 25 亿美元,约占 GDP 的 15.4%。旅游业的发展将继续带动金融、交通运输、酒店、餐饮和服务业等相关产业的发展,成为未来柬埔寨经济的重要支柱和收入来源。柬埔寨旅游部对旅游业发展充满信心,制定了未来旅游计划,预计 2020 年接待外国游客 700 万人次,为 80 万人提供就业机会。

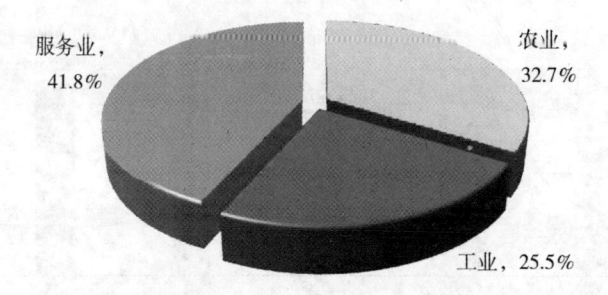

图 11 -7　2014 年柬埔寨三大产业占总产值比重
数据来源:中国商务部《对外投资合作国别(地区)指南》,《柬埔寨》(2015)。

2. 电力供应依赖进口

近年来,柬埔寨电力供应格局有所改善,2015 年,柬埔寨全国供电量增至 53.51 亿 kWh,同比增长 9.8%,其中,国内发电 44.09 亿 kWh,同比增长 50.94%,占总供电量的 82.4%;进口 9.42 亿 kWh,降低 51.7%,其中从越南进口 8.03 亿 kWh、泰国进口 1.39

亿 kWh。水力发电 21.56 亿 kWh，同比增长 22.5%，全部来自中资水电项目；燃煤发电 21.28 亿 kWh，同比增长 182.2%，其中 69.2% 为中资企业火电项目所发。水火（煤）电替代进口能源趋势明显，初步形成全国电力自主供应格局，柬埔寨国家电力公司购电成本大幅下降，使得柬埔寨降低电价成为可能。（驻柬埔寨使馆经商处，2012）

表 11-3　　　　　　　　　柬埔寨电力供应情况　　　　　　（单位：亿 kWh）

	2011 年	2012 年	2013 年	2014 年	2015 年
总需求合计	27.88	32.7	42.97	48.73	53.51
国内发电	10.23	15.1	19.86	—	44.09
进口合计	17.65	17.65	23.11	21.53	9.42
泰国	4.78	4.46	—	5.8	1.39
老挝	0.07	0.0783	—	0.1363	—
越南	12.8	12.92	—	13.59	8.03

数据来源：根据中国驻柬埔寨使馆经商处公布资料和中国商务部对外投资环境报告整理。

3. 预计 2020 年电力需求将翻倍

2011 年柬埔寨全国电力需求年增速约 12%，国内发电能力约 579MW，已装备 422kV 电网和总长 45 万 km 的输电线路。随着柬埔寨经济的发展和电力需求的不断增加，预计到 2020 年，柬埔寨全国电力年需求量将达到 115.6 亿 kWh（驻柬埔寨使馆经商处，2012）。

电网方面，柬埔寨电力来源主要依靠从邻国越南、泰国和老挝进口以及自身的柴油发电，电网建设水平有限。柬埔寨电网多以连接国外高压输电线入境后，通过与之连接的中压输电网络将电力输往临近各省。

在以上电网系统供电区域内，大部分居民的用电价格总体较低，低于国际标准，基本保持在 0.25—0.88 美元/kWh（中国商务部，2017），但由于输电线路特别是农村电网普及率较低，区域内大部分居民未能享受稳定、低廉的供电。在电力供应商中，使用柴油发电的电力服务持证商共127家，电力供应覆盖1938个村庄，约36.8万户家庭，柬埔寨政府加大高压输电网建设力度，其中包括金边至马德望输变电网项目和金边至磅湛省的230kV输变电线路项目，前者由中国大唐电力集团以BOT方式投资建设，后者是由马来西亚立达环球控股有限公司在柬子公司——柬埔寨输电有限公司以BOT方式投资建设的，包括金边北和磅湛省变电站的建设，全长110km，建设期2年，特许经营期25年，于2012年年底建成并投入使用。

柬埔寨政府正在制定电力中期规划，通过建设大型火电及天然气厂实现能源供应多元化，减少石油的依赖性，降低发电成本，计划开发所有具备潜力的水电站。柬埔寨拥有巨大的水电潜能，高达1万MW，目前建成及正在建设中的水电站发电能力只占1万兆蕴藏量的13%。2013—2017年，柬埔寨增加了约1609MW电力供应。柬埔寨还计划到2020年，电网覆盖全国，总长度从2010年的544km增加至2020年的2106km，到2020年，实现村村通电；到2030年，实现70%的乡村家庭能用上电。

（五）缅甸电力市场背景及需求分析

1. 经济保持高速增长，电力需求大大增加

2014—2015财年，缅甸的GDP为607.2亿美元，增长率为8.5%，2013—2014财年，缅甸的GDP增长率为7.5%，人均GDP为868美元，GDP构成中，农业占31.8%，工业占28.8%，服务业占39.4%，缅甸国内企业投资11.3亿美元，外国企业在缅甸投资41.07亿美元。缅甸政府规划在2011—2012财年开始的未来五年计划为，年均经济增长率设为7.7%，农业比重从基础年的36.4%降到29.2%，工业从26%升至32.1%，五年计划中的最后一年人均GDP增长1.7倍（中国商务部，2015）。国际经验表明，当人均GDP上涨到1000美元时，消费会大大增加，需要大量的基础设施，三大产业

中，工业用电量比重远远大于农业和服务业，缅甸计划提高工业比重，将导致用电需求的大大增加。

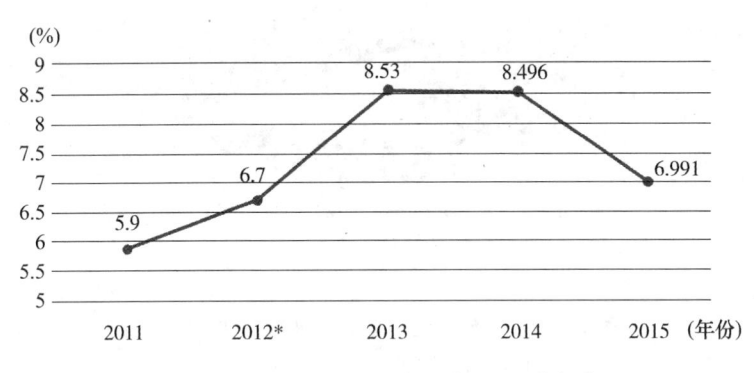

图 11-8　2011—2015 年缅甸 GDP 增长率

数据来源：缅甸国家计划与经济发展部统计数据、世界银行国民经济核算数据，以及经济合作与发展组织国民经济核算数据文件整理。＊为估计值。

2. 以水电为主，资源丰富但开发程度低

缅甸水电技术可开发量约为 46000MW，其中 25000MW 适合开发大型水电站，与泰国边境接壤河流的水电开发量约为 6500MW。发达国家的水电开发程度普遍比较高，平均在 70% 以上，比如挪威的水电开发率为 99%，发展中国家的水电开发程度普遍比较低，中国、印度等在 30% 左右，非洲国家一般只有 5%—8%。缅甸水能资源十分丰富，目前的开发程度不到 3%。[1]

截至 2012 年 7 月，缅甸的电力总装机容量为 3500MW，其中水力发电厂有 19 个（2660MW），占 76.1%，集中分布在缅北地区的伊洛瓦底江与萨尔温江支流上；天然气发电厂 15 个（714MW），占 20.4%；煤电厂 1 个（120MW），占 3.5% 以及少量柴油发电机组（水利水电快报，2014）。

---

[1] 参见中电投集团，http://www.cpiyn.com.cn/Liems/site/myanmar/myanmar_md-dl.jsp。

图 11 - 9　缅甸发电类型比重（截至 2012 年）
数据来源：根据水利水电快报整理所得。

3. 电力发展相对滞后

截至 2015 年 5 月，缅甸建成电站总装机容量 471.4 万 kW，其中正在运行的水电站 30 余个，水电 292.9 万 kW，占全国发电站的 74%；燃气和火电总 83.49 万 kW。在建项目 58 个，总装机容量 4575.25 万 kW；计划新建 2 个电站，总装机容量 30.5 万 kW，年发电量 159 亿 kW。随着缅甸经济发展，缅甸用电需求逐年增大、目前用电仍有缺口，但随着越来越多的电站项目建成投产以及输电线路的完善，工业、居民用电将有保障（中国商务部，2015）。

缺电问题主要包括两方面的原因，一方面是电源开发不足，电力总量无法满足需求，另一方面是现有的输电线路和配电设施不能满足电力输送需求，亟待改造和建设。根据缅甸制订的第 5 个五年发展计划，从 2011—2012 财年到 2015—2016 财年，人均国民生产总值（人均 GDP）要比基础年增长 1.7 倍，国家经济总量增长 3 倍，基于国民经济发展计划和更长远的发展考虑，缅甸迫切需加大电力开发。

三 中国企业在东南亚的投资

（一）海外电力投资基本情况

1. 电力投资海外整体份额不大，但逐年增长

中国海外电力投资在 2005—2007 年投资额比较小，2008 年激增到 13 亿美元，2014 年中国在电力、热力、燃气及水的生产和供应业等行业的对外直接投资额达到了 6.5 亿美元。在中国 FDI 行业分布中，中国对外直接投资主要流向采矿业、批发和零售业、金融业、租赁和商务服务业和制造业等，流向电力、燃气等能源电力行业的份额不大，占了 2.2%，近几年总体呈现逐年递减趋势。

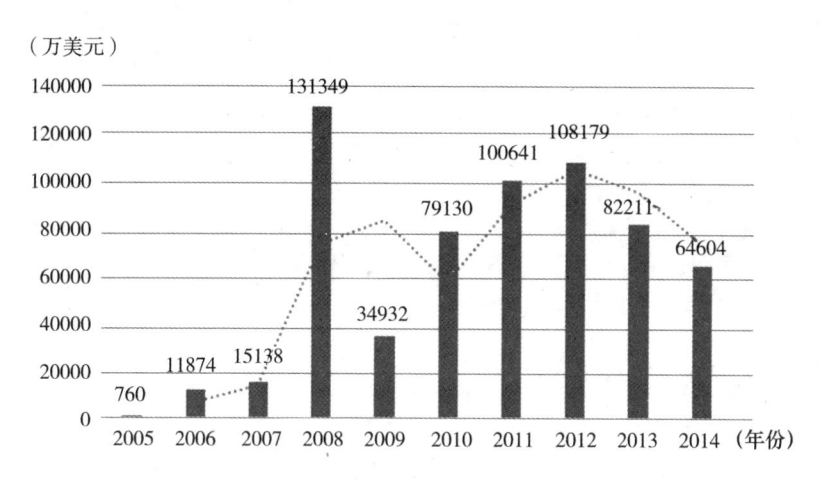

图 11-10 中国 2005—2014 年电力、热力、燃气及水的生产和供应业 FDI 流量

数据来源：《2005—2014 年度中国对外直接投资统计公报》。

2. 电力行业为中国对东盟直接投资存量最大行业

虽然在全球范围内，中国电力和热力等能源电力行业的对外直接投资份额不大，但是在中国对东盟直接投资中占比重很大。2014 年中国对东盟直接投资额最多的行业是制造业，投资额达到了 15.2 亿

美元，比重达到了 19.5%，主要流向缅甸、新加坡、印度尼西亚和柬埔寨等；在存量上，截至 2014 年年末，中国对东盟直接投资存量最大的行业就是电力、热力和燃气等行业，累计投资了 72.25 亿美元，占了对东盟直接投资的 15.2%，主要分布在新加坡、缅甸、柬埔寨、印度尼西亚、老挝和越南等国家。

表 11-4　　2014 年中国对东盟直接投资的主要行业　　（单位：万美元）

行业	流量	比重	存量	比重
电力、热力、燃气及水的生产和供应业	64604	8.3	722591	15.2
采矿业	67424	8.6	605297	12.7
批发和零售业	111776	14.3	589980	12.4
租赁和商务服务业	123908	15.9	684283	14.4
制造业	152213	19.5	613266	12.9
金融业	67254	8.6	587937	12.3
建筑业	79726	10.2	336213	7.0
交通运输、仓储和邮政业	11127	1.4	146834	3.1
农林牧渔	78346	10.0	244419	5.1
科学研究和技术服务业	2297	0.3	66225	1.4
房地产	24152	3.1	116812	2.4
信息传输、软件和信息服务业	-8481	-1.0	17015	0.3
居民服务、修理和其他服务业	5234	0.7	13349	0.3
住宿和餐饮业	367	—	8633	0.2
文化、体育和娱乐业	980	0.1	3571	0.1
教育			3523	0.1
其他行业	—	—	8	—
合计	780927	100	4763253	100

数据来源：《2014 年度中国对外直接投资统计公报》。

3. 电建工程走在前面，投资范围广

在中国海外电力投资中，电辅企业最早开始海外投资，投资范围最广。据中国商务部资料整理，2014年中国对外承包工程业务完成营业额前100家企业中有17家企业属于电辅企业，主要负责承包海外的电站建设等，完成营业额达199.2亿美元，大部分企业都是属于中国电建和中国能建两家电辅央企的下属单位，比如葛洲坝集团股份有限公司、各省电力建设公司、各省能源建设公司以及相应的施工公司。

表11-5　　　　2014年中国对外承包工程业务完成营业额前100家企业　　　　（单位：万美元）

企业名称	完成营业额
中国水电建设集团国际工程有限公司	628182
中国葛洲坝集团股份有限公司	256825
中国水利电力对外公司	152035
东方电气股份有限公司	131310
山东电力建设第三工程公司	117153
上海电气集团股份有限公司	97321
国家电网公司	81259
特变电工股份有限公司	81047
中国电力技术装备有限公司	76295
山东电力基本建设总公司	67483
中电投电力工程有限公司	59000
上海福伊特水电设备有限公司	54503
中国能源建设集团天津电力建设公司	46753
中国能源建设集团广西水电工程局有限公司	43445
湖北省电力建设第二工程公司	38288
中国电力工程有限公司	31457
中国华电工程（集团）有限公司	29408
总计	1991764

数据来源：根据中国商务部资料整理（http://www.mofcom.gov.cn/article/tongjiziliao/dgzz/201502/20150200887779.shtml）。

（二）中国在老挝电力投资现状

1. 建设项目涉及电源与输电项目

中国水利电力、东方电气集团、南方电网和中水电建设集团国际工程有限公司等电力企业在老挝陆续投资，项目主要涉及水电站，在建和拟建电站装机容量达185万kW，此外还有电网和火电站的建设。2011年，中水电建设集团国际工程有限公司采用EPC模式承建SENO – SARAVAN 230kV输变电线路，输变电线路218km，投资额达1.3亿美元。

中国水利电力、东方电气集团、南方电网和中水电建设集团国际工程有限公司等电力企业在老挝陆续投资，项目主要涉及水电站，在建和拟建电站装机容量达185万kW，此外还有电网和火电站的建设。2011年，中水电建设集团国际工程有限公司采用EPC模式承建SENO – SARAVAN 230kV输变电线路，输变电线路218km，投资额达1.3亿美元。

2. 承包大型项目，投资存量大

根据中国商务部统计，2013年中国企业在老挝新签承包工程合同100份，合同额达29.24亿美元，完成营业额19.69亿美元。截至2013年年末，中国对老挝直接投资存量27.71亿美元。新签大型承包项目涉及石油管道项目、通信卫星项目等。

（三）中国在柬埔寨电力投资现状

1. 水电站投资占主导
2. 参与建设柬埔寨全国电网的基干线

此外，在电网方面，中国大唐集团公司以BOT方式投资建设金边至马德望输变电网项目。2009年11月开工建设，项目230kV输变电线路全长302km，含金边西（扩建）、磅清扬、菩萨、马德望4座变电站，建设期2年，特许经营期25年。该线路已于2012年4月完成测试并投入运行。

第十一章 中国对东南亚的电力投资　289

表11-6　中国主要电力企业在老挝的电力投资情况

序号	投资电力集团	项目	类型	河流/选址	签署时间	方式	装机量/kW	总投资额/美元	预计或发电运营时间
1	中国水利电力、老挝国家电力公司共同投资	南椰河2号水电站	水电站	南椰河	2010.8	BOT	18万	3.45亿	2015年10月2日竣工
2	中水电建设集团国际工程有限公司	SENO－SARAVAN 230kV输变电线路	电网	—	2011.1	EPC	230kV变电站，输变电线路218km	1.3亿	—
3	东方电气集团	南芒河1水电站	水电站	南芒河	2013.1	BOT，经营25年	6.4万	0.995亿	2016年3月
4	中国电力工程有限公司	南莽水电站	水电站	乌多姆赛省	2013.1	BOT，经营25年	3.4万	0.7亿	—
5	中国水利电力对外公司	华潘省煤矿普查、勘探、开采及火电开发项目	火电站	华潘省	2012.12	—	60万	9亿	—
6	中国水利水电建设股份有限公司、老挝国家电力公司共同投资开发	南欧江一期工程2、5、6级水电站	水电站	南欧江	2012.1	BOT	54万	10.35亿	2017年建成发电
7	中国水利水电建设股份有限公司、老挝国家电力公司共同投资开发	南俄5水电站	水电站	老北琅勃拉邦省和川圹省交界处	2008.10开工建设	BOT	12万	1.99亿	2012年12月投产发电

续表

序号	投资电力集团	项目	类型	河流/选址	签署时间	方式	装机量/kW	总投资额/美元	预计或发电运营时间
8	中国水利电力对外公司	塞坎曼2水电站	水电站	老挝色贡省	2012.9	EPC	13.5万	—	—
9	南方电网公司	南塔河1号水电站	水电站	北部博胶省	2014.11	BOT,经营28年	16.8万	4亿	2018年建成投产发电
10	中国水利水电对外公司	华潘煤电一体化项目特许经营	火电站	华潘省	2016.4	特许经营	—	10亿	2020年年底并网发电
11	中国水电国际工程有限公司	EPC方式总承包	水电站	赛松本省	2015.11	BPE方式承包	480万	12.9亿	—

资料来源：根据中国驻老挝使馆经商处发布的经贸新闻整理（http://la.mofcom.gov.cn/article/jmxw/）。

第十一章 中国对东南亚的电力投资　291

表11-7　中国主要电力企业在柬埔寨的电力投资情况

序号	投资电力集团	项目	类型	建设时间	方式	装机量	计划发电运营时间	年发电量
1	中国电力技术进出口公司	基里隆1号水电站项目	水电站	2001年4月开工建设	BOT，特许经营权30年	12MW	2002年5月29日竣工投产发电，电力主要输往金边	平均发电量5300万kWh
2	中国国网新源电力投资公司	基里隆3号水电站项目	水电站	2009年3月开工建设	BOT，特许经营权31年	18MW	2012年内发电	平均发电量7668万kWh
3	中国水利水电建设集团	甘再水电站项目	水电站	2007年9月开工建设	建设周期4年，商业运行期40年	193MW	2011年12月建成投产	平均发电量4.98亿kWh
4	中国大唐集团公司，云南国际经济技术合作公司，云南藤云西创投资实业有限公司	斯登沃代水电站项目	水电站	2009年11月开工建设	建设期4年，特许经营期30年	120MW	2012年底建成投产	平均发电量5.02亿kWh
5	中国重型机械总公司	达岱水电站项目	水电站	2010年3月开工建设	经营期37年，建设期5年	246MW	2015年建成投产	平均发电量8.49亿kWh
6	中国华电总公司	额勒赛河下游水电站项目	水电站	2010年4月开工建设	经营期30年，建设期4年	338MW	2014年12月完工验收	平均发电量10.2亿kWh

资料来源：根据中国驻柬埔寨使馆经商处发布的市场调研情况整理（http://cb.mofcom.gov.cn/article/zwrenkou/201211/20121108436231.shtml）。

金边至马德望输变电线路和金边至磅湛省的230kV输变电线路系柬埔寨目前主要的高压输电线路，其中金边至马德望输变电线路被柬埔寨政府作为国家电力输送的主线，将承担沿途区域几大水电站所生产电力的输送任务，并以此作为建设全国电网的基干线。

3. 承包工程推动了柬埔寨基础设施的建设和发展

中国对柬埔寨承包劳务方面，2013年签订承包工程合同56份，新签承包工程合同额11.09亿美元，截至2013年年底，承包工程累计合同额达92.78亿美元[①]，主要分布在水电站、电网、能源矿产、通讯等产业。中国在柬埔寨的承包工程涉及领域广泛，大大推动了柬埔寨的经济建设和发展。

（四）中国在缅甸电力投资现状

中方投资缅甸电力资金最多。

缅甸是中国在东南亚投资额最多的国家。最早进入缅甸投资的华能集团接手的瑞丽江一级水电站已于2009年5月投产，总装机容量60万kW，设计年发电量40亿kWh。中电投集团投资建设的伊洛瓦底江上游开发项目，预计投资总额高达2000亿元，密松、其培水电站作为流域首批开发电站。伊洛瓦底江是缅甸水电富矿，仅密支那不足5万km^2的流域干流，水电装机就超过20000MW，如果计入支流，预计将超过25000MW，占缅甸全国可开发水电装机的1/4以上，全部开发后，每年将可提供约1300亿kWh的绿色电能（《大公报》，2014）。

2009年11月12日，华能与缅甸签署瑞丽江二级水电项目，该电站预计装机52万kW。当月华能还与缅甸签约了缅甸第一个外资火电项目"仰光燃煤火电厂项目"，预计总装机27万kW。2008年，大唐以BOT方式在缅甸投资建设太平江水电站项目，与缅甸政府以BOT形式开发、建设、经营。2010年4台机组全部投产。2010年1月，大唐还与缅甸联邦电力一部水电规划司就合作开发缅甸育瓦迪、南邦

---

① 据中国商务部统计。

河、南丹帕河及莱谬河4个水电项目签署了谅解备忘录。中国企业在缅甸的发展一直比较顺利，直到2011年9月底，缅甸突然单方面宣布叫停中国电力投资集团公司和缅甸第一电力部及缅甸亚洲世界公司共同投资开发的密松大坝工程。该工程总投资36亿美元，在被叫停之前，工程已经开工将近两年，如今却复工无望。密松大坝已经成为中国企业在缅甸投资的一个分水岭。该事件后中国对缅甸投资降温，新的投资很少。

（五）中国在越南电力投资现状

1. 越方电力垄断影响中资进入

长期以来，越南电力行业一直垄断经营，缺乏良性竞争，既影响自身发展，又损害消费者利益。越南火电厂几乎占越南总发电场的一半，也就是说越南在很大程度上依赖煤炭供应，而煤炭是不可再生资源，越南很可能即将面临供应短缺，垄断经营也难以满足国内年均增长10%—15%的电力需求。由于越南电力的垄断经营，中国在越南电力市场多是EPC工程承建或从中国进口电力，投资建设BOT项目比较晚。

2. 中企投资缓解越方电力发展资金短缺

2012年越南政府表明第7个电力发展规划迫切需要资金注入，越方目前无力实施。借此商机，2013年12月，中国企业在越投资规模最大的电力项目——越南永兴燃煤电厂一期BOT项目签署，同时签署的还有供煤、煤炭运输、购售电协议以及租地协议备忘录。该项目由南方电网公司、中国电力国际有限公司和越南煤炭集团电力公司按照55%∶40%∶5%的比例共同投资建设，享受税收减免、利润全额汇兑担保、土地租金减免等多项优惠政策。越南永兴燃煤电厂一期BOT项目位于越南平顺省，采用建设—运营—移交（BOT）模式投资建设，装机为2台60万kW级火电机组，总投资约17亿美元，建设工期48个月，特许运营期25年。该项目已列入越南第7个电力总体规划，是越南重点基础设施项目之一。

2014年5月22日，华电越南沿海二期2台66万kW燃煤电厂项目通过核准，以 BOT 模式开发，特许经营期 25 年。该项目位于越南茶荣省沿海区，规划建设两台 66 万 kW 超临界燃煤机组以及配套工艺系统和建筑工程，包括卸煤码头、海水淡化等设施和工程。项目紧邻越南国家电力公司（EVN）投资建设的沿海一期 2 台 66 万 kW 和沿海三期 3 台 66 万 kW 燃煤电厂。由华电工程与国外企业合资开发并由华电工程负责 EPC 建设。该项目意味着中国进一步开拓越南电力建设和投资市场。

3. 大规模的承包工程缓解越方就业紧张状况

越南是中国在东盟的第三大工程承包市场，目前，中方承建的部分电力项目已经投产，锦普热电一、二期项目已于 2011 年 9 月移交越南，中国在越南的承包工程项目主要涉及房地产、建筑行业和化肥厂等，截至 2013 年，中国在越南新签承包工程合同 175 份，新签合同额 28.02 亿美元，完成营业额 35.93 亿美元[①]，这些承包工程吸收了越南的一部分当地员工，在一定程度上缓解了越南的就业压力。

四　中国在东南亚电力投资的风险评估

（一）中国在东南亚电力投资的风险分析

由于国际经营环境及管理的复杂性，境外投资面临着多种风险。总结中国电力企业近几年在东南亚投资过程中所面临的风险的实际情况，可大致分为政治风险、法律风险、安全风险、社会风险和市场风险等。

1. 政治风险：政局的不稳定成为国内五大电力集团海外投资最重要的障碍

政治风险是指东道国国内的政治事件、东道国与第三国政治关系变化以及政策变化给跨国投资企业经济利益带来不利影响的可能性。政治风险是对外投资最大、最不可预见的风险。

政治风险在发展中国家和发达国家各有特点。一些发展中国家政

---

① 据中国商务部统计。

局不稳、政权更迭、宗教及民族冲突此起彼伏,甚至爆发内战造成国家分裂,这些都会给海外投资企业带来风险;而发达国家一般政局稳定,但存在对外国投资技术限制及环境保护等方面的风险。

东南亚一些国家政局的不稳定成为国内五大电力集团海外投资最重要的障碍。例如,由中国电力投资公司、缅甸国家电力公司和缅甸亚洲国际集团合作建造的密松电站是中缅两国的合资项目,事先经过双方科学论证和严格审查,而且缅甸总理视察密松电站时还明确要求加快建设进度。然而,2011年9月30日,缅甸总统吴登盛向国会发表声明,称根据人民意愿在本届政府任内搁置兴建中缅合建的密松电站项目,突然单方叫停了该项目。还有2010年4月8日,经云南省德宏州商务局外贸发展科科长何海证实,大唐电力集团得到缅甸政府批准到克钦邦建设"太平江电站",但是克钦独立军持武器威胁施工人员,最后大唐被迫又支付了2000万元人民币的"资源税"。

对于运作周期较长的投资项目来说,政治风险造成的损失程度很大,甚至因直接征收或间接征收而导致项目本身被东道国国有化。但从发生概率上讲,政治风险的发生概率在各类风险中相对较低。对境外投资企业而言,政治风险是影响最大的一种风险,一旦发生,企业遭受的损失将不可估量。

2. 法律风险:难预测的法律变更和较高的国际标准增加了投资成本

法律风险通常指未考虑或违反项目所在国的与项目实施有关的强制性法律,而致使项目可能无法按计划实施、增加实施成本或导致承担法律责任的风险,也包括法律的不健全、变更以及东道国司法腐败、有法不依等可能对项目实施带来不利影响的风险。技术标准方面的风险本质上也属于法律风险,主要是与项目实施相关的设计、设备、施工等是否存在当地强制性技术标准;项目的设计、设备、施工等完全采用中国技术标准是否为当地法律和政府所允许;项目的数据、调研是否全面、准确;项目的设计及施工是否符合有关安全要求等。

法律风险中影响程度最大的是法律变更风险,由于事前无法预料，往往给项目的经营造成不可预见的损失或实施障碍。一般来说，从发生概率来看，法律比政策更稳定。但是需要注意的是，在东南亚部分国家，腐败是公开、正常、合理的，在这些国家做项目找有关部门领导办事，要金钱开路。政府的办事效率比较低，同时政府官员的执法力度不够，法律法规常常出现朝令夕改的现象。

另外，在技术标准方面，中国在国外建设的国际工程项目，目前通常都要求适用欧美标准，中国标准难以被普遍接受和推广。由于对欧美标准不熟悉，且欧美标准的要求普遍比中国标准高，所以在对项目的建设进行成本预算时，不能仅根据中国的预算定额标准来计算。否则，对于投资项目来说，可能会面临预算不足而被迫追加投资；对于国际工程承包项目来说，则可能因中国标价过低而导致最终亏损。因此，在适用欧美标准的情况下，如果仍按中国标准做成本预算，则可能面临较大的风险。

3. 安全风险：抢劫和绑架等事件威胁外派人员的人身和财产安全

安全风险通常指在项目所在地人身或财产得不到安全保障，可能遭受财物哄抢，人员被伤害、绑架等事件的风险。自然灾害、人为事故、生产过程中的意外事故、项目所在地的刑事犯罪、恐怖主义行为等都可能引发这种风险。对财产来说，安全风险属于较低层次的风险。与财产安全不同，人身安全极易受到自然灾害、人为事故、生产性意外事故、项目所在地的刑事犯罪行为和恐怖主义行为等事件的威胁，一旦发生该类事件，项目现场人员的人身安全将遭受重大威胁。

近年来，在泰国等国家发生的抢劫、绑架和杀害中国公民的事件并不鲜见。所以，对人身安全来说，安全风险属于高层次的风险。

4. 社会风险：宗教信仰差异成为中方和当地居民沟通的隐患

社会风险指项目所在国的基础设施情况、社会服务条件、人文民风、宗教习惯等可能使项目实施受到影响的风险。譬如，中国企业在国内经营，主要与政府打交道，很少有需要民众参与的环节，到了国外也习惯于延续国内的做法，认为自己的经营活动只要让当地政府满意就算尽到了职责。但在柬埔寨这样一个公民社会较为发达的地方，登记在案的国际和本土 NGO 有 2700 多家,民众维权、公共参与意识更强,中资企业如果忽略与当地普通民众的交流,可能会让一些矛盾发酵扩大。因此,对东道国特别是项目所在地的风俗习惯、道德准则、宗教信仰等,只要尊重当地居民,特别是尊重其宗教信仰,通过与当地居民的友善沟通,是可以获得当地居民理解的,只要不做出过激的言论和行为,一般不会发生硬性冲突的风险。

5. 市场风险:水电项目周期长,易受市场波动的影响

市场风险指因投资业务涉及的服务、设备、物资和材料价格的变化,供应商的信用问题,以及利率、汇率变化和通货膨胀等因素可能使项目实施受到影响的风险,主要包括通货膨胀风险、利率风险、汇率风险、物资价格变动风险。

对投资项目来说,可以划分为两个阶段,即"建设期"和"经营期"。建设期主要面临成本、工期、质量、性能风险;而经营期的风险主要体现在生产用原材料的价格上涨和供应短缺、项目产品的价格下跌、以及由于新的竞争者加入导致市场供应过多,最终导致销量大幅降低等风险。以近年来中国在柬埔寨密集投资的水电项目为例,这些发电能力形成后,以目前柬埔寨的经济发展水平看,是否能够消化还很不确定。由于大部分项目是以 BOT 形式进行,当时签订的协议上网电价现在看来已经偏低,故中方能否在规定的经营期(柬埔寨的几个项目在 30—40 年不等)内收回成本,还很难预料。

不过,与其他风险相比,只要经营者给予足够的审慎、合理决策,该类风险是能够被有效防控的。因此,市场风险可划归为中等层次的风险。

6. 外汇兑换风险:资金流通可能遭遇东道国政府的外汇收支管制

外汇兑换风险涉及项目资金流通遭遇东道国政府的外汇收支管制;东道国法律对于外国投资者投资利润的汇出存在一定的限制或须通过相关机构审批后方能汇回外国投资者母国。

由于老挝、越南、缅甸和柬埔寨等国的人均国民收入低、购买力缺乏、经常因项目逆差造成外汇短缺,因此大多实行严格的外汇管

制。以上地区金融体系脆弱，银行多处于半瘫痪状态，中国商业银行在境外设立分支行及代理行的积极性很低，客观上使跨境结算的方式受到制约。发生汇兑限制后资金就不能撤出，还有可能强制高出汇点汇出，给企业带来较大损失。另外，还存在汇率变动的风险，包括东道国货币兑换成美元、欧元等国际硬通货以及再将美元、欧元等兑换成人民币的汇率变动风险，即双重汇率变动风险。其中影响程度最大的是人民币对主要国际硬通货的升值所造成的风险，这种升值预期仍将持续。自2005年实行人民币汇改以来，人民币对美元汇率的升幅已超过20%，这已在很大程度上吞噬了对外投资和贸易本应获得的利润。因此，汇率变动风险对境外投资来说是一项较大的风险。

（二）东南亚电力投资项目风险防控措施

1. 全面地调研和评估，寻求利益联盟转移政治风险

企业可结合项目的特点和边界条件采用如下方式防控政治风险。

在投资决策前，充分考虑政治风险评级机构发布的国别政治风险评级报告以及中国驻外使领馆、经商机构提供的信息，对东道国的政治风险进行评估，预判东道国的政治风险是否处于可承受的范围。东道国的政治局势不明朗时，先开展项目条件的调研和评估，按阶段实施工作，在东道国政治局势明朗前适度控制实质性经济投入。积极争取双边政府的支持与关注，与政府部门加强联系，在条件允许的情况下将该项目纳入政府间协议框架下，有效约束东道国政府履行投资保护义务，发挥政府协调作用。还可考虑引入东道国政府、大型跨国企业或当地有影响力的实体作为项目投资方，使其成为利益共同体，充分利用合作伙伴的力量降低政治风险的影响。

通过世界银行多边投资担保机构或中国出口信用保险公司投保政治险，通过保险化解项目投资的政治风险。项目人员抵达项目所在国后，及时与中国驻该国使（领）馆取得联系，按有关规定进行备案，建立良好、有效的沟通机制，发生政治风险时，取得使（领）馆的支持与帮助。对于政策风险，企业可通过要求东道国政府做出项目投资开发相关政策不变或在政策变化时给予补偿的承

诺。同时，持续关注和研究两国相关政策，尤其是涉及项目的当地政策，在政策发生变化时及时启动救济机制。此外，由于投资项目往往涉及多个主管部门，需保持与相关主管部门的经常性沟通，落实和维持各项政策。

2. 熟知外资准入等法规，把关设计及施工等标准避免不必要成本的增加

境外投资过程中，法律风险防范尤为重要。因此，在签署有关合同、协议前，要先行落实外资准入、公司架构、税务体系、劳动用工、环保、外汇等方面的法规，以免给投资行为带来实质性的障碍和不利影响，避免在项目执行过程中增加投资成本或承担法律责任。

在技术标准方面，企业应事先做好调研和澄清工作，确保项目不存在实质性的技术标准问题；保证项目勘察、设计及施工等各个环节的标准和质量。

合约中是否约定出现争议、纠纷时，在何地、以何种方式裁决；约定的方式是否对投资方有利，是否能够保护投资方的利益或最大程度的减少损失等。

3. 借助驻外机构力量，建立预警机制并加强与当地居民沟通，确保人身安全

对于安全风险，企业可充分借助中国政府驻外机构的力量，并通过强化管理、购买保险等方式控制和转移安全风险。当条件允许时，落实东道国政府对项目及人员的安保义务；加强项目驻东道国机构与人员安全管理的组织领导；建立预警机制，制定预警方案；加强与当地使（领）馆的联系，保持经常性沟通；适当考虑解决当地人就业问题，在当地树立良好口碑，加强与当地人民的沟通和联系；购买雇主责任险和人身意外伤害保险，转移部分安全风险。

4. 制定社会环境冲突的预案，重视与雇员沟通

投资者在项目可行性研究和评估阶段应关注与项目建设有关的当地社会环境，并制订预案，避免项目建设受到影响；在项目实施过程中，尤其要重视与当地机构和雇员的沟通，加强了解和合作，并积极借鉴其他国内企业在东道国的经验和教训。

5. 充分分析通货膨胀和汇率利率等影响，运用合适金融工具规避市场风险

在经济评估阶段，就通货膨胀对项目成本的影响程度进行分析；项目如在国内融资，物资设备在国内采购，由国内施工企业建设，在国内支付承包商工程款和设备材料费，可有效避免建设期东道国的通货膨胀风险；对于汇率风险，尽量避免项目收入以东道国货币结算，争取采用美元或欧元结算。即便最终以当地货币结算，也须坚持以硬通货币计价为前提，同时约定结算时采用即时汇率，以规避汇率风险。企业应尽可能争取融资、项目建设支出结算采用同一种货币；研究人民币对外投资的利弊和实行税收抵扣的国家和地区，根据各项目合约具体情况研究确定最佳资金组合和支付手段，有效降低汇率风险。另外，还可采用远期结售汇、汇率掉期等工具规避、减轻汇率风险。对于利率风险，争取在融资协议中将利率锁定或设置浮动上限。事先对项目所需物资的采购渠道和市场信息作充分调研，制订采购方案；物资采购合同应尽量采用固定价格方式，以降低采购价格变动的风险。

第十二章　中国与俄罗斯电力贸易合作模式

中国是世界上能源消费第一大国，但是自身能源资源相对匮乏；而俄罗斯拥有丰富的能源资源，需要发展能源行业以带动其经济发展。中俄在能源电力领域进行合作，能够达到优势互补，实现共赢、协同发展。

一　俄罗斯远东与西伯利亚地区能源资源

（一）能源资源情况

1. 煤炭资源情况

俄罗斯煤炭储量分布极不平衡，俄罗斯90%左右的煤炭资源集中在西伯利亚和远东地区，欧洲部分约有高于10%的探明储量。

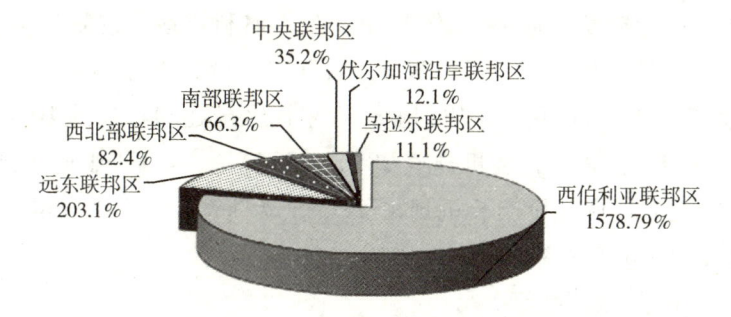

图12-1　2012年俄罗斯煤炭探明储量经济区分布（单位：亿吨）
资料来源：俄罗斯国土资源与产业管理机构。

(1) 西伯利亚联邦区

西伯利亚地区探明储量约 1600 亿吨，约占俄罗斯总探明储量的 80%，探明可采储量 1578 亿吨，占俄罗斯探明可采储量的 79%，其中大于 70% 的储量位于库兹巴斯、坎斯克—阿钦斯克和通古斯卡煤田。库兹巴斯煤田位于南西伯利亚，大部分在克麦罗沃州境内；坎斯克—阿钦斯克煤田，位于东西伯利亚的克拉斯诺亚尔斯克边疆区的南部。

(2) 远东地区

俄罗斯远东地区几乎所有的共和国、自治区、边疆区和州都蕴藏着煤炭资源，已探明储量为 200 亿吨，约占全俄煤炭储量的 10%，约 50% 可进行露天开采。80% 以上的预测资源和 42% 的探明储量集中在雅库特。较大的煤田有：南雅库特煤田、连斯克和济良诺夫斯克煤田、坎戈拉斯克褐煤矿。探明的褐煤在阿穆尔州、滨海边疆区、哈巴罗夫斯克边疆区及萨哈林。滨海边疆区煤炭探明储量 29 亿吨，主要煤田是比金煤田和南部煤矿集中区；阿穆尔州煤炭探明储量为 38 亿吨，主要煤田是结雅—布列亚煤矿集中区；哈巴罗夫斯克边疆区煤炭探明储量为 15 亿吨，主要煤田是布列亚煤田；南雅库特煤田探明储量 440 亿吨，以焦煤为主。

2. 水电资源及开发现状

根据 1967 年俄罗斯水力资源调查报告，俄罗斯水电经济可开发量主要集中在东西伯利亚地区 (3450 亿 kWh)、远东地区 (2990 万亿 kWh)。该报告在远东地区规划梯级电站 149 座，合计装机 9154.7 万 kW，设计年发电量 4414 亿 kWh；在西伯利亚地区规划梯级电站 122 座，合计装机 7934.9 万 kW，设计年发电量 3739 亿 kWh。

截至 2013 年年底，西伯利亚、远东地区已建和在建的 10 万 kW 以上的水电站 18 座，装机规模 2850.3 万 kW。西伯利亚地区已建、在建水电站 11 座，投产装机规模 2317.7 万 kW，设计年发电量 772 亿 kWh，水电开发率为 22.3%。

3. 油气资源潜力评估

根据 1992 年俄罗斯资源调查情况显示，石油剩余探明储量 153.0×10^8 吨，其中 35% 的石油和凝析油储量集中在 18 个大型油田中，大部分位于西西伯利亚。66%的石油和凝析油储量集中在西西伯利亚。

截至2012年年底，俄罗斯天然气探明可采储量为32.9万亿 m^3，占世界总探明可采储量的17.6%，居世界第1位，天然气探明储量90%分布在陆地，10%分布在海域。天然气主要集中分布在西西伯利亚（占73%）和东西伯利亚（占7%），其次分布在巴伦支海（BarentsSea）、喀拉海（KaraSea）和鄂霍次克海（Okhotsk）等海域。主要油气田包括科维克塔凝析气田、恰扬达油气田、克拉斯诺雅尔斯克边疆区油气田、萨哈林大陆架天然气产区。

（二）主要煤电基地情况

1. 远东联邦管区

（1）阿穆尔州结雅—布列亚煤矿集中区

储量：阿穆尔州煤炭探明储量为38.13亿吨。主要煤田是结雅—布列亚煤矿集中区，位于阿穆尔州的南部地区，包括斯沃博德内、叶尔科维茨克和谢尔盖耶夫卡。该处煤矿95%以上是低质褐煤，发热量3000kcal/kg，适合就地发电送出。结雅—布列亚煤田在20世纪80年代已经陆续投入使用，最大设计开采能力为4450万吨。该处煤矿多为露天矿，开采条件较好。

表12-1　　　　　结雅—布列亚煤矿集中区最大开采能力

煤矿名称	年设计最大开采能力（万吨）
斯沃博德内	2500
叶尔科维茨克	1500
谢尔盖耶夫卡	200
总计	4450

资料来源：俄罗斯自然资源部。

位置：该处煤矿集中区与中国边境距离较近，其中叶尔科维茨克（又称叶尔科夫齐）煤田位于俄罗斯布拉戈维申斯克市以东70km，距中国黑龙江省黑河市仅有70km。

水资源：阿穆尔州水力资源极为丰富，远东地区 80% 的水资源都集中在结雅—布列亚流域。煤矿的供水水源为结雅河和煤矿的疏干水。

环保：阿穆尔州整体大气质量良好，在做好煤电厂脱硫脱硝工作的情况下，基本没有环保方面的制约。

运输条件：煤矿与电站距离较近，采用皮带运输。另外还有横跨西伯利亚的铁路干线（外贝加尔斯克铁路赤塔—别洛戈尔斯克—哈巴罗夫斯克段）和公路（阿尔哈拉—比罗比詹—哈巴罗夫斯克）的运输线路。

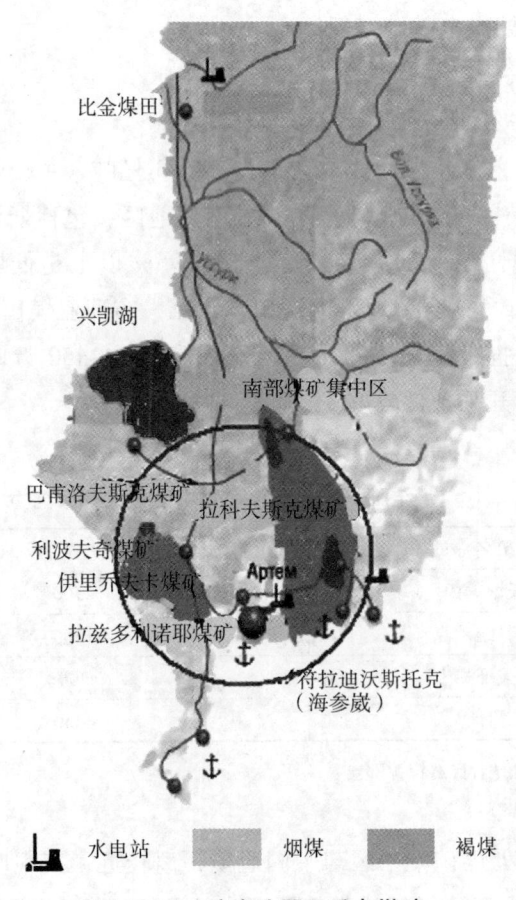

图 12-2 滨海边疆区重点煤矿

总体看，阿穆尔州结雅—布列亚煤矿集中区资源丰富，水资源和环保容量充足，交通条件优越，且距离中国边境及东北、华北负荷中心较近，是近中期考虑的向中国送电的首选电源。根据其煤矿最大开采能力，考虑煤炭其他用途，可支撑的煤电发电规模达 1000 万 kW 以上。

（2）滨海边疆区

滨海边疆区南方与中国黑龙江、吉林省珲春接壤。煤炭预测储量为 70 亿吨，探明储量为 26.21 亿吨。已探明的煤炭主要分布在比金煤田和南部煤矿集中区。从长远看，已勘探的煤田能保证年开采 2500 万—3000 万吨。

表 12-2　　　　滨海边疆区推荐煤炭基地最大开采能力

煤炭基地	煤矿名称	年设计最大开采能力（万吨）
比金煤田	比金	1400
南部煤矿集中区	巴甫洛夫斯克	600
	拉科夫斯克	200
	利波夫齐	120
	伊里乔夫卡	300
	拉兹多利诺耶	120
总计		2740

资料来源：俄罗斯自然资源部。

滨海边疆区的煤炭资源储量丰富，河流密度大，比金河、阿尔卡河和兴凯湖为煤炭开采提供丰富的水资源，交通运输综合体处于远东领先地位，西伯利亚大铁路、联邦 M60 号干线途经于此，除拉迪维斯克市外整体大气质量总体良好，煤矿距离符拉迪维斯克市较远，因此，比金煤田和南部煤矿集中区支撑发电装机容量 500 万 kW 具备可行性。

（3）哈巴罗夫斯克边疆区——布列亚煤田

储量：哈巴罗夫斯克边疆区煤炭已探明储量为 15 亿吨。煤质主要是烟煤和褐煤。布列亚煤田是哈巴罗夫斯克边疆区最大的煤田，地质储量 250 亿吨，探明储量 11 亿吨，主要为发电用煤，发热量 4000—6500kcal/kg。布列亚煤田在 20 世纪 80 年代投入使用，最大设计开采能力为1400万吨。

水资源：哈巴罗夫斯克边疆区单位领土面积水资源量63.9万m^3/km^2，是中国四川水平的160%（38.9万m^3/km^2），水资源量富裕，足够支撑煤田开发需求。

环保：整体大气质量良好，在做好煤电厂脱硫脱硝工作的情况下，基本没有环保方面的制约。

运输条件：哈巴罗夫斯克边疆区交通条件良好。哈巴罗夫斯克边疆区有西伯利亚干线和阿穆尔——巴尔干铁路干线。阿穆尔河、乌苏里江、通古斯卡河、阿姆贡网通航。境内还有海运交通，主要港口有瓦民诺、尼古拉耶夫斯克港口、奥霍兹克。

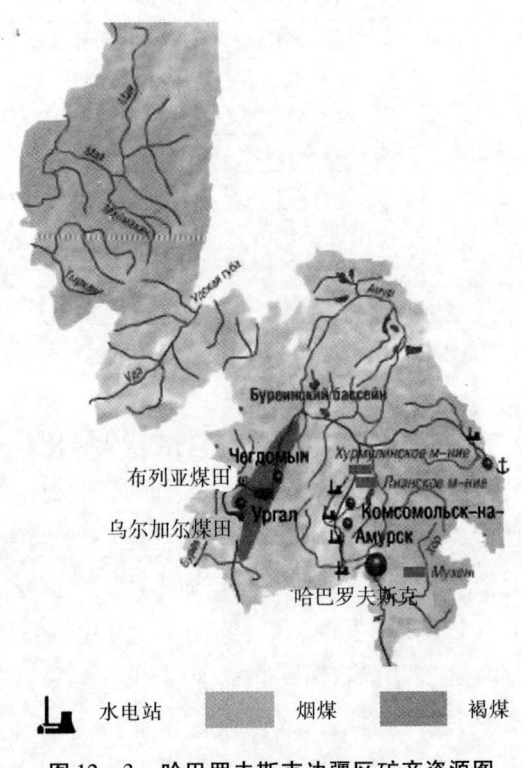

图12-3 哈巴罗夫斯克边疆区矿产资源图

由于哈巴罗夫斯克边疆区的褐煤资源储量较丰富，水资源总量和单位水资源量均超过中国四川水平，除哈巴罗夫斯克市外总体大气质量良好，布列亚煤田距离哈巴罗夫斯克市较远。同时，哈巴罗夫斯克边疆区是远东地区的重要交通枢纽，拥有西伯利亚干线、阿穆尔—巴尔干铁路干线和国内四大煤炭出口港口之一的瓦尼诺港。因此，布列亚煤田具备支撑煤电发电装机 500 万 kW 以上的能力。

（4）萨哈共和国——南雅库特煤田

南雅库特煤田位于萨哈（雅库特）共和国，是俄罗斯东部地区最重要的焦煤煤田，1966 年开发，煤田面积 25000km^2。煤炭探明储量为 440 亿吨，深度至 600 米的探明储量为 57 亿吨，可开采储量高于 70 亿吨，主要产焦煤。所开采的焦煤是远东重要的出口物资。

总体看，南雅库特煤田作为焦煤煤田，与褐煤及烟煤相比，并不非常适合发电。

2. 西伯利亚联邦管区

（1）克麦罗沃州——库兹巴斯

储量：煤田面积约 6 万 km^2，探明储量 254 亿吨，目前产量 1.5 亿吨左右，约占全俄的 1/3 以上。

位置：库兹巴斯煤田距离新疆边境约 700km，可开发规模大，适宜作为送端电源点。

水资源：克麦罗沃州河流地表水资源总储量为 4290 万 m^3/年，具有丰富的地下水资源，可满足装机需求。

运输：库兹巴斯煤田所在的克米罗沃州是俄罗斯东部地区具有发达交通网的地区之一，铁路、硬面公路的线路密度高，是全俄平均指标的 2.6 倍和 0.9 倍。

（2）伊尔库茨克州

储量：伊尔库茨克州煤炭资源大约为 436 亿吨，可开采储量 141 亿吨。矿层普遍接近地面，开采条件良好。最大设计开采能力为 3000 万吨，可支撑 1000 万 kW 以上装机。

位置：主要矿区均位于贝加尔湖西北部。距离中国内蒙边境约 1500km。

水资源：伊尔库茨克州储水量丰富，江河流域包括许多大的河流，如安加拉河、勒拿河以及储水量第一大湖——贝加尔湖。

环保：伊尔库茨克州整体大气质量良好，在做好煤电厂脱硫脱硝工作的情况下，基本没有环保方面的制约。

运输条件：几乎所有矿区均分布于西伯利亚铁路沿线，运输方式主要有铁路运输、公路运输。最重要的交通干线是西伯利亚交通铁路干线。

（3）布里亚特共和国

储量：布里亚特共和国已经探明的煤矿有 30 个。烟煤储量为 9.8 亿吨，褐煤储量为 18.75 亿吨。2012 年布里亚特共和国产煤 450 万吨，其中烟煤开采 200 万吨，褐煤 250 万吨，基本为露天开采。布里亚特共和国最大设计开采能力为 2000 万吨，但产能一直未能得到充分利用。

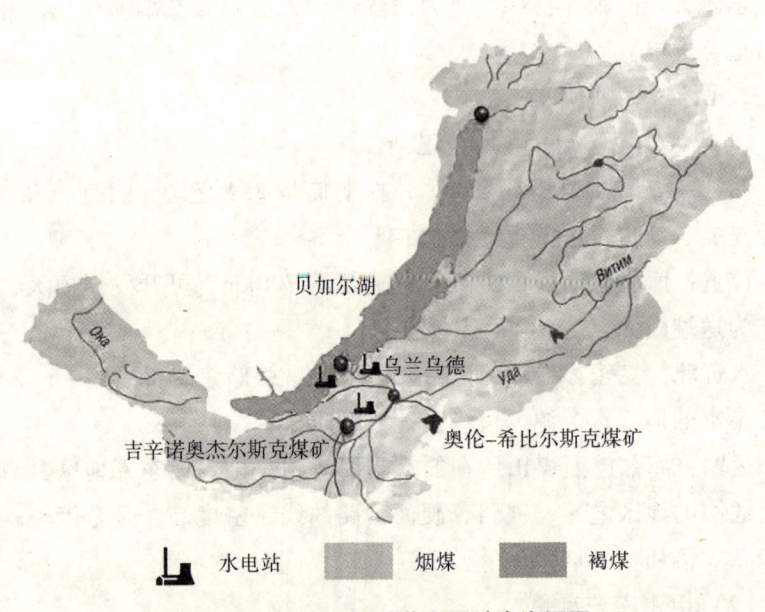

图 12-4 布里亚特共和国矿产资源图

水资源：布里亚特共和国水资源总量为 983 亿 m^3，单位领土面积水资源量 28 万 m^3/km^2，占中国四川水平（38.9 万 m^3/km^2）的 72%，水资源量富裕，足够支撑煤田开发需求。贝加尔湖位于东西伯利亚南部，面积 3.15 万 km^2。淡水储量占世界淡水总储量近 1/5。

环保：布里亚特共和国的整体大气环保条件较好，未来如果利用先进的环保设备进行采煤发电,则其产生的大气污染很小,特别是如果电厂建在离市区较远的地区,如矿山,则环保方面的限制基本较小。

运输条件:布里亚特共和国交通条件良好,两条联邦线路——西伯利亚大铁路和贝加尔—阿穆尔铁路干线都经过布里亚特共和国。

由于布里亚特共和国的煤炭资源储量丰富,水资源总量是中国四川的4倍以上,西部有世界第一大淡水湖贝加尔湖,除乌兰乌德市外总体大气质量良好,煤田距离大城市较远,铁路网和公路网发达,途经西伯利亚铁路。总体看,考虑其他用途,本地煤田可支撑煤电发电装机300万kW以上。

(4)赤塔州——哈拉努尔煤田

储量:哈拉努尔煤田位于赤塔州东南部的贝—阿铁路沿线地带,是赤塔州最大的露天煤田,探明可采储量为11亿吨,煤质以褐煤为主,发热量在3000—4000kcal/kg。哈拉努尔煤田在20世纪80年代投入使用,最大设计开采能力为1200万吨,目前实际产能占最大开采能力的38%。全部为露天开采,开采条件较容易,有进一步开采的空间。

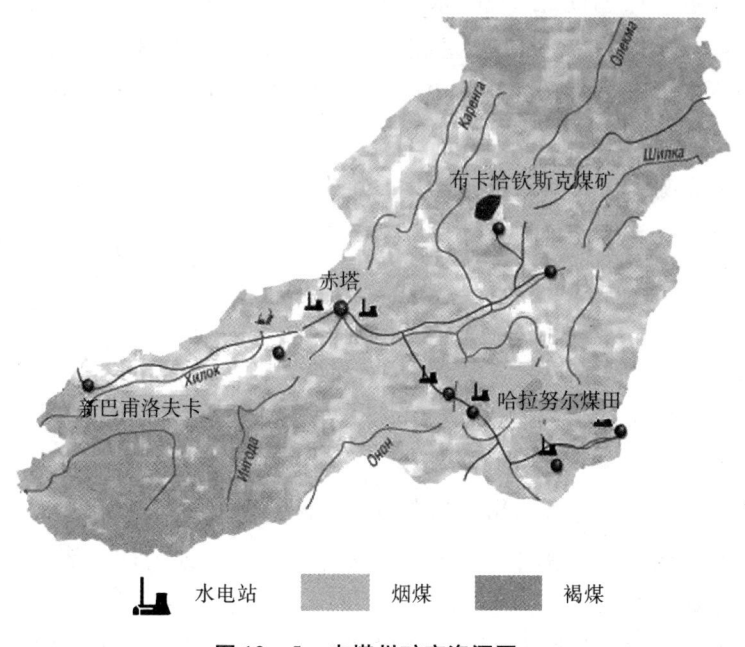

图12-5 赤塔州矿产资源图

水资源：赤塔州水资源总量为 774 亿 m^3，单位领土面积水资源量 17.9 万 m^3/km^2，占中国四川水平（38.9 万 m^3/km^2）的 46%，水资源量富裕，足够支撑煤田开发需求。

环保：赤塔州整体大气质量良好，未来如果利用先进的环保设备进行采煤发电，则其产生的大气污染很小，环保方面的限制基本较小。

运输条件：赤塔州的交通条件较发达，铁路网主要是南部的西伯利亚铁路线和北部的贝—阿铁路，是西伯利亚大铁路的重要枢纽站。

由于哈拉努尔煤田的煤炭资源储量丰富，水资源总量是中国四川的3倍，西部有贝加尔湖和两个大型人工水库，除赤塔市外总体大气质量良好，煤田距离大城市较远且位于赤塔州东南部的贝—阿铁路沿线地带，考虑煤炭其他用途，哈拉努尔煤田可支撑煤电发电装机 200 万 kW 以上。

(5) 克拉斯诺亚尔斯克边疆区——坎斯克—阿钦斯克煤田

储量：克拉斯诺亚尔斯克边疆区位于西伯利亚中部，首府克拉斯诺亚尔斯克。坎斯克—阿钦斯克煤田，位于东西伯利亚的克拉斯诺亚尔斯克边疆区的南部，矿区面积达 5 万 km^2，主要煤种为褐煤，并分布有少量焦煤和硬煤。600 米深度内褐煤地质储量达 6380 亿吨，适于露天开采的储量有 1120 亿吨，其中探明储量 814 亿吨。大部分煤层的厚度为 6—15 米，埋藏很浅，大规模露天开采的生产成本很低。目前年产 6000 万吨。

水资源：克拉斯诺亚尔斯克边疆区的水力资源在俄罗斯各州中是最丰富的，河流流量每年达 $700km^3$，占俄罗斯的 20%，有世界最大的河流之一——叶尼塞河。

环保：克拉斯诺亚尔斯克边疆区整体大气污染情况一般，有 6 个空气污染指数过高的城市，首府城市克拉斯诺亚尔斯克市污染较严重。煤电投资会受到一定限制，但随着技术不断发展，未来如果利用先进的环保设备进行采煤发电，有望大大减轻煤电建设带来的环境影响。

运输条件：克拉斯诺亚尔斯克边疆区的交通运输网主要建于边疆区的中心区和南部地区，主要运输货物和客运的方式有铁路、河运和公路交通以及航空。

克拉斯诺亚尔斯克边疆区的煤炭资源储量丰富，水力资源在俄罗斯各州中是最丰富的，交通运输网主要建于边疆区的中心区和南部地区，大气质量总体一般，坎斯克—阿钦斯克煤田距离新疆较近，可开发规模大，适宜作为送端电源点，考虑煤炭其他用途，未来可支撑的煤电装机规模在 1000 万 kW 以上。

（三）主要水电基地情况

1. 远东联邦管区

（1）水电基地现状

俄罗斯远东地区经济可开发的水电资源储量为 2940 亿 kWh，但目前多年平均总发电量不到 200 亿 kWh，有效水电资源开发不足 10%，未来待开发的水电资源储量估计为 2700 亿 kWh。

表 12-3　　　　　　远东联邦区主要水电基地基本参数

河流流域	水电站	水电资源储量（亿 kWh）	已建装机容量（万 kW）	年发电（亿 kWh）
勒拿河流域	维柳伊水电站	1950	36	12
柯雷木河流域	克雷姆斯卡亚电站	270	36	12
黑龙江流域（阿穆尔河）	布列亚水电站	480	200	71
黑龙江流域（阿穆尔河）	结雅水电站	480	133	49.1
其他河流流域	—	240	—	—
总计		2940	405	144.1

资料来源：俄罗斯自然资源部。

（2）2030 年前计划开发规模

根据俄罗斯统一电力系统公司提出的远东水电的发展前景，其中主要待建水电基地包括：阿穆尔州的下布列亚水电站和下结雅水电站和南雅库特水电综合体（中乌丘尔水电站、乌丘尔水电站、京普通河水电站和下京普通水电站），2015 年总规划装机规模为 193.1 万 kW，2020 年总规划装机规模为 229.6 万 kW。另外，2030 年前中俄界河水电基地的规划装机规模是 810 万 kW，全部位于黑龙江（阿穆尔河）流域。

表 12-4　　　　　　　2030 年前远东地区规划水电站安装功率

远东待建水电站	2015 年安装功率（万 kW）	2020 年安装功率（万 kW）	2030 年安装功率（万 kW）	2030 年年均发电量（亿 kWh）
下布列亚水电站	32.4	32.4	32.4	16
下结雅水电站	30	30	30	20
京普通水电站	106	106	106	47
下京普通水电站	24.7	24.7	24.7	15
乌丘尔水电站	0	36.5	36.5	22
中乌丘尔水电站	0	0	333	150
谢列木德日河	0	0	30	10.7
卢西诺夫	0	0	47	15.4
总计	193.1	229.6	639.6	296.1

资料来源：俄罗斯统一电力系统股份公司和水利总设计室。

2. 西伯利亚联邦管区

（1）水电基地现状

俄罗斯西伯利亚地区经济可开发的水电资源储量为 3960 亿 kWh，目前多年平均总发电量超过 1000 亿 kWh，开发率已占到 30%。尚未利用的水电资源储量估计为 2700 亿 kWh。

表 12-5　　　　　　　西伯利亚联邦区主要水电基地基本参数

河流流域	水电站	水电资源储量（亿 kWh）	已建装机容量（万 kW）	年发电（亿 kWh）
叶尼塞河流域	萨彦—舒申斯克水电站	2880	640	240
	克拉斯诺亚尔斯克水电站		600	204
	中叶尼塞水电站		600	300
	伊尔库茨克水电站		66	41
	布拉茨克水电站		450	226
	乌斯季—伊利姆斯克水电站		430	219
	流域总计	2880	2786	1230

续表

河流流域	水电站	水电资源储量（亿 kWh）	已建装机容量（万 kW）	年发电（亿 kWh）
鄂毕河流域	—	650	—	—
勒拿河流域		400	—	—
其他河流流域	—	30	—	—
地区总计	3960	2786	1230	

资料来源：俄罗斯自然资源部。

(2) 2030 年前计划开发规模

根据《俄罗斯联邦 2030 年前能源发展战略》的规划内容，预计 2030 年前，俄罗斯西伯利亚联邦区水电装机规模将达到 2333 万 kW。

表 12-6　　2030 年前西伯利亚联邦区主要水电基地发展计划

河流流域	水电站名称	装机容量（MW）	多年平均发电量（亿 kWh）	装机容量（MW）		
				2011—2015 年	2016—2020 年	2021—2030 年
叶尼塞河流域	博古昌	3000	177	3000	3000	3000
	下博古昌	660	33	110	660	660
	维杜木	1320	66	—	440	1320
	斯特列勒科夫	920	46	—	—	920
	图维斯克	1500	65.3	—	—	1500
	埃维基斯克	12000	460	—	6000	12000
	埃维基斯克反调节式水电站	790	38	—	200	590
	合计	20190	885.3	3110	10300	20190
勒拿河流域	莫克斯克	900	45	900	900	900
	包塔依毕	640	34	—	—	640
	合计	1540	79	900	900	1540

续表

河流流域	水电站名称	装机容量（MW）	多年平均发电量（亿 kWh）	装机容量（MW）		
				2011—2015年	2016—2020年	2021—2030年
鄂毕河流域	河勒泰	1600	58	140	1600	1600
	合计	1600	58	140	1600	1600
	地区合计	23330	1022.3	4150	12800	23330

资料来源：俄罗斯水电集团。

图 12-6　2030 年前西伯利亚地区主要规划水电站

二 中俄电力贸易与合作

（一）中俄电力贸易历程

中俄电力合作历程可以分为3个阶段。

1. 第一阶段（1992—2006年），1992年中国开始从俄罗斯进口电力，开始小规模电力边境贸易阶段。2006年之前，俄罗斯通过中俄边境的四条输电线路向中国送电。第一条为俄方布拉格维申斯克市至中方黑河市110kV布黑线，1992年7月1日投产送电。第二条为俄方锡瓦基至中方大兴安岭十八站的110kV锡十线，1996年7月30日投产送电，该线路已于2007年1月1日停止运行。第三、四条为俄方布拉格维申斯克市至中方爱辉区220kV布爱甲、乙线，2006年12月投运。

2. 第二阶段（2006—2013年），大规模电力边境贸易阶段。2006年3月，中国公司与原俄罗斯统一电力系统股份公司签署了《关于全面开展从俄罗斯向中国供电项目可行性研究的协议》，开始启动中俄500kV直流联网工程。在中俄副总理能源会晤、中俄能源合作分委会的推动下，中俄500kV直流联网工程黑龙江大跨越部分（跨国境）于2010年11月中旬竣工，线路全长约2.4km。2011年年底，中俄双方完成全部工程建设。2012年2月，与俄东方能源公司签署25年长期购售电合同。2012年4月1日，中俄500kV直流联网工程正式投入商业运行。

3. 第三阶段（2013年至今），中俄扩大电力合作阶段。2013年3月22日，在习近平主席和普京总统的见证下，国家电网公司与俄统一电力国际公司在克林姆林宫签署了《关于开展扩大中俄电力合作项目可行性研究的协议》，双方决定共同开发俄罗斯远东、西伯利亚地区资源，建设大型煤电输一体化项目，通过特高压跨国直流输电线路向中国送电。双方将启动项目可行性研究，这标志着在中俄能源合作框架内的电力合作开启了更大合作空间。目前双方正合作开展预可研工作。

经过双方共同努力，中俄电力合作不断深化，取得了显著成效。

中国从俄罗斯进口电力,减轻了中国能源、资源和环保压力,为保障经济安全起到了积极的作用。中俄电力合作已经成为中俄两国增进合作的重要抓手,为加强中俄全面战略协作伙伴关系发挥了重要作用。

表 12-7　　　　　　国家电网与周边国家电网互联互通现状

编号	国家	线路名称	送端	受端	方式	等级(kV)	通道容量	投运时间	线路长度(km)	2013年输送电量(kWh)
1	俄罗斯	阿黑线	布拉格维申斯克市	黑河市	直流	500	75	2012	—	21.83亿
2		布爱甲线	布拉格维申斯克市	爱辉站	交流	220	30	2006	10.9	3.32亿
		布爱乙线	布拉格维申斯克市	爱辉站	交流	220	30	2006	10.9	3.82亿
3		布黑线	布拉格维申斯克市	黑河市	交流	110	15	1992	8.24	5.71亿
合计										34.68亿

110kV 布黑线、220kV 布爱甲乙线、500kV 阿黑线分别于 1992 年、2006 年、2012 年投入正式商业运行,2013 年合计向中国出口电量 34.68 亿 kWh,累计出口 136.4 亿 kWh。

布黑线。输电容量 15 万 kW,线路全长 8.24km,2007 年 1 月到 2009 年 2 月期间曾因中俄电价谈判分歧暂时停运,2013 年输送电量 5.71 亿 kWh。

布爱甲乙线。双回输电容量 60 万 kW,线路全长 10.9km,供应中方黑河市碳化硼、有机硅生产基地用电,2013 年甲线输送电量 3.32 亿 kWh、乙线输送电量 3.82 亿 kWh。

阿黑线。中国首个直流国际联网工程,目前最高电压等级跨国输电工程,输电容量 75 万 kW,2013 年输送电量 21.83 亿 kWh,占对俄进口电量的 63%。

(二) 中俄未来电力合作需求

1. 俄罗斯合作意愿

能源产业是俄罗斯经济发展支柱产业,在俄乌天然气争端及克里米亚事件被欧美联合打压后,俄能源战略重心东移,《俄罗斯 2030 年前能源战略》称,未来的 20—30 年里,俄政府将着力开发远东和西伯利亚地区能源并向亚太地区出口。2013 年以来,中俄能源合作逐步升级。2014 年 5 月和 11 月,中俄两国分别签署东线和西线天然气供应协议,更是将中俄能源合作推向新的高峰。

电力合作是能源合作框架下的重要组成部分,2013 年 3 月 22 日,在习近平主席和普京总统的见证下,国家电网公司与俄罗斯统一电力国际公司签署了《关于开展扩大中俄电力合作项目可行性研究的协议》。综合考虑资源及当地电力系统等因素,双方商定开发俄罗斯远东、西伯利亚地区资源建设大型发电基地,远期规模达到 4000 万—5000 万 kW,通过特高压跨国直流输电线路向中国送电。

(三) 中国电力市场空间

根据国网能源研究院相关研究成果(国网能源研究院、电力规划设计总院,2014),考虑目前核准在建的煤电电源项目,京津冀鲁地区 2013—2017 年、2013—2020 年电力市场空间分别为 3179 万 kW、7082 万 kW。华北地区新增电力市场空间主要在河北、山东两省。

表 12 - 8　　京津冀鲁地区电力市场空间分析结果　　单位:万 kW

	2013—2017 年	2013—2020 年
电力空间(仅计入核准电源项目)	3179	7082
北京	281	800
天津	-44	183
河北	1632	2909
山东	1273	3190

注:考虑已核准的煤电电源,正值表示有电力市场空间。

华中东四省 2013—2017 年、2013—2020 年的电力市场空间分别为 2633 万 kW 和 7651 万 kW。

表12-9　　　　　　　华中东四省电力市场空间　　　　　　　单位：万kW

	2013—2017年	2013—2020年
电力空间（计入核准电源项目）	2633	7651
湖北	459	1670
湖南	592	1673
河南	1040	2648
江西	542	1660

注：考虑已核准的煤电电源，正值表示有电力市场空间。

三　中俄电力合作重点工程技术经济分析

2013年3月22日，在习近平主席和普京总统的见证下，国家电网公司与俄罗斯统一电力国际公司签署了《关于开展扩大中俄电力合作项目可行性研究的协议》（简称《协议》），双方商定开发俄罗斯远东、西伯利亚地区资源，建设大型发电基地，规模达到4000万—5000万kW，通过特高压跨国直流输电线路向中国送电。

（一）叶尔科夫齐煤电基地送电中国华北

1. 工程基本情况

俄罗斯远东叶尔科夫齐煤电基地（含邻近的两个煤矿，共同构成了结雅—布列亚煤矿集中区）预测储量为38亿吨，目前露天煤矿设计年开采量为4450万吨，可支撑煤电装机1000万kW以上。综合考虑叶尔科夫齐煤电基地位置，及我们负荷中心地区用电需求发展，设计开发叶尔科夫齐煤电基地通过±800kV直流向我国河北霸州送电，输送距离约1830km，送电规模800万kW，工程投资估计约235亿元。该工程进展较好，2014年10月，该工程被纳入中国《周边基础设施互联互通总体规划（2014—2035年）》。

2. 输电经济性

工程线损测算：按照导线型号$6 \times 1000mm^2$、年利用小时数6500

(对应能耗利用小时数4850)考虑,本工程功率损耗率6.97%、电能损耗率5.2%。经济性分析:按照中俄目前税费政策测算,俄方上网电价0.344元/kWh,输电价0.102元/kWh(其中线损电价0.019元/kWh),进口电力增值税0.065元/kWh,落地电价比河北省标杆电价高0.097元/kWh,没有电价竞争力。未来,中俄双方需要考虑向各自政府申请税费部分减免的政策优惠。如果考虑减免部分税费,俄方上网电价0.290元/kWh(比减免部分税费前下降了16%,比目前俄罗斯远东地区平均上网电价高约15%),则落地电价比河北省标杆电价低0.063元/kWh,具有一定的电价竞争力。

表 12-10　　　　　　　　中俄有关税费表　　　　　　　(单位:%)

项目名称	现有政策	拟申请优惠政策
俄方企业所得税煤矿工程	20	13.5
俄方企业所得税电站及输电工程	20	0
俄方财产税	2.2	0
俄方设备进口关税	10—15	10
俄方非俄罗斯产设备的认证费	10	2
中方电力进口增值税	17	0

(二)库兹巴斯煤电基地送电中国华中

1. 工程基本情况

库兹巴斯煤电基地位于俄罗斯西西伯利亚地区,煤炭储量大,开发条件好,是前苏联特高压工程配套电源基地。煤炭探明储量254亿吨,居俄罗斯第1位,目前产量达到1.5亿吨左右。开发库兹巴斯煤电基地,通过±1100kV特高压直流向中国河南豫西负荷中心送电,落点洛阳,输电距离约3800km,送电规模1200万kW,工程投资预计约504亿元。

2. 输电经济性

工程线损测算:按照导线型号8×1000mm2、年利用小时数6500(对应能耗利用小时数4850)考虑,本工程功率损耗率8.26%、电能损耗率6.16%。经济性分析：参照叶尔科夫齐输电工程测算标准，如按照目前税费政策测算，俄方上网电价0.344元/kWh，输电价0.113元/kWh（其中线损电价0.023元/kWh），进口电力增值税0.065元/kWh，落地电价比河南省标杆电价高0.103元/kWh，没有电价竞争力。如考虑优惠政策，俄方上网电价0.290元/kWh，输电价0.084元/kWh（其中线损电价0.023元/kWh），落地电价比河南省标杆电价低0.045元/kWh，具有一定的电价竞争力。

四 中俄电力合作原则与模式

（一）中俄电力合作原则

在中俄电力合作的第一阶段"小规模电力边境贸易阶段"和第二阶段"大规模电力边境贸易阶段"，合作模式较为简单，可以概括为"已有富余电量跨国交易模式"，即将俄罗斯远东地区已有富余电量通过跨境线路输送至中国，按照电力贸易量进行结算。中国有足够的市场空间消纳俄罗斯的进口电力，同时已有富余电量跨国交易模式操作相对简便，并有成功合作经验可供参考，因此，在俄罗斯远东大型煤电输一体化项目和中俄特高压跨国直流输电线路建成之前，已有富余电量跨国交易模式将是中俄电力合作的主要方式。但是已有富余电量跨国交易模式难以支撑较大规模的俄罗斯电力开发与进口。

在中俄电力合作第三阶段"中俄扩大电力合作阶段"，中俄双方电力交易将不限于已有富余电量，而是共同开发俄罗斯远东、西伯利亚地区资源，建设大型煤电输一体化项目，通过特高压跨国直流输电线路向中国送电。大型煤电输一体化项目和特高压跨国直流输电线路建设难度大，设计恰当的合作模式是项目顺利推进的关键。中俄电力合作模式设计应把握以下原则。

第一，有效衔接原则。考虑项目的实际特点，合作模式的设计应考虑电力合作4个阶段即煤炭开发、发电、俄罗斯境内电网开发和中国境内电网开发的衔接，保证前一阶段的项目进展不会成为下一阶段项目开发的障碍。

第二,合理避险原则。鉴于跨国项目具有较大的风险,不同阶段的合作模式设计均要考虑尽可能规避风险,确保项目的可行性和经济性。

第三,互惠互利原则。结合项目的实际特点,合作模式的设计应统筹兼顾中俄双方利益诉求,以保证项目的顺利实施。

(二)电源开发合作模式

在大型煤电输一体化项目投资建设过程中,需要考虑煤炭供应的可靠性和持续性的问题,因此中方投资电源需要考虑对煤炭的控制策略。按照电、煤投资模式不同,可以分为两种:煤电分设公司模式和煤电一体组建公司模式。

1. 煤电分设公司模式

根据控股权,设在俄罗斯境内的煤炭公司可分为"俄企业全资或控股""中国企业全资或控股""第三国企业全资或控股"3种模式。

"俄企业全资或控股"模式即俄罗斯企业全资或控股俄境内煤炭公司,中方企业持有少量股份或不持股。"中国企业控股"模式即中国国内企业全资或控股俄境内煤炭公司。"第三国企业全资或控股"即由其他国家企业(如欧美国家跨国煤炭、能源企业)全资或控股俄境内煤炭公司,中国企业及俄罗斯企业持有少量股份或不持股。

表 12 – 11　　　　　　　　煤炭开发模式对比

煤炭开发模式	利	弊
俄企业全资或控股	①俄企业主导开发其境内煤炭资源无法律障碍;②俄企业对境内工程施工、法律制度、相关企业较为熟悉,协调本国企业力度较大	①俄企业资金不足,融资能力较差,项目进展难以保证;②中国企业对电力合作上游环节控制力度较低,未来电力合作面临不确定性
中国企业全资或控股	①中国国内中央企业资金较为充足,融资能力较强,能够保证项目顺利实施;②中国国内中央企业联合"抱团走出去"获得中国政府批准的可能性较大。③中国企业尤其是央企之间协调成本相对较低,能够确保中方对能源合作上游业务的控制力度,有利于能源合作长远发展	①俄罗斯对外资投资资源行业有一定限制,获得俄政府批准有一定难度

续表

煤炭开发模式	利	弊
第三国企业全资或控股	①欧美企业跨国能源公司资金实力和技术水平高于俄罗斯企业，有利于煤炭开发的顺利推进；②参与方增加，有利于项目正常推进，规避违约风险	①俄罗斯对外资投资资源行业有一定限制，获得俄政府批准有一定难度。②中国企业对电力合作上游环节控制力度较低，未来电力合作面临不确定性

与煤炭开发模式类似，发电公司将设在俄罗斯境内，根据控股权，发电公司可以分为"俄企业全资或控股""中国企业全资或控股""第三国企业全资或控股"3种模式。

表 12-12　　　　　　　电源开发模式对比

电源开发模式	利	弊
俄企业全资或控股	①企业对境内工程施工、法律制度、相关企业较为熟悉，协调本国企业力度较大；②能够享受俄罗斯对于发电业务的政策优惠，如投资的热电厂可向政府争取地方性税收优惠政策	①俄企业资金不足，融资能力较差，项目进展难以保证；②中国企业对电力合作上游环节控制力度较低，未来电力合作面临不确定性
中国企业全资或控股	①国内中央企业资金较为充足，融资能力较强，能够保证项目顺利实施；②中央企业联合"抱团走出去"获得中国政府批准的可能性较大；③中国企业尤其是央企之间协调成本相对较低，能够确保中方对能源合作上游业务的控制力度；④能够享受俄罗斯对于发电业务的政策优惠	①俄罗斯对外资投资资源行业有一定限制，获得俄政府批准有一定难度；②电源项目设计的征地、环保、施工等方面，与俄当地政府协调比较困难
第三国企业全资或控股	①欧美企业跨国电力公司资金实力和技术水平高于俄罗斯企业，有利于电源开发的顺利推进；②参与方增加，有利于项目正常推进，规避违约风险；③能够享受俄罗斯对于发电业务的政策优惠	①俄罗斯对外资投资资源行业有一定限制，获得俄政府批准有一定难度；②中国企业对电力合作上游环节控制力度较低，未来电力合作面临不确定性

2. 煤电一体组建公司模式

与煤炭开发及电源开发模式类似，煤电一体化公司将设在俄罗斯境内，根据控股权，煤电一体化公司可以分为"俄企业全资或控股""中方企业全资或控股""第三国企业全资或控股"3 种模式。

表 12-13　　　　　　　　　煤电一体开发模式对比

煤电一体组建公司模式	利	弊
俄企业全资或控股	①俄企业对境内工程施工、法律制度、相关企业较为熟悉，协调本国企业力度较大；②中国企业不控股境外煤炭及电源业务，有利于中俄能源合作项目获得俄罗斯政府批准	①俄企业资金不足，融资能力较差，项目进展难以保证；②中国企业对电力合作上游环节控制力度较低，未来电力合作面临不确定性；③不能享受俄罗斯对于发电业务的政策优惠
中方企业全资或控股	①国内中央企业资金较为充足，融资能力较强，能够保证项目顺利实施；②国内中央企业联合"抱团走出去"获得中国政府批准的可能性较大；③中国企业尤其是央企之间协调成本相对较低，能够确保中方对能源合作上游业务的控制力度，有利于能源合作长远发展	①不能享受俄罗斯对于发电业务的政策优惠
第三国企业全资或控股	①欧美企业跨国电力公司资金实力和技术水平高于俄罗斯企业，有利于电源开发的顺利推进；②参与方增加，有利于项目正常推进，规避违约风险	①俄罗斯对外资投资资源行业有一定限制，获得俄政府批准有一定难度；②对电力合作上游环节控制力度较低，未来电力合作面临不确定性；③不能享受俄罗斯对于发电业务的政策优惠

3. 电源资源投资推荐模式

在煤电分设公司模式下，中国企业可以灵活选择持有煤矿公司和发电公司的股权比例，针对煤炭业务和发电业务的特点确定不同业务的不同持股比例。根据中俄企业前期工作来研判，俄方可以对发电业务设立经济特区，给予发电公司优惠政策。在煤电一体组建公司模式下，煤电一体化公司无法享受到俄方政策优惠。

对中方公司来说，推荐的电源资源投资模式为：在争取到双方政府政策支持的前提下，在俄境内分设煤炭和发电企业，由中方的不同企业分别控股煤炭和发电企业,这样既可规避政策的限制,同时也可以实现对上游燃料的控制。

4. 电网开发合作模式

中国境内电网合作模式可以分为中方独资、中方控股、俄方控股、俄方独资 4 种模式。根据中国法律,外国资本在中国境内投资经营电网尚不可行,故中国境内电网合作应采取中方独资的模式。

俄罗斯境内电网合作模式也可分为 4 类:俄方独资、俄方控股、中方控股、中方独资。

表 12-14　　　　　　俄境内电网项目合作模式对比

俄境内电网开发模式	利	弊
俄方全资	①俄企业对境内工程施工、法律制度、相关企业较为熟悉,协调本国企业力度较大;②获得俄政府批准的可能性大	①俄企业资金不足,融资能力较差,项目进展难以保证;②中国电网企业对境外电网控制力度较低,未来电力合作面临不确定性
俄方控股	①俄企业对境内工程施工、法律制度、相关企业较为熟悉,协调本国企业力度较大;②易于获得俄政府的批准;③有利于引入小股东参股,分散风险	①俄企业资金不足,融资能力较差,项目进展难以保证
中方控股	①中国电网企业资金充足,融资能力强,能够保证项目顺利实施;②中国电网企业对电力合作控制力强,确保电力合作长远可持续发展;③有利于引入小股东参股,分散风险	①俄罗斯对外资投资电网有一定限制,获得俄政府批准有一定难度;②根据俄法律,电网建成后必须由俄企业运营,投资与运营权分离不利于投资回收与项目稳定运行
中方独资	①中国电网企业资金充足,融资能力强,能够保证项目顺利实施;②中国电网企业对电力合作控制力强,确保电力合作长远可持续发展	①俄罗斯对外资投资电网有一定限制,获得俄政府批准难度较大;②根据俄法律,电网建成后必须由俄企业运营,投资与运营权分离不利于投资回收与项目稳定运行

五　小结

综合分析，俄政府对外国投资者投资建设及经营俄境内电网具有严格法律限制，中方独资或控股俄境内电网难度较大。为确保中方对俄境内电网保持一定程度的控制，俄境内电网推荐开发模式是俄方控股、中方参股。针对俄方控股俄境内电网可能导致的投资不足、项目进度受限等问题，建议采取以未来电费为抵押向俄方提供融资、电网建设交由中方企业进行等方式，确保项目正常推进。

在俄罗斯开发煤矿、建设大型电站的投资和运行成本高于国内，再加上长距离输电和进口环节税收，使得进口电价客观上高于中国当地电厂发电成本。除了项目开发，企业尽量降低建设成本，提高运行效率外，建议，一是能源局、财政部等政府部门研究对引进俄罗斯清洁电力能源出台配套电价和税收支持政策；二是推动俄政府简化电力建设审批手续，在能源资源、土地、税收等方面出台相关的优惠政策；三是推动俄政府对中国电力设备进入俄罗斯市场的准入方面提供便利措施，加快认证程序，并适当放宽中国企业准入条件，提高在俄项目的施工效率。

第十三章 中俄电价机制及电价水平比较

从电力生产到消费的流转过程看,电力产业链划分为发电、输电、配电、售电4个环节,最终电价相应地由上网电价、输电电价、配电电价和销售电价4部分组成。电价机制与电力市场化程度密切相关,在垂直一体化的传统模式下,发电、输电和配电同属于一家企业,其对应的电价只有销售电价。而在电力市场化程度高的情况下,电力产业链中发电、输电、配电和销售分属于不同企业,针对每一环节均有相应的电价。本章梳理了中俄两国的电力市场化程度,对比分析中俄两国的电价机制,分析中国和俄罗斯的电力市场和电价机制对中俄电力领域互联互通的影响,提出促进中俄电力互联互通的政策建议。

一 中俄两国电力市场化程度对比分析

(一)中国电力市场改革进程

电力作为国民经济的基础性产业,在中国传统的计划经济条件下,电力产业属于行政部门。1998年在"政企分开"的大背景下,中国撤销电力部成立中国国家电力公司,接管电力部对电力产业的管理职能。2002年国务院下发《国务院关于印发电力体制改革方案的通知》(国发〔2002〕5号文件,以下简称"5号文"),同年12月实施了"厂网分开,竞价上网"的电力市场化改革,把国家电力公司拆分成两大电网公司、五大发电集团和四大电力辅业集团。① 2003 年中国国家电力监管委员会成立，实施监管独立，并于同年出台电价改革方案。2004 年出台上网标杆电价制度和煤电联动价格机制。尽管中国电力市场化改革经历了长达十多年的历程，但仅仅实现了电力企业重组，并未形成真正的电力市场。

2015 年中国又启动新一轮的电力体制改革，国家出台了一系列新电改配套政策，其中，制订独立输配电价是本轮改革最核心的内容之一。

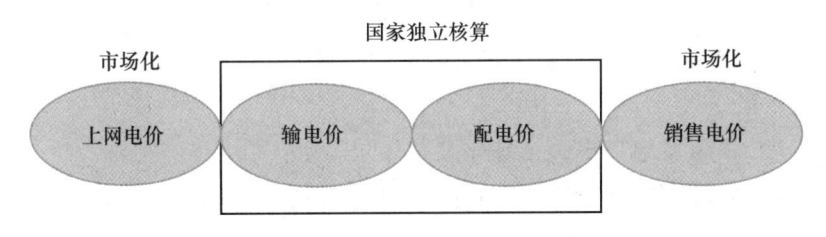

图 13 - 1 中国新电改核心思路

新电改方案的重点是"三放开一独立三强化"。

"三放开"：（1）按照"管住中间、放开两头"的体制架构，有序放开输配以外的竞争性环节电价；（2）有序向社会资本放开配售电业务；（3）有序放开公益性和调节性以外的发用电计划。

"一独立"：推进交易机构相对独立，规范运行。

"三强化"：继续深化对区域电网建设和适合我国国情的输配体制研究，进一步强化政府监管，进一步强化电力统筹规划；进一步强化电力安全高效运行和可靠供应。

我们认为，新电改方案的核心内容可概括为：管住电网，放开电价，活跃交易（即传统的"放两头，管中间"）。改革的重点围绕机制和制度，推行后将重构电力系统内部的利益分配格局。

对比"5 号文"，"9 号文"即国务院《关于进一步深化电力体制

---

① 两大电网公司是中国国家电网公司、中国南方电网公司；五大发电集团是指中国华能集团公司、中国大唐集团公司、中国华电集团公司、中国国电集团公司、中国电力投资集团公司；四大辅业集团是指水电规划设计院和电力规划设计院两个设计单位以及葛洲坝集团和水利水电建设总公司两个施工单位。

改革的若干意见》（中发〔2015〕9号）提出的亮点集中在"电价机制改革""售电侧放开"两点。从国家发布的政策文件中，可以看到：直接交易模式由"发电企业向大用户直接供电"，转变为"电力用户直接向发电企业购电"，再转变到"电力用户与发电企业直接交易"；交易第一主体由"发电企业"转变为"电力用户"；交易方式由带方向的"直供电"转变到"直购电"，再到平等的"直接交易"；交易的对象由最初的"大用户"转变为"用户"（门槛降低）。这些转变直接体现了用户作为市场主体逐步拥有购电选择权，扩大了用户市场参与范围，推进了多买多卖的电力市场交易。

（二）俄罗斯的电力市场化改革

俄罗斯政府自1991年开始探索电力市场化改革，并出台了一系列改革方案。直至2003年俄罗斯通过了《电力法》，以立法形式启动电力市场化改革，并规定于2008年7月1日完成电力市场化改革。2008年7月1日，俄罗斯统一电力股份公司正式停止运营，标志着俄罗斯电力行业重组已基本完成（新华网，2008）。俄罗斯的电力行业彻底重组，把垂直一体化的电力行业拆分为发电、输电、配电、售电、交易管理等不同环节各自独立的企业；经过4年多运行，俄罗斯已基本建成批发竞争电力市场、形成零售侧竞争；但受到电价飙升等因素的制约，原计划2011年起全面自由竞争的目标并没有实现，同时为了进一步提升电网效率，2012年年底，在政府协调下，输电网公司和配电网公司重新实施了管理合并（魏玢，2013）。

二 中俄电价机制比较

（一）中国的电价机制

1. 上网电价机制

中国政府虽然在2002年12月实施了"厂网分开"的电力市场化改革，但是电价改革比较滞后，电价形成机制仍然是政府定价为主，上网电价和销售电价由政府制定。常规发电和新能源发电上网电价虽然均由政府定价，但是价格制定方法不尽相同。

火力发电上网标杆电价机制，是指国家在经营期电价的基础上，对新建发电项目实行按区域或省平均成本统一定价的电价政策。考虑到中国市场煤和计划电之间的矛盾，自2004年年底开始实施煤电联动政策。实际上，中国煤电联动政策执行效果并不是很好。2011年煤炭价格高企，造成火力发电企业普遍亏损。2012年煤炭价格下降，缓解了电力企业财务亏损状态，这促使政府在特定地区降低燃煤发电企业的上网电价，同时提高某些地区燃气发电企业上网电价。

水电上网电价机制。大型水电站主要采用"经营期电价"，经营期平均上网电价是按照合理补偿成本、合理确定收益和依法计入税金的原则来核定；此外，对于某些跨省送电大型水电项目，如三峡水电站、龙滩水电站等，还采用市场倒推的方式确定上网电价水平，即上网电价为受电省（市）平均上网电价扣减输电价格（张粒子等，2012）。

核电上网电价机制。2013年7月，国家发展和改革委员会部署完善核电上网电价机制，明确在2013年1月1日前建成的核电按照个别定价的方式确定其上网电价，2013年1月1日后新建机组实施标杆上网电价政策，并将全国核电标杆电价定为0.43元（国家发展和改革委员会，2013）。

新能源发电上网电价机制。新能源发电（如风电、太阳能光伏发电、生物质能发电）实施标杆电价制度。由于新能源发电上网电价高于常规发电能源价格，政府实施补贴方式鼓励电网企业收购。补贴资金来自于可再生能源发展基金，基金由国家财政年度安排的专项基金和依法征收可再生能源电价附加收入组成。根据2006年通过的《中华人民共和国可再生能源法》，电网企业按照中标价格收购的风电、光伏发电等可再生能源，超出常规火电上网标杆电价的部分，附加在销售电价中分摊。可再生能源电价附加标准起初为1元/MWh，2007年调整为2元/MWh，2009年年底调整为4元/MWh，2011年12月1日调整至8元/MWh（居民生活用电仍维持在1元/MWh）。

2. 输配电价机制

中国虽然进行了"厂网分开"的市场化改革,但并没有推行"配售分开",期间为了推进电价改革和大用户直购电试点,国家发展和改革委员会分别于 2007 年 7 月 5 日、2008 年 11 月 3 日公布了 2006 年、2007 年各省(自治区、直辖市)电网输配电价和销售电价标准(见表 13 - 1 和表 13 - 2)。(国家发展和改革委员会,2007,2008)

在具体实施过程中,大用户直供电试点工作进展不如预期,此后也没有相应输配电价格标准公布。直至 2014 年 10 月 23 日,为探索建立健全、科学、合理的输配电价形成机制,推进电力市场化改革,国家发展和改革委员会决定在深圳市开展输配电价改革试点。(国家发展和改革委员会,2014)

在电力产业链各环节的价格形成机制中,中国有独立的上网电价和销售电价,还没有具体的输配电价,输配电价格只能通过销售电价和上网电价之间的价格差才能体现出来。原中国国家电力监管委员会在监管过程中,根据上网电价和输配电价来计算相应的输配电价格,在其出版电力监管年度报告中,给出相应的输配电价格、占销售电价比重等,详细内容参见原国家电力监管委员会发布的 2006—2011 年《电力监管年度报告》和中国电力企业联合会发布的 2012 年《中国电力发展报告》。

表 13 - 1　　　　2006 年各省(自治区、直辖市)电网输配
电价和销售电价标准表

地区	销售电价 元/千千瓦时	输配电价 元/千千瓦时
京津唐	525.32	156.18
山西	408.63	123.47
河北	440.92	95.28
山东	478.48	90.59
上海	649.60	196.76

续表

地区	销售电价 元/千千瓦时	输配电价 元/千千瓦时
浙江	569.28	111.52
江苏	590.13	160.75
安徽	503.37	126.54
福建	490.13	113.65
湖北	516.75	154.25
河南	429.24	82.70
湖南	496.41	149.60
江西	506.82	126.29
四川	465.76	147.08
重庆	507.04	173.80
陕西	420.74	123.80
甘肃	356.65	129.22
青海	291.43	108.75
宁夏	358.72	130.83
新疆	417.13	193.58
黑龙江	482.22	160.78
吉林	485.62	136.24
辽宁	508.55	151.05
广东	681.90	180.93
广西	449.70	111.57
云南	392.33	140.36
贵州	377.29	95.01
海南	615.23	215.44
内蒙西	352.61	97.68

注：新疆自治区输配电价标准只含乌鲁木齐电网。

表13-2　　　2007年各省（自治区、直辖市）电网输配
电价和销售电价标准表

地区	输配电价	销售电价
	元/千千瓦时	元/千千瓦时
北京	162.68	625.03
天津	136.32	543.24
河北南网	98.65	459.25
山西	126.13	421.52
内蒙西	83.04	342.06
山东	95.22	492.60
上海	195.14	663.12
江苏	169.90	594.86
浙江	109.52	573.26
安徽	129.50	511.92
福建	103.39	490.32
湖北	165.09	532.00
河南	80.76	431.51
湖南	155.55	510.55
江西	131.11	516.42
重庆	181.72	526.35
四川	167.56	487.43
陕西	131.98	434.72
甘肃	131.48	371.93
宁夏	128.17	381.57
青海	105.41	306.16
新疆	187.52	450.98
辽宁	153.65	522.31
吉林	161.00	527.05
黑龙江	162.28	516.91
广东	181.02	689.68
广西	118.92	457.04
云南	140.21	392.13

续表

地区	输配电价	销售电价
	元/千千瓦时	元/千千瓦时
贵州	108.78	386.82
海南	206.82	614.69
西藏	169.68	508.53

注：(1) 上述电价已排除跨省区送电、输配电损耗等因素的影响；(2) 上述电价均含税，不含政府性基金和附加。

3. 销售电价机制

中国终端销售电价实施的是目录电价制度，即由政府定价。目录电价是根据用户类型不同，把销售电价划分为居民用电、工商业用电、大工业用电和农业用电等大类，并按电压等级和地区规定了不同的用电价格。在具体实施过程中，各省的电价目录基本相同，但各类别的电价水平存在差异，其具体的定价需要经过国家发展和改革委员会核准全省统一目录电价后公布并实施。

新一轮电力体制改革，将对电力行业格局产生较大的影响。我国经济由高速增长进入中高速增长阶段，电力供应供大于求问题逐步突出。电价放开后，火电企业上网电价由于电力需求不足和市场竞争激烈有可能下降。为了应对市场需求的变化，发电企业将加速横向整合，并积极进入售电侧，实现纵向一体化经营。

输配电由于属于自然垄断环节，价格仍由政府管制，改革方案是按有效资产合理收益率的办法制订输配电价，目前正在试点阶段，无法确定电改完成后的输配电价是否低于电改前，但根据深圳市等地区电改方案，输配电价下降的可能性较大，对电网净利润有较大影响。

售电环节电价水平，即售电价格是由市场交易决定的。目前国内有多个试点省市，开展售电业务，各地价格不一。2016 年，某试点全年年初计划安排市场交易规模 420 亿 kWh，其中年度双边协商交易 280 亿 kWh，月度竞争交易 140 亿 kWh。从实际执行情况看，年度双边协商交易 1 次，签订年度合约电量 280 亿 kWh，签订合同 188 份，与用户平均交易价差为 -11.11 厘/kWh。个别发电企业与所属售电公司签订的年度合同价差是市场平均价差的 9 倍。月度竞争交易 7 次（3—9 月），交易电量 159.8 亿 kWh，超年初计划 19.8 亿 kWh，平均交易结算价差约为 -73.14 厘/kWh。从电量比例看，售电公司成交电量约占总成交电量的 73%；其余为大用户直接参与交易的电量。总的看来，售电电价呈下降趋势。

（二）俄罗斯的电价机制

1. 上网电价机制

俄罗斯批发市场划分为两个价格区，第一区域包括俄罗斯的欧洲部分和乌拉尔地区，第二区域包括西伯利亚地区。俄罗斯电力批发市场包括受管制的合同市场、日前市场、平衡市场、衍生品市场和辅助服务市场。受管制的合同市场采用双边交易市场模式，参与交易的发电商和售电商选定一个交割区域作为参考区域，以该区域价格作为合同价格，而区域价格则是依据发电成本加上不高于 10% 的收益率核定，并可根据燃料成本变化和通货膨胀情况进行调整（曾鸣，2013）。电力双边交易合同必须在非营利交易管理系统（ATS）处登记。

日前市场交易的电量在第一价格区只占总需求很小比例，在第二价格区占总需求比例为 10%。日前市场没有价格上限，俄罗斯联邦反垄断局（FAS）监管日前市场的市场力行为。俄罗斯日前市场和平衡市场的一个显著特征是采用节点边际电价（LMP），其原因是俄罗斯的输电网络比较薄弱。电力衍生品市场受莫斯科交易所的能源交易监督。每年系统运营商（SO）组织一次发电商的竞价来选择辅助服务提供商。

2. 输配电价形成机制

作为自然垄断的输配电环节，输配电价在电力市场化国家均受到监管。世界上电力市场化国家比较成熟的监管模式主要包括投资回报率、价格上限、收入上限和标尺竞争（谭忠富等，2008），其中俄罗斯输配电价机制采用的是基于投资回报率（RAB）的监管模式，输配电价是根据电网投资、运营成本和合理回报确定的。为了避免输配电价格飙升，基于回报率的监管模式提供了在长期监管期内重新分配总收入平滑机制，即每年确定的投资回报率不相同。2010 年，俄罗斯联邦电网公司开始实施输配电定价模式，并分管制前和管制后形成资产分别确定回报率，2011 年该管制模式在高压配电网资产中采用（魏玢，2013）。

表 13 – 3　俄罗斯联邦价格监督局确定的 2010—2014 年监管期联邦电网的投资回报率

指标	单位	2010	2011	2012	2013	2014
投资回报率（2010.01.01 前投资）	%	39.00	5.20	6.50	7.80	10.00
投资回报率（2010.01.01 后投资）	%	11.00	11.00	11.00	10.00	10.00
投资回收期	年	35	35	35	35	35

3. 销售电价机制

作为竞争性的零售侧市场，除居民用户外销售电价机制是以市场竞争形成为主。售电公司从批发市场购电后再销售给用户，销售电价实际上是将批发市场价格传导给用户，其反映了批发市场电价的波动。目前，大工业和商业用户可以任意选择售电公司，而居民用户和未选择售电公司的用户由责任售电商向其售电。在俄罗斯西部和乌拉尔地区终端销售电价较高，而在廉价水电丰富的西伯利亚地区终端销售电价较低。

居民电力供应仍受管制，管制的居民用电电价并不反映电力生产成本。俄罗斯联邦价格监督局和地方政府每年修订一次居民电价，责任售电商需接受政府的建议价格。2011 年，俄罗斯西部和乌拉尔地区的居民平均电价为 2670 卢布/MWh，西伯利亚地区的居民平均电价为 1600 卢布/MWh。责任售电商需要以管制价格从 2011 年 1 月 1 日起继续为所有的居民用户供电 3 年（D. Kuleshov, et al, 2012）。为此，责任售电公司必须在批发市场与预先设定的发电商签订管制合同。俄罗斯政府计划从 2014—2017 年逐步放开对居民用电电价的管制。

(三) 中俄电价机制比较

结合上述分析，本章分别从发电环节、输配电环节、销售环节对中俄两国的电价机制进行比较，见表13-4。

表13-4　　　　　　　　　　中俄电价机制比较

电力产业链环节	发电环节	输配电环节	销售环节
中国	政府核准的标杆电价上网电价及双边合同供电定价	输配电价改革方向是形成独立的输配电价，目前正在试点阶段	正在进行独立的售电价改革试点
俄罗斯	受管制的双边合同电价及市场竞争下的边际电价	有独立的输配电价，输配电价的制定是基于管制资产投资回报率的定价	上游发上网电价和输配电价等的传导和反映

注：该表为作者整理。

1. 上网电价机制差异

中国的上网电价机制几经改进，形成了目前的标杆电价政策，即按照省平均成本统一定价，这需要政府电价制定部门真实了解发电企业的电力生产成本。考虑到发电企业和政府上网电价制定部门的信息不对称，政府上网电价制定部门很难真实了解发电企业的成本。在上网电价制定过程中，往往是根据发电企业上报的成本来确定相应的上网电价水平。此外，在电力生产过程中，特别是火力发电企业燃料价格是不断变动的，而政府核准的上网电价很难及时反映燃料价格变动，虽然中国政府出台了相应煤电价格联动政策，但煤电价格联动政策需要政府部门批准，其周期较长。在煤价上涨较快时，发电企业普遍面临着亏损，而在煤价下降时，上网电价不能及时下调。从煤电价格联动政策执行效果看，这种政策执行过程中不但增加了政府的行政成本，而且导致发电企业现金流不均衡，影响发电企业的正常经营。

俄罗斯上网电价包括受管制的合约市场和市场竞价两部分，此种上网电价机制能够反映价值规律和发电成本的变化，突出价格信号对发电投资的引导作用，约束发电投资工程成本，提高发电效率，促进发电企业竞争力的提升。受管制的合约市场是依据发电成本加上不高于10%的收益率确定，其合约价格可以每年调整一次，合约市场保证上网电价整体水平的稳定。而竞争市场中形成的电价（如日前市场等）又保证了发电企业燃料成本的变化，能够保证发电企业现金流的稳定，有利于发电企业的正常经营。

2. 输配电价机制

俄罗斯输配电价机制采用的是管制资产投资收益率方式来确定输配电价格，输配电企业能够保证获得相应收益。清晰透明的输配电价格能够使上游的上网电价向下游传导，使得上游上网电价和下游销售电价能够反映相应成本变动和供求关系，能够保证电力产业链各环节相应企业按照市场规律办事，防止价格扭曲和违背价值规律事情的发生。中国目前正在进行输配电价独立改革的试点。此前，作为自然垄断的电网企业，由于配售没有分开，在政府部门核准的各省目录电价中，电网企业话语权较大。在实际执行销售电价时，还具有众多自有裁量权。在此种电价机制中，不利于引导电网企业投资，电网企业就不能从经济效率角度来降低电网的建设成本，也没有动力去提升运营效率。

3. 销售电价机制

销售电价电力产品最终价值反映。新一轮电改之前，中国的销售电价是由国家发展和改革委员会核准目录电价。在具体实施过程中，中国政府把销售电价作为宏观经济调控手段，对于不用电力消费者设定不同电价水平，使得销售电价不能反映相应成本。如前所述，由于煤电价格联动政策执行得滞后和不到位，上网电价不能及时传导给下游用户，销售电价也不反映电力的供求关系。这种状况在新一轮改革之后，会有所改善。

俄罗斯销售电价机制能够把上游上网电价和输配电价等传导给下游用户，销售电价由上网电价、基础部门的手续费、输电价格、配电价格和售电企业利润等组成，销售电价能够反映电力产业链各环节的成本及供求关系。在电力供求不足时，发电企业处于卖方市场地位，无论是管制合约市场还是日前市场等价格均会不同程度上升，导致销售电价上升。对电力投资者而言，会增加相应投资从而增加供给，起到引导电力投资的作用；对消费者而言销售电价上升，会促使电力消费者节约电力，抑制部分电力需求。

三　中俄电价水平比较

除了价格机制外，电价水平是影响中俄电力互联互通的一个重要因素，为此本文对中俄电价水平进行比较分析。一个国家或地区的电价水平受多种因素影响，如供求关系、发电一次能源结构及成本、技术水平、政府政策等。本部分不探讨电价水平的影响因素，只是对中俄电价水平的高低进行对比，以说明电价水平的高低对中俄电力互联互通的影响。

（一）中国的电价水平

中国的电价统计数据不是很全面，本部分对现有公开的电价数据进行了搜集和整理，数据主要来源是《电力监管年度报告》（2006—2011）以及《中国电力行业发展报告》（2012），见表13-5。从横向的销售电价和上网电价数据看，南方电网公司区域电价水平最高，国家电网公司区域其次，内蒙古自治区电价水平最低。由于部分电价统计数据的缺失，考虑电价数据的代表性和相似性，本部分以国家电网公司的平均销售电价和平均购电价来代表中国的平均销售电价和上网电价。近几年，中国的销售电价和上网电价温和上升。以国家电网公司区域为例，2006—2012年，平均销售电价年均增长率为4.76%，平均购电价年均增长率为3.82%。

表13-5　　　　　　中国销售电价和上网电价　　　　　　单位：元/MWh

年份	2005	2006	2007	2008	2009	2010	2011	2012
（1）平均销售电价	484.98	499.04	514.07	523.48	534.29	571.44	583.16	—
国家电网公司	—	471.00	501.49	519.17	533.69	569.81	583.67	622.59

续表

年份	2005	2006	2007	2008	2009	2010	2011	2012
南方电网公司	—	575.00	568.07	576.71	569.76	614.20	618.16	675.09
内蒙古电力公司	—	—	337.44	349.12	360.42	389.46	392.53	—
（2）平均购电价	337.76	345.77	347.36	364.50	383.69	383.89	396.50	
国家电网公司	—	329.98	343.62	359.45	381.08	381.70	395.47	413.31
南方电网公司	—	396.18	381.38	406.54	416.14	414.14	423.56	423.08
内蒙古电力公司	—	—	251.99	258.34	271.39	277.31	285.19	—
（3）五大发电集团平均上网电价	303.76	317.93	326.74	347.34	367.61	374.10	—	—

注：(1) 销售电价未含政府性基金和附加。(2) 2005 年数据是根据《电力监管年度报告》(2006) 相关数据及其增长率推算得出的。(3) 电网公司平均购电价格实际上是全部发电的机组平均上网电价。(4) "—" 表示没有该项数据。

（二）俄罗斯的电价水平

俄罗斯的电价统计数据也不是很全面，本部分销售电价数据利用 Akhmedjonov A. 和 Lau C. K. (2012) 所采用数据，并以电价和热价指数对 2010—2013 年的数据进行推算；上网电价数据，其中 2005—2007 年的数据主要来源于俄罗斯统一电力系统股份有限公司年报，2008—2013 年的数据根据电力生产者价格指数进行推算。在 2005—2013 年，俄罗斯的平均销售电价和上网电价均大幅度飙升，其中平均销售电价年均增长率为 12.18%，平均上网电价年均增长率为 10.71%。

表 13-6　　　　俄罗斯平均销售电价和平均上网电价　　　　单位：卢布/MWh

年份	2005	2006	2007	2008	2009	2010	2011	2012	2013
平均销售电价	1124.7	1299.9	1443.2	1636.5	2039.1	2320.9	2439.0	2609.0	2820.4
平均上网电价	469.2	542.4	523.9	598.8	700.0	802.9	900.1	984.7	1058.5

注：(1) 销售电价为当年12月份价格，其中 2005—2009 年的数据来源于文献 Akhmedjonov A. 和 Lau C. K. (2012)，2010—2013 年数据为作者根据电价和热价指数推算得出。(2) 上网电价数为当年12月的价格，2005—2007 年的数据来源于俄罗斯统一电力股份有限公司各年年报，2008—2013 年的数据为作者根据俄罗斯统计局公布电力生产者价格指数推断得出。

(三) 中俄电价水平比较

中俄两国电价计量单位均为本国货币单位，为了达到对比目的，本书采用年平均汇率对电价进行换算，统一换算为美元表示的电价。电力互联互通作为中俄两国未来的能源领域的战略取向，两国的电价水平对互联互通具有重要影响。从中俄两国电价水平看，2012年中国平均销售电价和上网电价均高于俄罗斯，其中中国的平均销售电价是俄罗斯的2倍以上。中国的平均销售电价和上网电价高于俄罗斯，有利于中国从俄罗斯购进电力，而不利于中国向俄罗斯送电。实际上，俄罗斯能源资源特别是发电资源丰富，能源由俄罗斯向中国输送也符合能源分布国别之间不同的现实情况。

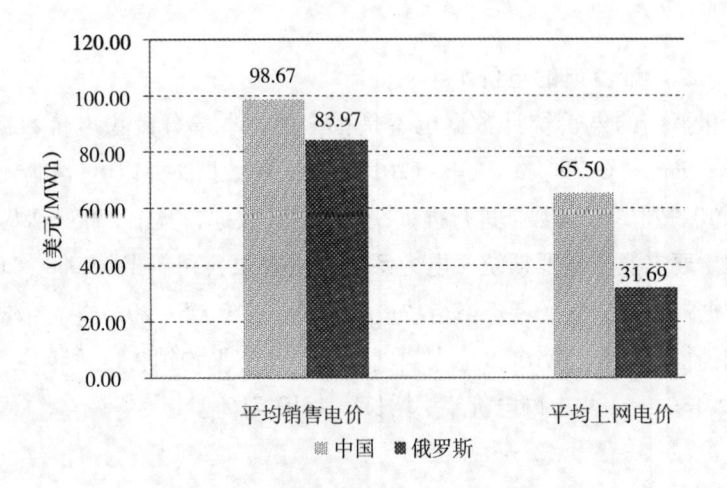

图 13-2　2012年中俄上网电价和销售电价比较

注：2012年中国的上网电价和销售电价以国家电网公司区域的平均销售电价和平均购电价格表示。

四　结论及启示

随着中国电力市场改革，中国的电价机制和俄罗斯的电价机制均趋于市场定价。中国的平均销售电价和上网电价均高于俄罗斯，特别是中国的上网电价是俄罗斯的 2 倍左右,这有利于俄罗斯向中国输送电力。为了能够达到中俄两国能源资源优势互补,更好地实现电力互联互通,中国需要改变现有的上网电价、输配电价以及销售电价的形成机制。为此给出如下政策建议。

一是中国政府尽快建立发电侧性的竞价上网机制。电力市场化改革是电力行业发展的趋势,在竞争性发电环节,世界上许多国家已经解除管制,实现竞价上网,发电价格由供求关系和发电成本决定,这有利于发电企业提升自身建设、运营水平、发电环节效率,实现节能减排。中国自 2002 年实施电力体制改革以来,已经有十多年,但电价改革比较滞后,限制发电企业竞争力和效率提升。目前中国经济增速放缓,已经出现电力供给大于需求局面,为实施竞价上网提供必要的前提条件。为此,中国可以借鉴俄罗斯上网电价形成机制,在过渡时期,绝大部分电量价格采用管制合约模式,保持价格总水平稳定,少部分电量采用竞价,反映发电成本的变化和电力供求关系。然后再逐步过渡到上网电价全部以市场竞争形成为主。

二是中国需要尽快形成独立的输配价形成机制。独立的输配电价是中俄两国电力互联互通的基础,清晰、透明的输配电价能够使得中俄两国的发电企业和用户在进行电力交易时明确电力输送费用,确定交易是否带来相应利益,决定是否进行交易。当前,中俄两国电力交易主要是以国家电网公司的名义与俄罗斯的电力企业进行交易,这种交易模式只有国家电网公司一家能够与俄罗斯的电力企业进行交易,交易参与者较少,渠道单一且缺乏竞争,不利于中俄电力的互联互通,不能切实发挥中俄两国能源资源领域的优势互补作用。独立的输配电价格及其输配电网络的放开,能够促使更多用户参与到中俄互联互通中来,增加交易者数量和拓宽交易渠道,能够发挥各方面力量来更好地实现电力互联互通。目前,中国的电网企业已经实现主辅分离,电网企业资产和费用均为输配电服务,中国政府应该尽快对电网企业的资产和费用进行审核,明确输配电企业的配电成本,为下一步制定相应输配电价格提供基础数据支撑。

三是中国需要建立能够反映供求关系和电力成本的销售电价机

制。中国在销售电价改革试点的基础上，要尽力实施全面的电价改革。中国需要在市场化上网电价和独立的输配电价基础上，建立反映发电成本、供求关系、输配电价格、售电企业利润等的销售电价形成机制，通过价格机制引导电力产业链各环节的投资、生产、运营和服务。

电价机制作为电力市场化的核心，尽快在竞争性发电环节和销售环节形成以市场竞争为主的价格形成机制，在自然垄断的输配电环节建立政府定价或政府指导的价格机制，有利于提升电力产业链各环节的企业提升效率，促进节能减排，扫除中国与周边国家在电力互联互通的价格机制方面的障碍。电力市场化下的电价机制牵涉发电、输配电和销售环节，对应各环节价格机制是相互影响、相应牵制的，中国政府在推进电价机制改革过程中，需要顶层设计和整体推进，才能使电价机制改革达到相应效果。

第十四章 中国对俄罗斯的电力投资

一 俄罗斯电力投资环境分析

(一) 经济全球化与金融市场化不断加深

俄罗斯自 2002—2008 年 GDP 以年均 6.6% 的速度高速增长，2012 年加入 WTO，逐渐与世界经济与全球经济接轨。但是 2008 年金融危机以来受欧美经济复苏疲软、油价持续走低、乌克兰危机及欧美的经济制裁，俄罗斯经济持续放缓，多方力量共同构成了对俄罗斯经济的打压。从长期看，如果未来全球经济和政治不出现大动荡，俄罗斯经济发展总体向好的趋势能够有稳定的保障。同时俄罗斯积极融入全球金融市场，大力实行金融自由化政策。不仅开放本国金融市场，允许外资进入，而且实行外汇自由化，实现了卢布与美元的统一汇率和浮动制度。

长期来看，俄罗斯经济保持中速增长的经济因素有：一是石油和天然气出口规模能够保持现有规模；二是消费和投资继续拉动经济增长；三是外贸出口保持小幅增长。制约俄罗斯经济发展的主要因素有：一是经济现代化资金不足以及资本流出加剧；二是实体经济发展不稳定；三是老龄人口增加，适龄人口下降；四是美国页岩气革命可能会对俄罗斯出口石油和天然气产生较大的影响。

(二) 政治、法律环境不稳定

政治环境不稳定是投资俄罗斯最大的风险。俄境内车臣分裂势力和其他犯罪势力影响社会安定，联邦中央政府和地方当局的摩擦分歧长期存在,与以美国为代表的北约组织长期对立,政府官员腐败及官僚作风,政府部门对外国企业投资干预过多等都是风险因素。

1999年以后颁布的《俄罗斯联邦外国投资法》标志着俄罗斯为改变吸引外资乏力的不良现象并完善引资政策而做出的努力,俄罗斯政府给予外国投资者与本国居民平等的国民待遇和大量的优惠政策,并提供一系列法律保障。为了进一步降低外资进入门槛,简化一些行业的手续,2011年俄罗斯修改《外国投资法》,在一些行业和地区实施积极的外资鼓励政策,鼓励外商投资者对传统产业进行投资,并给予一定的优惠政策。

但是值得注意的是,虽然俄罗斯目前在法律法规的制定上基本按照WTO规定的要求行事,这并不意味着俄罗斯在其法律法规的实际执行及其程序设置上兑现其投资优惠的承诺。

总体上说,俄罗斯在吸引外资方面的立法工作相对滞后,法律法规很不完善,而且经常变化,缺乏稳定性。联邦法律与地方法规有些地方脱节,不同领域的经济法律在同一类问题上缺乏一致性,而且这些法律变动较频繁,缺乏稳定性。外资政策执行缺乏附加保障体系且执行不透明,因此境外投资者与俄罗斯政府之间很难互相信任,从而致使俄罗斯每年都有大量的外资因此流失。

(三)基础设施陈旧,服务环境不尽如人意

俄罗斯幅员辽阔,地理环境复杂多变,由于出现投资危机,对固定资产的投资逐年减少,使许多工业设备、农业机械老化,亟待更新。公路交通较落后,铁路和航空、水运有一定基础,但多为在前苏联时期建造,较为陈旧。一些生产基础设施,如道路、电网和管道等严重超期服务。目前俄罗斯政府正大力投资改善基础设施建设,2011年11月俄罗斯总理宣布,俄罗斯政府拟在今后10年向交通领域注入巨资,全面提升现有铁路、公路和航空的运营条件,加快港口和机场等基础设施的现代化步伐。政府鼓励建立多种投资渠道,以弥补财政经费不足。俄罗斯的公共服务环境差强人意,官员腐败和行贿情况普遍存在于政府主管部门。俄罗斯联邦政府和地方政府在外商投资管理

方面各有分工，存在着审批程序繁琐，在外资流入过程中容易造成管理多头，无序管理等问题。

二 中国对俄罗斯电力投资的需求与条件

（一）中俄两国地理相近、能源供需互补

中俄电力合作的基础主要表现在两国的地缘优势和对电力的供求关系上，首先，两国山水相连，共同边界长达4000多km；俄罗斯一次能源的80%以上分布在乌拉尔山以东地区，距离中国华北和东北的能源消费中心，一般只有2000—3000km，这些明显的地缘优势使得中俄电力合作的成本降低，效率提高的潜力巨大，也是中俄进行多元电力合作的可行性条件和基础。

在能源领域，俄罗斯2009年就已经超过沙特阿拉伯成为世界第一大石油出口国。在天然气方面，俄罗斯也是储量、产量、出口量均排名世界第一的国家。随着中国经济的持续发展，石油和天然气都是中国今后要大量进口的产品。中俄能源领域的合作具有广阔的空间。在电力资源领域，俄罗斯水电和风电等可再生能源资源极其丰富。水资源总量仅次于巴西，居世界第2位。尤其是俄罗斯的西伯利亚与远东地区，资源丰富，人口稀少，工业尚不发达，电力有大量富余，这一地区没能得到使用的电力约有700万—1000万kWh。

中国近年来虽然电力供需紧张的矛盾有所缓解，但一次能源以煤为主的能源结构在短期内难以改变，而减排温室气体、解决环境与大气污染的问题又十分迫切，从俄罗斯购买电力及合作投资开发电力是我国节约资源、保护环境的客观需求。

（二）俄罗斯电力市场广阔，中国企业投资具有技术、资金保障

中国是世界发电和设备制造大国，电力装机容量和年发电量均居世界第2位，水电总装机容量位居世界第1位。目前中国电力企业已经掌握特高压输电核心技术和全套设备制造能力，在世界电网科技领域实现了"中国创造"和"中国引领"。中国电力企业技术先进、成

熟,在电站设备、电网设备工程领域具有建设周期短、造价低、质量好的优势和丰富的经验。

资金方面,中国电力企业有充裕的资金,中国有健全稳定的金融机构能够支持企业所需要的投融资项目,过去中国和俄罗斯的电力合作方式主要是中国进口俄罗斯的电力,现在中国企业已经完全具备"走出去"的条件。中俄间的电力合作应从简单的输电贸易扩展到投资等各领域。

中国的电力企业可以通过并购、独资等形式对俄电力行业进行投资,深化两国在电力领域的合作。俄罗斯有广阔的市场需求,未来10年,俄电力产业需要5500亿美元投资。2020年俄罗斯发电总量将占世界的7%以上。这关系到大规模和复杂的电站、电厂、电网的改扩建工程,320万km的电缆和横跨11个时区的输电、配电网的建设和修复以及大量的核电站的需求。俄罗斯广阔的电力市场将给与中国电力建设企业和电力设备制造企业极大的投资空间。

(三) 实现"一带一路"倡议的重要依托

俄罗斯是中国推动"一路一带"建设的重要伙伴,也是连接欧亚大陆的重要桥梁。俄罗斯为了转变经济结构,促进经济增长,发展西伯利亚和远东地区经济,加强与亚洲国家的经贸合作成为其国家发展战略的优先方向,这不仅为中国基建企业提供良好的发展机遇,也会给中国电力投资企业带来大量的投资机会。

沿丝绸之路经济带附近的国家电力分布不均衡。以俄罗斯、哈萨克斯坦、乌兹别克斯坦为代表的国家需要大量出口电力,而以印度、巴基斯坦、泰国等中南半岛,印度次大陆地区的国家基本需要进口电力。因此在亚洲范围内建立起中亚、蒙古、俄罗斯经中国向东南亚、南亚输电的电网互联模式,甚至可以设想构建一个"泛东亚电力自由贸易区",从而实现跨区域特高压电网互联互送,降低成本,实现经济优势互补,促进共同发展。

三 中国在俄罗斯电力投资的风险分析

政治风险：对俄电力投资的政治风险主要包括俄政府对外国资本实行国有化或部分国有化政策，政府领导层变动，不同利益集团之争，罢工、游行示威、敌视行为等给电力投资企业造成损失的风险。和其他投资项目相比，电力投资具有运营时间长、投资金额大等特点，因此电力企业境外投资时，遇到的一个最大的风险就是政治风险。叶利钦执政时期，围绕着政权的主导权，俄各种政治力量进行了频繁的政治斗争，引发了俄罗斯政局的不断动荡。普京执政8年，组成了一个以他为权力中心，以年轻专家为主的领导班子，有效地避免了政府总理与实权部长之间，政府与总统办公厅之间，政府部门与金融寡头之间的争权夺利。然而，始于2003年的"尤科斯"事件、2004年针对世界第三大烟草生产商日本烟草公司的税务诉讼案以及2006年"萨哈林2号"等频频爆出的突发事件使国际投资者在俄的投资信心备受打击。尽管中俄战略协作伙伴关系已进入第二个"十年"，从莫斯科"天客隆"超市的昙花一现、"科维克金"天然气项目的一波三折到中石油竞拍斯拉夫石油公司遭遇封杀等都表明中国企业对俄投资的政治阻力仍有增无减，中俄间"政热经冷"的关系格局将继续存在。

法律风险：境外投资国出台的法律不完善，或出台的政策限制了境外电力投资项目的发展，因此给投资方带来了损失，这就是法律风险。对俄电力投资的法律风险主要包括立法频繁变动风险、战略投资审查风险、投资模式风险、公司注册风险、投资设厂用地风险、环境保护风险、劳动力使用风险等（许立新，2013）。

俄罗斯法律不够健全和完善，并且经常变更，重要条款往往"朝令夕改"，给投资者带来了极大的不确定性。在某些涉及国家安全的投资领域，俄罗斯要对其进行战略审查，若没有通过审查，投资会被判定为无效。同时在俄罗斯的法律条款中，对外资企业的本国雇工数量和外籍劳工配额实行严格的限制制度，若投资企业处理不好，不但影响企业自身的发展，还会影响国家、民族之间的关系。近年来虽然俄罗斯也颁布了促进外国投资者投资的法律，但是在法律的执行方面缺乏透明度，影响投资者的投资热情。

经济风险：近几年来，随着全球经济危机的深化、能源消费疲软、美欧经济制裁的加剧以及政治风险的加大，俄罗斯面临的经济增速显著下滑，经济风险持续上升。首先，美欧制定了针对俄罗斯的制裁措施，主要是对重要官员实行签证制裁和资产冻结，美欧制裁打击了俄罗斯的消费和投资信心，引起资本大量外逃。其次，随着政治危机的演进，卢布的贬值风险将继续增大。2013年卢布兑美元汇率一年内已贬值近20%。2014年3月卢布对美元的汇率继续下降2.3%，卢布贬值导致俄罗斯国内通货膨胀风险处于高位。再次，美欧制裁加剧了俄罗斯能源出口的不确定性。欧盟有1/3的能源进口来自俄罗斯，每年进口俄罗斯天然气达1500亿m^3，相当于俄罗斯天然气出口量的3/4。如果乌克兰局势升级，美欧将对俄罗斯实施更广泛的行业制裁，同时如果美国对欧盟采取能源援助，扩大对欧能源出口，俄罗斯天然气出口将受到一定影响。又次，俄罗斯经济面临滞胀风险。主要表现为经济增速大幅下降，而通货膨胀率上升。最后，固定资产投资和企业投资疲软导致经济下滑。2014年固定资产投资增速持续下降，1月同比下降7%，2月同比下降3.5%。此外，俄工业企业自有资金不足、对经济短期复苏缺乏信心，导致企业投资降至3年来的最低水平。未来俄罗斯经济增长将在很大程度上仍取决于投资与信心的恢复。

社会文化风险：目前，"光头党"、寡头垄断、贫富差距悬殊、官员腐败等一系列社会问题仍困扰着俄罗斯政府，并且非短期内能够彻底解决。贫富差距悬殊、财产过于集中是俄罗斯经济的一大特征，这就是"寡头经济"现象。虽然俄全国范围内还有3000多万人生活在贫困线以下，但20多位俄罗斯亿万富翁却在世界富豪排行榜上占据着显赫的位置，他们控制了俄1/3以上具有战略意义的经济部门，控制着16%的就业岗位，还掌握着17%的银行资产。由于俄罗斯寡头经济的大量存在，使"寻租"现象增加，不利于企业间的公平竞争，也为中国企业从事正常的生产经营活动设置了人为障碍。

企业决策和经营风险：境外电力投资决策风险是指由于战略决策或投资决策错误给企业境外投资收益带来不利影响的因素。一方面，从事俄罗斯市场电力投资的中国企业多数是国有企业，由国务院国有资产监督管理委员会进行监管，大多数电力投资企业没有明确的战略定位和正确的战略方向，从而导致企业面临着战略决策风险。另一方面，中国企业在对俄罗斯进行电力投资的过程中，存在着多头管理、审批手续繁杂、缺乏清晰的总体战略与规划等问题，这些问题导致中国企业在俄罗斯进行电力投资时存在着一定的盲目性和无序性，使得企业面临着一定程度的投资决策风险。经营风险是指企业在境外投资过程中，由于市场条件、生产技术条件的变化以及企业自身的经营管理水平给企业带来损失的可能性。如何回收投资，提高收益是境外投资首要考虑的问题。电力投资项目由于投资大，建设与运营周期较长，因此未来的电力需求以及收益的预期，工程建设周期、建设质量以及对流域环境的保护等都可能出现意想不到的情形，并由此带来损失。在投资项目建设期间投资企业还面临建设成本、工期、工程建设质量以及环境保护等风险。此外，项目的投资、建设和运营的各个时期，投资企业都面临着一定的管理（如财务管理、人力资源管理等）方面的风险。

目前，在俄罗斯市场，中国企业相互之间为了获取更多的市场份额，个别企业想独享订单而相互压价，最终俄罗斯"渔翁得利"的例子很多。这可能损害我国企业在俄罗斯电力市场投资的整体利益。

四　中国对俄罗斯电力投资的风险防控措施

政治风险防控措施：在各类投资风险中，政治风险的影响作用最大，它也是最无法预料的，要想控制该风险，必须克服诸多困难。政治风险一般是，只要发生了，就没有办法挽回的严重性风险。最终的结果是投资者遭受巨大的损失。

首先，企业应充分发挥风险主体作用，通过投资前的实地调研、专家咨询等方法对东道国的政治风险进行评估，并结合企业根据自身情况设定的风险阈值来决定是否投资。如评估结果表明东道国政治风险超出风险阈值，则应选择规避在东道国投资，以免遭受难以承受的损失；如评估结果表明东道国政治风险未超出风险阈值，则应在投资的同时采取有效措施将风险转移，可以通过购买海外投资保险、与东道国本地资本合资经营、在东道国融资等多种方式，将政治风险部分转移给保险人或者当地合资人，从而减少自身承担的风险。

其次，投资风险持续中，实时关注政治风险的变动，并据此调整应对策略。政府应建立风险预警和紧急撤离制度。政治风险成因复杂，趋势不明，仅凭企业的力量难以有效地预测和防范。政府应充分利用其信息优势，对东道国的政治风险予以及时披露和预警，为企业的投资决策提供信息支持；同时，政府应制定紧急撤离的预案，一旦政治风险突发或失控，可以协助企业快速撤离，从而有效地避免混乱和延误。企业经营过程中，应结合政府披露的东道国政治风险程度，灵活调整经营策略。

再次，政治风险失控后，对投资项目的生产经营造成冲击，人员财产造成损害，采取事后追索方式以弥补损失。企业应在风险发生后，迅速认定人员和财产损失，保全相关的证据，并根据东道国和母国法律的公正程度和保护范围，选择有利于自身的诉讼方式，通过法律手段维护自身的合法权益。政府应建立国际投资外交援助制度，由于国际投资位于东道国内，远离母国，因政治风险引起的诉讼和纠纷中，企业处于相对弱势的地位，维权难度较大。这就需要母国政府提供相应的外交援助，以便企业能够进行有力的交涉，从而有效地挽回损失（赵文东，2014）。

法律风险防控措施：法律风险是境外电力投资颇为常见且极其致命的风险类型。风险产生的主要原因包括东道国立法上的不完备和执法上的歧视、投资者母国相关法律制度不健全、信息服务严重滞后、海外投资者法律意识不强、投资企业内部管理和治理制度不完善。

可以采用的防范海外投资法律风险的措施包括加强法律知识培训，提高投资者法律意识；完善企业法律风险防范内部治理机制，建立健全企业各项规章制度，完善法人治理结构，设立企业法律顾问制度，在合同的签订、履行和合同文本归档3个阶段进行有效的合同管理；完善海外投资企业的知识产权管理、保护机制；以及加强企业法律文化建设等（曹开阳，2014）。

经济风险防控措施：经济风险是指因经济前景不确定，各经济实体在从事正常的经济活动时，蒙受经济损失的可能性。近年来，俄罗斯虽大力发展基础设施、工业和服务业，但经济高度依赖自然资源出口的模式未有实质性改变。随着俄乌地区地缘政治危机升级，美国和欧盟对俄罗斯实行实质性的经济和金融制裁，对其经济和投资增长带来严重的负面影响。

中国电力投资企业在防范经济风险时的措施包括首先做好市场调研，详细了解所在国的经济政策、物价指数等。其次做好金融环境分析，根据外汇汇率变动，结合项目成本情况，合理确定支付币种（当地货币与美元）的比例，并在合同中注明，也可采用变动汇率（升值或贬值幅度）等货币保值条款，尽可能地转嫁外汇风险带来的损失。需要说明的是，必须加强外币结算及汇率风险防范研究，开展汇率影响分析，并在海外项目开发时充分考虑汇率因素，结合国际金融环境，选择有利的货币结算和汇率结算方式，针对在建项目出现的外币结算及汇率较大变动问题适时向业主方反馈意见，争取合理补偿（李松涛，2012）。

社会文化风险防控措施：社会文化风险也是对俄电力投资过程中不可忽视的一种风险。俄罗斯民族众多，文化习俗、宗教信仰差异巨大，做好社会文化风险的防范工作对于电力企业能否成功投资并取得收益十分重要。可以采取的建议防范措施包括：一方面，项目前期电力企业组织有关人员详细了解东道国的实际情况，制定各项应急预案，保障人身安全及财产安全，使项目人员在稳定的环境下工作；另一方面，根据所在国社会环境、习俗等因素，提前做好相关资料收集，尊重当地的人文环境和自然环境，合理安排工期，并做好相关的公关工作，最大限度地取得业主方的支持与帮助，最大限度地保证项目实施。

企业决策和经营风险防控措施：境外电力投资失败很多并非由外部因素导致的，而是由企业自身经营、决策不合理导致的。因此有效防范企业自身风险非常重要。企业防范自身的决策和经营风险的措施包括合理做好财务方面的成本安排工作，为了应对项目可能存在的风险，需要做好融资和成本估算；明确项目管理工作，对关键技术注意把控，增加对技术员工和管理层的培训；对战略投资和战略方向必须严格审批和决策，注重风险回避，确保风险可控。

第十五章 中国电力市场改革与电网对外开放的协同研究

改革开放 40 年来，中国不断推进电力体制改革。20 世纪 80 年代初，为缓解电力紧缺，以山东龙口电厂引入外资为标志，中国开始实行多家集资办电，此后至 21 世纪初，中国电力体制改革先后经历了集资办电、政企分开、公司化改革等不同阶段。2002 年 2 月，国务院发布《国务院关于印发电力体制改革方案的通知》（国发〔2002〕5 号，以下简称"5 号文"），决定对电力工业实施以"厂网分开、竞价上网、打破垄断、引入竞争"为主要内容的新一轮电力体制改革。此后 10 年，中国在电力企业重组、电力监管、电价改革和电力市场建设等方面取得了重要进展，但也出现了一些问题。2015 年国务院发布《关于进一步深化电力体制改革的若干意见》（中发〔2015〕9 号，以下简称"9 号文"），提出一系列深化电力体制改革的措施。电力体制改革的深入不仅有利于提高市场活力，而且有利于电力对外开放，为电力互联互通奠定制度基础。

一 以"5 号文"为指导的中国电力市场化改革

（一）主要成效与进展

1. 进行行业结构重组，建立市场监管和宏观管理机构

2002 年 12 月，根据改革方案，国家电力公司拆分为两大电网公司和五大发电集团，成立四大辅业集团公司，实现了厂网分开和中央

层面电力主辅分开。

2011年9月，电网主辅分离改革方案获国务院批复，原四大辅业集团公司及两大电网公司下属的辅业单位重组成中国电力建设集团和中国能源建设集团两大公司，主辅分开全面完成。

进行行业重组的同时，成立了市场监管机构。2003年3月，国家电力监管委员会（以下简称电监会）成立，履行全国电力监管职责。逐步建立国家、区域、省层面的电力监管组织体系。2005年2月，《电力监管条例》出台，成为国家电力监管委员会实施监管的法律依据。随后电监会相继出台系列监管法规，全面开展电力安全、供电质量、市场建设与监督等监管工作。

2008年3月，国家能源局成立，负责拟订并组织实施能源行业规划、产业政策和标准，发展新能源，促进能源节约等。2013年3月，国家电力监管委员会并入国家能源局。

2. 推进电价机制改革

制定电价改革方案。2003年7月，国务院《国务院办公厅关于印发电价改革方案的通知》（国发〔2003〕62号），提出了上网电价、输配电价、销售电价的改革目标和电价管理原则。2005年5月，国家发展和改革委员会出台《上网电价管理暂行办法》《输配电价管理暂行办法》《销售电价管理暂行办法》等配套实施办法，对电价改革措施进行了细化，标志着我国电价改革迈出重要一步。

调整电价形成机制和价格水平。2004年出台了燃煤机组标杆上网电价政策和煤电价格联动机制，并开始逐步推进城乡用电同价和工商用电并价；2006年出台可再生能源价格政策，设立可再生能源电价附加基金；2007年出台燃煤机组脱硫电价政策；2009—2011年先后出台风电、生物质、垃圾焚烧和光伏标杆上网电价；2012年出台居民阶梯电价政策；2013年出台燃煤机组脱硝电价政策。尽管不断完善电价形成机制，但电价水平仍由政府撑控。2003年以来，受煤电价格上涨、环保加价、基金附加和投资等因素影响，政府多次调价，销售电价调整8次，共上调17.32分/kWh；上网环节调整9次，提高13.67分/kWh；电网环节调整5次，上调2.08分/kWh。

3. 探索建设竞争性电力市场，在部分省市进行改革试点

从 2003 年开始，电监会相继出台了《关于区域电力市场建设指导意见》等电力市场建设的指导性文件，在此基础上，东北、华东、南方区域电力市场开展了试点建设工作，东北区域电力市场 2004 年投入试运行，华东和南方区域电力市场分别于 2004 年、2005 年开展了模拟运行工作，受多种因素制约，2006 年区域电力市场试点暂停。

2004 年，国家发展和改革委员会和电监会印发了《电力用户向发电企业直接购电试点暂行办法》，大用户直接交易试点正式启动。2005 年 3 月，吉林炭素公司、吉林龙华热电公司、吉林省电力公司签订了《电量直接购售合同》和《委托输电服务合同》，全国首家大用户向发电企业直接购电试点正式启动。2009 年以来进一步增加大用户直接交易试点，目前 7 个省开展了试点工作。

(二) "5 号文"改革仍没有解决的矛盾和问题

自 2002 年以来，在"5 号文"指导下的改革取得了一定进展，电力投资主体多元化，电力投资达到前所未有的规模，火力发电厂造价明显下降，技术装备水平明显提升，电力工业实现了快速发展和安全稳定供应，建成了世界规模最大的互联电网，风电接网规模世界第一。但也出现了一些问题，主要表现在资源配置效率不高，发展质量和环境状况堪忧。

1. 电力建设缺乏统一规划和协调，发展质量和效益不高

厂网分开后，缺乏与分散体制相适应的统一规划和投资管理机制，出现了"跑马圈地"、电源无序建设问题，造成电源与电网建设不配套，供电能力与电力需求不匹配等问题，行业整体发展效率不高。2012 年，全国火电机组的发电利用小时数从 2004 年最高峰的 5997 小时下降到 4965 小时，部分地区发电能力明显冗余，五大发电集团的负债率高达 85% 以上。部分跨区输电工程已投产，但送端电源核准和建设严重滞后，电网资产不能得到有效利用。

2. 过度依赖煤电和远距离输煤，资源和环境难以支撑

长期以来，中国形成了煤电为主、区域平衡、跨区运煤的电力发

展格局。随着中东部煤资源的逐步枯竭、煤利用对生态环境的破坏日益加剧,这种发展方式已经难以维系。2012年中国火电发电量占比78.6%,排放的SO_2和NO_X分别占全国排放总量的42%和40%,污染物排放形成的PM2.5在中东部地区一线城市的比重约占7%—21%,CO_2排放占50%以上,煤电已经成为中东部地区控制污染和降低排放的重要治理对象,"长三角"地区每平方公里年SO_2排放量达到45吨,是全国平均水平的20倍。同时,长期依靠铁路、水路、公路远距离运输煤炭,也带来了较大的能量损失和供应的不稳定问题。相比较,电网长距离输送能源具有的经济和环境优势未得到有效利用。

3. 新能源缺乏科学发展机制,并网消纳困难

中国风电和太阳能发电发展迅速,2012年风电并网装机容量为6083万kW,太阳能发电并网装机容量为328万kW。风电和太阳能发电具有随机性、间歇性、波动性的特点,影响电力系统稳定运行,需要其它电源提供辅助服务,才能在确保安全的前提下使发电能力得到充分利用。但是,中国一些地区在推进新能源开发时,缺乏对本地负荷需求、灵活的电源调节能力、并网扩大消纳范围,以及配套电网建设的统筹考虑,运行中由于系统调峰能力受限、缺乏对辅助服务的补偿,导致并网消纳困难。2012年内蒙古、吉林两个风电大省,冬季供热期间风力发电出力受限50%。

4. 电价水平和结构不合理,资源利用效率低

电价由政府制定,未形成市场化的定价机制。目前电价总体水平偏低、结构不合理、传导机制不畅。从居民与工业用电加权平均电价看,在包含美、英、日、墨西哥等在内的38个国家中,2011年中国电价居倒数第4,仅为平均水平的56%。电价没有反映真实成本和市场供求关系,无法发挥合理引导电力生产和消费的作用,出现了电力资源浪费、利用效率不高、生产效益下降等问题。近年来煤电价格矛盾不断激化,电力企业经营效益持续下降,连续多年出现发电缺煤停机现象,增加了供电安全压力。例如,2002—2012年,中国电煤价格年均涨幅为13%,销售电价年均涨幅仅4%,同期CPI年均涨幅3.7%。2008—2009年由于煤电价格联动不到位,大部分电力企业曾

一度经营困难。

5. 市场机制尚未形成，资源配置效率提高受到制约

厂网分开改革后，并没有建立有效的市场竞争机制。电力行业从行业规划、项目审批，到价格管制和供用电量等仍按照原计划模式运行，政府审批程序繁琐，信息不透明，对企业经营的行政干预仍较多，而与市场化相适应的监管能力不足，有效的监管方法和手段尚未建立。在这种形势下，发电上网，既不实行系统成本最低的经济调度，也没有实行煤炭消耗最小的节能调度，不能有效引导企业提高效率和降低能耗。同时，以省为基础安排电力生产计划，跨省区电力交易以调剂余缺为主，价格不能自由协商，交易受到制约，风电、太阳能、西南水电等清洁能源跨省区消纳困难。四川大量水电由于无法跨区交易，2013 年弃水达到 150 亿 kWh。

解决上述问题，需要中国加快电力行业市场机制建设、充分发挥市场配置资源的决定性作用。通过引入竞争，建立电力市场，形成充分反映资源稀缺性和环境外部性的电力价格体系，利用价格信号引导投资和消费，促进清洁能源发展，实现全国范围配置电力资源，提升资源配置效率，转变电力发展方式。

二 进一步深化电力市场化改革的必要性

立足国情推进改革，是世界各国实施电力体制改革普遍遵循的原则。中国经济社会所处的发展阶段、具有的能源禀赋、基本经济制度和体制转轨等国情，与先期实施电力改革的西方国家存在较大不同，需要深入研究这些特殊国情对电力市场化改革的要求和影响，探索出一条具有中国特色的改革发展道路。

（一）进一步改革的必要性和背景

1. 中国一次能源以煤为主，电力市场建设要促进煤炭集约化和清洁化发展

中国"多煤、缺油、少气"，截至 2009 年，中国煤炭剩余经济可

采储量为 1636.9 亿吨，占化石能源可采储量的 94.4%，是发电的主要能源。2012 年，中国一次能源消费总量为 36.2 亿吨标准煤，煤炭占比高达 66.4%。石油占 21%，天然气、水电、核电、风能、太阳能等所占比重为 10.1%。其中，发电用煤占煤炭消费的 55%，煤电发电量占总发电量的 73.9%。为满足经济社会发展要求，未来较长一段时期内，煤炭仍将是中国的主要能源，预计 2020 年煤炭需求达到 30 亿吨标准煤，占能源消费的 58.4%，煤电发电量达到 6.3 万亿 kWh，占总发电量的 72.7%。

中国推进市场化改革必须统筹解决煤炭高效、集约和清洁利用问题。中国共产党的"十八大"首次提出了建设生态文明社会，推进能源生产和消费革命。从煤炭开发和利用来看，为保护生态环境，煤炭必须走集约化和清洁化发展道路，其中推进煤电集约化发展、合理布局煤电格局、积极发展清洁化技术是关键。一是将优化电源布局与煤炭基地建设相结合，加大煤炭基地的就地转化率，通过建设坑口电站和跨区输电，缓解中东部地区的环境压力，实现污染排放的集中治理。同时，通过输煤输电并举的能源综合运输方式，减缓煤炭运输压力，降低长期以来公路运输煤炭带来的不合理能源损耗。二是要加大清洁煤电技术的研发和推广，如推广超临界发电机组、循环硫化床技术，发展 IGCC 发电，进一步完善推广火电厂脱硝和脱汞技术，积极开展 CCS 技术研究和试点示范工程建设等。这些要求，需要在市场化改革中考虑更多的环境目标，使改革有利于综合协调统筹电源与电网、上下游关联产业、电力用户、自然生态环境之间的关系，推动电力企业与利益相关方的长期可持续发展。

2. 中国能源资源分布不均衡，与周边国家互补性强，电力市场建设要有利于促进资源大范围配置，促进与周边国家电网互联互通，实现能源供应多元化

与已经实现工业化的国家相比，中国是一个能源较为紧缺的国家，而且煤炭等主要能源禀赋在经济地理上呈现集中连片且东西部不均衡等重要特征，与能源消费呈现显著的逆向分布。国家统计局和国土资源部相关数据显示，截至 2011 年，中国东部 13 省 GDP 所占比

重为61.7%，一次能源和电力消费比重达到53.5%和57.1%，但煤炭基础储量比重仅为10.5%。而中国西部12省（市、自治区）尽管拥有十分丰富的能源资源，但是GDP比重仅为18.6%。

从目前评估的可再生能源资源分布来看，蒙东、蒙西、新疆哈密、甘肃酒泉、河北坝上、吉林、山东沿海和江苏近海等大型风电基地风能资源丰富，占全国潜在开发量的80%左右，西北的青藏高原、甘肃北部、宁夏北部和新疆南部等地区是中国太阳能资源最丰富的地区，具有利用太阳能的良好条件。中国《可再生能源发展"十二五"规划》（发改能源〔2012〕1207号）提出，未来重点在"三北"及东部沿海地区建设大型风电基地，预计2020年全国风电的90%左右分布在"三北"地区；大型太阳能电站主要分布在西部、北部地区，占全国规划总规模的50%左右。

中国能源资源与能源需求逆向分布的这种特点，客观上决定了中国必须走大规模、跨区域调配的能源发展道路，电力资源也应该在全国范围内合理配置，实现电源互补、备用共享。"十一五"期间，西部地区在此方面由后备区转变为自给区，"十二五"期间，随着大煤电、大水电、大规模可再生能源基地等能源发展战略的逐步落实，中国能源重心将逐步向西部转移。这一能源禀赋的客观现实和发展战略要求中国必须通过建设全国骨干电网实现电力资源的跨区域、远距离、大容量、低损耗和高效率输送。因此，电力改革应有利于促进基本能源流的形成和畅通，促进跨大区电网的发展。电力市场体系的建设和电力市场模式的选择应有利于改变就地平衡的模式，促进大范围的电力交易。

从中国周边情况来看，周边国家能源资源丰富，与中国互补性强，应积极促进和发展跨国电网互联，以实现跨地区、跨国家的资源优化配置，形成更大范围内更加经济、合理的电力市场。习总书记提出的"一带一路"倡议，使得中国与周边国家实现电力基础设施互联互通成为现实选择。目前中国与周边国家已建成18条跨国输电通道，跨国电力输送不仅调节了国内外电力需求，还有力地带动了相关国家的经济发展，提升了中国的国际影响力。未来电力市场建设应有利于促进中国与周边地区的电力合作与联网，促进中国和周边地区的经济、能源、环境协调发展。

3. 中国经济仍处于较快增长阶段，促进发展是电力市场建设的首要目标。

2012年中国人均GDP达到6100美元①，已达到中等收入国家水平，"十八大"报告明确指出，2020年中国全面建成小康社会，实现国内生产总值和城乡居民人均收入比2010年翻一番，预计10年内中国GDP年平均增长率为7.8%，届时人均GDP达到10000美元，实现人均GDP的"倍增"。② 从西方发达国家发展经验看，"人均GDP倍增"发展阶段，是能源和电力需求快速增长的阶段，这一阶段英国（1935—1969年）、美国（1935—1951年）、日本（1962—1972年）的电力需求年均增长率分别为6.9%、5.1%、8.2%，中国预计达到7.2%。

为满足电力需求较快增长，中国未来仍需要大力投资电力基础设施建设。回顾世界电力发展的历史，电力工业市场化改革始于20世纪80年代末期，当时英美等发达国家已经完成了工业化发展，经济进入平稳增长阶段，电力需求增长缓慢，电力基础设施已较为完备，且出现了大量容量冗余，因此改革的首要目标是提高效率。这与中国当前发展阶段有很大不同。竞争市场中如何保持较快的投资增长，是近年来各国电力市场建设正在探索的问题，还没有成熟的经验。中国电力市场建设，需要把有效吸引投资、促进电力发展作为首要目标，建立适应国情的体制机制。

4. 中国经济发展进入"新常态"，经济社会加快发展转型，电力市场建设要促进电力行业发展质量、提高效益、保护生态环境。

经过30多年的快速增长，中国经济增长的动力已经发生显著变化，目前经济增速回落到7.5%左右。"十三五"期间，随着中国人口红利逐步减弱、要素成本快速上涨、投资边际效益降低、高耗能产

---

① 按当年价格计算。
② 按2011年价格计算，2010年中国人均GDP为5005美元。

品接近饱和等因素的综合影响,中国经济增速、经济结构和增长动力等进入新的发展阶段,即经济"新常态"。

经济"新常态"主要呈现以下特征:一是经济增速换挡,前些年经济增长处于10%左右的"高速",2013—2020年将换挡到6%—8%的"中高速",2020—2030年进一步换挡到4%—6%的"中低速"。二是经济结构优化,产业结构上,第三产业将占据主导地位,钢铁、水泥等高耗能产品产量将逐步趋于峰值,第三产业增加值占GDP比重将超过第二产业;地区结构上,东部地区将率先进入工业化和城镇化中后期,经济增速放缓并低于中西部地区,东、中、西部地区布局更加协调。三是增长动力转变,将从低端的要素、投资驱动向高端的创新驱动转换。随着人口红利逐渐消失,土地等要素价格不断提高,依靠廉价要素驱动的经济增长模式难以为继。未来经济增长将越来越依赖技术、组织、体制机制等创新带来的全要素生产率提高。

从全球范围看,绿色经济、低碳技术等新兴产业正在蓬勃兴起。主要发达国家纷纷加快发展新兴产业,力图抢占未来科技和产业发展制高点,发展中国家也加大科技投入,加速发展具有比较优势的产业和技术,谋求实现跨越式发展。中国近年来也加大了新能源产业发展,但创新驱动不足,科技创新能力已与发达国家存在差距。一些国家支持本国企业技术研发,以提高科技创新能力推动新兴产业发展,以企业为基础建立全球配置资源的产业发展体系,调整电力改革目标建立技术创新和新能源发展激励机制等做法值得中国借鉴。

中国电力市场化改革必须把握当前经济社会发展阶段的特殊要求,一方面充分发挥市场配置资源的决定性作用,提高行业发展质量和效益,另一方面也要发挥政府的政策支持和引导作用,推动企业技术创新、扶持新兴产业发展,促进企业保护生态环境。推进电力市场建设的过程中,要充分考虑现代电力产业体系构建的要求,在重要基础设施、重大技术创新领域,充分发挥大企业的规模效率和创新能力。

（二）中国电力发展面临的新形势与对体制改革的需求

1. 中国电力发展面临的新形势

一是随着经济发展进入"新常态"，中国电力需求增速将有所减缓，但仍保持平稳较快增长。当前，中国经济增速进入换挡期，经济发展进入"新常态"，2020年实现GDP和城乡居民人均收入比2010年翻1番，到2020年经济总量达13万亿美元，人均GDP将突破10000美元。据预测到2020年，中国能源消费总量将达到54亿吨标准煤左右，2030年将接近70亿吨标准煤。与之相应的，电力需求增长也将从高速增长进入中高速增长阶段，但到2030年之前，中国处于工业化、城镇化加快推进阶段的基本经济态势将不会改变，这就决定了未来一段时间电力需求仍将平稳较快增长。

二是电力需求结构将不断优化，第三产业和居民用电将成为拉动全社会用电增长的主要动力。中国经济"新常态"的一大特点是产业结构优化与经济增长由投资驱动向消费驱动转变，这意味着未来第三产业的增速将高于第二产业，居民消费增长将高于投资增长，相应地，电力需求结构将不断优化，第三产业和居民用电将成为拉动全社会用电增长的主要动力。

三是电源结构持续优化，推动发电能源多元化、清洁化发展。2014年，中国提出计划，到2030年左右二氧化碳排放达到峰值且将努力早日达峰，并计划到2030年非化石能源占一次能源消费比重提高到20%。《能源发展战略行动计划（2014—2020年）》（国发办〔2014〕31号）提出，要着力优化能源结构，把发展清洁低碳能源作为调整能源结构的主攻方向，提高清洁能源消费比重，减少能源消费排放，促进生态文明建设。因此，电源清洁化、多元化发展是大势所趋，其将推动电源结构不断优化。

四是发电装机规模将稳步增长，电力供需呈现总体平衡的格局，中东部仍是中国的负荷中心。经济"新常态"决定了中国电力需求与发电装机规模将稳步增长，电力供需呈现总体平衡发展态势。与此同时，中国中东部12省市（京津冀鲁、沪苏浙闽、豫鄂湘赣）人口众多、经济发达，GDP总量大，用电水平高，一次能源资源匮乏，即使实施结构调整和产业转移，淘汰部分过剩产能，但仍将是中国的负荷中心。

五是可再生能源大规模发展，要求电力系统更加灵活智能。未来，水能、风能、太阳能等清洁化、低碳化的可再生能源将呈现大规模发展的态势，这些清洁能源的开发利用将以产生电能为主，其中风能、太阳能等间歇性特点显著，水能、风能等清洁能源的生产地和消费地存在空间不匹配的特点，太阳能等分布式电源与大电网之间存在电力双向流动的需要，因此可再生能源的大规模发展要求电力系统更加灵活智能。

2. 对电力体制改革目标的需求

一是还原电力商品属性。还原电力商品属性需要科学界定电力行业的竞争性业务和非竞争性业务。属于竞争性领域的应完全放给市场，引入多元投资主体，扩大对外开放，让供求关系决定价格，让竞争优化资源配置，让法律规范交易。对于非竞争性领域，应实行公平开放接入、提高普遍服务水平，加强政府对其经营业务、效率、成本和收入的监管。同时，应改进政府职能，对市场失灵领域切实履行宏观管理、市场监管和公共服务职能。

二是形成市场定价的价格机制。电价是电力市场体系的核心，只有通过电价信号的引导才能发挥市场配置电力资源的决定性作用。目前，中国还未形成合理的电价形成机制。在下一步电价改革中，除了进行售电侧改革，由市场形成销售侧价格之外；还应逐步厘清电网成本，制定合理的电网输配电价；逐步取消发电计划，由市场竞争形成上网电价；此外，还应将资源破坏和环境治理成本反映在电价中，以使外部成本内部化；最后，应充分考虑电力行业特殊性，将调峰调频等辅助服务成本真实反映在市场化电价中。

三是形成市场竞争主体。中国电力行业组织架构不够合理，还有待于进一步重组与开放。在发电侧，虽然在厂网分开后形成了以五大发电集团为主的垄断竞争格局，但是这些发电企业大多属于国企，一旦取消发电计划，在发电侧推进市场化改革，这些企业有可能形成恶性竞争或者联合垄断的市场结构。自然垄断的输配环节，应逐步探索放开特定建设领域，在保障电网安全运行的前提下，逐步探索电网投资主体多元化的可行途径。

四是形成有效的市场监管体制。转变政府对电力的管理方式，必须坚持市场化改革方向，清晰界定政府和市场的边界，简政放权，放松对企业的微观管制，发挥市场在资源配置中的决定性作用，把政府管理的重心转移到市场无法有效发挥作用的领域。在转变政府职能过程中，政府对电力行业应主要发挥市场监管等不直接干预微观主体日常事务的作用。在监管方面，政府也应区分竞争性与非竞争性业务，对于竞争性领域，应主要维护市场公平竞争秩序；对于非竞争性领域，应主要对公平开放进行监管。

五是在法律框架下指导改革。市场经济是法制经济，成熟的市场经济国家的电力体制应该具备完善的法律法规体系。目前，中国电力法律法规体系不完善，法制建设滞后问题严重。下一步，应在《中华人民共和国可再生能源法》（中华人民共和国主席令第 33 号）的基础上构建完善的电力法律法规体系，尤其是应注重提升法律法规的可操作性，并完善相关实施细则和配套法规，以保障电力法律法规的有效实施。

（三）深化电力体制改革的基本原则与路线图

1. 以"9号文"为指导的新一轮电力体制改革的政策要求

根据"9号文"，新一轮电力体制改革的目标和主要任务如下。

电力改革的核心是还原电力商品属性。电力改革的目标是建立健全电力行业市场体制、理顺价格形成机制、有序放开竞争性业务、实现供应多元化、控制能源消费总量、提高能源利用效率、提高安全可靠性、促进公平竞争和促进节能环保。电力改革的主要任务是"三放开、一推进、三强化"。即有序放开输配以外的竞争性环节电价，有序向社会资本放开配售电业务，有序放开公益性和调节性以外的发用电计划；推进交易机构相对独立；强化政府监管、强化电力统筹规划、强化电力安全高效运行和可靠供应。

总体而言,"三放开、一推进、三强化"是围绕建立电力市场机制而展开的。放开竞争性环节电价的目的是建立市场价格机制;放开售电业务和发用电计划的目的是建立发电侧和售电侧市场竞争机制;建立相对独立的交易机构的目的是为市场提供公平高效的交易组织服务和交易平台;"三强化"的目的是转变政府职能,构建电力市场的有效监管体系;输配电价改革、增量配电投资业务放开的目的是针对电力市场的物理基础——电网环节,加强监管、促进配电网发展。

表 15-1　　新一轮电力体制改革的举措、对象和目的

改革举措	改革对象	改革目的
放开竞争性环节电价	价格机制	建立市场价格机制
放开售电业务和发用电计划	竞争机制	建立发电侧和售电侧市场竞争机制
建立相对独立的交易机构	交易平台	为市场提供公平高效的交易组织服务和交易平台
强化政府监管、强化电力统筹规划、强化电力安全高效运行和可靠供应	监管保障	转变政府职能,构建电力市场的有效监管体系
输配电价改革、增量配电投资业务放开	物理基础	针对电力市场的物理基础,加强监管、促进配电网发展

2. 电力体制改革的基本原则

保障电力安全。现代社会对电力的依赖性越来越大,大电网事故是整个社会的灾难。电力生产、输送、消费瞬时完成,实时平衡,对安全性的要求极高。推进电力体制革命,必须把确保电力安全作为基本前提。

促进科学发展。深化电力改革应当把促进电力工业发展、保障电力供应放到首位。通过改革,完善体制机制,吸引电力投资,促进电网电源统一规划、合理布局、协调发展,促进清洁能源大规模开发利用和化石能源清洁高效发电,促进坚强智能电网建设,促进电力资源在全国范围优化配置和城乡电力协调发展。

大范围配置资源。随着东部有限的能源资源日渐枯竭,能源开发

的重点逐渐西移和北移，以往省内、区域内自我平衡的电力发展方式已难以为继，全国范围的优化资源配置势在必行。推进电力体制革命，要发挥市场配置资源的基础性作用，突破省间和区域壁垒，构建全国统一的电力市场体系。

提高企业效率。推进电力体制革命，要统筹发挥宏观调控和市场机制的作用，更加注重利用市场经济手段，发挥市场主体作用，全面提升电力投资、建设、生产、运营和服务效率。

实现普遍服务。电力服务是基本的公共服务。电力体制革命，要充分考虑城乡、区域发展的差异性，解决好农村、边远地区电力发展和无电人口、低收入群体的用电问题。特别是在发生重特大自然灾害情况下，电力管理体制机制必须适应紧急抢险救灾的要求，最大限度地减少损失。

3. 电力体制改革路线图

（1）2020年电力体制改革的目标与重点任务

2020年电力体制革命的目标是按照"管住中间、放开两头"的体制架构，在全国大部分地区推进用户选择权，放开和售电侧竞争，初步建成全国统一的电力市场体系，稳步推进电价改革，健全法律法规，建立普遍服务新机制，全面完成"9号文"的各项改革任务。

改革的重点任务，一是有序推进电价改革，理顺电价形成机制。包括：单独核定输配电价；分步实现公益性以外的发售电价格由市场形成以及放开竞争性环节电力价格，把输配电价与发售电价在形成机制上分开；妥善处理电价交叉补贴等。

二是推进电力交易体制改革，完善市场化交易机制。包括：规范市场主体准入标准、引导市场主体开展多方直接交易、建立辅助服务分担共享新机制、完善跨省跨区电力交易机制等。

三是建立相对独立的电力交易机构，形成公平规范的市场交易平台。包括：遵循市场经济规律和电力技术特性定位电网企业功能、改革和规范电网企业运营模式、组建和规范运行电力交易机构、完善电力交易机构的市场功能。

四是推进发用电计划改革，更多发挥市场机制的作用。包括：有序缩减发用电计划、完善政府公益性调节性服务功能、进一步提升以需求侧管理为主的供需平衡保障水平等。

五是稳步推进售电侧改革,有序向社会资本放开售电业务。包括:鼓励社会资本投资配电业务、建立市场主体准入和退出机制、多途径培育市场主体、赋予市场主体相应的权责等。

六是开放电网公平接入,建立分布式电源发展新机制。包括:积极发展分布式电源、完善并网运行服务、加强和规范自备电厂监督管理、全面放开用户侧分布式电源市场等。

七是加强电力统筹规划和科学监管,提高电力安全可靠水平。包括:切实加强电力行业特别是电网的统筹规划、切实加强电力行业及相关领域科学监督、减少和规范电力行业的行政审批、建立健全市场主体信用体系、抓紧修订电力法律法规。

（2）2030年电力体制革命的目标与重点任务

改革目标按照"管住中间、放开两头"的总体改革思路,在保持电网统一管理的基础上,全部电厂参与竞争,开放所有用户购电选择权,全面建成全国统一电力市场,实现发电侧竞价上网、售电侧竞价购电。全面实现电价机制、法律法规体系、农电可持续发展长效机制、普遍服务机制等市场配套机制的成熟和完善。

2030年改革的重点任务有五点。

一是形成全国统一开放、竞争有序的电力市场体系。随着电网结构、技术支持系统和管理能力等基础条件的成熟,国家电力交易平台和基于安全控制区的省（或跨省）电力交易平台功能全面融合,国家电力交易平台组织开展电力现货交易、金融交易等,实现全国范围电力资源优化配置;省电力交易平台主要开展辅助服务和实时平衡交易,保证系统平衡和安全。完善售电侧竞争的价格、信用和风险防范机制,形成多元售电主体的竞争格局。

二是进一步加强电网中间环节监管,实现电网公平开发。完善电源接入与使用的技术规范和服务标准,满足分布式电源等新技术发展需要。电网企业向所有发电企业、用户提供公平的接入和使用服务,随着售电侧放开,按政府规定承担保底供电责任。电网企业按照规则，负责电力系统安全运行和调度控制，负责电力交易的组织、执行和结算，及时、准确发布电力调度运行和交易信息，保障电力系统安全。国家对电网企业的成本、收入和服务实行监管，推进电网成本公开透明。

三是健全电价机制。随着售电侧全面放开，建立发电竞价上网机制，发电企业与用户或售电企业自主协商或集中竞价形成上网电价。逐步建立电网环节政府定价机制。随着大、中用户的选择权开放，逐步制定各电压等级、各类用户的电网环节电价。按照存量资产保持现有收入、增量资产按成本加收益的方式，逐步确定电网环节合理收入。实行销售电价与上网电价联动。全面推行峰谷分时电价，继续推进销售电价分类改革，实行差异化调价，逐步解决交叉补贴问题。

四是逐步建立可再生能源参与市场机制。可再生能源在获得政府补贴的条件下参与市场竞争。结合国家可再生能源配额制度的出台，建立可再生能源配额市场化交易机制，促进可再生能源的消纳和发展。

五是健全科学、高效的政府监管机制。落实提升政府管理效率目标，优化政府对电力工业的管理方式、管理手段和管理内容，改变电力行业多头管理现状，成立职能集中、职责明确、运转高效的统一管电机构。根据竞争环节和自然垄断环节的特点，建立相应的监管机制。对于竞争环节，主要以鼓励公平竞争、防止市场垄断、保证公平有效竞争的市场秩序为监管目标。对于发电环节，取消价格监管，开展环境、健康等社会性监管，主要运用市场竞争机制，提高经济效率；对于售电环节，对售电业务准入、电力零售市场价格和服务等进行监管。对自然垄断环节，重点是强化网络公平开放、输配电价、成本、服务质量等方面的监管，避免低效率和重复建设。

三 建立适应电网对外互联互通需要的电网管理体制

基于对中国国情的深入思考，2015 年 3 月 15 日，国务院正式下发了"9号文",明确了深化电力体制改革的总体思路和基本原则、近期推进电力体制改革的重点任务、组织实施的具体要求。"9号文"提出在进一步完善政企分开、厂网分开、主辅分开的基础上,按照"管住中间、放开两头"的体制构架,有序放开输配以外的竞争性环节电价,有序向社会资本放开配售电业务,有序放开公益性和调节性以外的发用电计划;推进交易机构相对独立,规范运行;继续深化对区域电网建设和适合中国国情的输配体制研究;进一步强化政府监管,进一步强化电力统筹规划,进一步强化电力安全高效运行和可靠供应水平。"9号文"为我国进一步深化电力体制改革指明了方向。进一步深化电力体制改革,不仅是贯彻落实国家全面深化改革战略部署的必然要求,更是发挥市场配置资源的决定性作用、实现我国能源资源高效可靠配置的战略选择,以及加快推进能源革命、构建有效竞争市场结构的客观要求。

在"9号文"提出的改革总体思路基础上,为更好地落实国家"一带一路"倡议,加快电网互联互通,需要对中国电网管理体制机制进行新的思考。

第一,建立适应电网对外开放的电网管理体制。电网是国家重要的能源和网络基础设施,集电能传输、资源配置、市场交易、智能互动等功能于一体,是现代能源体系的重要组成部分。保持电网管理体制和结构基本稳定,才能充分发挥电网规模效益,推动电网协调健康发展,为电力清洁、安全、可持续发展提供覆盖范围更广、配置能力更强的电网基础平台。从"管住中间、放开两头"的新一轮电改思路来看,此次对电网环节的改革重点是加强电网中间环节监管,改变电网企业单一购售电经营主体的模式,建立购售电竞争新格局,而不是对电网实施纵向或横向拆分。这是充分尊重电网属性和我国基本国情的科学选择。电网具有自然垄断属性,实施拆分不会打破垄断,反而可能导致成本增加、效率降低,引发电价上涨,发展责任和安全责任难以落实,电力普遍服务无法有效实施。保持现有电网管理体制,可以通过企业内部的专业化、集约化和标准化管理,共享设备、设施、技术、人力等资源,获得规模效益,提高专业化运营效率,也可以充分发挥大企业的规模、资金和技术优势，成为落实国家"走出去"战略、推动电网互联互通的重要力量。近年来，国家电网公司依托规模和技术优势，稳健运营菲律宾、巴西、葡萄牙、澳大利亚等境外项目，取得了良好的经济和社会效益。

第二，建立促进跨区跨国互联互通电网建设的投资机制。从投资激励来看，跨区跨国互联电网投资巨大，稳定的回报机制是吸引投资的关键。以欧盟为例，为促进统一能源市场建设，欧盟已提出到2020年所有成员国跨国输电能力至少占本国发电容量的10%，2030年达到15%的目标。目前仍有英国、意大利等12个成员国未能满足10%标准。然而能源系统的转型升级需要大量投资，预计未来10年每年的投资需求高达2000亿欧元，为此，欧盟已经建立了欧洲投资银行、"互联欧洲设施"（Connecting Europe Facility）投资计划、欧洲结构和投资基金等融资渠道，还提出了欧洲战略投资基金来提供额外资助。为促进跨区跨国互联电网建设，需要统筹考虑设计长期合同收入、政府管制收入、短期交易收入等多种方式共同组成的投资机制，促进电网的建设发展和高效运行。

第三，需要建立促进电力互联互通的灵活交易机制。互联互通的电网为大范围电力交易的开展奠定了基础。实际上，电力市场范围不断扩大已成为世界各国近年来的发展趋势。例如欧盟的负荷中心在中西部，而可再生能源主要集中在欧洲北部和伊比利亚半岛（西班牙、葡萄牙），可再生能源（特别是海上风电）需要通过跨国交易进行消纳。2015年2月，欧盟已实现覆盖奥地利、比利时、丹麦、芬兰、爱沙尼亚、法国、德国、英国、意大利、拉脱维亚、立陶宛、卢森堡、荷兰、挪威、波兰、葡萄牙、斯洛文尼亚、西班牙和瑞典19个国家的市场联合交易。美国中西部、纽约等区域电力市场的范围也进一步扩大，并在FERC的推动下着重加强了区域市场间的交易组织与协调。俄罗斯、白俄罗斯、哈萨克计划在2016年制定统一的电力市场规划，计划建立包括3个国家的电力市场。市场范围扩大会带来市场主体增多和供应增加，使竞争更加充分、配置资源的效率更高，也更有利于清洁电力大范围消纳。为促进跨国跨区电网的充分利用，可采用中长期合同为主，短期灵活优化调整机制相结合的电力交易机制。一方面，由于跨国跨区电力交易中各国电力供需受宏观经济形势、气候变化等因素影响较大，送出能力和购电需求都存在较大波动的可能。为使购售电双方形成较为稳定的电量和收益预期，应充分发挥中长期交易的风险规避效益，市场交易电量以中长期交易合同为主。另一方面，在中长期、年度合同交易的基础上，结合送受电国家或地区的电力供需形势、输电通道富余情况等，开展月度交易、日前、日内等短期交易等，设置灵活的交易时段。通过灵活的短期交易调整机制，适应电煤供应、来水等一次能源供应情况变化，以及电力供需形势变化的需要。

第四，建立跨国跨区电网的运行调控协调机制。电力行业是一个特殊的网络产业，电力系统是一个复杂的网络系统，由于电力具有传输瞬时性、发供用同时性、供应持续稳定性等特点，这要求电力生产管理必须有一个有效的生产指挥系统，电力调度由此产生。调度作为电力工业生产链条的一个环节，主要职责是通过统筹协调电网运行，保障电力生产、传输、消费顺畅，保证电网的安全运行和电能的可靠供应。国外典型调度管理模式分为 3 类：一是统一电网、统一调度，如英国电网等；二是联合电网、统一调度，如美国 PJM 电网等；三是联合电网、联合调度，如欧洲电网、北美电网等。目前跨国调度协调机构的典型代表是欧洲输电运营商联盟（European Network of Transmission System Operators for Electricity，简称 ENTSO‐E）成立于 2008 年 12 月，2009 年 7 月正式投入运营。ENTSO‐E 由以前欧洲 6 个区域性电网运营商组织合并形成，目前负责整个欧洲大陆电网和电力市场的规划运行，其主要职责包括：制定电网规则、制定电网十年发展规划并进行间隔 2 年的滚动更新、设计统一的电网运行工具以增强欧洲各国电网间的协调能力、进行电力供需预测等。借鉴欧洲经验，未来跨区跨国电网的运行也需要建立相应的调度协调机构，负责制定跨区跨国通用电网规则、协调互联电网主干网的调度运行、制定发展规划、进行能源和电力供需预测等。

第五，建立促进跨国跨区电网运行效率提升的容量分配机制。加强不同国家之间电网建设、运行、维护的合作协调、实现不同国家电网之间的平稳互联是保证电力系统安全稳定运行的重要条件，也是保证电力跨国（境）交易顺利开展的重要条件。可以借鉴目前欧盟、美国等跨国电力交易的经验，通过金融输电权、隐式容量拍卖、合理划分竞价区域等跨国输电容量分配和成本分摊机制促进输电设施的充分利用和吸引网络基础设施投资，支撑全球电力市场的运作。

第六，简政放权，赋予企业一定的投资决策自主权。新一轮改革方案提出：进一步转变政府职能、简政放权，取消、下放电力项目审批权限，有效落实规划，明确审核条件和标准，规范简化审批程序，完善市场规则，保障电力发展战略、政策和标准有效落实。为促进电网对外开放，可进一步放宽境外投资审批，逐渐给予企业一定的跨国跨区电力项目投资自主权，充分发挥企业和地方政府的地缘和业务优势，促进互联互通项目的建设发展。

四 国外电力市场化改革趋势分析

（一）国际电力体制改革总体历程和模式总结

1. 国际电力体制改革的总体历程

梳理总结国际电力体制改革的总体历程和模式，分析了电力市场化改革的相关理论及其在国际电力改革中的实践应用。20 世纪 80 年代末期，以英国为代表的一些国家开始实施电力市场化改革，随后在世界各国掀起了电力改革浪潮，中国也从 2002 年开始实施了电力市场化改革。20 年来，世界各国在探索和实践中不断深化对改革的认识，结合国情和电力行业发展实际，对改革的思路和模式不断进行调整和完善。

从改革的目的来看，世界各国不尽相同，但总体包括 3 个方面：一是通过打破垄断、引入竞争来促进电力工业提高效率、降低电价、改善服务；二是减少政府对电力行业的行政干预，发挥市场在资源配置中的基础性作用；三是通过市场化、私有化获取电力建设资金，促进电力工业发展。

从改革的内容和举措来看，电力市场化改革主要包括 5 个方面：立法、构建市场主体、转变价格机制、建立交易机制和重塑监管体系。立法实施改革，制定一系列法律法规保障新秩序的建立；构建市场主体，划分垄断和竞争业务边界实施电力企业重组；转变电价机制，在竞争环节由政府定价转变为市场定价；建立交易机制，构建市场平台为交易提供服务；重塑监管体系，着重监管市场竞争的公平性和垄断业务的价格与服务。

从改革的模式来看，各国因国情不同采取了不同的模式。对于结构重组，按发输配售环节的分开程度分类包括 4 模式，即产权上、法律上、管理上和财务上分开，其中从产权分开来看又可分为多种模式。对于电力市场建设，电力市场模式可分为全电量电力库模式，双边交易为主、集中交易为辅的模式以及集中交易、电量市场和容量市场并存的市场模式等。

从改革发展的阶段来看，纵观国外电力市场化改革历程，虽然各国改革情况不尽相同，但改革的方向、重点均与当时世界经济社会发展的情况相适应，大致可分为 3 个阶段，即以结构重组为重点的阶段、以完善机制建设为重点的阶段和以促进低碳发展为重点的阶段。

第一阶段，20 世纪 90 年代初至 2000 年前后，技术进步使得发电环节的自然垄断性逐步消失，发电侧引入竞争成为可能。受经济自由化思潮影响，以英国为代表的许多西方发达国家对垂直垄断一体化的电力企业进行了结构拆分，引入竞争机制，由政府定价转变为市场定价，对自然垄断环节—输配电实施监管。法国、日本等国则在维持一体化的结构下在发电侧及售电侧方面引入竞争。

第二阶段，2000—2007 年前后，加州电力市场危机迫使英美等发达国家对电力市场中出现的投资吸引力不足、市场稳定等问题进行认真反思，并对市场机制进行评估和完善，如对加州电力市场进行了重新设计、为 PJM 电力市场建立了容量市场等、英国电力市场由强制的 POOL 模式改为以双边交易为主的 NETA 模式等。同时，随着经济的全球化，很多国家放眼于国际市场，基于保障本国能源安全和电力企业国际竞争力的考虑，市场化改革重点更多地转向市场机制建设和完善。

第三阶段，2008年以来，随着全球气候变化问题日益严峻，能源战略转型、清洁低碳发展日益迫切，发展新能源和可再生能源、建设智能电网、促进节能减排成为各国电力发展的重要任务。如何适应能源和电力工业低碳发展的需求成为世界各国电力体制改革和市场建设的重点。由于高成本的可再生能源在完全竞争市场中不具有竞争力，如何采用市场手段来促进可再生能源的发展是各国面临的重要问题。目前各国对可再生能源采用了不同的市场机制，如不参与市场竞争、实行固定电价或招标电价机制；参与市场竞争、但政府给予补贴；采用可再生能源配额制搭配绿色证书交易制度等。为了促进节能，充分利用需求侧资源、建立需求侧响应机制已成为许多国家电力市场建设的重点。为了鼓励智能电网等技术创新和应用，英美等国提出了新的监管机制。

2. 国际电力体制改革基本模式

分析电力行业的4种体制和电力市场化改革的主要模式。

（1）电力行业的4种体制

从竞争市场建设和消费者选择的角度来看，电力工业存在4种基本体制（萨利·亨特，2004）。（1）垂直一体化模式。垂直一体化电力企业在特定区域内独家从事发电、输电、配电和售电业务，不存在市场，用户也没有选择权。（2）单一买者模式。在可竞争性的发电环节引入竞争机制，允许社会资本投资独立发电企业（IPP），电网企业作为消费者的代理人（"购买代理"）从发电企业购电，再销售给最终用户。（3）批发竞争模式。建立批发市场，允许大用户和配电企业作为最终用户的代表参与电力市场交易，形成发电侧的广泛竞争。（4）零售竞争模式。在建立批发市场的基础上，放开用户选择权，允许最终用户直接参与市场与发电企业交易，或者自由选择售电商，电网企业提供输配电服务。

批发市场是实现电力竞争效益的主要平台。批发竞争模式和零售竞争模式下都能够建立"多买方、多卖方"的批发市场。但是在批发竞争模式下，配电企业作为"批发市场"的购电主体，只作为最终用户的"代表",把从市场中购买来的电转卖给用户,由于用户没有选择其它配电企业的权力,配电企业可以将购电费照单转嫁给用户,并没有动力寻找价格最低的购电来源,用户的需求意愿也无法在市场中体现。这种模式仅侧重于发电企业间的竞争,没有形成有效的供需调节机制。

零售竞争模式下,允许用户选择任何售电商,售电商面临竞争压力,需要以更低的价格、更好的服务形成竞争优势。售电商参与批发市场交易,可以形成有效反映市场供需关系的"多买方—多卖方"市场格局。从理论和国际实践看,实行售电侧放开,给予用户自由选择权,将使批发市场竞争更具效率,也是电力市场化改革的最终目标。

由此可见,输配分开并不是构建"多买方—多卖方"市场格局的必由之路。在输配一体化经营模式下,只要实行了售电侧放开,也同样可以实现"多买方—多卖方"市场格局。实际上,国际上很多国家都是在维持输配一体化经营的情况下通过售电侧市场放开构建"多买方—多卖方"市场格局,并取得了非常好的效果,如日本和法国。

(2) 电力市场化改革模式

电力市场化改革就是电力管理体制从计划向市场转变过程中的制度安排,改革的主要内容是引入竞争、转变行业运行机制,重组企业、建立市场竞争主体,加强监管、保障市场公平竞争。不同国家依据国情选择了不同的改革模式,主要体现在3个方面。

引入竞争机制。从理论上看,电力工业发、输、配、售4个环节中,发电和售电环节可引入市场竞争,输配环节具有自然垄断属性,应在政府监管下实行垄断经营。因此,在发电和售电环节引入竞争是电力市场化改革的基本内容。从各环节引入竞争的程度来看,通常发电环节是率先引入竞争的环节,并随着售电环节逐步引入竞争而得到深化。各国引入竞争机制模式的差别主要在于,在发电和售电环节引入竞争的次序、程度以及组织电力交易的方式。

对于输电和配电环节,由于电网固有的规模经济和范围经济特征,具有自然垄断属性,各国在改革后对电网主要实行政府监管下的企业垄断经营。尽管许多配电企业目前从属于一些发电集团,但按照法律规定，配电业务仍属于垄断经营，与集团内发电、售电等竞争性业务实行业务分离。

行业结构重组。（1）电力行业结构拆分。从理论上看，随着竞争机制的引入，将原有电力行业分环节拆分，形成竞争业务和非竞争业务产权相互独立的企业，是建立公平竞争市场的体制基础。这也是20世纪90年代初英国电力改革的标志性特点。但是随着改革的不断深化，理想化的产权拆分模式在各种争议和阻力下推进困难，取而代之的是不同程度的分离形式，包括法律上分离、财务独立核算、成本分开核算等。主要原因在于，各国根据国情选择了审慎的改革方式，如欧洲大部分国家、日本、美国等，考虑到能源供应安全、私有企业不宜拆分、本国企业竞争力等问题，没有采用强制性产权拆分的方式，主要采用集团内部业务独立或财务独立核算。与此同时，先前实施改革的国家出现了发电和配售电企业重新并购重组的现象，如英国、新西兰等国家；俄罗斯自2008年进行彻底拆分式的电力改革以来，2012年政府做出终止俄输配分开改革进程、重新合并输配电网的决定，揭示了完全拆分理想模式与现实发展需求存在的差距。（2）私有化改革状况。在行业重组的过程中，私有化也是许多国家改革中的重要内容。主要是由政府主导对国有企业实施私有化改革。英国、智利、阿根廷、北欧和澳大利亚部分州等一些先期进行改革的国家和地区，在电力重组的同时对企业实施了私有化改革，大多集中在发电企业和配电企业的私有化。

对于输电企业，考虑到对供电安全的影响，大部分国家仍保持了国有控股，通过上市等产权多元化改革来完善企业治理结构。在欧盟27个国家中，约70%的国家（19个国家）的输电公司为国有或国有控股企业，部分国家对发电企业保持国有控股。俄罗斯在电力私有化改革中，对战略性和公益性电力企业保持国有控股，对调度机构、核电公司等涉及国家安全的电力企业保持100%的国有控制。

重构监管体系。长期以来，电力行业作为自然垄断行业一直受到政府的监管。传统电力工业存在两种模式：一是国有企业、政府直接管理，二是私有企业、政府实施监管。引入市场竞争，意味着放松管制,但电力的特殊性,又要求在一些方面加强监管。20多年来世界电力工业改革的经验表明,强有力的监管是电力市场有效竞争的重要保障。因此,电力市场化改革的基本要素之一是重构监管体系,表现在两个方面:

一是转变监管内容和重点。电力市场化改革要求一方面放松竞争领域的管制,一方面加强非竞争领域的监管。监管的目的是弥补市场失灵,电力商品不能存储、供需实时平衡等特点决定了电力市场竞争中容易出现市场操纵行为,电力监管机构必须对电力市场主体的竞争行为进行监管,保障市场公平有效竞争。电力市场运营依赖于具有自然垄断属性的输配电网,因此对输配电网的监管是电力监管的重要内容,包括对输配电网规划、投资、价格、效率和服务（网络开放）等方面的监管。

二是建立专业监管体系。电力监管与一般商品市场反垄断不同,不仅涉及对市场秩序的监管,更涉及对垄断环节业务从成本、价格到服务的全面监管,因此大部分国家在推进电力市场化和私有化的过程中,建立了专业的电力监管机构,一方面与反垄断机构职能分开,专注行业监管;另一方面与政府政策职能分开,专注于政策执行和监管。如欧盟在2003年电力改革法令中要求成员国建立电力监管机构,2008年"第三法令议案"又进一步提出统一各国电力监管机构的设置模式,并建立欧洲监管机构联合协会,负责协调各国监管政策并监管跨国输电业务,以促进欧洲统一电力市场更有效地推进。

综上所述,不同的国家在引入竞争的具体路径、行业结构重组的方式、电力监管模式方面存在着一定的差异,但改革的基本特征是,在发电环节和售电环节引入竞争、放开准入,在输配电网中间环节实行政府监管下的垄断经营。

(二) 国际电力体制改革的走向和趋势判断

随着能源革命和全球化竞争的发展,世界各国正在重新认识电力发展方向和目标,不断地调整改革目标、路径与措施,由最初单纯地以促进竞争、提高效率、降低成本为目的的经济目标转向兼顾经济发展、环境友好和社会公平等综合目标；通过市场机制和政府管控的有机结合，促进可再生能源、智能电网等新技术发展和吸引电力基础设施投资，保障能源供应安全和电力工业可持续发展。

（1）以促进能源的清洁、低碳和可持续发展为改革的重要目标

随着应对气候变化形势的日益严峻，转变能源生产和利用方式势在必行。世界各国纷纷提出了以发展清洁能源、提高能源效率和建设智能电网为核心的能源发展战略。欧盟提出了"20-20-20"的总体能源战略（即温室气体排放量减少20%、可再生能源比重提高20%、能源利用效率提高20%）；美国也正在推动清洁能源安全法案的出台。在能源战略的引领下，各国电力市场化改革的目标逐步由促进竞争、降低电价，转向促进能源的低碳和可持续发展。美国、日本等国将维护国家能源安全纳入电力市场化改革的目标，关注能源长期供应安全，保障能源的可持续发展。欧盟在2020年能源战略中提出，欧盟能源市场要以保障欧盟能源供应和应对气候变化为目标。2012年，英国为了实现碳减排目标，颁布了新的能源法案（草案），包括对低碳机组实行基于固定价格的长期合同以吸引低碳机组的投资，对新建机组支付一定的容量费用以鼓励备用机组建设应对间歇性可再生能源的增长等方面。

（2）以确保电网运行安全和电能可靠供应为前提

近年来，国际上大面积停电事故屡屡发生，2000年至今发生的事故次数就高达100次。分区域来看，北美是停电事故频发地区，其中美国发生42次，加拿大发生16次；巴西、印度等发展中国家也多次发生大停电事故。2012年印度发生的"7.30"与"7.31"连续两次大面积停电事故再次使得电网安全成为全球关注焦点。探究这些大停电深层次原因，一方面，许多事故的发生与电网管理体制分散、调度运行机制不畅等体制因素有关。从电网安全角度来看，分散的电网和调度管理体制，使得不同调度机构之间、输电和配电、发电企业之间需要进行频繁、复杂的协调工作，从而出现信息沟通不畅、安全责任不明晰、执行力不强等问题，给保障电网的安全稳定运行带来了困难。另一方面，电网属于带有很强的公共事业属性的基础产业，具有

很强的外部经济性。许多国家市场化改革后对电力企业进行了私有化改造，这些企业过分强调市场化经营和运作，在电网发展、生产运行、事故处置中过多考虑的是市场利益、企业利益，没有把电力安全放在首要位置。

大面积停电事故和电力供应危机不仅是经济问题，更直接影响国家和社会公共安全，已经引起各国高度关注和反思，未来国际电力改革也将更多考虑保障电网安全和可靠供应的需求，审慎设计、及时调整改革方案和路径。美国加州在电力危机之后，重新对市场模式进行了设计，提出了"市场重新设计及技术更新"的计划；意大利电力改革后曾将调度与电网分离，后来吸取严重电网安全事故的教训，经历了将分立的电网与调度重新合并的过程；日本在福岛核事故之后，对东京电力公司进行国有化注资，并提出新一轮电力改革方案。

（3）强化电力基础设施投资激励的制度安排

过去欧美国家电力改革，更关注提高效率、降低成本，对电力基础设施的长期投资激励机制缺乏深入考虑。电力投资不足已成为许多国家面临的突出问题，电力行业可持续发展和供电安全面临挑战。

近年来，随着风电和光伏发电的大规模发展，欧美各国都迫切需要新建大量基础设施。同时，这些国家的电力基础设施也进入大规模退役期，需要大量投资用于基础设施的更换和升级。一些国家已经开始探索建立促进电力基础设施投资的制度安排。2007年，美国新英格兰市场引入了新的远期容量合约市场以促进长期发电投资；2011年，美国联邦监管委员会针对大西洋风电场接入工程实施激励性输电价格，并公布了公用电力公司的输电规划和成本分摊机制，以激励跨洲输电网投资。2012年英国发布新的能源法案，计划实施新一轮电力市场化改革，一方面建立容量市场机制，吸引发电基础设施投资，另一方面改进电网价格监管机制，促进电网投资和技术创新。

（4）改革思路和进程根据形势变化动态调整

电力市场化改革是逐步推进、动态调整的过程，各国在电力改革过程中十分注重回顾和总结评估，并根据实际情况对改革目标、思路不断进行调整和完善。日本提出分阶段实施电力改革，2007年对改革进行充分评估后，决定调整改革进程，暂不放开向中小用户和居民用户售电的市场。2011年福岛核事故之后，目前日本政府已通过新一轮电力改革方案，提出全面放开售电侧竞争、成立全国调度协调机构、电网与发电等业务实行法律分离等改革内容。美国也在不断调整改革进程，FERC曾要求全部州建立独立的TSO，并推行标准电力市场，但是基于各州的差异性，调整了改革要求，主要关注输电网的公平开放，当前正针对改革后出现的投资不足、未来可再生能源大规模发展等问题研究和制定对策，进一步调整和完善电力改革模式。英国在2001年对电力市场模式进行了一次大幅度调整，2010年，为了适应可再生能源发展要求又提出进行新一轮的电力市场化改革。2010年，新西兰为了提高市场竞争、控制价格上升，向用户提供更优质的供电服务，提出了一系列电力市场化改革的措施。另外，在国际金融危机和全球低碳发展等新形势下，各国正在不断调整监管方式和监管手段、完善监管内容。美国为了改变改革以来输电网投资建设滞后的状态，2005年，在新能源法中提出了提高输电投资回报率等措施，加强了对输电网，尤其是跨州输电线路投资的有效激励。为适应低碳经济、保障能源安全可靠供应、促进用户和网络运营商的互动，2010年英国天然气与电力监管委员会（OFGEM）拟出台新的价格管制体系，鼓励电网企业更加关注投资的经济性及持续性，在创新、安全可靠和低碳各方面表现突出且投资合理的情况下，允许其获得更高收益，如将价格管制期由5年延长至8年，从而促进电网企业考虑长期投资效益和长寿命周期项目的融资。

（5）在用户需求和市场推动下电力行业结构进行适应性调整

随着电力工业的发展和市场的演变，部分国家在最初的行业拆分后，又重新出现了整合趋势，有些国家对行业结构又重新进行了调整。一是由于电力行业固有的规模经济性，原来已经被分拆的发电和配售电业务又重新出现了整合。目前英国有6家集发电和配售电一体化的公司，市场份额占88%左右；新西兰有5家发电和售电一体化的公司，市场份额占97%左右。2012年，俄罗斯为加强电网统一规划，实现输配电网的科学、协调发展，推进原已被拆分的输配电网企业合并。二是为了促进市场竞争和为用户提供更加优质的电力服务，某些国家重新审视发输配售四个环节的行业结构，并对某某些环节重新进行了合并。2010年新西兰发布了新的电力工业法，允许配电公司重新从事零售业务，目的是发挥配电公司熟悉当地能源和用户等情况、信用度高的天然优势，增加零售市场的竞争性（零售市场大部分由发电和售电一体化的公司控制），从而为用户提供更加低价和优质的供电服务。三是改革后电力企业间并购重组和多元化发展趋势明显，市场结构也在发生变化。在市场的驱动下，欧美大型电力企业纷纷改变单一业务、固定地域的传统经营模式，开展跨国、跨地域、跨业务、跨行业的多元化发展，在监管允许的范围内最大限度获得规模经济效益。其中以法国的EDF、意大利的ENEL和英国电网公司为典型，法国EDF不仅是法国最大的电力企业，同时在英国、西班牙、美国等多个国家经营发电、配电和能源管理等多种业务。

（6）资源优化配置的需求推动了电力市场范围不断扩大

市场范围扩大会带来市场主体增多和供应增加，使竞争更加充分、配置资源的效率更高，这已经成为各国电力市场建设的共识。同时，随着可再生能源的发展，清洁电力大范围消纳的需求也进一步推动了交易范围的扩大。例如欧盟的负荷中心在中西部，可再生能源主要集中在欧洲北部和伊比利亚半岛（西班牙、葡萄牙），可再生能源（特别是海上风电）需要通过跨国交易进行消纳。目前，欧盟已提出在2014年之前建成欧盟内部的统一能源市场，确保天然气和电能在欧盟范围内自由输送和供应，法国、比利时、荷兰、德国和北欧电力交易所已实现了联合电力交易。2010年7月，FERC通过了纽约、PJM、中西部、新英格兰以及加拿大安大略省的ISO联合提交的区域电力市场扩大的提案，以提高市场效率、降低系统总运行成本和尖峰电力价格。澳大利亚国家电力市场已经从两个州扩大到全国大部分州。俄罗斯电力改革的目标之一就是建立全国统一的电力市场。

（7）跨区域、跨国交易和可再生能源发展要求新一轮的电网建设和升级

电力市场交易需求的增加和可再生能源大规模发展，使欧盟和美

国输电容量不足、电力设施老化等问题日益凸显。这些因素都促使欧盟和美国加快了电网的投资与建设，新一轮的电网建设热潮正在形成，尤其是跨国和跨区电网成为建设重点。2010 年，欧盟加快跨国跨区电网建设，并为这些项目赋予"欧洲利益项目"标识，在项目审批、价格和投融资等方面给予政策支持；2010 年 1 月，欧洲北海沿岸英法德等 9 个国家正式发布计划，准备耗资 300 亿欧元建设连接北海沿岸清洁能源项目的"超级电网"；2011 年，欧盟宣布将投资 91 亿欧元改善跨欧洲的能源基础设施建设，并提出 12 条战略性能源传输走廊；2012 年，ENTSO – E 发布的《欧洲电网十年规划》报告指出，未来十年欧洲需要投资 1040 亿欧元新建或改造 52300km 超高压输电线路；以德国为代表的主要欧洲国家计划在北非的撒哈拉沙漠投资建设世界上最大规模的太阳能发电厂，通过横跨沙漠和地中海的输电线路向欧洲供电。2008 年以来，美国政府和电力企业多次建议并计划修建全国高压骨干网，以满足未来风电等可再生能源送出的需要。澳大利亚正在规划跨区互联电网，紧密连接各州市场，促进各州天然气和电力市场的融合。同时，智能电网的建设正在提速，欧盟计划 2020 年将智能电表覆盖率提高到 80%；美国计划 2012 年将安装 4000 万个智能电表，目前美国政府对智能电网投入资金累积已经接近 90 亿美元。

（8）发挥用户需求侧响应对电力市场和行业发展的作用

在国际上追求低碳节能的大背景下，随着智能电网建设的推进，国外电力市场逐渐加大需求侧资源参与市场机制的建设力度，力图基于智能电网技术的物理基础，通过市场手段激励用户侧参与市场的积极性，充分发挥用户侧灵活调整市场平衡的能力，从而提高市场运行的稳定性和经济性。

美国已将需求侧响应机制作为近期电力市场建设的重点，其目的是要激励需求侧资源灵活、自愿地参与市场交易和平衡，充分发挥智能电网的功能，以实现用户能源利用方式的转变。2010 年，FERC 发布了《需求侧响应机制国家实施方案》，建立了由公共机构、私营企业和用户组成的联盟，通过提供需求侧响应的技术援助、开展培训、制定通用标准等措施，促进各州最大限度地开发和使用需求侧资源。2012年，欧盟颁布能源效率指令（2012/27/EU），要求从2014—2020年各成员国能源公司每年新节能量需要达到年均销售额的1.5%，大型企业每4年进行1次能耗审计工作等。

中文参考文献

［俄］纳塔利娅·伊万诺娃：《俄罗斯的地缘政治重心开始转移亚洲》，《全球化》2013年第7期。

［荷兰］萨什·贾亚瓦尔达恩、尤瑞思·拉里克、［美］艾瑞·杰克森：《网络治理：有效全球治理的挑战、解决方案和教训》，《信息安全与通信保密》2016年第10期。

［美］弗朗西斯·福山：《大断裂：人类本性与社会秩序的重建》，广西师范大学出版社2015年版。

［美］乔治·阿克洛夫、罗伯特·希勒：《动物精神》，中信出版社2009年版。

［美］塞缪尔·鲍尔斯、赫伯特·金迪斯：《合作的物种——人类的互惠性及其演化》，浙江大学出版社2015年版。

［美］奥利弗·E.威廉姆森：《治理机制》，王健、方世建等译，中国社会科学出版社2001年版。

［美］丹尼·罗德里克：《相同的经济学，不同的政策处方——全球化、制度建设和经济增长》，张军扩等译，中信出版社2009年版。

［美］道格拉斯·C.诺思：《制度、制度变迁与经济绩效》，杭行译，格致出版社2012年版。

［美］罗伯特·基欧汉：《霸权之后：世界政治经济中的合作与纷争》，苏长和等译，上海人民出版社2006年版。

［美］萨利·亨特：《电力竞争》，《电力竞争》编译组译，经济科学出版社2004年版。

［美］萨利·亨特：《电力市场竞争》，中信出版社2004年版。

［英］戴维·赫尔德、安东尼·麦克格鲁：《治理全球化：权力、权威与全球治理》，曹荣湘、龙虎等译，社会科学文献出版社2004年版。

［英］卡尔·波兰尼：《巨变：当代政治与经济的起源》，黄树民译，社会科学文献出版社2013年版。

［英］沃尔特帕特森：《电力革命》，曹乐人等译，科学普及出版社2007年版。

［美］埃莉诺·奥斯特罗姆、石美静、熊万胜：《集体行动如何可能？》，《华东理工大学学报》2010年第2期。

《美国供电可靠性怎么管？——从数据中挖掘提升空间》，《南方电网报》2014年5月27日第A07版。

《密松电站：缅甸政府面临的艰难抉择》，《大公报》2014年12月10日第A29版。

《经贸新闻》，中国人民共和国驻胡志明市总领事馆经济商务室网站，2012年7月。

白永秀、赵勇：《企业同质性假设、异质性假设与企业性质》，《财经科学》2005年第1期。

曹开阳：《海外投资尤其要规避法律风险》，《长沙晚报》（http：//news.163.com/14/1009/02/A83602RU00014AED.html）。

蔡拓、杨昊：《国际公共物品的供给中国家的选择与实践》，《世界经济与政治》2012年第10期。

查道炯：《中国的能源安全：国际政治经济学的视角》，《教学与研究》2004年第8期。

陈柯旭：《中俄电力合作分析》，《商场现代化》2009年第36期。

陈小沁：《中俄能源合作的地缘政治视角》，《俄罗斯中亚东欧研究》2007年第5期。

陈晓文：《国际贸易理论发展思想及新趋向》，《国际商务》（对外经济贸易大学学报）2000年第6期。

陈叶烽：《亲社会性行为及其社会偏好的分解》，《经济研究》2009年第12期。

陈叶烽:《社会偏好的检验:一个超越经济人的实验研究》,博士学位论文,浙江大学,2010年。

陈玉霞、陈光春:《中国与东盟能源贸易中的利益博弈》,《价格月刊》2009年第7期。

程俊、王致杰、贾晓希等:《大湄公河次区域电力贸易中心设计及政策建议》,《水电能源科学》2013年第1期。

程又中:《国际合作研究丛书》,世界知识出版社2006年版。

邓翔、路征:《"新新贸易理论"的思想脉络及其发展》,《财经科学》2010年第1期。

刁广才:《中国对俄罗斯电力贸易发展研究》,硕士学位论文,华北电力大学,2006年。

刁秀华:《中俄两国的能源安全与合作》,《东北亚论坛》2007年第6期。

范思立:《能源紧缺催生电力贸易国际化》,《中国经济时报》2006年6月19日第003版。

范松丽、苑仁峰等:《欧洲超级电网计划机器对中国电网建设的启示》,《电力系统自动化》2015年第10期。

方陈、李瑞庆等:《地区间电力市场互联互通相关问题》,《电力系统自动化》2009年第23期。

冯永晟:《理解中国电力体制改革的市场化与制度背景》,《财经智库》2016年第5期。

耿志成:《我国能源进出口对能源供需和经济发展的影响》,《中国能源》1997年第3期。

国家发展和改革委员会:《关于公布各省级电网2007年销售电价和输配电价标准的通知》(发改价格〔2008〕2920号)。

国家发展和改革委员会:《国家发展改革委关于公布各省级电网2006年销售电价和输配电价标准的通知》(发改价格〔2007〕1521号)。

国家发展和改革委员会:《国家发展改革委关于深圳市开展输配电价改革试点的通知》(发改价格〔2014〕2379号)。

国家发展和改革委员会:《国家发展改革委关于完善核电上网电价机制有关问题的通知》(发改价格〔2013〕1130号)。

国网能源研究院、电力规划设计总院:《国家电网"十三五"发展规划专题四》,《电力流规模和流向研究》,2014年12月。

韩宝庆:《大湄公河次区域电力贸易与合作的障碍分析》,《电力技术经济》2007年第1期。

韩宝庆:《对发展我国电力对外贸易的几点看法》,《华北电力大学学报》2006年第2期。

韩宝庆:《中国企业对东南亚水电业的投资及其风险防控》,《经贸实务》2011年第12期。

郝一帆、杨丝逸:《哈萨克斯坦投资环境及风险分析》,《经济研究导刊》2012年第29期。

何样、魏萍:《欧洲统一电力市场最新进展》,《中国电力报》2013年1月25日第3版。

胡晓登:《国际区域经济一体化与贵州电力产业政策》,《贵州社会科学》2006年第1期。

胡颖廉:《社会治理创新:更关注"社会"》,《学习时报》2014年10月13日。

胡忠良:《中国能源安全面临的挑战及其应对措施》,《生产力研究》2011年第4期。

黄美菁:《美国供电可靠性怎么管?——从数据中挖掘提升空间》,《南方电网报》2014年5月27日第A07版。

黄娜:《大湄公河次区域(GMS)电力互联互通合作状况及前景分析》,《现代经济信息》2014年第16期。

黄少安:《经济学研究重心的转移与"合作"经济学构想》,《经济研究》2000年第5期。

黄少安、韦倩:《合作行为与合作经济学:一个理论分析框架》,《经济理论与经济管理》2011年第2期。

黄少安、张苏:《人类的合作及其演进研究》,《中国社会科学》2013年第7期。

江泽民：《对中国能源问题的思考》，《上海交通大学学报》2008 年第 3 期。

井志忠、宋宝峰：《俄罗斯电力市场化改革解析》，《东北亚论坛》2005 年第 3 期。

郎一环、王礼茂：《俄罗斯能源地缘政治战略及中俄能源合作前景》，《资源科学》2007 年第 5 期。

郎一环、王礼茂等：《中国能源地缘政治的战略定位与对策》，《中国能源》2012 年第 8 期。

黎尔平：《非传统安全视角下云南参与大湄公河次区域经济合作研究》，《云南财经大学学报》2006 年第 3 期。

李超、张庆芳：《大湄公河次区域电力合作的可行性探析》，《东南亚南亚研究》2009 年第 3 期。

李晨阳、杨祥章：《中国与周边国家互联互通建设的进展、挑战与前景》，《战略决策研究》2015 年第 4 期。

李春顶：《新—新贸易理论文献综述》，《世界经济文汇》2010 年第 1 期。

李春杰、张宇波等：《区域电力市场中电力互联的经济效应数据包络分析》，《工业技术经济》2008 年第 8 期。

李国章：《东盟加快区内电力互联互通建设》，《经济日报》2012 年 10 月 4 日第 003 版。

李继东：《论地缘经济时代的基本特征》，《经济研究参考》2002 年第 39 期。

李黎明：《论中国和东盟的能源贸易与合作》，《时代经贸》2008 年第 8 期。

李芮：《协同治理：内在张力、路径创新与实际探索》，《领导科学论坛》2017 年第 5 期。

李瑞庆、方陈、夏清等：《地区间电力市场互联互通相关问题》，《电力系统自动化》2009 年第 22 期。

李松涛：《电力企业海外 EPC 项目的风险及防范》，《国际经济合作》2012 年第 3 期。

李铁立:《边界效应与跨边界次区域经济合作研究》,博士学位论文,东北师范大学,2004年。

李维安、林润辉、范建红:《网络治理研究前沿与述评》,《南开管理评论》2014年第5期。

李晓西:《应对国际新挑战 完善我国能源战略》,《全球化》2013年第3期。

李智、屈维意、张梓:《基于网络治理的大湄公河次区域国际河流水能开发跨境合作研究》,《水电能源科学》2015年第3期。

连洪泉:《惩罚与社会合作——基于实验经济学的讨论》,《南方经济》2014年第9期。

连洪泉、周业安:《异质性和公共合作:调查和实验证据》,《经济学动态》2015年第9期。

连洪泉、周业安、左聪颖等:《惩罚机制真能解决搭便车难题吗?——基于动态公共品实验的证据》,《管理世界》2013年第4期。

梁静波:《中国企业海外投资的政治风险与对策》,《求实》2013年第4期。

林伯强:《舆情盘点:五大发电集团能否成功走出去》,《电力决策与舆情参考》(http://news.bjx.com.cn/html/20141226/577067-2.shtml)。

林利民:《21世纪初亚太地缘政治变局与中国的地缘战略选择》,《江南社会学院学报》2010年第3期。

林利民:《未来5—10年亚太地缘政治变局与中国》,《现代国际关系》2012年第4期。

刘凤元、李晴、李波等:《国外竞合战略的理论研究概述》,《现代管理科学》2013年第6期。

刘劲松:《国际石油地缘政治研究综述》,《生产力研究》2013年第5期。

刘炎林:《电网互联互通成大势》,《中国能源报》2014年12月29日第16版。

刘振亚:《全球能源互联网》,中国电力出版社2015年版。

刘志雄:《后金融危机时代中国能源国际合作研究》,《中国矿业》

2011 年第 12 期。

柳思思：《"一带一路"：跨境次区域合作理论研究的新进路》，《南亚研究》2014 年第 2 期。

龙晴、林春：《关于我国参与大湄公河次区域电力合作的战略思考》，《现代电力》2006 年第 3 期。

陆家骝：《克鲁格曼与新贸易理论——新国际经济格局下的政策含义》，《中山大学学报》（社会科学版）2008 年第 4 期。

陆俊元：《地缘政治形态概念及其方法论意义》，《世界经济与政治论坛》2007 年第 3 期。

栾凤奎、郭磊、马莉、魏玢、柴高峰：《俄罗斯电力改革进程及分析》，《电力技术经济》2009 年 4 月。

罗家德：《社会网分析讲义》（第 2 版），社会科学文献出版社 2010 年版。

马建勋：《论美国对中国地缘政治安全的影响》，《中共郑州市委党校学报》2007 年第 1 期。

梅新育：《关注欧洲债务危机对俄罗斯外交取向和中俄关系的微妙影响》，《国际贸易》2010 年第 10 期。

孟昭勤、王一多：《论人类社会的竞争与合作》，《西南民族大学学报》（人文社会科学版）2004 年第 7 期。

潘学萍：《区域电网互联研究综述》，中国机电工程学会电力系统专业委员会 2005 年学术年会论文集。

彭徽：《国际贸易理论的演进逻辑：贸易动因、贸易结构和贸易结果》，《国际贸易问题》2012 年第 2 期。

祁怀高：《21 世纪第二个十年东北亚安全环境与中国东北亚外交》，《国际安全研究》2013 年第 2 期。

潜旭明：《美国能源霸权探析——基于能源地缘政治学的视角》，《江南社会学院学报》2013 年第 1 期。

秦亚青：《国际制度与国际合作——反思新自由制度主义》，《外交评论》1998 年第 1 期。

屈子力：《内生交易费用与区域经济一体化》，《南开经济研究》2003

年第2期。

任娜、孙暧:《地缘政治视角下的能源安全——以美国全球能源安全战略为例》,《世界经济与政治论坛》2007年第2期。

沈镭、薛晶晶:《中国能源安全的路径选择与战略框架》,《中国人口、资源与环境》2011年第10期。

沈悦:《东北三省与俄罗斯开展能源合作问题研究》,《黑龙江对外经贸》2010年第5期。

石源华:《中共十八大以来中国周边外交研究报告》,社会科学文献出版社2016年版。

史丹:《经济全球化:能源要素与能源工业的国际竞争——以中国为例》,《改革》2001年第3期。

史丹:《全球能源格局变化及对中国能源安全的挑战》,《中外能源》2013年第2期。

史丹、聂新伟:《电力贸易的制度成本与GMS电力合作中的中国选择》,《财贸经济》2014年第9期。

宋卫东:《世界跨国互联电网现状及发展趋势》,《电力技术经济》2009年第10期。

宋秀琚:《西方主流国际关系理论对"国际合作理论"的不同解读》,《国际论坛》2005年第5期。

宋紫峰、周业安:《收入不平等,惩罚和公共品自愿供给的实验经济学研究》,《世界经济》2011年第10期。

苏长和:《全球公共问题与国际合作:一种制度的分析》,上海人民出版社2009年版。

孙进:《电力企业实施国际化经营战略的思考》,《企业天地》2006年第3期。

谭忠富、王绵斌等:《我国电力产业价格连设计理论与方法》,经济管理出版社2008年版。

檀有志:《网络空间全球治理:国际情势与中国路径》,《世界经济与政治》2013年第12期。

唐湘茜编译:《亚洲篇(二)》,《水利水电快报》2014年第2期。

唐湘茜编译：《亚洲篇（九）》，《水利水电快报》2014年第9期。
唐湘茜编译：《亚洲篇（六）》，《水利水电快报》2014年第6期。
唐湘茜编译：《亚洲篇（七）》，《水利水电快报》2014年第7期。
唐湘茜编译：《亚洲篇（三）》，《水利水电快报》2014年第3期。
唐湘茜编译：《亚洲篇（五）》，《水利水电快报》2014年第5期。
佟家栋：《国际贸易理论的发展及其阶段划分》，《世界经济文汇》2000年第1期。
万海滨：《欧洲统一电力市场的监管机构》，《中国电力企业管理》（综合），2013年6月。
汪崇金：《公共品自愿供给的实验研究——基于强互惠理论视角》，上海财经大学，博士论文，2013年。
汪崇金、聂左玲：《破解社会合作难题：强互惠真的够强吗?》，《外国经济与管理》2015年第5期。
汪崇金、聂左玲、岳军：《个体异质性、预期与公共品自愿供给——来自中国的经济学实验证据》，《财贸经济》2012年第8期。
汪崇金、史丹：《利他惩罚威胁足以维系社会合作吗？——一项公共品实验研究》，《财贸经济》2016年第3期。
汪丁丁：《行为经济学讲义：演化论的视角》，上海人民出版社2011年版。
王道勇：《社会合作：现代社会治理的最大难题》，《领导科学》2014年第6期。
王礼茂、李红强：《中国与周边国家在油气领域的竞争与合作及其地缘政治影响》，《资源科学》2009年第10期。
王涛、胥江成、韩宁：《中俄边境地区电力贸易与经济发展研究》，《统计与咨询》2007年第6期。
王永中、李曦晨：《中国对"一带一路"沿线国家投资的特征与风险》，中国社会科学网（http：//www.cssn.cn/jjx/jjx_gzf/201511/t20151130_2720930.shtml），2015年11月30日。
韦倩：《强互惠理论研究评述》，《经济学动态》2010年第5期。
韦倩、姜树广：《社会合作秩序何以可能：社会科学的基本问题》，

《经济研究》2013 年第 11 期。

韦倩青、韦倩虹:《中国与东盟电力合作可行性及方式选择》,《对外经贸实务》2009 年第 9 期。

隗京兰等:《海外 BOT 项目的风险管理——老挝水电市场 BOT 项目的分线分析及防范措施》,《经贸实务》2013 年第 1 期。

魏玢:《俄罗斯电改启示》,《国家电网》2013 年第 5 期。

吴添荣:《积极推进国际合作共赢全面提升"走出去"战略水平》,《中国电力企业管理》2013 年第 6 期。

吴心伯:《大国外交:挑战与应对》,《东方早报》2013 年 3 月 18 日。

习近平:《深化互联互通 推进"一带一路"》,《人民日报》(海外版)2014 年 11 月 10 日第 01 版。

谢文捷、于友伟:《国际能源贸易的形成和发展研究》,《国际贸易》2005 年第 3 期。

谢文心:《从贸易互补性看中俄能源合作发展》,《经济问题》2012 年第 1 期。

谢文心:《略论俄罗斯电力市场化改革与中国投资应对举措》,《经济问题》2010 年第 12 期。

熊祥鸿、马丽萍:《欧洲电力市场化改革及对我国的启示》,《华东电力》2014 年第 12 期。

熊学慧:《我国开始大规模出口电力》,《中国贸易报》2005 年 2 月 22 日。

许立新:《俄罗斯投资法律风险和防范建议》,《黑龙江科技信息》2013 年第 11 期。

许勤华:《中国能源外交战略分析与思考》,《教学与研究》2008 年第 12 期。

薛澜、俞晗之:《迈向公共管理范式的全球治理——基于"问题—主体—机制"框架的分析》,《中国社会科学》2015 年第 11 期。

亚洲开发银行研究院主编:《亚洲基础设施建设》,邹湘、智银风译,社会科学文献出版社 2012 年版。

杨晨曦:《"一带一路"区域能源合作中的大国因素及应对策略》,

《新视野》2014 年第 4 期。

杨小凯、张永生:《新贸易理论、比较利益理论及其经验研究的新成果：文献综述》,《经济学》2001 年第 1 期。

杨毅:《美国亚太联盟体系与中国周边战略》,《国际安全研究》2013 年第 3 期。

姚美齐、李乃湖:《欧洲超级电网的发展机器解决方案》,《电网技术》2014 年第 3 期。

叶航、汪丁丁、罗卫东:《作为内生偏好的利他行为及其经济学意义》,《经济研究》2005 年第 8 期。

于洪君:《从和平共处到合作共赢：中国成长为世界大国的历史性选择》,《新华文摘》2016 年第 2 期。

于志刚:《缔结和参加网络犯罪国际公约的中国立场》,《政法论坛》2015 年第 5 期。

曾鸣、程俊、段金辉等:《澳大利亚、俄罗斯电力双边交易市场模式的经验借鉴》,《华东电力》2013 年第 41 期。

曾鸣、刘敏:《我国区域性电力市场中电价及其相关问题研究》,《电力系统自动化》2000 年第 5 期。

曾省存、景春梅:《国际能源形势新变化及中国对策》,《中国经贸导刊》2013 年第 4 期。

张红霞、王丹阳:《"一带一路"区域合作网络的新经济空间效应》,《甘肃社会科学》2016 年第 1 期。

张康之:《合作治理是社会治理变革的归宿》,《社会科学研究》2012 年第 3 期。

张康之:《论共同行动中的合作行为模式》,《社会学评论》2013 年第 12 期。

张粒子、唐瑱、陶文斌等:《核电上网电价机制研究》,《电网技术》2012 年第 11 期。

张茗:《奥巴马政府亚太军事"再平衡"剖析》,《现代国际关系》2013 年第 4 期。

张绍贤:《中国电力行业国际经济合作》,中国电力出版社 2000

年版。

张生玲:《对我国能源和能源贸易若干问题的再思考》,《中国流通经济》2006 年第 11 期。

张维豪:《大漏公河次区域电力合作研究》,《东南亚》2006 年第 1 期。

张维迎:《经济学原理》,西北大学出版社 2015 年版。

张宇燕、管清友:《世界能源格局与中国的能源安全》,《世界经济》2007 年第 9 期。

张振山、孙德升等:《黑龙江对俄电力合作模式研究》,《科技创业月刊》2013 年第 5 期。

赵禾杰:《北欧电力市场中的能源互补》,《中国科技成果》2015 年第 17 期。

赵俏姿、曾芬钰:《中国电力产业国际贸易前景分析》,《上海电力学院学报》2008 年第 4 期。

赵文东:《国际投资中政治风险的防范和应对》,求是理论网(http://www.qstheory.cn/laigao/2014 - 06/10/c_ 1111077147. htm)。

郑雪平:《如何防范华商对俄罗斯直接投资的政治经济、社会文化等各种风险》,《西伯利亚研究》2010 年第 5 期。

中国商务部:《对外投资合作国别(地区)指南》,《缅甸》2015 年版。

中国商务部:《对外投资合作国别(地区)指南》,《柬埔寨》2017 年版。

中国商务部:《对外投资合作国别(地区)指南》,《老挝》2015 年版。

周骁男、陈才:《论地缘政治与地缘经济的研究范式》,《东北师范大学学报》2007 年第 2 期。

周业安:《论偏好的微观结构》,《南方经济》2015 年第 4 期。

周业安、连洪泉、陈叶烽等:《社会角色、个体异质性和公共品自愿供给》,《经济研究》2013 年第 1 期。

周业安、宋紫峰:《公共品的自愿供给机制:一项实验研究》,《经济研究》2008 年第 7 期。

周晔馨、涂勤、胡必亮：《惩罚、社会资本与条件合作——基于传统实验和人为田野实验的对比研究》，《经济研究》2014 年第 10 期。

朱成章：《电力安全是最重要的能源安全问题》，《中外能源》2008 年第 5 期。

朱富强：《主流经济学中的经济人：内涵演变及其缺陷审视》，《财经研究》2009 年第 4 期。

朱火箭：《"一带一路"电网互联互通领域发展初探》，《国际工程与劳务》2015 年第 5 期。

朱立、汪戎：《能源供求失衡下的大湄公河次区域电力合作》，《经济问题探索》2009 年第 1 期。

朱廷珺：《当代国际贸易理论创新的若干特征》，《国际贸易问题》，2004 年第 2 期。

驻柬埔寨使馆经商处网站：《柬埔寨电力现状和发展趋势》，http：//cb. mofcom. gov. cn/article/zwrenkou/201211/20121108436231. shtml。

驻菲律宾经商处：《菲律宾可再生能源潜力与政策》（http：//ph. mofomgov. cn/article/law/201007/201007070. shtml）。

庄惠明、黄建忠：《国际贸易理论的演化：维度、路径与逻辑》，《国际贸易问题》2008 年第 11 期。

邹赟：《"一带一路"战略下对外能源合作中的大国竞争及对策》，《改革与战略》2015 年第 11 期。

英文参考文献

Agranoff, R., & McGuire, "Big Questions in Public Network Management Research", *Journal of Public Administration Research and Theory*, Vol. 11, No. 3, 2001.

Akhmedjonov A., Lau C. K., "Do Energy Prices Converge Across Russian Regions?", *Economic Modelling*, Vol. 29, 2012.

Andreoni, J., "Cooperation in Public Goods Experiments: Kindness or Confusion", *American Economic Review*, Vol. 84, No. 4, 1995.

Andreoni, J., "Why Free Ride? Strategies and Learning in Public Goods Experiments", *Journal of Public Economics*, Vol. 37, No. 3, 1988.

Ansell, C., & Gash, "Collaborative Governance in Theory and Practice", *Journal of Public Administration Research and Theory*, Vol. 18, No. 4, 2008.

Ashley, R. & S. Ball & C. Eckel, "Motives for Giving: A Reanalysis of Two Classic Public Goods Experiments", *Southern Economic Journal*, Vol. 77, No. 1, 2010.

Asian Development Bank, *Renewable Energy Developments and Potential in the Greater Mekong Subregion*, http://www.adb.org/sites/default/files/publication/161898/renewable-energy-developments-gms.pdf.

Avinash K. Dixit, Joseph Stiglitz, "Monopolistic Competition and Optimum Product Diversity", *The American Economic Review*, Vol. 67, 1977.

Bahar, H., Sauvage, J., "Cross-Border Trade in Electricity and the Development of Kenewable-Based Electric Power: Lessons from Europe",

Technical Report, OECD. doi: 10 · 1787/5k4869cdunzl - en. Trade and Environment Working Paper 2013/02.

Balafoutas L. & N. Nikiforakis, "Norm Enforcement in the City: A Natural Field Experiment", *European Economic Review*, Vol. 56, No. 8, 2012.

Barker, J., "Governance and Regulation of Power Pools and System Operators: An Internation Comparism", *World Bank Technical Papers*, 1997. 9.

Bereby-Meyer Y., "Reciprocity and Uncertainty", *Behavioral and Brain Sciences*, Vol. 35, No. 1, 2005.

Binmore, K., *Natural Justice*, Oxford University Press, 2005.

Bochet, O. & T. Pagea & L. Puttermana, "Communication and Punishment in Voluntary Contribution Experiments", *Journal of Economic Behavior & Organization*, Vol. 60, No. 1, 2006.

Bolton, G. E. & R. Zwick, "Anonymity Versus Punishment in Ultimatum Bargaining", *Games and Economic Behavior*, Vol. 10, No. 1, 1995.

Bowles S. & Gintis H., "Behavioural Science: Homo Reciprocans", *Nature*, Vol. 415, 2002.

Brefort, Loup J., "Power Industry: Regional Export Potential in Central Asia", *Kazakhstan International Business Magazine*, Vol. 1, 2005.

Buckholtz, J. W. & C. L. Asplund, et al., "The Neural Correlates of Third-party Punishment", *Neuron*, Vol. 60, No. 5, 2008.

Burton-Chellew M. N. & C. Moudena & S. A. West, "Conditional Cooperation and Confusion in Public-goods Experiments", *Proceedings of the National Academy of Sciences of the USA*, Vol. 113, No. 5, 2016.

Burton-Chellew, M. N., & H. Heinrich & A. West, "Payoff-based Learning Explains the Decline in Cooperation in Public Goods Games", *Proceedings of the Royal Society of London B: Biological Sciences*, Vol. 282, No. 1801, 2015.

Burton-Chellew M. N. & S. A. West, "Prosocial Preferences Do not Explain Human Cooperation in Public-goods Games", *Proceedings of the National*

Academy of Sciences of the USA, Vol. 110, No. 1, 2013.

Canada Electricity Association, *The North American Grid Powering Cooperation On Clean Energy and the Environment*, 2016.

Canadian Electricity Association, *The Integrated North American Electricity Market: Energy Security: A North American Concern*, March 2007.

Carpenter, J. P., "The Demand for Punishment", *Journal of Economic Behavior & Organization*, Vol. 62, No. 4, 2007.

Charpentier, J. P., and K. Schenk, *International Power Interconnections: Moving from Electricity Exchange to Competitive Trade*, The World Bank, March 1995.

Chaudhuri A., "Sustaining Cooperation in Laboratory Public Goods Experiments: A Selective Survey of the Literature", *Experimental Economics*, Vol. 14, No. 1, 2011.

Denant-Boemont L. & M. David & C. N. Noussairet, "Punishment, Counter Punishment and Sanction Enforcement in A Social Dilemma Experiment", *Economic Theory*, Vol. 33, No. 1, 2007.

D. J. – F. de Quervain, "The Neural Basis of Altruistic Punishment", *Science*, 305 (5688), 2004.

D. Kuleshov, S. Viljainen, S. Annala, O. Gore, "Russian Electricity Sector Reform: Challenges to Retail Competition", *Utilities Policy*, Vol. 23, 2012.

Doherty, J., et al., "Dissociable Roles of Ventral and Dorsal Striatum in Instrumental Conditioning", *Science*, 304 (5669): 452–454, 2004.

Duesenberry, J., *Income, Saving and the Theory of Consumer Behavior*, Harvard University Press, Cambridge, MA, 1949.

Electricity Investment Conference, Windhoek, September 2006.

Fehr, E. & S. Gächter, "Altruistic Punishment in Humans", *Nature*, 415 (6868), 137–140, 2002.

Fehr, E. & S. Gächter, "Fairness and Retaliation: The Economics of Reciprocity", *Journal of Economic Perspectives*, Vol. 14, No. 3, 2000.

Fischbacher, U. & S. Gächter & E. Fehr, "Are People Conditionally Cooperative? Evidence from A Public Goods Experiment", *Economics Letters*, Vol. 71, No. 3, 2001.

Fischbacher, U. & S. Gächter, "Social Preferences, Beliefs, and the Dynamics of Free Riding in Public Goods Experiments", *American Economic Review*, Vol. 100, No. 1, 2010.

F. J. Calzonetti, "Canada-U. S. Electricity Trade and the Free Trade Agreement: Perspectives from Appalachia", *Canadian Journal of Regional Science*, No. 8, 1990.

Frank, R. H., *Passions Within Reason: The Strategic Role of the Emotions*, Norton, New York, 1998.

Fudenberg, D. & P. A. Pathak, "Unobserved Punishment Supports Cooperation", *Journal of Public Economics*, Vol. 94, No. 1 – 2, 2010.

Gächter S., "In the Lab and the Field: Punishment is Rare in Equilibrium", *Behavioral and Brain Sciences*, Vol. 35, No. 1, 2012.

Gebhard, G., and F. Höffler, "How Competitive is Cross-border Trade of Electricity? Theory and Evidence from European Electricity Markets", *Energy Journal*, Vol. 34, No. 1, 2013.

Gehrig T., et al., "Buying A Pig in A Poke: An Experimental Study of Unconditional Veto Power", *Journal of Economic Psychology*, Vol. 28, No. 6, 2007.

Glavitsch, H., G. Andersson, T. Lekane, A. Marien, E. Mees, and Ulnae, "A Flow-based Methodology for the Calculation of TSO to TSO Compensations for Cross-border Flows", *International Journal of Electrical Power and Energy Systems*, Vol. 26, No. 1, 2004.

Güney Ş. & B. R. Newell, "Is Strong Reciprocity Really Strong in the Lab, Let Alone in the Real World", *Behavioral and Brain Sciences*, Vol. 35, No. 1, 2012.

Granovetter, "Economic Action and Social Structure: the Problem of Embeddedness", *American Journal of Sociology*, No. 91, 1985.

Green, L. J., and Kreuter, M. W., *The Precede-Proceed Model. Health Promotion Planning: An Educational Approach*, 3rd ed. Mountain View (CA): Mayfield Publishing Company, 1999.

Güth, W. & R. Schmittberger & B. Schwarze, "An Experimental Analysis of Ultimatum Bargaining", *Journal of Economic Behavior and Organization*, Vol. 3, 1982.

Guala F., "Reciprocity: Weak or Strong? What Punishment Experiments Do (and do not) Demonstrate", *Behavioral and Brain Sciences*, Vol. 35, No. 1, 2012.

Hab J., Kenis, "Heading Toward A Society of Networks", *Journal of Management Inquiry*, Vol. 18, No. 3, 2009.

Hauert C., et al., "Via Freedom to Coercion: The Emergence of Costly Punishment", *Science*, 316: 1905–907, 2007.

Herrmann, B. & C. Thöni, "Measuring Conditional Cooperation: A Replication Study in Russia", *Experimental Economics*, Vol. 12, No. 1, 2009.

Houser, D. & R. Kurzban, "Revisiting Kindness and Confusion in Public Goods Experiments", *American Economic Review*, Vol. 92, No. 4, 2002.

Huxham, C. & Vangen, *Managing to Collaborate: The Theory and Practice of Collaborative Advantage*, Routledge, 2013.

IEA, *Development Prospects of the ASEAN Power Sector*, OECD/IEA, Paris, 2015.

IEA, *Large-scale Electricity Interconnection: Technology and Prospects for Cross-regional Networks*, OECD/IEA, Paris, 2016.

IEA, *Seamless Power Markets: Regional Integration of ElectricityMarkets in IEA Member Countries*, OECD/IEA, Paris, 2014.

Indonesia, http://www.iea.org/publications/freepublications/publication/Indonesia_IDR.pdf, 2015.

Isaac, R. M. & J. M. Walker, "Group Size Effects in Public Goods Provision: The Voluntary Contributions Mechanism", *Quarterly Journal of Economics*, Vol. 103, No. 1, 1988.

Janssen M. A. & C. Bushman, "Evolution of Cooperation and Altruistic Punishment When Retaliation is Possible", *Journal of Theoretical Biology*, Vol. 254, No. 3, 2008.

Japan International Cooperation Agency, Value Planning International, Inc. "Case Studies in Capacity Development in Power Sector with South-South Cooperation Components", *Final Report*, March 2011.

Johnson T., "The Strategic Logic of Costly Punishment Necessitates Natural Field Experiments, and At Least One Such Experiment Exists", *Behavioral and Brain Sciences*, Vol. 35, No. 1, 2012.

Jones, C., Hesterly, W. S., Borgatti, S. P., "A General Theory of Network Governance: Exchange Conditions and Social Mechanisms", *The Academy of Management Review*, Vol. 22, No. 4, 1997.

Joskow, P. Restructuring, "Competition and Regulatory Reform in the US Electricity Sector", *The Journal of Economic Perspectives*, Vol. 3, 1997.

Kamei, K. & L. Putterman, "In Broad Daylight: Fuller Information and Higher-Order Punishment Opportunities Can Promote Cooperation", *Journal of Economic Behavior & Organization*, Vol. 120, 2013.

Kawagoe, R. & Y. Takikawa & O. Hikosaka, "Expectation of Reward Modulates Cognitive Signals in the Basal Ganglia", *Nature Neuroscience*, Vol. 1, No. 5, 1998.

Kim, J. I. and M. G. Sagon, "Greater Mekong Sub-region Power Trade and Interconnection 2 Decades of Cooperation, Mandaluyong City", *Philippines: Asian Development Bank*, September, 9 – 15, 2012.

Knoch, D., et al., "Diminishing Reciprocal Fairness By Disrupting the Right Prefrontal Cortex", *Science*, Vol. 314 (5800), 2006.

Kristiansen, T., "Cross-border Transmission Capacity Allocation Mechanisms in South East Europe", *Energy Policy*, Vol. 35 (9), 2007.

Kummerli R. & M. Burton-Chellew & A. Ross-Gillespiea & S. A. West, "Resistance to Extreme Strategies, Rather Than Prosocial Preferences, Can Explain Human Cooperation in Public Goods Games", *Proceedings of the National Academy of Science of the USA* 107, (22), 2010.

Leen Vandezande, Leonardo Meeus, Bram Delvaux, "Evaluatim of Economic Marger Control Techniques Applied to the European Electricity Secty", *Electricity Journal*, Vol. 19 (6), 2006.

List, J. A. & T. L. Cherry, "Learning to Accept in Ultimatum Games: Evidence from An Experimental Design That Generates Low Offers", *Experimental Economics*, Vol. 3, No. 1, 2000.

Malla, S. K., *Towards A Regional Energy Market in South Asia*, South Asia Centre for Policy Studies (SACPS) paper, May 2008.

Marc J. Melitz, "The Impact of Trade on Intra-industry Reallocations and Aggregate Industry Productivity", *Econometrica*, Vol. 71 (6), 2003.

Muller, L. & M. Sefton & R. Steinberg & L. Vesterlund, "Strategic Behavior and Learning in Repeated Voluntary Contribution Experiments", *Journal of Economic Behavior and Organization*, Vol. 67, No. 3, 2008.

Natimal Renew Woble Enorgy Policy & Acfion Plan, http://www.iea.org/media/pams/malaysia/PAMS_ Malaysia_ NationalRenewableEnergyPolicyandActionPlan.pdf.

Navarro, A., and M., T. Sambodo, *The Pathway to ASEAN Energy Market Integration*, Philippine Institute for Development Studies Discussion Paper Series No. 2013-49, October 2013.

Nico Bauer, Ottmar Edenhofer, Michael Jakob, Sylvie Ludig, Michael Luken, "Electricity Trade Among World Regions Trade Theoretic Foundation of Energy-Economy Models", *Potsdam-Institute for Climate Impact Research* (PIK), Germany, November 14, 2008.

Nikiforakis N., "Punishment and Counter-punishment in Public Good Games: Can We Really Govern Ourselves?" *Journal of Public Economics*, Vol. 92, No. 1-2, 2008.

North American Energy Working Group, "North America Regulation of International Electricity Trade", 2002.

Ostrom, E., "Experiments Combining Communication with Punishment

Options Demonstrate How Individuals Can Overcome Social Dilemmas", *Behavioral and Brain Sciences*, Vol. 35, No. 1, 2012.

OECD: *International Regulatory Co-operation: Case Studies*, Vol. 2: Canada-US Co-operation, EU Energy Regulation, Risk Assessment and Banking Supervision, OECD Publishing, 2013.

O'Toole, "Networks and Networking: The Public Administrative Agendas", Vol. 75, No. 3, 2015.

Perkins, R., "Electricity Sector Restructuring in India: An Environmentally Beneficial Policy?", *Energy Policy*, Vol. 4, 2005.

Pineau, P. O., A. Hira, and K. Froschauer, "Measuring International Electricity Integration: A Comparative Study of the Power Systems Under the Nordic Council", MERCOSUR, and NAFTA, *Energy Policy*, No. 32, 2004.

Provan, K. G., Fish, A., & Sydow, "Interorganizational Networks at the Network Level: A Review of the Empirical Literature on Whole Networks", *Journal of Management*, Vol. 33, No. 3, 2007.

Provan, K. G., & Kenis, "Modes of Network Governance: Structure, Management, and Effectiveness", *Journal of Public Administration Research and Theory*, Vol. 18, No. 2, 2008.

Provan, K. G., & Lemaire, R. H., "Core Concepts and Key Ideas for Understanding Public Sector Organizational Networks: Using Research to Inform Scholarship and Practice", *Public Administration Review*, Vol. 72, No. 5, 2012.

Provan, K. G., & Milward, "Do Networks Really Work? A Framework for Evaluating Public-sector Organizational Networks", *Public Administration Review*, Vol. 61, No. 4, 2001.

Provan, K. G., & Sebastian, J. G., "Networks Within Networks: Service Link Overlap, Organizational Cliques, and Network Effectiveness", *Academy of Management Journal*, Vol. 41, No. 4, 1998.

Rab J., Kenis P., "Heading Toward a Society of Networks", *Journal of*

Management Inquiny, Vol. 18, No. 3, 2009.

Rand D., et al., "Anti-social Punishment Can Prevent the Co-evolution of Punishment and Cooperation", *Journal of Theoretical Biology*, Vol. 265, No. 4, 2010.

Richerson P. J. & R. Boyd, *Not By Genes Alone: How Culture Transformed Human Evolution*, University of Chicago Press, 2005.

Rilling, J. K. & A. G. Sanfey, "The Neuroscience of Social Decision-making", *Annual Review of Psychology*, Vol. 62, 2011.

Rilling, J. K., et al., "A Neural Basis for Social Cooperation", *Neuron*, Vol. 35, 2002.

Rilling, J. K., et al., "Neural Correlates of Social Cooperation and Non-cooperation As A Function of Psychopathy", *Biological Psychiatry*, Vol. 61, No. 11, 2007.

Rilling, J. K., et al., "The Neural Correlates of the Affective Response to Unreciprocated Cooperation", *neuropsychological*, Vol. 46, 2008.

Roger J. Goodman, "Power Connections: Canadian Electricity Trade and Foreign Policy", 2010.

Ross D., "Evolutionary Game Theory and the Normative Theory of Institutional Design: Binmore and Behavioral Economics", *Politics, Philosophy, and Economics*, Vol. 5, 2006.

Rozeta Karova, "Regional Electricity Markets in Europe: Focus on the Energy Community", *Utilities Policy*, Vol. 19, 2011.

Rustagi, D., et al., "Conditional Cooperation and Costly Monitoring Explain Success in Forest Commons Management", *Science*, Vol. 6006, No. 330, 2010.

Sabel C. F, Zeitlin J., "Learning from Difference: The New Architecture of Experimentalist Governance in the EU", *European Law Journal*, Vol. 14, No. 3, 2008.

Saroha, S., and R. Verma, "Cross-border Power Trading Model for South Asian Regional Power Pool", *International Journal of Electrical Power &*

Energy Systems, Vol. 44, No. 1, 2013.

Schultz, W. & R. Romo, "Neuronal Activity in the Monkey Striatum During the Initiation of Movements", *Experimental Brain Research*, Vol. 71, No. 2, 1988.

Sefton, M., et al., "The Effect of Rewards and Sanctions in Provision of Public Goods", *Economic Inquiry*, Vol. 45, No. 4, 2007.

Smirnov, Sergei, "Kazakhstan's Electric Power: Facing Crisis in Two Years?" *Kazakhstan International Business Magazine*, No. 1, 2007.

Southeast Asia Energ Outbook 2015, http://www.iea.org/publications/freepublications/publication/WEO2015_SouthEastAsia.pdf.

Suzuki, S., et al., "Neural Basis of Conditional Cooperation", *Social Cognitive and Affective Neuroscience*, Vol. 6, No. 3, 2011.

Takis Plagiannakos, "Will Free Trade in Electricity Between Ontario/Canada and the U.S. Improve Environmental Quality?" Presented at the North American Symposium On Understanding the Linkages Between Trade and Environment Washington, DC, October 11, 2000.

Vangen, S., & Huxham, "The Tangled Web: Unraveling the Principle of Common Goals in Collaborations", *Journal of Public Administration Research and Theory*, Vol. 22, No. 4, 2012.

Veblen, T., *Essays in Our Changing Order*, Viking Press, 1934.

Volk S., et al., "Temporal Stability and Psychological Foundations of Cooperation Preferences", *Journal of Economic Behavior and Organization*, Vol. 81, No. 2, 2011.

World Bank, "An International Comparison", *Technical Paper*, No. 382, September 1997.

World Bank, *Power Trade Strategy for the Greater Mekong Sub-Region*, Report to the East Asia and Pacific Region, March, 1999.

World Bank, *World Development Report* 2015: Mind, Society, and Behavior, 2015.

World Energy Council, "Electricity in Central Asia Market and Investment

Opportunity Report", 2007.

Wu, J. J., et al., "Costly Punishment Does Not Always Increase Cooperation", *Proceedings of the National Academy of Sciences*, Vol. 106, No. 41, 2009.

ZouYun, "Big-Power Competition in Energy Cooperation Under 'One Belt One Road' and Countermeasures", *Reformation & Strategy*, Vol. 11, 2015.

后　记

本书是在史丹研究员主持的国家社会科学基金重大项目《中国与周边国家电力互联互通战略研究——以俄罗斯和东南亚国家为例》研究报告基础上形成的。2016年，工业经济研究所产业经济学科被中国社会科学院确定为优势学科。能源经济产业经济学的组成部分，也是工业经济研究所的重要研究领域。根据学科建设的需要，史丹研究员设计了本书的框架，补充了有关电力互联互通的理论部分，并根据章节结构安排的需要，对研究报告的有关内容进行了调整和修改。本书共分十五章，第一章主要介绍本书的相关学术观点、研究背景、研究内容与主要突破等。执笔人为史丹研究员。第二章至第七章主要从经济学的角度对电力互联互通的理论基础、互联互通的发展方向、网络治理、互联互通的制度与国际经验进行了介绍与总结。其中，第二章的主要贡献者是汪崇金，第三章的贡献者是白骏骄，第四章的主要贡献者是李芮，第五章的主要贡献者是朱彤，第六章、第七章的主要贡献者是聂新伟。第八章至第十五章，主要研究我国电力在周边国家电力的投资、互联互通的进展、存在的问题，我国推进电力互联互通应采的战略与体制改革的措施等。其中，第八章主要贡献者是史丹、冯永晟、高国伟，第九章的主要贡献者是侯建朝，第十章的主要贡献者是冯永晟，第十一章的主要贡献者是夏晓华，第十二章、第十三章、第十四章的主要贡献者是王永利，第十五章的主要贡献者是范孟华、张栋、高国伟。马翠萍副研究员对本书进行了编辑和校订。由于本书对研究报告的章节有调整和修改，各章的主要贡献者可能与原研究报告的撰写者有些差别。

本书依托的国家社科基金重大课题于 2013 年立项，2017 年结题。该课题中间的成果《国外电力市场建设与投资环境分析》《我国能源行业税费政策与国际比较》分别于 2015 年和 2016 年出版，与之相关的研究报告分别获得国家能源局能源软科学优秀成果二等奖两次。依托该课题，还产出数十篇论文和政策建议要报，其中两篇政策建议获得国务院领导批注。史丹研究员感谢各位课题组成员为完成本课题所做出的贡献和努力，感谢中国社会科学院创新工程项目对本课题的出版资助，感谢评审专家对本课题提出的宝贵意见和建议，感谢中国社会科学出版社的张潜编辑对本书出版付出的辛勤工作。

史丹
2018 年 6 月